JN436799

시인과 떠나는 장자 여행 에세이 ①

장자의 하늘, 시인의 하늘

나남
nanam

고형렬 (高炯烈)

1954년 강원도 속초에서 출생.
1979년 《현대문학》에 〈장자〉(莊子) 등을 발표하면서 작품활동을 시작하여,
시집 《대청봉(大青峯) 수박밭》, 《성에꽃 눈부처》, 《밤 미시령》,
《나는 에르덴조 사원에 없다》 등을 간행하고,
장시 《리틀 보이》, 《붕(鵬)새》, 장편산문 《은빛 물고기》,
동시집 《빵 들고 자는 언니》 등을 간행했다.
지훈문학상, 대한민국문화예술상, 일연문학상, 백석문학상, 현대문학상
등을 수상했다.
현재 계간 《시평》(詩評) 편집인.

나남신서 1598

시인과 떠나는 장자 여행 에세이 ①

장자의 하늘, 시인의 하늘

2011년 12월 20일 발행
2011년 12월 20일 1쇄

지은이_ 고형렬
발행자_ 趙相浩
발행처_ (주) 나남
주소_ 413-756 경기도 파주시 교하읍
출판도시 518-4
전화_ (031) 955-4600 (代)
FAX_ (031) 955-4555
등록_ 제 1-71호(1979.5.12)
홈페이지_ http://www.nanam.net
전자우편_ post@nanam.net

ISBN 978-89-300-8598-4
ISBN 978-89-300-8001-9 (세트)
책값은 뒤표지에 있습니다.

* 이 책은 한국문화예술위원회 창작지원금을 받아 간행하였습니다.

나남신서 1598

시인과 떠나는 장자 여행 에세이 ①

장자의 하늘, 시인의 하늘

고형렬 지음

나남
nanam

머리말

7년간 《장자》를 읽으며 상아(喪我)의 마음으로 이 책을 썼다. 그래서 이 책은 흙과 물, 돌과 나무 등을 집어넣고 방박(磅礴)한 거푸집과 같다.

소요유(逍遙遊) 번역과 집필을 마치고 나에게 말을 하고 싶었다. 어느 날 비 그친 갈지산에서 산책하다 문장이 혼자 지나가는 것을 보았다. 《장자》를 읽으면 길을 잃는다. 나는 그 잃어버린 길을 간다. 그 길은 무용(無用)의 길이다. 무용의 소요 공간은 무하유지향(無何有之鄕)이며 광막지야(廣莫之野)이다. 이것이 길을 찾는 다른 '길'이지만 형체가 없는 진인(眞人)을 어디서 찾을 것인가.

인간은 문명과 도시에 안주했고 혼돈과 방황을 잃어버렸다. 그것은 역으로 새로운 숙명과 현실을 발견하는 마지막 거울이 된다. 놀라운 일이다. 쇠락하고 고사(枯死)하는 자연과 도시, 육체에 창기(蒼氣)와 양생의 기운이 가득한 것은 무슨 연유일까.

장자가 낸 기이한 길을 따라 바람과 날개의 깃으로 소요한다. 그것은 만물유전의 흑암 속에 있겠지만 언어의 길가에 있는 대수(大樹) 밑에서 쉴 수밖에 없다. 그래서 꿈의 현실인 도시 밖에서 아득할 뿐이다. 그 길은 '길'이 아니다. 나는 다른 길에서 혼자 존재하지 않는다. 자연에 순응하면서 무용을 친구로 삼고 초월하려 한다. 삶은 혼돈과 방황 밖에 묶여 있다.

맹춘(孟春)의 눈이 낙엽 되어 공중에서 춤을 춘다. 너를 대신하여 바람에 의탁한 가을의 소요이다. 대지의 만물 운영은 자연과의 동행에 있다. 자연을 인임하고 소요하는 것이 최상의 삶이며 자연의 길이다. 숨어 있는 자연의 언어와 벗하는 천진한 사색이 진인(眞人)의 내적 삶이고 소요의 하늘이며 지식과 아집의 감옥을 부수는 방외(方外)의 길이다.

소요유의 장자는 폭넓은 상상으로 동식물과 인간, 사물과 만나 소요한다. 인간만이 장자의 탐구대상이 아니다. 장자는 작은 지혜와 피아의 시비(是非)에 인간의 문제가 있다고 보지만 인간을 만물의 하나로 놓고 대화를 시도한다. 하지만 인간은 모두 소외됐거나 자기 감옥에 갇힌 수인(囚人)들과 같다.

요연(窅然)한 시간의 문 앞에 가 있는 나를 발견하곤 한다. 안으로 들어가지 않고 주변을 살피고 돌아온다. 매혹적이고 흥미로운 경험이다. 무궁의 붕(鵬)새는 그날, 무용한 바람을 휘감고 북명의 하늘로 날아올랐다. 무슨 사태인지. 지척인 양 지금 저 멀리 그 광경만 눈에 잡힐 듯 환하다.

장자를 한마디로 말할 수 없다. 장자의 세상은 너의 눈동자에 얼비치는 눈물빛 하늘이다. 또는 사물과 현실의 딱딱한 꿈이고 그물망이다. 누구나 몰락과 환영의 이 세계에 만물을 두고 사라진다. 장자의 사상은 그 무궁(無窮), 무극(無郤), 무짐(無朕) 이 3무(無) 속에 있다. 조궤(弔詭)한 세계이다. 나는 한 마리 메추라기, 저 쑥대 사이에서 작은 날개로 날고 있다.

장자의 정부는 자연이다. 명왕(明王)의 진인은 자연 너머에 있다. 그 끝 너머에 우리는 없을지 모른다. 나는 필름처럼 빛을 받아 어둠저 맞은편 현실의 스크린에 내 삶의 전율하는 영사(映寫)를 보낸다. 모두 나뭇가지의 바람이고 물결의 윤슬이다.

2011년 11월 지평(砥平)에서

시인과 떠나는 장자 여행 에세이 ①

장자의 하늘, 시인의 하늘

차 례

1 북명(北冥)의 물고기, 붕(鵬)새가 되다

북명(北冥)에 물고기가 있다.
그 이름을 곤(鯤)이라 한다. 곤의 크기가 몇 천 리인지 알 수 없다.
변신하여 새가 되면, 그 이름 붕(鵬)이라 한다. 붕의 등이 몇 천 리인지 알 수 없다.
분노하며 날아오르면 그 날개, 하늘 내리덮은 구름 같다.

• 원문(原文) •

北冥有魚 其名爲鯤 鯤之大 不知其幾千里也 化而爲鳥 其名爲鵬 鵬之背 不知其幾千里也 怒而飛 其翼若垂天之雲

* 어두울 명冥. 북명北溟 아득한 북쪽 바다. 곤鯤 물고기 뱃속의 알, 상상의 큰 물고기. 붕鵬 한번 날면 구만 리를 나는 상상의 새. 노비怒飛 노하여 날다. 약若 너, ~(하)면. 내리덮을 수垂.

최고의 문장

북명(北冥)의 바다는 어디일까. 왜 붕새는 분노(忿怒)했을까.

나는 오늘도 북명의 바다로 간다. 불완전한 인간의 시간과 언어의 영역에서 출발한다. 바람의 옷자락을 걸치고 모든 것을 지상에 놓아둔 채 마음만 돌연 그 바다로 떠난다. 마치 도시를 등지고 잠시 휴가를 떠나듯. 그러나 그 휴가는 영원한 피서일지 모른다. 파괴된 지구처럼 폐허가 된 그 바다는 무하유지향으로 가는 길의 한 기항지에 불과할까. 마음을 풀어놓을 곳은 그곳밖에 없는 것일까. 그곳에서만 나는 울 수 있을까.

광음이 끊어진, 빗방울이 수면 위에서 아파하는, 불안하고 끝없이 흔들리는, 아득한 망각 속의 이름 북명, 부재(不在)의 언어. 그러나 나는 오늘도 북명의 바다로부터 탈출한다. 그가 날아오른 하늘길을 쳐다본다. 하늘엔 아무도 없다. 도로도 건물도 산도 나무도 그곳엔 없다. 지상에 있는 그 무엇도 서 있지 않다. 텅 빈 하늘의 공적(空寂). 분명한 것은 내가 북명의 바다로 가고 있다는 사실이다. 북명의 바다는 시종(始終)의 한 시공간. 그곳에서 모든 것이 시작됐으므로 모든 것이 거기서 끝나야 하는 걸까.

모든 지혜와 통치, 욕망과 편집, 체제와 만물은 이 바다에서 파괴된 것인가, 파괴될 것인가. 종국과 혼돈에의 그리움과 갈망이 예언의 한가운데 빛나고 있다. 그 예언의 저 멀리, 한 인간의 고절한 한 마리 새는 지구의 한 생명체로서 무용(無用)한 바람을 타고 과거를 날아가고 있다. 그림자 없는 존재, 세월을 보내는 시간, 소리 없는 그것만 그리울 뿐이다.

나의 고향은 파괴된 북명의 핏빛 물바다. 그 먼 미래에 다시 생령의 바람이 불기 시작하는 그 망중한의 해변의, 사구(砂丘) 위에 우리들의 쇄골과 복사뼈의 뼛조각만 반짝이고 있다.

곤(鯤)과 붕이 등장

곤은 얼마나 오랜 세월을 물속에서 해운의 바람을 기다려 왔고 왜 붕새로 변하여 천공해활(天空海闊)의 하늘로 날아올랐을까. 《장자》(莊子)의 서두에 해괴한 대변(大變)으로 날아오르는 붕새는 과연 어떤 존재일까.

《장자》 서두의 유어(有魚)한 북명은 지금도 의문 속에 싸여 있다. 2,300년 동안 수많은 《장자》의 독자들에게 이 첫 문장의 대붕(大鵬) 비상은 상상의 호쾌하고 현해(懸解)한 비상 그 자체였을 것이다. 왕양(汪洋)하고 태탕(駘蕩)한 생동의 세계, 혼돈의 바다의 모든 것을 들어 올리며 날개 치는 붕새의 변신과 분노와 파괴는, 상상을 불허하는 전복적 부정의 세계관이 투영된 거울 속의 비극이다. 그래서 이 존재의 조궤(弔詭)는 풀리지 않는다.

한 존재의 비상엔 집단의 거부와 숙명의 초월이 있다. 지금도 온 북명의 바다에서는 낭자한 피처럼 무엇인가를 예언하는 절규와 침묵의 소란이 우주 궤도의 굉음처럼 들리는 듯하다. 혼자 궁구하지만 이것은 세계의 미래와 현실과는 아무 상관 없는 하나의 은유 자체만은 아닌 것 같다. 그러면 어느 날 아침, 한 영부(靈府)의 위대한 깨우침과 물화의 요동 그리고 비상과 파괴의 명명(冥冥)하고도 막막(漠漠)한 세계로의 탈출과 영겁의 이동일까.

《장자》 전체는 이 붕새의 날갯짓으로 소란하다. 조용한 책과 세상이 아니다. 아연 놀라 퍼덕이는 의식들이 도처에서 깨어나 목을 열어 울어 젖히고 경계하는 눈빛들이 역력하다. 그 예언의 징후는 2,300년이 지난 21세기 초까지 생생하게 내 귀에 들려온다. 장자는 왜 문

듯, 이 대붕을 책의 하늘에 걸어놓은 것일까. 극치한 이 첫 장은《장자》의 전문을 통하여 저 하늘 한쪽에 걸려 있는 기이한 현상의 광무로서 사라지지 않고 나의 회백질(灰白質)에 어른거린다.

장자는 까마득한 태시(太始)의 세계로 돌아가 아득히 저물어간 이전 세상의 한 세계를 보여준다. 아니면 이것은 먼 미래의 지구의 끝과 아침을 보여주는 예시(豫示)일까. 밑도 끝도 없이 한 마리의 바닷물고기가 갑자기 붕새로 변신하여 하늘로 날아올랐다는 것은 지구와 인간의 중심적이고 거대한 문명과 지혜를 소외시키려는 비상이 분명하다. 어떻게 장자에게 이런 상상이 가능했을까. 왜 북명의 물고기이며, 왜 날개를 단 붕새일까. 알 길 없는 숙명적 감정이 뒤섞인 듯하다.

창랑의 북명에 비늘을 단 한 마리 바닷물고기. 그가 깃을 단 새가 되어 수격 3만 리의 바다를 내차며 날아오르는 것은 구련(拘攣)의 비밀 속에 갇혀 있는 영혼이 해방되는 승천의 광경이다. 마치 두루마리 속에 감추어진 듯한 이 솟구침의 광경은 어떤 상상과 문장도 따라올 수 없는 태허의 진경이다. 만물의 질서와 체제와 숙명이 일거에 허물어지는 훼멸(毁滅)의 소리가 들리는 듯하다.

물고기가 붕새가 되다

이 광량과 청월의 이중 변주의 세계는 어떤 경지일까.

세계가 끝나는 것일까, 세계가 열리는 것일까. 끝나는 것은 다른 의식계로 시작하는 전이이며 열리는 것은 오랜 의식계가 끝나는 적멸이다.《장자》속에 그려져 있는 이 탈출과 혼돈의 비상은 정말 미리 예상할 수 없는 의문에 싸인 지구 북쪽바다에서 일어난 사실의 기억이며 미래의 과거일까. 북명의 바다의 이 붕비(鵬飛)의 첫 장면은 영원히 지워지지 않을 경포(驚怖)이자 항상 펼쳐보아야 할 비전(秘傳)이다.

'장자새'가 광대무변한 하늘로 수많은 물방울과 티끌, 모든 고뇌와 바람을 이끌고 날아올라가는 비상의 광경 속에서 문득 고난의 지구를 지키고 있는 것은 아닐까. 그러나 바로 그 착각이 다른 길일지 모른다. 인간의 세상과 지구를 여의는 것 같아 마음도 혀도 불가피 속에 감추지만, 그것은 그 속에서 또 다른 소요(逍遙)가 된다. 청안시(靑眼視)로 내다보는 푸른 하늘이다.

그는 세계 안쪽으로 이동한 것일까. 북쪽 아득한 곳의 북명이라는, 인간들에게 전혀 알려지지 않은 미스터리의 바다, 이 혼돈의 새벽 바다에 그때 무슨 일이 일어난 것이 분명하다. 스스로 광상(狂想)의 새가 되어 바다를 뒤집고 날아오르는 것은 마치 잠든 영혼의 일출과 같다. 아무도 꿈꾸지 못한 이 광경을 대체 장자는 어떻게 볼 수 있었을까. 태초의 동쪽에서 해가 떠오르는 청명한 남색의 첫 바다처럼. 태초의 물바닥을 반들반들 드러내며 기쁨의 춤을 추던 그 수면처럼. 자신도 모르는 사이 극한이 다가오고 환(幻)이 의식을 지배했을 때 우리는 어디 있었을까.

그 고비(高飛)는 완성과 종결이 아니라 무시로 바다를 부수고 어둠의 휘장에 싸이는, 그러다 다시 일출하는 눈 아픈 첫 생의 바다로 나타난다. 그 남색 바다물결은 곤이 태동(胎動)을 시작하는, 붕새가 날아오르기만을 기다리는 추운 아침인 듯 물결치고 있는 것일까. 붕새는 2,300년 동안 매일 날아오른다.

북명의 바다가 떠받치는 곤, 천공이 떠받치는 새, 이 둘이 하나의 생명이다. 이것은 말할 필요가 없는 천기(天機)였을까. 지구가 만물의 바다였을 것이니 신묘하다 할 것도 없을 것이다. 장자가 대화(大化)를 통해 바다 속에 있는 한 기이한 정신과 몸의 생령으로 하여금 하늘을 경험하게 하는 것은 은유적으로 무엇을 암시하고 현실적으로 무엇인가를 나타내려 한 것이다. 그러나 그 누구에게도 질의할 수가 없다. 답이 있을 수 없지만 이 두 성물(聖物)의 존재가 만물 속의 일물(一物)임은 부정할 수 없다. 소통불가의 본질적 조건이란 이 세상 어디서나 쉽게 만날 수 있다. 장자는 이런 것을 뒤에서 불가피(不可避), 숙명이라 말하지만 이미 존재하는 것에 대해 의심할 수 없다.

다시 확인하는 소요유의 발단의 주인공은 곤과 붕이다. 배경은 북명의 바다이다. 장자는 마치 스스로를 소외시킨 듯 저 외연에서 우두커니 한 장관의 거울을 보고 있다. 《장자》를 읽은 사람들은 무용한 바다라는 동일성 의식 위에 떠 있겠지만 장자는 나에게 광연(廣淵)한 길고 먼 사유의 여행을 안내한다.

그 길은 내가 지금까지 걷던 길과는 다르다. 낯선 무도(無道)의 길이다. 장자의 꿈이 북명의 바다를 지나갔다는 광거(廣居)의 상상은 추억 같은 특이한 정신 경험이지만 그 길을 볼 순 없다. 단순한 우언(寓言)과 비유라 할지라도. 이것이 성훼(成毁)의 소요라고 말할 수 없는 것도 아닐 것이다.

아직도 북명의 바다엔 바람이 불까

등이 몇 천 리가 된다는 표현은 장자 특유의 왕양(汪洋)한 과장법이다.

홀로 크거나 홀로 작은 것은 없다. 사실 곤이란 물고기는 아주 작아서 성냥개비만 하다고도 한다. 곤은 곤(鯤)이란 물고기의 배 속에 있는 어란(魚卵)이기도 하다. 이것이 장자의 16극 안팎과 그 대칭, 비대칭적 상상에까지 가 닿는 경지를 보이는 프리즘이다. 프리즘 속에 언어들이 물고기의 물살처럼 살아 있다. 어쩌면 이 거대 붕새는 소조(小鳥)일 수 있다. 작은 연못을 북명의 바다라고 한다면 새는 그 안의 하늘에 거꾸로 비치면서 날아가는 '아주 작은 존재'이기도 하다. 푸드덕 하고 날아가는 이 의식을 깨우는 존재와 소리는 마치 뇌 속에 숨어 있는 유전자의 염색체 실타래와 같은 모습을 하고 있는지도 모른다.

이 곤은 소요유 마지막에 나오는 대수(大樹)와 같은 의미의 대어(大魚)이다. 무용한 것, 인간과 무관한 무위(無爲)의 존재. 바로 이것들이 만물의 무의식에 반란을 일으킨 것이 아닐까. 정말 무용한 것이 세상을 창조하고 길러내고 파괴할까. 무용한 것만이 하늘로 날아오를 수 있고 유용(有用)한 것들은 모두 지혜와 욕망의 폐허 속에 남을지 모른다. 문득 쓸데없는 걱정이지만 그렇게 되리라는 생각을 떨쳐버릴 수는 없다. 그 다음은 다른 세상의 조물(造物)이 오지 않을까, 그것도 알 수가 없다.

하지만 저 천공의 희미한 월광이 부서지는 날, 우리의 길은 종국에 사라지고 말 것이다. 지구의 모든 문은 쾅, 쾅 봉쇄되고 그 모든 출구는 파괴되지 않을까. 다만 하늘을 내리덮은 구름 위 창천(蒼天)에 아직도 이 마지막 시간의 한 신성(神性)만이 요요(遙遙)로이 지구의 하늘을 비상하고 소요하고 있을까.

하지만 나는 오늘도 북명의 바다에서 추방되고 다시 북명의 바다로 돌아간다. 마지막 북명의 바다에서 추방되고 어느 기착지에서 너의 영혼과 나의 상처투성이의 영혼이 다시 만날 수 있을지. 아직도 끝나지 않고 남은 시간의 언어들이 시간의 구름 속에 기층을 이룬다. 저 너머 드높은 곳에 태허의 하늘은 진정 정신의 협곡 밖으로 아득히 열려 있을까. 아무도 믿지 않는 인식 불가능한 북명의 바다를 꿈꾸며 광허한 천공을 나의 언어는 몸서리치게 그리워한다.

2 남쪽 하늘로 이사 갈까

이 새는, 바다가 움직이면 바야흐로, 즉시 남명(南冥)으로 떠나려 한다. 남명이란, 천지(天池)이다.

제해(齊諧)란 사람은, 기괴한 일을 기록한 자이다. 제해의 말에 의하면,

붕새가 남명으로 가려 한다. 파도 삼천리, 회오리바람에 날개를 치며, 구만리 장천, 유월의 대풍을 타고 가리.

• 원문(原文) •

是鳥也 海運 則將徙於南冥 南冥者 天池也 齊諧者 志怪者也 諧之言曰 鵬之徙於南冥也 水擊三千里 摶扶搖而上者九萬里 去以六月息者也

* 해운海運 유월 바다의 움직임. 곧 즉則. 장차, 막 ~하려 한다 장將. 옮길 사徙. 천지天池 하늘바다, 남명의 본명. 제해齊諧 사람 이름. 뜻, 알다 지志. 붕사남명鵬徙南冥 붕새가 남쪽으로 날아가려는 포부, 붕정도남(鵬程圖南). 수격3천리水擊三千里 물결 3천리. 잡을, 두드릴 박摶. 부요扶搖 회오리바람. 9만리九萬里 먼 길. 숨쉴 식息. 6월식六月息 6월의 대풍.

6월 대풍

북명(北冥)의 바다 위로 해류의 물결들이 얼굴을 내민다.

바다가 먼저 움직여야 하늘이 움직인다. 지수(止水)나 춘화(春和)와 같은 의외의 조화와 고요를 지닌 장자의 저쪽 문채는 바로 유월 전의 이 북명의 바다 속에 있다.

'박(搏)'자 속에서 붕새의 날갯소리가 들리는 듯. 바람과 싸우면서 바람을 놓치지 않는 붕새의 고투하는 몸부림이 보인다. 북명의 붕새는 작은 새로 축소되어 모질지만 부드러운 부요(扶搖)의 바람 속에서 하늘로 솟구친다. 하지만 붕정만리의 이륙(離陸)의 의미는 낡은 바다를 버리고 새로운 하늘로 떠나는 순간이다. 지금도 그 순간은 만물의 영혼 속에서 계속되고 있다.

매일 이별 없는 순간은 없다. 다만 우리가 망각하고 있기에 떠나고 사라지는 것을 모를 뿐이다. 우리의 영혼의 곡두는 무엇인가를 수도 없이 지나쳐 가고 지나쳐 왔다. 수많은 이름들로 찾아와서 자기 몫의 생을 살고 어느 날 훌쩍 자신을 떨쳐버리고 훨훨 날아간다. 오히려 우리가 살았던 이 육체의 세상을 죽음은 심히 낯설어한다. 그것을 안다면 인간은 이미 인간이 아닐 것이다.

또 새로이 태어나는 주물의 소리가 온 하늘과 바다에 가득 찬 북명의 조물장(造物場)은 끔찍한 형장이 아닌가. 경악(驚愕)스러운 이 생성의 아니 변신의 대혼란의 세계는 말을 잃어버리게 하는 먹먹한 이별이며 절연의 상청(常靑)한 풍경이다. 문득 저 조용한, 입을 다문 천공 위쪽을 보면 거기 벽천(碧天)이 있고 문합(吻合)이 있다. 그러나 이미 아득한 하늘에 그를 맞을 새로운 천뢰의 선풍(仙風)은 불고 있지 않았을까.

《장자》에서 처음 나오는 인간의 이름 '제해'

《장자》에서 인간의 등장은 뜻밖이고 소연(騷然)하다.

제해(齊諧)는 실제 등장이 아니라 이름만 나왔지만 인간의 등장은 거북하고 불편하다. 그것은 아마도 인간의 시비, 욕망, 지배, 차별 등의 속성 때문일 것이다. 뒤에 등장하는 인물들의 숙명을 통하여 말할 기회가 있겠지만 〈소요유〉편에는 동물이 많이 등장한다. 장자는 인간보다는 동물에 더 관심이 많았던 것일까. 동물에게는 인간의 언어가 없고 도구도 만들지 못하지만 그들은 언어와 손을 사용하는 인간보다 순진무구하다. 그들의 눈에는 적어도 참회해야 할 죄와 윤몰(淪沒)이 없다.

장자는 인간을 직접 등장시키지 못하고 머뭇거리면서 붕새를 계속 등장시킨다. 또 식물 등 정지된 무용의 외물(外物)을 중심에 두고 혼자 자신에게 무슨 말인가를 들려주고 그것을 혼자 듣곤 한다. 인간의 음악(인뢰 人籟)과 땅의 음악(지뢰 地籟)을 벗어나 하늘의 음악(천뢰 天籟)을 들으려고 온몸을 하늘에 내맡기는 붕새와 같은 돌발적 비상이 예견되는 것도 이런 까닭에 근거한다. 거들떠보지도 않는 인간에 비해 미물들이 하늘을 보고 저것은 어디로 날아가는가, 하는 질문은 차라리 순수한 우문이다.

이 붕비(鵬飛)는 무위지법(無爲之法)의 비상이다. 그러나 인간을 떠나서 가없는 미물이 혹은 성물이 온몸을 하늘로 솟구치는 것은 역린이며 자기저항의 몸짓이다. 상식적으로 볼 때 인간을 초월한 불쾌한 상상이다. 하지만 절대순수의 비상이며 한 번도 경험한 일이 없는 무향(無鄉) 소요의 대변이고 지극한 경지의 승물유심(乘物遊心)이다. 몸을 바꾸다니, 상상할 수 있을까. 그러나 불가능한 일일까. 그러기에 처처의 수많은 지인(至人)들이 이 붕새를 상상하고 두려워하고 흠모하고 기뻐했을 터이다.

이미 이 세계가 저 붕새가 날아가 버린 다음의 세상이라면 한 가지 알 길이 없는 것은, 붕새가 날아간 '천지(天池)'가 있는 그 남명의 바다이다. 그 후 우리는 이 지구 위에 묶인 채 아직도 문명의 옷을 걸치고 잡다한 숙명 속에 갇혀 있지만 여전히 자연의 젖줄에 육체를 대고 태허 속에 살던 인간들과 같은 방식으로 유전하고 계속 죽어가고 있다. 즉 생사가 변함없이 진행되고 있다. 그러나 이 대곤(大鯤)의 괴이한 존재성은 지구의 자연과 인간의 일반법칙과는 다른 무위(無爲) 속에 있는 것 같다.

그럴 것이다. 장자는 초월을 제정하고 시적 선언을 감행했다. 대붕 역시 인간과 관계가 없는 방외자(方外者)일 필요가 있다. 언제 어디서나 인간이 중심일 필요와 까닭은 없다. 하지만 자폐(自斃)하고 좌초한 인류에게 저 북명의 바다에서 일어난 지구와의 영원한 이별의 사건은 돌이킬 수 없는 일대사이다. 모르긴 해도 가장 깊은 심처(心處)의 상실은 바로 이 무용한 곤과 붕의 부재가 아닐까.

장자는 지구의 영혼을 구출하여 하늘로 내보낸 것인가. 지구에서 붕은 이제 더 이상 숨어 있을 곳이 없다. 개력이 된 산천은 파괴되고 결국 죽을 수밖에 없는 사지이다. 무용의 곤과 붕이 없는 삭막한 문명 속에서 영물들은 무용한 영혼의 새를 잃어버렸다. 어떤 새로운 문명과 사상도 언어도 이 곤과 붕새의 혼돈과 무용의 희생을 대체할 순 없다. 말할 줄 모르는 두 미물(微物)의 소멸과 이거(移去)는 어떤 문명과 지혜의 권력과 명성, 보금자리보다 더 큰 것을 잃어버린 것과 같다.

요천(遙天)을 쳐다보지만 보이지 않는다. 이제 인간에겐 무심과 무용이 존재하지 않는지 모른다. 인간들은 그것을 잃은 것도 모른 채 곡두의 망령으로 지구에서 쓸쓸한 삶을 살아가고 있는지 모른다. 그러나 그때에도 미래에도 인간이 아닌 한 마리의 곤은 의심 없이 대풍

(大風)을 기다리고 있을 것이다. 그때 그 북명의 바다의 수면을 만져 보고 싶다.

창창한 하늘 속 별처럼

붕비(鵬飛)는 뇌리에서 떠나지 않는다.

세계 존재의 근원과 진언은 죽는 그 순간 나의 머릿속에 번갯불처럼 스쳐 지나갈지 모른다. 거대한 붕새가 지구를 떠난다는 것은 지구의 현재를 버린다는 뜻일까. 하늘을 가리고 날아오른 그 검은 새의 날개가 지구 영혼에 그림자를 드리우는 것은 지구가 함정이란 것을 알리는 것일까. 죽는 순간에도 알지 못하고 죽어서도 영원히 이 우주의 비밀과 근원을 알지 못할 것이다. 하지만 그도 알려 하지 않고 혼돈 속에 놓아둘 것이다. 저 창창한 하늘 속의 작은 별들처럼.

전국시대, 저 권력과 지자(知者)들이 주름잡던 시대에 장자는 이 소요유(逍遙遊) 첫 글에서 자신만의 고독한 붕사상(鵬思想)을 선언했다. 그것은 반체제의 일성이며 구도자의 결별의 독존(獨存)이며, 한 그루 무용한 대수로 서는 수립(樹立)이다. 자유를 누리고자 하는 인간 본연의 원대한 꿈이 반영된 사유의 대전환이다. 그는 하늘에 대고 제사를 지낸 적도 없고 어떤 권력에게 머리를 숙인 적도 없다. 소요를 방해하는 그 모든 외부의 존재와 대상을 소외시킨 인간이다. 시대마다 여전히 붕비는 난해하다.

붕새가 세계 존재의 시종(始終)의 메타포와 상징체라는 점은 의심의 여지가 없다. 그곳은 저 하방(下方)으로 둔천(遁天)한 존재들이 초극할 수 있는 사유의 독존적 절대영역일 것이다. 어떤 이익이나 당파나 희생, 소유와 차별이 아닌 절대순수의 도를 자신의 목숨에 걸고 양생(養生)으로 지키고 지향하는 것이 인간의 가장 고귀한 영역이 아닐까.

물론 고투의 길이지만 양생의 고요는 오장육부(五臟六腑)를 지키고 자연 속에 느리게 움직여 나가는 것이며 스스로의 무위를 행하는 길이며 이것이 만물과 벗하는 장자 진인(眞人)의 일이다.

붕새의 비상은 장자가 인간을 인간 중심에 두지 않고 자연 중심에 두려는 전도적 화법이다. 만물 속에서 인간을 소외시키려는 탈중심주의는 인간을 하위의 틀 속에 가두려는 사상이 결코 아니다. 장자는 만물 속에서 그 어떤 우두머리를 인정하지 않는다. 인간을 변방으로 밀어냄으로써 인간을 다시 찾는다. 그러므로 진인은 차라리 도망을 가면 갔지 이름과 명분 앞에 나서지 않는다. 산은 평야 어디에서나 보이기 때문이다.

붕새로 물화된 물고기가 천공을 날게 한 것은 인류 문화사에서 기이한 돌발이다. 지평적 정치사상의 의미와 가치를 넘어선 우주적 사유의 광막한 경지를 보여줌으로써 무가치와 무아의 세계를 선물한다. 인간의 어른 된 마음을 보여주는 길이 장자의 문장이다. 엄살이나 이해나 동정이 개입하는 공간이 아니다. 장자는 어느 날, 인간은 무정(無情)의 존재라고까지 말하지 않았던가.

붕비야말로 지구를 놀라게 하는 경이로운 사건이다. 노자(老子)를 뛰어넘은 최초의 완전한 유소(遊所)의 지구 공간을 승화한 문학적 철학적 언어의 새 지평을 사람들에게 선물했다. 권력과 중심의 박탈이며 영원으로의 통쾌한 일탈이다. 저 지구 북쪽 하늘에 이 붕새가 없다면 얼마나 허전할 것인가. 그리고 예언이 없는 세계의 언어와 현실은 또 얼마나 삭막하고 답답하며 무지막지한 일방통행의 세상일까. 《장자》는 신선한 난해를 헌정한 최고 메타포이며 예언이다. 장자 그 후, 그 누구도 실로 무용한 이 붕새의 난리(亂離)를 따라오고 넘어설 유인(遊人)은 없다.

그래서 서력 기원전의 붕새가 아직도 날아가고 있으며 지금도 매일 매일 붕새는 소리치며 날아오르고 있다. 인간의 마음의 기억과 화석화한 뇌의 알(R) 영역에서 그 붕새는 날개를 펼치고 날아오를 것이다. 다만 귀가 먹고 눈이 멀어 그 화이위조와 붕비의 절규가 들리지 않을 뿐이다. 어찌 문명의 쾌락과 도시의 소란 속에 파묻혀 있는 인간들에게 그 작디작은 신음이 들릴 수 있을까.

단지 장자는 붕새가 6월의 대풍을 타고 영영 날아갈(거이유월식자야 去以六月息者也) 것이라고 말한다. 하지만 무용한 것들의 관계까지 장자는 말하고 싶다. 그것이 작가의 마음이다. 여기서 6월 바람을 숨 쉴 식(息)자를 붙여 6월식(六月息)이라 한 것은 재미있는 표현이다. 어떤 이는 이 6월식을 '여섯 달 동안 상공에서 붕새가 쉰다'고 하였는데 재미없는 풀이이다. 식(息)을 풍이나 기식(氣息)으로 보지 않고 휴식(休息)으로 본, 글자 하나의 해석 차이로 엄청난 괴리가 생겼다. 내 생각엔 붕새가 그 하늘에서 여섯 달을 쉴 필요가 없다. 작품은 창작자의 것이기도 하지만 해석자와 독자의 것이기도 하다. 후자의 마음이 장자의 생각일 것이다.

마치 대풍이 수많은 소식과 사연과 꿈을 모두 거두어 담아 안고 이고 들고 지고 떠나는 듯한 풍경이 하늘에 보인다. 장자는 그 6월 바람을 남명의 천지가 후우, 하고 불어주는 생기의 입김이라고 말하고 있다. 장자는 아마도 이 바람을 들에 나와 바라보면서 함께 떠나지 못하는 아쉬운 마음을 표현하지 않았을까. 뒤에 나오는 남곽자기가 하늘을 쳐다보고 천뢰를 들으려 하는 모습과 같다고나 할까.

여기서 제해의 인용이 그친다. 탄허는 이 뒤의 '조여학구~구만리이남위'에서 제해의 인용이 끝난다고 한다. 장자가 그렇게까지 길게 제해의 글을 인용할 이유가 있었을까. 그럼 조여학구와 풍적(風積), 수적(水積)의 비유가 장자의 것이 아니라는 말이 된다. 생물(生物)

과 상취(相吹)는 장자의 기(氣)와 허실무위의 무위소요사상과 맞물린 중요한 그림쇠로서 우주의 비밀을 열 열쇠와 같다. 《남화경직해》(南華經直解)에도 '여기서 제해의 말은 그친다(諧言止此)' 하였다.

붕새는 지구의 북쪽 천공 위에 떠 있다. 아직 남쪽으로 날아가지 않았다. 내가 처음 구입해서 본 《장자》(을유문화사, 1973)에서도 김동성은 붕새가 '6개월간을 두류(逗留)한다'고 6월식(六月息)을 기간으로 번역했고, 또 기세춘 역시 '여섯 달이 되어야 쉰다'로 번역했지만 나는 6월의 대풍으로 보았다. 고작 6개월이라니! 가소롭기만 하다. 6개월이 아니라 장구한 세월을 북명의 바다 하늘에 떠 있다.

이 지구가 평화가 아니라 불화의 세계라면 어쩜 이 붕새는 영조(靈鳥)가 아니라 흉조(凶鳥)일지 모른다. 어느 쪽으로나 난해하다.

생물들은 아지랑이와 티끌 속에서

아지랑이랑 티끌이랑은, 생물이 숨결을, 서로 내뿜는 것.
하늘의 새파란 빛은 정말, 그 본래 색깔일까. 그 요원하고 까마득해 지극한 곳. 붕새가 아래를 내려다보면, 또 이와 같을 것이니, 곧 멈출 것이다.

• 원문(原文) •

野馬也 塵埃也 生物之以息相吹也 天之蒼蒼 其正色邪 其遠而無所至極邪 其視下也 亦若是則已矣

* 야마野馬 늪지나 들판의 수증기, 아지랑이. 진애塵埃 대기의 티끌. 생물生物 숨 쉬는 것, 살아 있는 물. 불 취吹. 상취相吹 서로 숨을 내뿜음. 푸를 창蒼 창창(蒼蒼)은 슬픔의 뜻. 정색正色 본래 색깔. 무소지극無所至極 까마득해 끝닿은 곳이 없다. 시하視下 눈 아래. 약시즉若是則 곧 이와 같은 것. 그칠, 이미 이己. 의矣 단정과 미래를 타나내는 어조사. 즉이의則已矣 곧 멈추다.

기창(氣蒼)의 세계

운율의 문장이다.

들판과 언덕에 피어오르는 봄날의 부드러운 아지랑이. 그 희미한 공기 속에서 이상한 소리로 울고 있는 생명들의 대지와 산과 하천과 바다의 세상. 하늘거리는 미세한 티끌이 하늘 허공에 가득하고 지상엔 온갖 생물이 그 하늘 아래에서 서로 숨결을 내뿜으며 제각각 생기를 더해가고 있다. 마치 하늘과 땅이 하나로 숨 쉬고 있는 것처럼. 바로 이곳이 장자가 멀고 높은 곳으로 일탈(逸脫)해 내려다본 최초의 세상의 모습이다.

그는 지구가 숨 쉬는 것을 보고 들었다. 그것은 생명이 지닌 불가해한 섬모와 유사(遊絲)의 비밀이다. 이 야마(野馬)와 진애(塵埃)는 1억 5천만 킬로미터 밖의 하늘에서 양기의 햇살이 어루만져 주자 습한 대지에 있는 각양각색의 만물이 자기 표정과 색깔로 반짝이며 혼령처럼 일어나 춤을 추며 숨을 할딱이고 쌔근거리는 음양의 기운들이다. 정신은 저 허공의 태양에서, 생명은 저 습한 곳에서 탄생하는가. 그 위의 먼지와 티끌 들은 그것들을 만지려고 나타난 정신없는 영기(靈氣)들의 귀여운 몸짓인가.

《장자》 이곳에 처음으로 '생물(生物)'이란 단어가 나온다. 야마진애 속의 생물(生物)은 살아 있는 것으로 사생(死生)을 가진 불완전한 존재들이다. 인간이나 새, 물고기, 순록 등은 각각 자기 명(命)을 가지고 있지만 유한한 조물의 존재들이다. 언어와 울음, 형상과 얼굴들은 다르지만 눈과 손과 다리를 모두 가지고 있다. 이들은 반드시 죽음을 받아야 하는 존재들이다. 그래서 슬픔의 색을 지니고 있다.

하지만 아주 먼 곳에 올라가 내려다보면 그 생물들은 보이지도 않고 기억조차 나지 않는다. 나에게 팔이 있었는지 날개가 있었는지 모른다. 이름도 손가락도 기억나지 않고 눈도 생식(生殖)도 기억나지 않는다. 어떤 생물의 자아가 자신이 혹 사람이었다는 것을 기억하지 못하는 것을 상상하면 저 상취(相吹)의 생물들이 손에 물컹 잡힐 듯하다. 지금 여기는 현재의 태양이 비추는 지구이며 야마진애만 보일 뿐이다. 그만큼 장자는 세계를 초탈(超脫)한 상태에서 생물의 세계를 마음에 안아들이고 있다. 붕새의 눈은 그들을 품은 자연의 가슴이다. 이 세상의 생물들의 상취는 붕새의 눈 속의 아름다운 그림자들이다. 붕새는 신기한 듯 내려다본다.

만물이 회생하는 봄날, 장자는 조화롭고 귀여운 생물들의 꿈꾸는 순간이 결국은 자연의 품에 숨어 있는 것임을 발견한다. 만물이 바람과 야마진애, 상취의 생물 속에서 정색하고 생동하는 것을 자연은 노래한다. 이 가엾은 봄날의 햇살을 다 받을 수가 없어 미물로 돌아가고 싶고 또 망각의 세계로 들어가고 싶을지 모른다. 그 어디나 다 '우리'의 고향이다. 나의 몸의 고향은 어쩜 저 작은 벌레나 새들의 심장이며 낯선 울음소리이며 빛처럼 공기를 따라다니는 소요의 진애였을 것이다. 생명들은 야마진애 속에서 태어나고 그 안에서 호흡하고 살아간다.

그러니까 봄날의 장난에 어찌 사람이 다시 희망을 내다보면서 어리석어지지 않을 수 있을까. 어떤 생물이 그 작은 수정체의 구멍 없는 창으로 밖의 봄을 내다보지 않을 수 있고 또 몸을 사리고 다듬어서 주위를 살피지 않을 수 있을까. 어리석은 것만이 생명일 것이다. 어떤 교화로도 자신의 본능과 몸과 장기를 포기하거나 바꿀 수는 없는 것이 생명이다. 현대 속에는 사라지고 없는 옛날의 그 멋진 지인과 성인, 신인 들은 상취의 재롱(才弄) 앞에서 마음을 빼앗기고 어느 날 산으로 들어가 버린 바람처럼 임종도 알리지 않은 채 조용히 눈을 감고 그리로 돌아갔을 것이다.

서로 숨을 주고받고 들이쉬고 내쉬며 쉴 새 없이 할딱이는 코와 입

속에서 장자가 들은 것이 음악이 아니라고 한들 그들에게 무슨 명분과 변론이 필요할까. 코와 입으로 애무하듯 그 숨을 서로 주고받는 자연의 형사지언(形似之言)은 생명의 찬가이며 놀라운 음양의 변화이다.

천진과 우둔(愚鈍) 곁에서, 무지와 무명 속에서 약간의 시적 의문과 함께 나도 물결과 나뭇가지처럼 흔들리며 너울거렸을 뿐이다.

그들과 함께 놀며 그들과 함께 가야 한다. 그곳이 어디인지 굳이 알려 하지 않는다. 나비와 바람과 물결과 같이 가는 곳으로 가면 된다. 아무것도 걱정할 것이 없다. 그곳에 그대가 나타나게 되어 있으며 그들과 함께 쉬고 있다고 생각하면 된다. 생명으로 돌아오는 것은 일하러 잠시 이 자연에 오는 것이라고 생각한다.

난해한 생물의 길

말의 의상(衣裳)을 입힌다. 확연하게 알아버린 것이 된다면 '천지창창(天之蒼蒼)'은 의미를 잃는다. 본질과 형해(形骸)만 알려주는 메시지가 아니라 살과 옷을 입혀주고 쓸데없는 듯한 것들을 붙여 보내준다. 즉 미적 구조와 여분을 가진다. 그 여분이 우리의 삶이다.

사유와 언어가 함께 소요한다. 천천히 낮은 의식으로 다가가는 가운데 '무엇'이라 할 무위(無爲)가 존재하기 시작한다. 그것이 원래의 주인이다. 나는 그 주인을 전혀 의식하지 못하고 있는지 모른다. 그렇다면 이 삶이란 정신없는 객께서 주인 행세를 하려고 한 꼴이 되고 만다. 이러한 사유의 모순이 그의 언어와 도의 시작이며 의상이고 이야기 진행방법이다.

인간도 자연의 일물(一物)이므로 저 생물들 누구에게 숨을 좀 적게 내뿜으라고 말할 순 없는 노릇이다. 또 그렇게 옹색한 자연이란 존재할 수가 없다. 아무리 미물이라도 그런 옹색한 공간 속에서 잠시의 자기 생을 선택하여 나름의 심령을 의탁하고 살다가 가진 않는다. 자기보다 무한에 가까운 자연의 시공 속에서 맘껏 살다가 그 자연 속에서 사라진다.

한 존재가 동참할 수 없는 자연이란 존재할 수 없다. 공존하는 자연 속의 숱한 종(種)의 난해성과 이형성(異形性)을 얼마든지 찾아낼 수 있는 이 자연의 복잡성 때문에 다스림과 해석의 어려움이 있다.

그러므로 생명 만물을 하나로 보면서 모두 다르게 본다. 그렇게 보고 대할 것을 만물이 바란다. 성급한 말이지만 제물 자체가 소요의 다른 말이기도 하다. 제물을 하지 않고선 무궁(無窮)한 소요를 다할 수가 없다.

장자의 손을 만지다

물론 시대마다 논자들이 다양하게 장자 문자를 풀어왔지만, 오랜 세월 동안 장자가 사랑받는 까닭은 장자의 언어가 지닌 무궁한 변주(變奏)와 새로운 해석에 있을 것이다. 무궁 안에서 각각의 생물은 천진성을 받아들여 존재의 숙명에 순응하는 생명활동을 하는 만물 속의 불가해한 일물(一物)이다. 마치 사마귀의 다리를 사마귀가 의심하지 않고 때론 불편하더라도 달고 자신의 일생을 살기 위해 길을 가로질러 가는 것과 같다.

새삼스럽지만 장자는 유희적 언어와 심리를 가지고 있다. 장자는 언어와 마음의 대화를 실재와 실천보다 중시한다. 《장자》를 읽고 있으면 저절로 생각이 움직여 간다. 그 생각은 언어의 그림자이고 현실의 저쪽 언덕이다. 무궁한 바람처럼 다양한 원과 직선, 평면을 그리고 돌아다니며 감은 눈 속에 환한 무늬의 그림을 남기고 대몽(大夢)을 꾸다가 망각한 채 어디론가 다른 얼굴로 돌아온다. 빛과 그림이 주인이 되어 나를 잊고 어디론가 여행을 떠난다.

그것은 너무나 작은 미소이며 너무나 큰 웃음이기도 하다. 보이지 않는 벌레의 앞다리이기도 하고 날개이기도 하고 간이기도 하다. 그 벌레는 다리를 가지고 말할 것이다. 내 앞다리가 이래도 나의 가슴 속에서 나온 것이며 나를 이동시키는 유일한 법(法)이라고.

그 말은 하얀 모래밭의 햇살에 연어들의 눈이 어른거리는 상류(上流)와 같고 아직 한 번도 인간의 등정이 허용되지 않은 포카라의 마차푸차레와 같다. 언어는 무엇과도 잘 어울려 놀 줄 아는 인간과 풀, 벌레와 바람, 물과 물고기 같은 관계이다. 그들은 하나의 꿈이다. 하나의 사이이고 하나의 분명한 음성이다.

인간도 끝없이 바다와 하늘, 물고기와 새의 경계를 넘어가서 기어코 하나가 되려는 태고의 물(物)로서의 생물이다. 그 인간은 본질에 대한 향수 때문에 괴로워할 때가 있지만 역시 그 시원에 대한 갈망은 이름 없는 들꽃의 향기와 같고 겨울 유리창에 대고 아, 하고 내쏘는 애인의 입김과 같다.

눈을 감은 채 나는 장자의 손가락을 생각한다. 그리고 슬며시 그의 손을 만진다. 그의 손을 만지는 것은 나의 손이다. 장자의 손가락은 장자처럼 가만히 있다. 너무나 낯익은 오후의 햇살이 오장육부의 감각을 만지고 있는 하복부의 숨소리를 듣는 손이 보인다. 그의 손은 문득 혼돈(渾沌)과 같다. 아니 구름과 같다. 그래 흙 같다. 순간, 얼마나 죽음을 생각했으면 호접몽(胡蝶夢)을 꿈꾸었을까, 하는 생각 속에 저 광막지야(廣莫之野) 안에 이 세계가 갇혀 있다는 기이한 생각을 했다. 또 그 안의 생물들이 부류끼리 생존해 가면서도 나 중심의 마음 바깥에 존재하는 만물과 소통하고 싶었던 것이 분명하다는 생각도 떠올랐다.

소요(逍遙)를 아는 것이 생명들의 가녀린 꿈이다. 결국은 예컨대 저

풀과 벌레와 싹이 되는 것이 그것이다. 인간을 거쳐 간 풀과 벌레, 가지들에 장자는 있다. 그 아래 물이 흐르고 가지 사이로 바람이 지나가는 자연을 멀리 떠난 도시에서 인간들끼리 전도체화하는 소통의 대란 속에서 살아가는 '나'는 시비와 경계, 이해가 없는 무위인(無爲人)들을 잃어버렸다. 그 무위의 사람들이 그립고 그들만이 위로해줄 수 있다는 것을 이미 알고 있지만 이것은 현대인들에 대한 절망이기도 하다.

현대의 그 누구도 '나'를 위로할 수 없다. 그 누구의 언어도 손도 침묵도 위로가 되지 못한다. 오히려 죽어 백해 구규 육장의 형해(形骸) 없는 장자의 말을 찾아 독서의 소통을 시도한다. 그의 말없는 주름과 지문투성이의 손가락이 가지런히 그려져 있는 감각을 느낀다. 대체 누가 이 미세한 지문들을 손바닥과 손가락에 새겨 놓았을까. 그 감각은 심장이 아니라 손의 손가락과 손바닥이면 족하다. 손가락은 오히려 혼돈을 준다. 무언가 한없이 내다준 그 손바닥은 심장보다 더 깊은 외연이다. 손을 본다, 이 손이 나의 손이다.

현재어의 장자

바람은 언제나 자연을 추억한다.

자연은 자연에 의해서 사라지고 자연으로 인하여 나타날 수 있고 자연으로부터 이동할 수 있고 안식의 몸을 감출 수 있다. 다른 곳으로의 은닉과 소멸은 가능하지 않다. 자연이 실어주지 않으면 이룰 수가 없다. 이 바람만이 생명을 불러오고 실어다 준다. 그리고 자연만이 그들의 짐을 덜어줄 수 있다. 그리고 허무 속에 잠들 수 있다. 자연도 자연을 따른다.

그렇게 생각하니 붕새가 거대한 건물처럼 여겨진다. 그 방대한 하늘의 한 건물은 6월풍이 불어야 남명(南冥) 천지로 날아갈 수 있다. 6월풍이 불지 않으면 남으로 날아가지 않고 이 하늘 천공에 마냥 떠 있기만 할 것이다. 그렇다면 이 날아간다는 말도 좀 이상하고 오히려 바람으로 이동한다는 말이 맞을 것 같다. 붕새는 가급적 날갯짓을 하지 않을지 모른다. 왜냐하면 6월풍이 불어줄 것이기 때문이다. 일도 마음도 사랑도 도모할 것이 없다. 저 6월풍이 생명을 기르는 바람이다. 기이한 붕새가 되고 있다. 그런데 정말 6월풍이 불면 세상은 어떻게 될까.

하지만 저 북명의 곤은 얼마나 오래 세월을 참고 기다려온 것일까. 북명의 바다에서 어느 때쯤 6월풍이 불어올 것인가, 곤은 물속에서 기다리고 재고 또 재며 자기 몸속에 나이테처럼 자연을 심어왔을 게 아닌가. 마치 오랜 유전의 나무가 자기 몸속에 절기 그 자체를 나이테로 층층이 감아낸 숱한 세월로 그리듯이.

감히 상상하기 어려운 심해(深海)의 해면(海面)이다. 저 깊은 심연의 중심에 닻을 놓고 찰랑이는 수면의 물결소리에 곤은 그 6월풍을 못 들을 수도 있었을 것이다. 그러나 그는 놓치지 않고 그 물소리를 온몸으로 감싸 안고 숨비소리 내며 뒹굴었을 것이다.

그 소리를 비늘로 만들면서 그 파랑과 날개를 수도 없이 상상하면서 물속의 어둠을 빛처럼 가로지르며 때를 기다렸을 것이다. 귀를 곤두세우고 수면 밑까지 올라왔다 내려가는 곤을 상상할 수 있다. 곤은 온몸이 귀였다. 북명의 바다도 이렇게 문장을 쓰고 싶었을 것이다. 때론 부드러운 물결의 북명 운율(韻律)은 그야말로 생명에 대한 예찬이다. 하늘과 맞닿은 창창함이다. 장자야말로 곤의 붕화(鵬化)에서 그 아지랑이 가득한 봄을 최초로 본 지고의 시심(詩心)을 보여주었다. 이 시에서 장자는 현재형이며 현재어이다.

봄바람은 어디서 불어오는 것일까. 열흘 있다 갈 꽃이 피는데 문은 굳게 닫혀 있고 짐차들은 매연을 내뿜으며 도시를 향해 질주한다. 자연은 아무 노고도 없이 움직이는데. 6월 어느 날, 장자는 혼자 지상에 남은 듯, 쓸쓸하게 먼 산 밖의 남빛 하늘을 내다보고 있었을 것이다.

장자 자신이 아는 것은 아무것도 없다. 겨울을 난 커다란 장옹(醬甕)이다. 아직도 추운 바람이 불어오는 화단의 미선나무 꽃일까. 나는 내가 있다는 생각으로 존재하는 것에 불과한 것일까. 그 생각의 바람은 얼마나 순간적인 것일까. 아무래도 북명의 바다 그 상상의 끝자락엔 내가 떠나버리고 없는 텅 빈 바다로서 몸 바꿀 수 없는 어느 타자들의 시간의 해초더미만 쌓여 있을지 모른다.

광막지야 속의 영혼의 불빛

무엇이 동일하며 다른 것일까. 그것을 내다보는 이것은 무엇일까. 내부와 외부의 만남에 경계가 있는 이것은 무엇일까. 환(幻)일까, 곡두일까. 이것이 몸이라는 어여쁜, 그러나 측은한 마음이 가는 그 난해의 '생물(生物)'이다. 왜 심로(心勞)하고 차별과 운명이 있을까. 왜 한 몸뚱이의 어느 것은 팔다리가 되고 왜 머리가 되었을까. 소통을 줄이고 홀로 서 있는 저 적막한 시간이 나의 고향일까. 왜 저 먼 하늘에 실타래처럼 감겨 있는 하얀 침묵의 햇살들이, 돌아갈 수 없는 고치 짓는 목련 꽃들이, 그 옛날 실을 잣는 여인들의 희미한 기억들이 나의 손등에 달려와 찌르고 피를 내며 작고 붉은 꽃 총상을 피워대는 것일까.

창창(蒼蒼)한 하늘은 원래부터 끝이 없다. 내 눈의 마음이 깊어서이다. 정말 그 끝을 아는 사람은 지상에 없다. 창창은 새파란 의미를 넘어 창망(滄茫)이기도 하다. 무위의 창망한 하늘 아래 생물들이 존재한다. 하지만 불편한 동숙과 공존의 고독을 겪는다. 서로 다른 자신들을 낳아주고 길러주고 그리고 헤어지고 사라진다. 거개가 이름을 남기지 않는다. 이것이 멀리서 보는 생물이고 생물을 보는 시야(視野)이다.

장자는 광막 저쪽을 말하지 않았다. 이처럼 말하지 않은 장자의 흑암 속은 그야말로 광막하다. 고작 그는 현상계를 말하고 있을 뿐이다. 이러지 않았다면 장자의 사상도 합리적인 아귀에 들어오고 말 것이다. 이것을 끝없이 파괴하고 거부한다. 광막은 인애(仁愛)라 하더라도 거부하고 사용하지 않는다. 이때 놓치지 않고 이 지상의, 아니 저 광막지야 앞의 한 지극한 영혼의 불빛을 볼 수 있다. 북명의 바다 속에서 꺼졌다 다시 켜지는 하나의 점등(點燈)의 기억처럼.

조롱(鳥籠)과 계약 속에서 인간의 영혼과 상상은 숨 쉴 수 없다. 그런 의미에서 현대의 인간들은 너무나 왜소한 존재로 변신했다. 그들은 이미 대부분 죽었다. 살아 있는 현대인은 많지 않다. 그들은 다시 전인간(前人間)으로 돌아가지 못한다. 점점 작아지는 마른 양파 껍질과 피골이 상접한 형해를 볼 뿐이다. 다시는 고불(古佛)을 볼 수 없는 것처럼. 지혜의 시비와 조직적 자본, 분별없는 욕망의 결과와 자연을 등진 문명의 맹신으로 영혼 밖의 현대는 인간을 자발적인 노예로 만들고 황폐시켰다.

무궁자(無窮者)의 꿈은 해체이며 혼돈이다. 이 지상의 아름다운 무궁자는 사라졌다. 비만 오고 바람만 불 뿐이다. 하늘의 궁륭은 캄캄하고 별만 빛날 뿐이다. 아무도 인간과 지구에 말을 걸지 않는다. 무궁자는 다시 돌아오지 않는다. 죽은 언어이며 이름이다. 하지만 그는 구성과 질서를 흩어놓으려 하며 결속된 인위의 유기체를 믿지 않는다. 그는 중심과 편집의 해체자로서 지금도 그 어디엔가 집중과 체제를 거부하는 방외의 정신으로 존재한다.

이 위험한 사상이 지구상에 존재하고 지지자들이 도처에 있다는 것은 놀라운 일이 아니다. 삶의 가치와 선진 사상에 영향을 끼친 장자의 '소요'는 당대를 거쳐 현대까지 건너뛰었다. 복잡하고 난해한 장자 도학의 대화는 만물의 법칙을 인간이 거스를 까닭이 없음을 강조한다. 구련(拘攣)의 육체로부터 해방되어 정신과 몸이 자유롭도록 귀휴(歸休)를 허락해야 자연과의 조화를 찾을 수 있다는 말을 믿는 자들은 소수이다. 하지만 누구나 바람을 소유하여 이용하려 나서지 않고 기다리지 않은 바람이 오면 그 바람을 타고 즉시 가버린다.

모두가 구련에 가담하고 있다. 해결할 수 없는 이 비하(卑下)의 진행이 대다수 인간들의 숙명이다. 이것은 결코 벗어날 수 없는 현재자(現在者)들의 현황이다.

꽃은 이성과 편집사회를 거부한다

현대사회는 1백 년 전부터 문화와 가치, 체제의 틀, 이성의 편집에 의한 강화된 권력화로 소요 불가의 한계를 숱하게 노정하고 있다. 인간은 상처투성이다. 인간은 물질자본과 문명에 외형적으로 순응하는 것 같지만 사실 꼭 그런 것이 아니다. 행복과 편리를 추구할지라도 본래의 자아는 지혜의 수단으로 자연과 본질을 훼손한 문화의 모든 조건을 거부하기도 한다.

인간이 야마(野馬)와 진애(塵埃) 속에 있는 한 생명체이며 오묘한 동물이자 지혜임에도 마치 그들은 다른 생명체와는 전혀 다른 존재인 것처럼 생각하는 것이 바로 위험한 유위(有爲)의 싹들이다. 늘 인간은 공허할 수밖에 없는 근원적 까닭이 여기에 있다. 그들로부터 소외되었기 때문이다. 인간을 책무에서 놓아주면 자기 집으로 돌아갈 것이다.

수많은 세대를 거쳐 오는 동안 천진과 소요가 사라진 세계. 크고 작은 오만과 지혜, 시기와 암투, 권력과 자본의 문명 주체들이 천진과 소요를 제어하는 현상은 거개가 폭력적이다. 현대는 모두 그 안에 갇혀 있다. 아무도 자유롭지 못하며 갈 곳이 없다. 자동화된 도시의 간접적 권력에의 강요는 본능적 강요와 함께 인간과 자연을 문명의 이해 속에 편입시키고 이간질하며 인성을 파괴시켜 왔다. 반자연의 도시는 전쟁터이며 참여의 현실은 실업의 고독보다 무서운 감옥이 된다.

현대의 종말 반대편에서 표방된 대거(大擧)의 탈북도남(脫北圖南)은 지금 이 움직이는 우주공간의 하늘에 대한 창창(蒼蒼)한 예언이다. 장자의 사상은 인류의 미래 역사에 대한 즉 현재에 도달해 있는 문명의 지혜에 대한 경고이다. 장자는 그럼에도 어느 봄날, 인간이 아닌 야마와 진애와 상취(相吹)의 숨소리를 이 글의 주인공으로 삼았다.

장자는 인위(人爲)에 참여하지 않는다. 또한 도모하지 않는다. 자연에 다다를 것을 바라는 인시(因是)사상은 반인간중심 사상의 단서(端緖)이다. 여기 생물(生物)은 자기 몸을 가진 숨 쉬는 것들로 만물 중에서 죽음이 있는 각양의 조물(造物)들이다. '야마야(野馬也) 진애야(塵埃也) 생물지이식상취야(生物之以息相吹也)'의 구절은 누구나 아는 말 같지만 가장 난해한 구절로 알려져 있다.

인간을 생산의 도구로 삼고 노역장으로 내모는 욕망과 차별의 현대 산업의 형틀 같은 윤리는 생물의 본성에 반하는 것이며 지혜가 작동하는 자기숙명적 오해의 결과물이다. 여기선 이것을 해결할 자리가 아니지만, 이렇게 말하고 싶다. 꽃은 이성과 편집사회를 거부한다.

생명은 슬픔의 알을 담고 있다

한 개인의 마음과도 같은 창창(蒼蒼)은 곧 슬픔의 빛깔을 지닌 생명이다. 생명이 있는 곳, 장기(臟器)를 가진 것이 생명의 집이다.

생명들은 백의 뼈와 아홉의 구멍과 여섯의 장기가 안양(安養)해야 한다. 멀리서 볼 때, 모든 우짖음과 포효와 수면, 식이와 죽음과 탄생, 거주 등이 '일(一)'자 하나 속에 있는 것을 본다. 그리고 그것들이 가감 없이 보여주는 무지혜의 그림과 평등한 만물이 장자의 '이것(是)' 들이다. 장자의 사상은 이 시(是)를 찾으면서 동시에 잊는 길이다.

이 세계는 기(氣)의 존재들로 가득하다. 입과 손과 내장을 가지고 있는, 터럭 하나도 의심할 수 없는 숭엄한 존재들. 하늘 아래의 세상 그림을 보면 앞으로 전개되는 만물에 대한 탈아(脫我) 논리와 직관이 보일 것이나 그러나 그 탈아는 사회로 나아가거나 권력과 합류하는 현상은 결코 아니다. 진인으로 가는 길만 있을 뿐이다.

장자는 길을 찾고 다시 잃어버리는 무도(無道)의 사상가이다. 무언가를 알아버리면 지식의 종결이 오고 의식은 파괴된다. 그러기에 무지로 돌아와 더 깊은 혼돈 속, 예컨대 광막지야와 골의지요(滑疑之耀) 속으로 스스로 들어가 길을 잃고 자신을 잃어버린다. 자신을 잃은 그곳이 상아(喪我)의 자아이다. 이것이 천진이며 무식이고 더 나아가 죽음이며 그 속에서 만나는 빛나는 자연이다.

백합은 뿌리에서 해마다 지상으로 싹을 올려 보낸다. 그는 한 해에 한 번만 싹을 내보낸다. 그리고 꼭 꽃을 피운다. 그것이 전부이며 족하다. 그러면 돌아갈 수 있다. 그의 사상은 출렁이며 흘러가는 물과 아무 생각 없는 한 뙈기의 흙이다. 이것을 뒤집으면 나는 도처에 있으므로 존재하지 않는 이름의 자연이다. 즉 없다. 이 없음을 가지는 것이 완전한 소요(逍遙)이며 명분과 대의로 인간을 옥죄는 사회와 윤리를 넘어서는 유심(遊心)이다.

"아래를 내려다보면(其視下也), 또 이와 같을 것이니(亦若是), 곧 멈출 것이다(則已矣)"란 말은 까마득한 하늘 속에서 자기 눈으로 이야마 진애의 세상을 내려다본다, 이곳도 끝이 없어 창창하긴 마찬가지라는 뜻. 지고무상(至高無上)에서 아래를 내려다보면서 창창의 마음을 내고 그곳에서 잠시 멈춘다는 것. 이 하늘은 장자의 본아(本我)의 반사이다. 또 소요의 극치이다.

하늘을 올려다보고 청청의 본색(本色)을 느낀다. 교감이 수직으로 직통한다. 생명의 바다인 야마진애(野馬塵埃) 위에 떠 있는 거대한 눈은 놀란 듯 아래를 내려다보며 한 가닥 의문 속에 눈을 껌벅였을 것이다. 장자는 기시하야(其視下也)에 천공이나 창천(蒼天)을 생략하였다. 내려다보는 것은 하늘에 떠 있는 붕새이다. 멀리 나가서 뒤돌아본 이 눈은 놀라운 시야(視野)이다. 멀리서 나가 볼 때에만 우리는 생명들이 모두 안쓰럽고 슬픔이라는 것을 알게 된다. 생명들이 모두 슬픔의 알을 담고 있다.

이 붕비는 지구와 세계에 대한 분노와 놀라움으로 가슴이 뛰기 시작하는 우주적 영물의 첫 경험이다. 이제 장자가 창창(蒼蒼)의 하늘로부터 고개를 숙여 시선을 내리면 붕새도 지상으로부터 시선을 거두고 남쪽 하늘로 서서히 날아갈 것이다. 하지만 《장자》가 끝날 때까지 붕새는 날아가지 않은 채 하늘 한가운데 멈추어 있을 것이다. 어리석은 문장의 미련 때문일까, 예언의 유보일까.

6월풍만이 그를 남명으로 데려갈 수 있다. 여기서 심기(心機)를 엿본다. 장자가 도남붕정(圖南鵬程)을 막고 있는 것이 아닐까. 역약시즉이의(亦若是則已矣)의 '즉(則)'은 당장의 뜻이니 날아가지 말고 당장 멈추라는 장자의 외침이 들린다. 환청일까. 장자로선 위험한 지점이다. 지구에 대한 감상적, 반숙명적, 인위적 자비심이 발생할 수 있기 때문이다.

그런데 아무것도 없는 하늘로 올라가면서 왜 한 번도 울음을 터트리지 않았을까. 저렇게 오랜 세월을 하늘 구름으로 있으면 비가 되어 쏟아지진 않을까.

4 물은 배를 기다린다

예컨대, 물의 깊이가 깊지 않으면 결코, 그 큰 배를 띄울 만한 힘이 없다. 마루의 오목한 곳에 한 잔 물을 붓고, 겨자씨 배는 띄울 수 있지만, 잔을 놓으면 그 즉시 바닥에 닿고 만다. 물이 얕은 데다 배가 크기 때문이다.

• 원문(原文) •

且夫水之積也不厚 則其負大舟也無力 覆杯水於坳堂之上 則芥爲之舟 置杯焉則膠 水淺而舟大也

* 또, 예컨대 차且. 대저, 무릇, (사물을 지시하는) 저 부夫. 두터운 후厚. 질, 업을 부負. 잔 배杯. 오목할 요坳. (그릇의 물을) 엎을 복覆. 겨자씨, 티끌 개芥. 어조사 언焉. 닿을, 붙을, 아교 교膠.

요당(坳堂)의 한 잔의 물

괴탄(愧誕)이다.

산목(散木)가지에 탐스런 열매가 열린 듯하다. 생명이 생동하기 시작하는 봄날, 야마 진애의 태동 시절에 한 마리 붕새를 북명의 바다 위 상공에 올려놓았다. 붕새가 구만리 장천을 날아오르는 데는 그 혼자의 힘으로 되지 않는다. 붕새보다 큰 의지와 목표가 없는 무위의 바람과 풍력이 있어야 가능하다.

장자는 어쩌면 생략해도 될 불요불급한 비유를 가지고 들어왔지만 무단(無端)히 출현한 미상(未詳)의 붕새를 다시 증좌하려 한다. 붕새가 정신의 피난민들을 싣고 떠나야 할 대주(大舟)로 등장했다. 벌써 붕새는 하늘로 날아 올라갔는데 돌연 인간들이 건조(建造)한 배와 세속의 중심의 한구석인 집의 요당(坳堂)을 지시하며 현실로 내려왔다. 높은 곳은 한번 가면 급히 내려와야만 했을까. 장자는 그러나 이 대주로 출렁이고 설레는 뱃전이다.

하늘로 솟아올라 비상하는 붕새를 보여주기 위한 비유로서는 구차할지 모르지만 다시 들어다보면 눈과 귀가 번쩍 열리는 우언(寓言)이다. 존재의 근원을 감춘, 이곳에선 보이지 않는 보광(葆光)의 저쪽 아래의 이 비유는 북명을 벌써 잊고 갇혀 있는 현실 속의 불가피한 한 인간 장자를 만나게 된다. 장자는 지금 마루에 앉아 있는 것 같다. 다만 여기서 문득 소외된 중심들이 장자를 무시하는 구수회의(鳩首會議)의 소리가 소곤소곤 들려오는 듯하다. 권력과 집착, 구성, 욕망, 이성 같은 반장자적인 것들이 머리를 맞대고 있다. 이충(二蟲, 쓰르라미, 비둘기)의 귀여운 날개들이다.

어째서 요당(坳堂)일까. 요당(坳堂)의 일배수(一杯水)는 영원한 인간의 화제이며 시인들의 시제이며 선종의 화두가 된다. 이 물덩이는 슬픔덩이이고 의문의 존재이며 알 길 없는 허(虛)와 환(幻)이다. 저 요당의 한 잔의 물은 가만히 보고 있으면 등 뒤에서 지구가 돌고 물이 어쩔 줄 모르고 몸부림치는 것을 느낄 수가 있다. 통곡하고 싶어진다. 내가 저 요당의 한 잔 물로 잘 살아낼 수 있을까. 배를 띄워야 한다. 그 앞길을 지금 걱정할 것은 없다. 그대는 안주할 자가 아니라 방외인이며 요당의 일배수는 하늘 속의 별보다 크다.

이곳에 더는 얼굴도 이름도 없다. 지혜도 없다. 차별과 판단, 제재(制裁)와 시비가 없다. 입을 다물고 있는 너. 대기와 마루의 진동으로 조금 흔들리면서도 무뚝뚝한 너. 한 잔의 물로 와 있는 너는 이동하는구나, 움직이는구나. 나누어질 수 있는 너는 물이다. 만물(萬物)의 물이다. 이것을 이제 장자는 어쩔 것인가. 분석할 것인가, 분석을 거부할 것인가. 불가피하게 말할 것이다. 이제 그대는 한 잔의 물을 구슬 삼아 내 주머니에 넣고 다닐까.

나는 가상의 현실의 육체의 꿈을 꾼다. 요당의 일배수는 북명의 바다였다. 북명의 바다 그 모든 물은 하늘로 올라가고 해저는 궁발지(窮髮地)로 변했다. 상상할 수 없는 일들이 불화되지 않는 현실이 되었다. 장자의 현실세계는 그들 즉 새, 바다, 바람, 하늘이 사라진 메마른 표피이다. 이것이 내가 사는 세계의 모습이다. 하물며 요당의 일배수가 나인 줄은 어떻게 알겠는가. 기승전결이 없는 혼돈의 세계가 얌전히 담겨 있다. 모든 순간은 영겁의 중성미자(中性微子)와 같다. 고저가 없다. 끝이고 시작이다.

언제부터 장자가 요당 이곳에 있었을까. 요당을 들여다보고 그곳에 한 잔의 물을 붓고 그것을 대해로 삼고 먼지만 한 겨자씨를 띄우고 거기서 북명의 새가 날아오르는 것을 보았다. 이의를 제기할 수 없이 날개를 치고 날아오른 성물은 하나의 존재로서 실재성을 이미 가졌다. 장자는 속으로 외친다, 요당의 물엔 대주(大舟)를 띄울 수 없다. 이 말에 나의 얼굴에서 쓰르라미와 비둘기의 비웃음이 날개를 친다.

언어는 바람과 물이 붕새를 도와 하늘로 날아오르게 함을 노래한다. 하늘을 물과 바람으로 가득하게 채워 그 하늘을 기로 가득 채운다. 장자가 하나의 목배(木杯)와 그 잔에 담았던 소량의 물을 붕새와 하늘에 견주어 주면서 하늘과 그 하늘의 붕새를 쳐다보게 한다. 과연 얼마나 큰 하늘에 얼마나 큰 새가 날아갈 수 있을까. 붕새는 날개를 양 옆구리에 단 대주(大舟)이다. 커다란 하늘엔 하늘다운 커다란 무엇이 있어야 한다. 하늘에 걸맞은 크기의 그것이 없이 하늘을 상상할 순 없다.

어린 시절의 무한대(無限大)란 말에 골몰하며 그런 것이 어디 있느냐고 부정하려고 고개를 흔들던 날들의 그 하늘이 아니다. 수많은 기구(氣球)들이 날아다니는 지구의 대기, 비좁아진 하늘의 공간. 저 하늘은 이미 공적(空寂)의 하늘이 아니다.

장자는 불가피하게 붕새를 대주로 비유했다. 고개를 들어 바라보면 언제나 장자에게 하늘은 텅 비어 있고 조용했을 것이며 그 안이 태허라는 것, 그리고 그 옛날 소란한 언어를 가지고 인간이 지구로 둔천(遁天)했을 거라는 생각을 늘 하지 않았을까. 붕새에게 정작 가장 중요한 것은 바람인 것처럼 배에게 정작 중요한 것은 대해(大海)이다. 대해 없는 대주는 소용이 없다. 그러나 사실 대해가 없는 대주는 무용의 것일 수 있으나 최후에 소용되는 것은 이 무용일 것이다.

대주(大舟)는 홀로 종말 다음의 광막지야를 소요하는 영혼의 배이다. 난세를 버리고 떠나는 사유의 무향(無鄕)이다. 강상유람을 하는 소요의 도구이다. 언어의 방편이다. 진정 갈 곳 없이 하늘을 떠도는 지구의 영혼들의 배들이다. 이렇게 나는 즐겁게 개인의 죽음이나 전체의 종말 다음의 어느 하늘쯤을 상상한다. 어쩜 이것만

이 무사(無事)한 자의 유일한 소일이요 사유의 집일 것이다. 먼 과거와 미래를 한 하늘에 집어넣은 욕망의 허무이고 한순간에 다 살아버린 심처(深處)이다.

견딜 수 없는 무료함. 온몸의 뼈가 빠져나가고 내장이 텅 빈 이 장자의 풍장(風葬)을 알 수 있을까. 그 하늘에서 요당을 기억할 수 있을까. 그 하늘조차 장자의 요당일 순 없을 것. 이것이 장자가 하늘을 향해 꿈을 가지게 되는 불가능한 소요의 최초 단서(端緖)이다. 붕을 그릴 대상과 비유물이 없다 보니 고작 배를 생각하였다. 말이 그럴 뿐이다.

배는 방외적 숙명의 존재에게 눈을 뜨게 하는 주변의 사물이다. 기이한 시선의 출발이다. 장자의 모든 문자의 머리 위에는 바로 그 절대의 그러나 순명적인 우리의 심장과 같은 하늘이 숨어 있다는 것을 잊을 수 없게 만들어 놓았다.

대주는 붕새다

하늘은 장자에게 물 한 잔을 붓고 겨자씨를 띄우는 작은 마룻바닥이 아니라 끝이 없는 묘망(渺茫)의 공간이다. 그 무한 공간 아래에서 장자는 창해수(滄海水)를 사유한다. 전국이 무엇이며 송나라가 무엇이며 21세기가 무엇인가. 모두 꿈속에 있는 것. 물질적 조형적 대몽(大夢)을 꾸고 있는 중이다. 자신은 마치 하나의 점처럼 잘 보이지도 않는 것을 잘 알고 있다. 그렇다면 장자는 얼마나 작은 것일까, 상상이 되지 않는다. 아예 존재하지 않는 것 같다. 하지만 장자는 저 하늘처럼 넓고 높다. 청청이 슬픈 것이라면 청청의 무제(無際)이다. 이충이 하늘 보고 웃는 것은 오히려 타당하기만 하다. 어찌하지도 못하면서 아는 척을 할 것인가.

하나의 목배(木杯). 이것은 대수(大樹)의 살이며 영혼이고 뼈고 언어이다. 하늘을 찌를 듯이 높이 솟아 있지만 아무도 쳐다보지 않는 가죽나무이다. 장자는 그 저(楮)나무로 만든 목배를 만지작거리고 있다. 이 작은 목배에 나의 영혼을 맡길 수 있다. 이것을 타고 저 하늘로 날아오를 수 있다. 소용없는 저 유용한 것들을 모두 버리고 광상(狂想)은 날개를 달고 한없는 슬픔을 자아낸다. 장자가 마루에 앉아 있는 모습이 저 망량(罔兩) 속으로 미음(微陰)도 없이 사라질 때까지, 산은 어둡고 요당에 물은 말라버렸다.

하지만 그는 지금도 그 자리에 앉아 눈물로써 하늘에 띄운 붕새가 겨자씨만 해진 것을 바라본다. 감히 붕새를 생각할 수 있을까. 천공에 작은 나무잔을 띄울 수도 없지만 방바닥에 한 잔의 물을 붓고 잔을 띄울 수도 없다. 작위적인 정치나 인지(人智)의 사유를 거부하는 장자의 포부가 이 허망한 비유 속에서 쓸쓸한 가을 한 잔의 술처럼 목배에 정지해 있다. 장자의 집 앞 지척인 능선 위의 하늘에 별이 반짝인다. 형명(刑名)과 법술(法術)로 나아가는 중앙집권적 형틀의 시대에 발해만과 황해 사이로 나온 산둥반도 그 안쪽의 소란한 전국시대는 장자를 저쪽에 혼자 두고 아무도 어쩌지 못하는 숙명으로 저물어갔을 것이다.

장자는 그 수많은 나라가 멸망하고 통합되는 과정에서 의외의 붕새를 모든 마을과 인간, 나라와 산의 하늘에 고비(高飛)시키면서 통쾌하게 다른 세상으로 나아갔다. 삶을 넘고 죽음을 지나가버린 상상이다. 전국을 통일한 진(秦)도 아닌 다른 길이며 또한 모든 권력을 소외시키는 존엄한 독단적 행위이기도 하다. 막강한 병기와 세력과 체제를 가진 제국의 통일과는 일관된 거리를 두고 그것과는 비교조차 할 수 없는 무위의 언어를 발견하는 순간을 아무도 몰랐다. 오직 홀로 알았을 뿐이다.

태허가 있는 한 개인의 마음과 자연 속으로 향하는 인간 본연의 꿈인 무하유지향(無何有之鄕)의 아득한 길로 장자는 홀로 들어선다. 마치 한 장로(長老)가 산으로 들어가는 마지막 가을의 어느 날처럼 가슴에 그 길이 그대로 관통한다. 붕새의 비상은 바로 이 '집 없음'이라는 고독한 길로 나아가는 것에 있으니, 누가 함부로 그 허무를 노래할 수 있고 그 언어를 선택할 수 있었을까. 그 광야의 길이 이 글을 쓰고 있는 장자의 현재성이며 바로 그 시간의 현재 속에서 장자는 한 잔의 물을 요당에 부었다. 그리고 그 직후, 모든 것을 깨달았을 것이다.

그 어떤 인간의 출세도 권력도 사상도 초월하고자 하는 요당에 정좌한 장자의 천공 시하적(視下的) 직관의 통찰은 인간의 내면에서 발견된다. 그것이 바로 붕새이며 비상이며 초라한 장자방(莊子房)의 요당이다. 요당 바로 앞에 해몽(解蒙)하기 어려운 망량(罔兩)이 혼령처럼 지나갔을 터이지만, 바로 이것이 장자 사상의 현대적 의미를 더해줄 수 있는 추(樞)가 아닐까. 장자는 권력 지향의 존재도 국가의 구성의 구축도 아닌 바람과 물의 유자(遊子)의 길을 갔던 사람이다. 그는 존재하지 않는 가상이며 그 가상을 만져보려고 노력하는 지극 자체이기도 하다. 정말 이럴 수가 있을까. 그러나 그것은 현실이며 실제이다. 여기서 가장 진지하면서도 우스꽝스런 해안(解顔)의 장자를 보는 듯하다.

저물고 일출하는 산둥반도 서쪽. 기원전의 몽(蒙)에서 나그네의 길을 선택하면서 위대한 소요의 사상을 발견한 것은 그리고 모든 이해관계를 소외하면서 승물(乘物)한 것은 권력과 인간의 짐승성에 대한 승리이다. 그의 글은 당대를 빗겨서면서 존재하기 시작했지만 당대의 전쟁과 권력투쟁 속에서 죽어간 사상과 앞잡이들은 실로 헤아릴 수조차 없을 것이다. 장자의 한바탕 웃음거리가 되고 만 역사와 지혜들이 한꺼번에 수렁에 빠지는 것을 보지 못한다면 아쉬운 일이다.

장자가 죽은 뒤 통일된 진(秦)의 어떤 치적보다 장주의 나비꿈 하나가 한없이 덧없고 약하고 더 위대하다. 주몽(周夢)은 시대를 초월해 날아간 지상의 나비였다. 관영(官營) 칠원(漆園)의 일개 소역원(小役員)으로서 감당하기 어렵고 두려운 그리고 또 서먹했을 반군(反君)적 반황로(反黃老) 사상의 진리를 장자는 처절하게 깨달았을 것이다.

하지만 장자는 시비라고 하는 선택과 대항의 함정에 빠지지 않고 독자적인 사상을 열어나갔다. 이것이 장자의 괴연독(塊然獨)의 도이다. 괴연독은 완전한 것이 아니다. 그야말로 괴(塊)이며 독(獨, 일명 도)이다. 인간이 이성의 맞춤형이 된다는 것은 정형이 된다는 뜻. 내외의 철저한 경계 짓기도 소요를 가로막는 또 다른 정형이 될 때 그 경계는 벽이 되고 만다.

장자의 물의 아름다움

장자는 물의 깊이와 배의 크기가 중요하다고 말한다.

첫 문장의 해석을 부드럽게 하기가 힘들다. 수적(水積)을 물의 분량이라고 해야 할까, 물의 깊이라고 해야 할까. 번역을 해보면 이런 부분에서 진도가 나아가지 않는다. 좀더 부드럽게 번역하고 싶지만 그 '기(其)'까지 놓치지 않으려는 나로선 이런 부분은 여간 난처하지가 않다. 단지 큰 배가 아니라 '그' 큰 배로 번역해야 한다. 그와 관련하여 수적은 수량(水量)보다는 물의 깊이가 맞을 것 같다는 생각이 든다.

그리고 '무력(無力)'을 어떻게 해석하느냐 하는 것도 재미있는 고민이다. 부력(浮力)이 없다, 미치지 못한다, 힘이 부친다로 할 수 있을 것이다. 정말 그 커다란 배를 감당하지 못하는 것을 장자가 말하는 것 같기 때문이다. 무력이 단순히 '힘이 없다'는 것을 말하는 것이 아니라 그런 큰 배를 띄우기에는 힘이 못 미친다, 역부족이라는 어의로 들려온다.

아무튼 뱁새와 황새가 노는 모습이 다르고 고래와 꽁치가 노는 바다가 다르듯 상물(相物)이 크기와 용량이 맞아야 한다. 만물의 적합성(適合性)이다. 무엇보다 물이 많아야 한다는 것은 물이 많은 곳엔 생명들이 굶주리지 않고 풍요롭게 산란과 식이의 회유(回遊)를 할 수 있기 때문이다. 장자에게 그 물이 늘 존재한다. 붕새가 날아오르게 한 것은 산들바람이 아니라 모든 생명과 사물이 깜짝 놀랄 표풍(飄風)이다.

결코 소용돌이치지 않고선 거대한 새가 날아오를 수가 없다. 거대한 폭풍 같은 바람이 없이 고비(高飛)는 불가능하다. 마찬가지로 물의 부피나 용적이나 부력이 강하여 넘실거리는 바다라야만 거대한 배를 가뿐히 들어 올리고 기쁜 듯이 떠받치고 망망대해를 내다볼 수 있을 것이다. 이때 배는 물과의 친화력을 나타내고 바다로 나아가려 할 것이다. 물은 물대로 배를 끌어내려 할 것이다.

물이다. 장자는 이 물로부터 시작되었다. 북명의 바다가 물이지만 《장자》 서두에 등장하는 이 물의 이미지는 대단히 중요하다. 생명의 근원이자 귀향지이기 때문이지만 삶과 언어의 현실 속에서도 매우 중요한, 무용으로 위장된 필수이기 때문이다. 그러나 인간은 그것의 무용한 소중함을 잘 깨우치지 못한다. 물을 탐구하고 궁구한다면 해결되지 않을 일들이 없을 것이다. 물은 앞의 해운(海運)과 관련된 흐름 즉 무언가를 실어다 전해주는, 도착하게 하는 돛이고 노(櫓)이며 도추(道樞)이다. 물과 바람은 같이 움직인다. 그것을 장자는 물이라고만 했을 뿐이다. 어디선가 바람에 나무옹이와 나무구멍이 삐걱대는 소리가 들린다. 정말 움직이는 것일까.

그대 머리 위에 텅 빈 하늘이 펼쳐져 있고 주변에 바람이 불고 있듯이 항상 그의 주변에는 차오르는 물이 넘치고 있다. 넘치는 물처럼 탐스럽고 혼융적이고 충족적이고 자유롭고 넓고 순수하고 동일한 것은 없다. 물은 마치 대지에 가득한 빛인 듯 풍요로운 상상을 허락한다. 저 천공의 달빛에 만약 바다가 없다면 얼마나 적막한 빛일까. 장자가 후에 지수(止水)를 사랑하는 까닭도 여기 있다. 그러나 여기선 붕새를 들어 올린 부요의 바람과 같은 물의 수력(水力)을 상상하게 된다. 너무나 충일하게 움직이는 물은 아름답고 부드럽고 강하다. 그가 데리고 가지 못한 만물이 없다.

끝없이 누가 불러내는 것일까, 그리로 달려가는 영혼처럼 물이 아래로 흘러내려가는 광경은 장엄하고 신비하다. 모든 생명은 모두 그 물을 따라 뛰어가고 흘러가고 소요한다. 그리고 그 물은 너무나도 순응적이다. 마치 거꾸로 올라가는 폭포를 보는 듯 상쾌하다. 그러니 대체 그것을 거스르는 것이 무엇인지를 알아야 하지 않을까. 그러면 또 물들이 하늘을 날아다니는 것을 본 적이 있는가. 상상의 무한한 풍요. 물만 한 위대한 치적의 비유란 없다. 이곳에 궁핍이란 없다.

미묘한 이동과 변화를 겪으며 거쳐 온 물의 지수(止水)가 그에게 중요한 사유의 원천인 것은 이 붕새가 날아오르는 것에서도 알 수 있다. 불가능을 실현하는, 모든 것을 들어 올려준 배, 이것은 축복이다. 장자는 그 힘을 수적(水積)이라 표현했다. 수적은 앞에서 말했고 뒤에서 말하게 될 바람과 관련이 깊다. 즉 인간은 물로써 살고 바람으로써 하늘로 날아오른다. 장자 사상에서 이 물과 바람은 〈응제왕(應帝王)〉 편에 나오는 제미파류(弟靡波流)의 무위이며, 〈제물론(齊物論)〉 첫머리를 장식하는 지뢰(地籟)와 천뢰(天籟)의 보통명사이다.

아무것도 아닌 것 같은 이 바람과 물의 흐름 즉 기(氣)와 언어적 비유가 없다면 장자가 아무리 무위를 강조하더라도 유위가 되고 말 것이다. 그 유위는 허무한 것이며 그 의미는 재미없는 것이 된다. 물은 무위(無爲)이다. 자기 등 위에 누가 무엇이 올라탔는지조차 모르고 흘러간다. 그리고 누구에게 흘러가는지도 모른다. 반들반들, 수없는 속삭임으로 혼자 놀고 있는 물의 표면을 보았는가. 한없는 유혹과 우정이 거기 신비한 색감으로 흔들리고 있는 것을. 물의 물결은 무한세월을 통해서 심심할 줄을 모른다. 물의 변함없는 항심이다. 소요이다. 그 소요가 붕새를 저 천상으로 들어 올렸다.

내 가슴에 살고 있는 새

물이 있는 곳엔 흐름이 있어서 그 꼬리가 사라지고 그 머리가 나타난다. 구별 없이 이어지는 수덕(水德)으로 물은 고통스럽지 않고 썩지 않는다. 물의 수리(水利)는 무위이다. 점점 더 아름답고 흥겹고 깊어진다. 물은 쉴 새 없이 평등해지려 한다. 때론 파도치지만 그 내부의 본질은 굴곡이나 요철을 거부한다. 무궁한 수용력을 가지고 있어 모든 것을 받아들이고 띄워준다. 모든 생명의 내부에 들어가며 소통하며 기르고 사라진다.

땅이 기름지고 사람들이 온유하고 낮이 어둡지 않고 밤도 적막하지 않은 것은 물의 덕이다. 물이 모든 것을 떠받들고 흘러간다. 그 길도 광막지야의 길이다. 대풍(大風)이 없이 새가 날아오를 수 없다는 것, 대해가 없이 배를 진수할 수 없다는 단순한 사실을 장자는 말한다. 고작 연장과 손이 만든 목배(木杯) 하나의 비유가 갑자기 단단한 시품(詩品)이 된다. 바람이 늘 찾아오거나 쉬고 있는 그 지구의 수면에는 고요한 휴식과 조화가 있다. 바람과 같이 움직이고 이동하는 물에는 아무도 모르는 내밀(內密)이 있다.

부력(浮力)을 놓치지 말아야 한다. 항상 이 물로 떠올라야 하고 이 바람과 함께 마음은 날아다녀야 한다. 물이 떠받쳐주는 배의 마음은 든든하다. 밑에서 물이 떠받쳐주고 배는 그 위에 아무런 걱정과 불안 없이 떠서 어디론가 떠나갈 수 있다. 정들고 집착하면서도 승화하려고 했던, 이름을 날리고 업적을 남기고 명예를 얻고 싶었던 저 별것 아닌 인간세상의 모든 꿈들이 이즉 저 얼굴에 스쳐오는 덧없는 한 줌의 바람만도 못하다는 것을 알 때, 그것들을 아무런 미련 없이 바다에 던져버릴 줄 아는 사람의 얼굴을 보고 싶다.

바람이야말로 무용한 덧없음이기에 한없는 부드러움을 준다. 바람과 물을 따라 날아다니며 놀다가 나도 모르게 어느 순간 속에서 사라지는 새를 꿈꾼다. 아무것도 소유하고 있지 않는 한 마리의 작은 새. 어리석다고 할지 모르지만 저 소조(小鳥)만도 못한 마음을 나는 움켜쥐고 살아가고 있다. 저 자연 속에는 아들새에게 저 하늘 말고 미래가 걱정되어 재산을 물려주려는 어미새가 있다. 물이 명예를 자기 배에 띄우고 흘러가던 바다가 있다. 건물을 등에 지고 불어가던 바람이 있다.

어느새 장자와 놀고 있는 자신을 발견한다. 통쾌하고 거침없고 시원하다. 수만리 장천을 날아가는 새의 자유와 위용, 울음소리와 풍속(風速)을 느낀다. 모든 존재의 부재와 무명 속에서만 생명과 우주의 속삭임을 들을 수 있다. 동시에 하늘의 홍진과 아지랑이가 화들짝 놀라 부서지는 걸 느낀다. 모두가 깨어난다. 그리고 이유 없이 빛과 하루의 기쁨을 나누고 노래한다. 본능을 감추지 않는다. 장자의 말대로 태충막승(太冲莫勝)의 시작이다. 바람과 물은 거슬림이 없다. 이것이 장자의 모기(母氣)의 시작이 아닐까.

진정 기(氣)는 무위로 흐르고 사라지고 나타난다. 만물이 이 기의 것이다. 물화의 저 안쪽에 돌보다 단단한 헤아릴 수 없는 너무나 강하고 눈으로도 잡을 수 없이 빠르고 아름다운 기류(氣流)들이 광속으로 흘러가고 있다. 물은 그 기의 아이들이다.

눈부신 광속의 기류 속에서

과연 누가 남(南)으로 향하는 그 존재를 볼 수 있을까.

너무 눈에 가까이 있는 이 현실의 실사(實事)들. 눈이 멀어서 꿈의 외각들만 보아서 몇 천 리나 되는 새의 날개와 등은 보지 못한다. 바람이 뇌리를 슬쩍 건들고 가더라도 그것이 붕새의 날갯짓 바람인 줄 모른다. 회백질에 있는 북명의 바다에 한 붕새가 날아갔다면 그 연유로 우리 인간은 죽는 날까지 허전함을 얻는다. 그 회백질의 벽화는 점점 지워져 가는데.

장자는 이제 지상의 화제(話題)를 만나러 천천히 떠난다. 유자(遊子)이다. 붕새가 날아간 북명의 바닷가에서 아주 먼 사물과 마음, 언어들로 멀어진다. 그곳이 인간세의 편편의 에세이들이다. 마지막 여행이다. 내편(內篇) 끝에서 신비한 미궁의 말을 숨겨둔 채. 하지만 이 전편에서 잊을 수 없는 것은 소요유의 붕새 고비(高飛), 이것이었다. 태허 이후 텅 빈 하늘을 가득 채운 기막힌 영원성이다. 그곳을 일없이 소요할 수 있다면 끝이고 시작이다.

북명의 바다란 곧 요당, 오목한 곳에 고인 한 잔의 물이다. 단언컨대 그 한 잔의 물이 장자이며 모든 당신과 나이며 지구라는 함정이다. 나의 전두엽은 요동을 치려 한다. 뒤집어엎을 것을 나는 나에게 명하지만 말을 듣지 않는다.

그러면 다 그렇다 치고, 엎은(覆) 그 목배(木杯)는 어디 있는가.

5 바람은 날개를 찾아온다

바람의 기층(氣層)이 크지 않으면, 그 거대한 날개를 띄울 만한 힘이 없다. 그러니 구만리 바람을 이 아래에 두어야 한다. 그런 다음은, 지금 당장 바람을 탈 수 있으리.
푸른 하늘을 등에 졌으나, 막막함이 펼쳐져 있구나. 그렇게 여긴 뒤, 바야흐로 붕새는 지금 당장, 남(南)을 내다보리.

• 원문(原文) •

風之積也不厚 則其負大翼也無力 故九萬里 則風斯在下矣 而後乃今培風 背負青天 而莫之夭閼者 而後乃今將圖南

* 풍적風積 기층의 크기. 역力 풍력. 이 사斯 붕새와 그 날개를 뜻함. 이후而後 그런 뒤. 이제부터 내乃. 곧, 바로 금今. 내금乃今 곧바로, 지금 당장. 배풍培風 바람을 타다. 배부背負 등에 지다. 예쁠, 일찍 죽을, 재앙 요夭. 가로막을 알閼. 요알자夭閼者 가로막는 자, 길이 없는 형국. 장차, 바야흐로 장將. 도남圖南 남을 품다. 남을 내다본다.

붕새, 바람을 타고 오르다

날아야 한다.

바람을 불러온 까닭은 천장과 벽이 없는 무한공간 속에서 아무 거슬림이 없이 소요하려는 꿈 때문이다. 날아야 하는 것들은 이것만이 필요할 뿐이다. 아무도 말릴 수 없지만 말려야 할 이유가 없다. 날아야 한다. 오직 날아야 한다. 새와 인간과 날개와 만물은 대풍의 소요를 기다린다. 거대한 돛을 하늘에 올리는 것 같다.

그런데 이상하다. 존재는 훌쩍 북명의 바다를 버리고 저 남명의 바다로 떠나지 않는다. 이 붕새에게 웬일로 이러한 미련과 자비의 유정(有情)이 있는가. 만약 여기서 즉각적으로 붕정이 이루어진다면 이후 장자 이야기는 전개되지 않았을 것이다. 인간세와 혼돈, 죽음과 숙명, 덕과 자연, 진인을 다 밝히고 가야 하기 때문이다.

숙명이다. 신에게도 신으로서의 숙명이 있다. 숙명도 숙명이 있다. 숙명은 책무이다. 아마도 저 칠일이혼돈사(七日而渾沌死)가 끝나기 전까진 북명의 하늘에 붕새는 머무를 것이다. 이 머뭇거림이 진인 장자의 마음이 아닐까. 분노하며 날아올랐지만 야마진애의 세상은 그립고 아름답기도 한 곳이며, 결별과 결기만이 전부는 아니다.

소요의 최대 장애는 바로 이 사슬로 엮어진 숙명이다. 장자는 이제 그것을 올라타려 한다. 무궁자는 그것을 섬기는 자가 아니라 그것의 주인공이 되어 세계를 소요하려 한다. 그 날개와 배는 하늘과 인간의 언어일지 모른다. 언어가 없이는 날아갈 수 없다. 인간의 한계이자 그나마 우주가 준 커다란 선물이다.

아직 인간은 등장하지 않았다. 물과 바람이 등장했을 뿐이다. 그 다음은 미물들이 등장하고 그 다음에나 인간이 등장할까. 마치 대서사시처럼 이 발단이 흥미롭다. 역시 인간을 중심에 두지 않으려는 장자의 사상적 집필 의도는 처음부터 작정된 것이다. 기이한 글이다. 실로 낯선 이방의 이질적 비저항적, 반국가적 반전통적, 반혈연적 내용물이다. 2천 수백 년을 읽어 내려와서 낯익은지 몰라도 나로선 너무나 생소한 언어를 기억하게 한다. 이것이 장자이다.

곧 수많은 인간형과 에피소드와 예화와 담론들이 이 바람 뒤에 펼쳐지겠지만 한 가지 분명한 것은 붕새는 무대에서 사라져간다는 점이다. 하지만 장자는 전편에서 한 번도 붕새를 잊은 적이 없다. 붕새는 늘 천공 속에 떠 있는 달처럼 있으면서 동시에 남명으로 날아가고 있는, 그러면서도 항상 지구의 창천에 떠 있는 존재이다. 인간은 하늘의 등과 같은 달을 쳐다보면서 무엇을 상상하고 무엇을 떠올렸을 것이다.

저 달의 끝을 보았을 것이다. 두 개의 달로 이분(二分) 되는 길조(吉鳥) 와 흉조(凶鳥) 를 한 시공 속에서 보았다. 캄캄해진 뒤 다시 밝아지지 않는 거울 속 그림자처럼. 그러나 언제까지나 그림자로 있지는 않을 것이다. 지구의 그 시간을 알고 있는 자는 없다. 그래서 붕새는 매일 북명의 바다를 부수고 날아오른다.

무엇인가를 기다리며 계속 무엇에겐가 철썩이고 있는 수적(水積) 에 이어 누군가를 기다리며 계속 불어가야 하는 바람의 이야기이다. 앞에선 바닥의 물과 배를 말하고 이번에는 공중과 새를 끌어왔다. 단순한 것 같지만 공기와 새의 관계를 그린 이 예화도 흥미롭고 새롭다. 즉 공기의 상승운동 혹은 바람의 이동에 대해 장자는 새들과 함께 세심한 관찰을 시작했다. 물론 그것은 혼자 날아가면 그만인 작은 새가 아니다. 뭐라고 말할 수 없는, 거대한 무엇들이 일거에 이동하는 변화 비슷한 것이다. 마치 지구의 공전을 전혀 느끼지 못하는 것처럼 우리는 이것이 무엇인지 알지 못한다.

범부(凡夫) 장자

장자는 무명의 한 범부처럼 여겨진다. 한비자(韓非子)처럼 권력자를 중심으로 논리를 펼쳐가거나 공자(孔子)처럼 권력을 찾아 떠돌며 무언가를 대비하며 수많은 제자를 기르거나, 혜자(惠子)처럼 대중과 논객을 상대로 논쟁하는 정치적 인물이 아니었다. 인간 안으로 들어가 오장육부와 마음의 자연을 만나는 것만이 장자의 지대한 꿈이었다.

그의 말은 선동이며 다른 쪽의 진리이다. 이것은 모순의 발단인 시비일 것이다. 하지만 바람에겐 그런 것이 없다. 앞으로 밝혀지지만 고이불견(觚而不堅), 분이봉재(紛而封哉) 등에서 볼 수 있듯이 장자는 시비적인 인간보다는 자연 속에서 자신의 천진을 지킬 줄 아는, 사유 공간으로서 바람을 중시한 내재적 인간이었다. 하지만 그는 정적인 영혼의 소유자가 아니다. 장자의 이 무극으로 도전하는 방황의 광기는 인간의 편에 서 있기는 하지만 만물의 중심에 인간을 두고 싶지는 않았을 것이다. 진인이 아닌 모든 인간은 자시(自視)해야 하는 부류의 존재일 뿐이다. 물론 장자는 그 불안의 존재를 만물 속에서 차별하지는 않는다.

앞에서 말한 세상의 아롱아롱한 아지랑이와 아름다운 야마(野馬)와 진애(塵埃)가 가득한 지구정원의 꽃들이 떨어지고 벌써 청열매가 자라기 시작하는 바쁜 칠월의 하늘이 하늘거린다. 생명들의 춤이 무위의 소요로서의 이 붕새의 날개와 정수리의 부드러운 깃과 그 이마와 눈가를 스쳐 지나가는 바람과 숨소리일 수 있다는 생각은 너무 앞선 예감일까. 그때 북쪽의 먼 바다에서 바람이 불어오지 않는다면 생명은 가뭇없을 것이다.

사실 봄은 저 북극의 얼음바다에서 생명의 바람이 불어오는 흔듦이다. 모진 북풍 속에서 울음이 찾아오지 않았을까. 지구의 봄은 금세기까지만 북극에서 찾아올까. 북극의 희고 아름다운 눈과 얼음이 사라지고 한국의 매화와 난도 길을 잃을지 모른다. 또 식물들은 그들 나름으로 계절의 변화에 개화기와 몸을 바꿀지 모르지만 봄의 종말은 마음과 언어 외의 만물 속에도 예언되어 있는 듯. 그때면 그 옛날 대륙 한쪽에서 열렸던 활달한 사상의 문채(文彩)는 이미 끝난다. 저 남반구와 적도 부근의 높은 산의 만년설들이 녹아간다는 것은 지구의 묵언이다.

고야산의 응결력은 왜 약해졌을까

하지만 아직 봄은 온다. 이 봄은 희망이 아니라 절망일 수 있다.

혼령은 보이지 않는 수많은 생명들의 이름을 빠짐없이 호명하고 찾아가 그들 스스로가 바로 자기 자신임을 각자의 영혼의 꽃에 입력한다. 허상일지라도 그곳만이 그들의 집이다. 나그네들은 꼭 그 집을 잊지 않고 찾아온다. 하늘을 가린 대붕은 작은 꽃들을 입에 물고 섬세하게 속삭일 줄 안다. 아무도 저 자연의 미소와 형상에 대해 부정할 수 없다.

고비(高飛) 그 후, 장자는 물과 바람의 무지혜의 진경, 무위와 천진의 소요를 대자연에 펼쳐 보인다. 그것은 아름다운 생과 죽음의 교차이자 눈물겨운 변신이다. 천공에 두 눈을 꽂은 채 꼼짝 않는 하늘의 본색은 푸른 것인가, 아니면 너무나 멀어서 푸른 것인가 하는 본질적 질문은 탄복이며 깨달음이다. 여기서 장자는 인간의 세상으로 돌아갈 준비를 마쳤다. 백릿길이든 천릿길이든 머나먼 여행일 것이다. 물을 찾아가면 인간이 있고 그 인간들은 바람을 꿈꾸는 자들이다. 분명 이 물과 바람이 장자 진경을 펼쳐내는 무용의 서시(序詩)임은 의심할 여지가 없다.

남으로 비상을 도모하는 그 모습에서 일망무제(一望無際)를 넘는 경지를 본다. 그러나 무엇을 위해 떠나는 존재인지는 아는 바가 없다. 그것이 이 장자의 매력이다. 모든 것을 다 알았다고 확신한다면 그 순간 그 지혜에게는 여분이 없고 천진이 끝나버린 인지(人智)일 뿐이다. 장자는 나에게 귓속말을 해준다. 그것은 그 무엇을 위하는 비상이 아니네. 오직 '소요'일 뿐이지. 이 지구와 우주의 그 어떤 불행과 숙명도 모두 받아들여야 한다는 말로 들려온다. 그 말도 하나의 작은 풀꽃의 개화와 숨소리 같다. 즉 그것은 무위이다.

무엇이 무엇을 위하지 않는 생것 그대로의 길에 그것들은 있고 만난다. 그의 간절한 마음은 친소(親疎)와 이해가 사라진 흙같이 부드럽고 하늘같이 분명히 존재하는 진경을 보여주려 한다. 그것이 천양(天壤)의 마음이며 자유의 사상임을 피력하고자 한다. 무위의 비상이 없다면, 이 지상은 한정된 궁륭이고 정선(汀線)에 걸린 평지에 불과하다. 너와 내가 마음을 사고팔고 싶지 않다. 무위를 삶의 최상에 놓는 숙명은 전적으로 소요를 옹호한다. 숙명의 아버지들이 지니고 있는 유전인자의 현상이다. 바쳐진 목숨의 상처투성이. 쓰지 않고 두는 여분과 무위가 없다면 진정한 소요와 덕은 죽는다. 자연과 인명은 숨 막히는 문명의 지혜와 재화 속에 박혀 있게 될 뿐이다.

아버지들에게 유전되어 온 그 강력한 무위의 냄새가 사라졌다. 장자의 창창(蒼蒼)과 비상은 그래서 열려 있는 지구 밖의 대공간이다. 아버지들이, 남자들의 아들들이 그리워할 공간이다. 그러나 그들은 소지(小知)와 재화와 욕망의 완전한 노예들이 되었다. 그들이 이젠 더 비좁은 세계로 기어들어가고 있을 뿐 뒤돌아보지 않는다.

정말 그대를 상상하는 아버지의 아이들은 없다. 하늘이 붕새가 날 수 없을 정도로 작은 궁륭이 아니다. 너무나 광대무변해서 허전할 순 없는 일이다. 까마득히 먼 곳을 날아갈 수 있는 상상은 언제나 인간에게 준비되어 있다. 하지만 어떤 인간에게서도 그 고유한 붕새의 냄새를 맡을 순 없게 되었다. 이것이 나의 어른이고 인간의 내가 아니고 무엇일까. 재화와 똑같게 된 아버지들의 붕새가 그립다. 인간은 이제 실재하지 않는다.

세상과 삶에서 무위의 소요와 비상이 없다면 그것들의 언어 바깥의 허구는 얼마나 옹색하며 불편한 세계의 잔해들일까. 상상할 수 없는 일이다. 나는 겨울 울타리를 지나가는 아무도 보지 못하는 작은 새일 수 있고, 그 새가 보지 못하는 진화하는 사철나무의 겨울눈일 수 있다. 또 그 겨울눈이 보지 못하는 자신일 수 있다.

보라, 이제 인간의 조건 중에서 가장 큰 특징인 어리석음을 보여주며 등장하는 쓰르라미와 크고 작은 비둘기들을. 존재의 미혹함을 보기 전에 장자의 귀에 귀엽게 속삭이는 이 생명들의 소리가 들린다. 우치(愚癡) 함만 다스린다.

붕새의 냄새가 없는 인간들

붕새의 비상을 위해서는 깊은 수적(水積) 처럼 높은 풍적(風積) 이 필요하다. 이 바람의 높이와 범주와 두께가 충분해야 그 거대한 붕새를 들어 올릴 수 있다. 그러나 붕새를 날아오르게 하는 것은 유위(有爲) 나 가치, 인위가 아니다. 세계의 대부분을 차지하는 바람의 무위들이 대붕을 들어 올린다.

상상할 수 있을까. 하지만 파랑 치는 샛바람 정도가 불어 가지고선 날아오를 수 없다. 남으로 날아가려면 9만리 장천을 올라가야 한다. 이것은 의미가 깊다. 너무나 장대하다 보니 9만리 하늘을 올라가야 한다. 낮은 하늘에선 붕익(鵬翼) 을 펼칠 수가 없다. 지상의 구석에서 그는 다리조차 펼 수가 없는 불구자가 된다.

그대는 9만리 고천(高天)을 오르지 않고선 남으로 향할 수가 없다. 그래서 붕새가 날아오른 것이 아니라 바람이 붕새를 하늘로 들어 올려준다. 날개가 어느 지상에 닿을까 걱정해 가지고선 수천 리 등의 날개를 펼칠 수가 없다. 수천 리의 등이라면 양 날개의 길이는 만 리가 넘을 것이다. 무한 창공이 펼쳐진 하늘에서나 소요가 가능하다. 붕새가 날개를 펴는 그 장쾌한 광경은 상상할 수가 없다.

모든 인간은 한 마리의 붕새이다. 우리는 각자 가지고 온 인간의 얼굴을 쓰고 살아가지만 그것을 벗으면 거기 붕새가 있을지 모른다. 그 내부의 존재들이 저 천뢰(天籟)의 하늘을 건너갈 기막힌 존재들이 아닐까. 귀천, 빈부, 모든 차별을 넘어서 모든 인간은 어리석지만 붕새들이 아닐까. 그들의 마음이 미래의 땅과 하늘을 비추면서 비루하고 캄캄한 하계의 만물을 비추긴 하되 마음에 담지 않는 것이 뒤쪽에 나오는 거울의 응무궁(應無窮)이며, 그것의 부장(不臧)일 것이고 불상(不傷)일 것이다. 본래의 인간 속에 있는 마음은 다칠 수 없는 것. 사물에 집착하고 탐욕하고 조작하여 마음을 비워두지 못할 때 육체는 도구가 되고 형틀이 된다.

9만리 바람으로 가득한 하늘에 떠 있는 그의 발 아래는 바람이 가득 넘실거리는 대해이고 위는 무한 청천을 등에 지고 있다. 붕새가 날아오른 드높은 균형의 하늘을 바라보면 저 천고를 오르고 그 뒤를 노닐며 따라가고 싶다. 상상하기 어렵다. 파란 하늘이 붕새의 등에 비치는 것은 위대한 자연의 배경이다.

그 어떤 권력과 지혜와 부귀가 이 붕새가 스스로 날아올라 떠 있는 하늘의 푸름만 할까. 눈이 시려서 눈부처를 오므리는 벽천(碧天)에 가득한 바람, 저절로 마구 위쪽으로 부풀어 오르는 하늘, 둥개둥개 만물을 대자유의 허공에 띄워주고 싶은 마음의 소요. 바람 풍(風),

바람 풍(風), 바람이 불기 시작한다.

너의 머리 위 하늘을 바라보면

문득 어느 날, 그 붕새가 머리 위를 날아가는 것을 본다. 귀향의 마음이 발동한다. 그러면 방 안에 뛰어 들어가 혼자 가만히 숨을 고르고 쌕쌕거리는 숨소리가 코앞에서 들린다. 쌕쌕 소리가 나는 비공(鼻孔)에서 한없이 매력적이고 기이한 무(無)로 돌아가고 싶어진다. 어린 시절 해남 할머니 집에서 가만히 앉아 있는 암소 얼굴에 얼굴을 대고 그 깊고 두려운 숨소리를 듣던 것처럼.

여기서 마음의 말을 듣는다. 그리고 그냥 생을 공으로 알고 살라는 말을 스쳐 듣는다. 기실 삶을 좋아하지 않는다는 말은 허사이니 그 천양(天壤)의 하늘을 비켜간 사람들은 둔천지향(遁天之鄕) 즉 떠나온 하늘에 대한 삭제되고 망각된 그리움을 무의식화하였을 것이다. 자신 속에서 무엇이 하늘을 우러러보는지 갈급하고 또 어떤 지식은 그것을 망각하고 다른 지혜로 나아가길 유혹한다.

하지만 그러므로 생명들은 자진(自盡)하지 않고 아무 말 없이 빙긋이 웃고 떠난다. 모두 고향으로 돌아간다. 물화(物化)이다. 태고적부터 있어온 불멸의 길이다. 지구의 타향에서 태어나 자라고 공부하고 결혼하고 아이들을 낳고 집을 마련하고, 그리고 늙고 조용히 죽는 것이 인간 생의 보편적 전모이다. 시간처럼 지수가 넘쳐 흘러갔듯이 아무 소리도 없는 무짐(無朕)으로 말이다. 만물의 영장인 사람들이 오히려 그 미물들의 꽃과 상취의 미소를 배운다. 인간은 곧 그 미물의 꽃들이다. 개화의 순간 얼마나 슬프고 아름다운 자연의 합의를 경험하게 될까.

이 풍적에서 한 가지 짚고 싶은 것. '이막지요알자(而莫之夭閼者)'

의 문제이다. 대개의 번역은 '바람을 타고 푸른 하늘을 등에 진 채, 아무런 장애도 없이 바야흐로 남쪽으로 향하게 된다', 혹은 '등에 청천을 져 방해할 자가 없나니, 이후에는 장차 남으로 도모하나니'로 되어 있다. 요알자(夭閼者)를 가로막아 못하게 하는 것으로 본 두 해석은 대동소이하다.

하지만 이 '막(莫)'자엔 막막함과 없음의 뜻이 있다. 후자로 해석하면 가로막음이란 요알자가 없다가 되어 가로막을 것이 없다가 되며, 전자로 해석하면 이 막막함은 요알자가 된다. 즉 '진로를 가로막고 못 날아가게 한다'로 해석된다. 이 막(莫)은 즉 아무 길도 없는 무위허공의 '막막함'이다. 무작정 마구 날아간다거나 가로막을 자가 없다고 하면 적합하지가 않아 보인다.

적어도 여기선 한번 붕새가 독백해야 할 하늘의 갈림길이다. 가로막을 '알(閼)'자의 해석도 애매하지만 장자의 반어법으로 보아야 할 것 같다. '가로막고 있다'가 아니라 붕새의 눈알 속에 끝없이 무궁의 세계로 열려 있는 광막(廣莫)을 본 것이라 하는 것이 적합하다. 그것은 광막이 곧 가로막고 있는 것이기도 할 것. 그래야만 뒤에 나올 무하유지향과 광막지야가 제대로 모든 지혜를 지워버리고 혼돈 속에 통째로 집어넣을 수 있으며, 다시 청천과 왕양(汪洋)으로 복귀하는 성훼(成毁)의 경지를 가지게 될 것이다.

물론 과거의 입장에서의 고전적 해석으론 아무 장애 없이 남으로 행하는 것이 그럴듯하지만, 현대의 자연 파괴와 궁발(窮髮)의 예언 앞에 선 붕새가 새로운 위기 속에 처했다는 것이 이 시대에 맞는 국면일 것이다.

이 요알자가 저 멀리 열려 있는 남명 하늘임을 보게 한다. 장애로 보이지만 혼돈(渾沌)이다. 장자의 이상향인 천지(天池) 역시 어둠을 건너가야 만날 수 있는 세계가 아닐까. 어쩌면 붕새도 죽을지 모른다는 생각이 들기도 한다. 그렇다면 이것은 새로운 해석이며 장자 사상에 하나의 중요한 문제를 제기하는 것이 된다. 다만 장자가 이런 방해자 앞에서 미혹에 빠진 붕새를 날려 보낼 것인가, 감히 붕새가 어떻게 장도(壯圖)를 걱정할 수 있겠느냐는 이의가 있겠지만 오해의 과장일 수 있고 과거의 판단일 수 있다. 이사란 것은 간단하게 이루어지는 것이 아니다. 과거의 것을 버리고 새로운 것을 찾아나서는 길은 험난할 것이다. 여기서 유보되는 듯한 붕거(鵬去)의 의미는 또 한 번 달라질 수 있다.

장자의 사상은 이미 정해진 기획이나 편집에 의존하지 않는다. 자연과 숙명을 바탕으로 한다면 고전적 해석은 수정될 수 있다. 그렇게 편하게 물 흐르듯 떠날 수 있는 길이 아닐 것이다. 과연 그런 것이 장자 사상이라면 그만큼 매력이 없으며 도리어 자유로울 수가 없다.

다만 《장자》의 전체 분위기가 혼돈과 숙명, 보광(葆光), 덕, 골의지요(滑疑之耀)를 제시하고 있음을 확인한다면 새로운 해석은 합당할 것이다. 도남붕정이 순탄치만은 않을 거라는 숙명적 요소가 강해진다. 장도(長途)가 확 열리는 것만이 붕도(鵬圖)의 길이 아니다. 골의지요며 보광이며 막막함이 장자의 길이다. 그것은 해결된 길이 아니며 환히 밝힌 우주가 아니다. 이것이 훨씬 장자적이다. 그러므로 아직은 파국이 아니라고 말할 수 있다.

그렇다면 배부청천(背負青天)은 비록 '푸른 하늘을 등에 졌으나'로 해석해야 한다. 9만리 장천의 하늘 위를 올라가야 비로소 붕새는 남으로 날아가게 된다는 붕새의 시름과 각오와 마음이 여기 있다. 즉 '그런 다음은, 당장 바람을 탈 수 있으리. 푸른 하늘을 등에 졌으나, 막막함이 펼쳐져 있구나. 그렇게 여긴 뒤, 바야흐로 붕새는 지금 당장, 남(南)을 내다보리'. 한번 정황을 살피고 의문을 던진 뒤, 붕새는 결의를 다지고 남으로 날아갈 것이다.

그러나 아직은 날아가지 않는다. 아직도 작동되고 있는 지구의 상취를 내려다보며 남쪽을 계획하고 있을 뿐이다. 도남붕정은 지구의 정황에 달려 있다.

붕새가 날아오른 저 바람 속에 그대들이 하나의 승물유심(乘物遊心)으로 노니는 것을 애틋하게 바라볼 뿐이다. 기이한 예언이고 고요이다.

6 쓰르라미와 비둘기들의 비웃음

쓰르라미와 크고 작은 비둘기들, 함께 비웃으며 말한다.
우리는 결기를 내서 날아올라, 느릅나무와 박달나무에 앉으려 하지만, 그때마다 오르지 못하고 땅에 처박히고 만다.
무엇 때문에, 구만리를 올라, 남(南)으로 가려 하는가.

• 원문(原文) •

蜩與鷽鳩笑之曰 我決起而飛 搶楡枋 時則不至 而控於地而已矣 奚以之九萬里而南爲

* 조蜩 적갈색 쓰르라미, 한선(寒蟬). 함께 여與. 학鷽 새끼비둘기. 산까치가 아님. 비둘기 구鳩. 조여학구蜩與鷽鳩 어떤 원문은 학구(學鳩)로 되어 있음. 이 편, 우리 아我. 결기決起 급하게 일어남. 닿을 창搶. 느릅나무 유楡. 다목 혹은 박달나무 방枋. 이를 창搶. 시즉時則 그때마다, 매번. 이를 지至. 던질, 투척할 공控. 어찌, 무엇 때문에 해奚. 이지以之 ~로써, ~에서.

숲속의 비밀

그 유명한 학구소붕(鷽鳩笑鵬)의 장면이다.

또 《장자》에서 소지왈(笑之曰)이 처음 나오는 곳이다. 먼 곳 해변에서 아주 어린 시절에 읽었던 기억이 새롭다. 자신이 못난 것을 모르고 남을 비웃는 못난 웃음이 이곳에 여전히 변함없이 그대로 있다. 과거의 책을 다시 읽은 것은 조우(遭遇)이다. 대부분 조우는 실망을 안겨주지만 장자의 이 조우는 그 뜻이 더 심오하고 일견 덧없고 두렵다.

나는 어리석은 길만 걸어온 것 같다. 자신을 찾아 이상을 찾아 사랑을 찾아 목표를 설정하고 글을 쓰고 사회생활을 해왔지만 결국 나는 나동그라진 한 존재에 불과하다. 알게 모르게 경쟁하고 혼자 밀실에서 만족하고 멀리서 비웃으며 자유롭다고 생각했을 것이다. 어른이 되고 장년이 되었지만 어리석기는 매한가지이다.

조구(蜩鳩)와 유방(楡枋)은 동물과 식물로서 모두 한 생물이지만 상물(相物)의 관계에 있다. 절대 침묵의 경계가 있다. 그래서 미물들은 가지를 잘 뻗고 잎의 그늘이 그나마 괜찮은 듯한 유방(楡枋)에 날아오르려 갖은 애를 쓴다. 거기에라도 날아올라 앉거나 붙어 있으면 세상이 다 내려다보일 것 같다. 붉은 발가락이나 날개와 등이 그래도 부끄럽지 않을 것 같다. 고작 지척의 높이의 나무에 불과하지만.

식물은 뿌리를 내리고 부드러운 흙살과 수분 그리고 공기와 햇살 속에서 알 길 없는 숨을 쉬며 군락을 짓는다. 식물계의 자연이다. 의심할 수 없이 만물의 거대한 양변(兩邊)이며 대별(大別)이다. 서로가 의탁한다. 인간에게 이 두 존재는 물과 바람처럼 매우 중요한 지구의 벗들이다. 바람과 물이 있기 때문에 지구이다. 때론 그 벗들은 서로 양식이 되어주고 양식으로 취한다.

생명에게는 바람과 물이 가까이 있다. 이 두 물과 바람이 생명을 길러낸다. 이것이 없는 곳이란 상상하기 어려우며 그것이 없는 정신의 언어도 생활도 메마를 수밖에 없다. 쓰르라미도 비둘기도 모두 바람과 물가에서 살아간다. 이 바람과 물은 장자 사상의 재료 중에서 가장 종요(宗要)로운 근거이다. 아무튼 이 둘이 없으면 재미없는 사유와 세상이 되고 말 것이다. 일단 이것은 무용한 것 같지만 출렁이게 하고 스스로 반짝이고 무언가를 흔들어주고 스쳐 지나간다.

이것이 바로 존재하지만 존재하지 않는 바람과 빛의 소요이다. 자연이 이처럼 먼저 소요하고 있다. 이것이 자연의 본질이고 파동이고 윤슬이다. 장자는 그들을 보고 그들을 따라 몸과 마음을 움직인다. 물에서 물결이 치는 것과 바람에 갈대가 흔들리는 것과 같다. 천지가 그대로 서로 거역한 적이 없다. 자연의 소요의 빛과 바람이 없다면 〈소요유〉편 자체가 성립될 수 없다. 아니 장자의 위대한 사상이 시작할 수도 존재할 수도 앞으로 나아갈 수도 없다. 이 소요유는 만물이 꿈꾸는 소유(消遊)와 요유(搖遊)가 함께하는 자연의 가장 이상적인 조화이다.

아무리 작은 바람과 물일지라도 눈 깜짝할 사이에 우리를 어디론가 실어다 날라주는, 도착하게 하는 날개이며 배이며 나뭇잎이다. 그것을 타면 풍경도 바뀌고 공간도 바뀌고 나도 바뀐다. 주객이 객주(客主)가 된다. 모두가 입장을 바꾸어 바라보게 되면서 속삭이고 팔랑거리고 출렁이게 된다. 마치 어미와 아이가 마음을 두고 몸을 바꾸는 것과 같다. 어미 속에 아이가 있고 아이 속에 어미가 있다. 기막힌 바람과 물의 변주와 음악은 인간의 소유물이 아니다. 현대가 잃어버린 막막함과 그리움 그리고 풍류(風流)의 주인공들이다.

장자는 한 잔의 물에서 경이를 본다. 물은 죽은 듯하고 부동하는 것 같지만 그 안에서 일어나는 혹은 숨어 있는 대변(大變)을 보여준다. 생명을 포함한 이러저러한 자연의 만물을 움직이게 하고 자신도 모르는 생령의 풍력(風力)을 불러일으킨다. 장자에게 그 기의 파동이자 프리즘인 바람의 문채를 온갖 것의 세상에 세운다. 여기서 실제를 넘어서는 상상의 영역 밖으로 해방시키는 존재를 본다. 사실 과학문명과 속도의 소유(所有)에 의해 미래의 공간과 현실은 비좁아지고 있다. 마치 지구라는 마룻바닥의 오목한 요(坳)에 떨어진 한 잔의 물 위에 그 잔을 얹어보려 하는 것과 같은 협애함과 답답함이 한 개인의 영혼까지 지배했다. 이것은 시공을 탈취당하는 일이다. 심각한 문명의 오염 속에서 연명하는 형국이 완성되었다.

소요의 빛과 바람이 없다면

지구는 이제 골치 아픈 하나의 작은 도시로 전락했다. 45억 년 전의, 이미 45억 년 후의 오늘의 지구. 미지와 신비를 모두 발가벗긴 채 나동그라졌다. 오늘 붕새가 날아가려는 남명의 바다는 그래서 무엇을 의미하는 것일까. 너무나 작은 빗방울 하나까지도 자연의 메아리를 울릴 줄 모르는 죽음이 되고 있다. 생멸의 기별(奇別)이 아니라 악몽의 저주가 될 수도 있다. 새파란 하늘 한 조각이 보이는 인간과 지구의 길녘에서 불안과 협심의 세계를 망연히 바라본다. 누대(累代)의 절망을 깨닫고 한 줄기 망각을 겨우 붙잡지만 차가운 대리석의 감촉과 나무의 숨 막히는 피목(皮目)을 느낄 뿐이다.

장자는 미래와 저쪽을 모르는 미물을 등장시켰다. 사실 이 '저쪽'이란 인간 쪽인지도 모르지만 그러나 인간에게 저쪽은 현실이 아닌 다른 쪽이다. 여기서 미물이 모르는 세계란 바로 인간이 모르는 쪽이다. 쳐다보지도 찾아가지도 느끼지도 못하는 저쪽은 장자 사상에서 현실이 마주하고 있는 매력적인 응무궁(應無窮)이다. 하지만 그것을 규정할 것은 없다. 오히려 장자의 말처럼 출총명(黜聰明)으로 무지를 간직하는 것이다. 정말 저쪽은 어느 쪽인가. 이상한 거울 저쪽, 그곳에서 이 현실은 반드시 대칭되는 곳만이 아니다. 이 현실이 굴절된 렌즈 바깥으로 튕겨나간 외곽의 현상일까.

이충(二蟲, 二物, 쓰르라미, 비둘기)은 맞장구치며 비웃는다. 꼭 바람이 있어야 하는 것은 아니다. 높은 나무에 날아 올라가다가 그만 아래 땅바닥으로 떨어지기도 했지만 그것도 대수가 아니다. 이것이 쓰르라미와 어른비둘기, 새끼비둘기 세 부류가 비웃으며 말하는 자만이다. 가만히 그들의 표정을 기억해보면 불쾌하고, 교활하고, 어리석고, 오만하고, 이기적이다. 이 다섯 가지가 대부분의 인간들이 구축한 자화상의 모습일 것이다. 어쩌면 이 쓰르라미와 비둘기들은 숲속에 아방궁을 만들어놓고 자기들끼리 키득거리며 살고 있는 부류의 인물들일지 모른다.

그들은 바람을 기다리지 않는다. 사실 유방에 날아가 붙고 싶다는 말은 수많은 불만세력에 대한 핑계거나 허언일 수 있다. 자신의 힘만으로 날아오르려 한다는 것도 음모일지 모른다. 어쨌든, 이 쓰르라미와 비둘기는 기분 나쁘지만 수상쩍은 존재인 것만은 사실이다. 아무것도 모르고 혹시 세상을 좌지우지하는 하찮은 존재들이 아닐까. 그들은 하늘이 필요 없고 날지 않는 것이 행복일 수 있다.

그러나 저쪽에 곤충과 새와 달리 한 자리에 죽을 때까지 서 있는 두 식물의 나무를 보자. 다목이라는 방(枋)나무는 수레를 만드는 단단한 나무이다. 30여 미터까지 자라는 자작나무과의 낙엽활엽수인 박달나무(檀)와는 다르다. 다목은 4미터 남짓 자라는 콩과의 상록교목이다. 완전히 자라도 90센티미터밖에 못 자라는 한해살이 쑥풀에 비하면 그러나 다목은 키가 큰 편이다. 나무들은 말 한마디도 하지 않고 저 숲에 서 있으며 바람이 오면 한번 슬쩍 잔가지와 잎을 흔들어줄 뿐이다. 장자는 그들의 말을 한마디도 대변하지 않고 버려둔다.

즉 무심이고 무위이다. 이것을 나는 장자가 말하지 않았다고 생각한다. 아무리 생각해 보아도 그 숲의 나무들은 마치 신비한, 알 길 없는 거울만 같다.

숲은 미물들의 소요처(逍遙處)

장자는 집 주위를 산책하면서 다목나무를 자주 만났을 것 같다.

그는 칠원(漆園)의 소역원(小役員)이었으므로 세상을 주유(周遊)하지 못했다. 공자처럼 세상을 다 주유할 정도로 권력과 재산과 제자들이 없었다. 그러나 세상을 다 돌아다녔다고 해서 모든 것을 본 것은 아니다. 장자는 나무에 관심이 많았을 것이다, 나무와 대화를 많이 한 것 같다.

다목나무는 다목의 여름철을, 박달나무는 박달의 가을철을 보내는 것을 장자는 알았다. 말을 하지 않고 숨죽이며 지나갔지만 장자는 이 순간, 저 나무들의 봄과 겨울을 그리고 침묵과 마음을 두려워했을 법하다. 나무와 심통(心通)하고 말한다는 것은 현실과 정치를 소외시키는 위험한 경계이며 함정이다. 지독한 허무와 칩거는 가장 강력한 저항일 수 있다. 여기서 다목나무와 박달나무의 마음을 나타내지 않은 것은 장자가 감추어둔 마음자리의 진지(眞知)이고 심후(心喉)일 것이다.

비둘기와 쓰르라미가 지껄인다. 장자적 상상이다. 숨어 있는 의도의 중심은 저쪽 바람과 물에 있다. 쓰르라미와 크고 작은 비둘기들의 눈에 날아가는 붕새가 나뭇가지 사이에 보였던 모양. 그러면서 자신들은 날개만으로 느릅나무나 박달나무로 날아갈 수 있다고 말한다. 바람의 중요성을 모르고 하는 말이다. 그러나 이들의 웃음 속에서 남쪽 바다로 날아가는 붕새를 궁금해하는 표정도 없지 않다.

장자는 어떻게 천지와 생사를 아직 모르는 쓰르라미나 비둘기의 얼굴과 마음의 표정을 읽을 수 있었을까. 쓰르라미와 비둘기들은 바람의 이용을 알지 못한다. 바람을 이용하기엔 너무나 몸이 작은 존재들이지만 그렇지 않다. 작은 미물이라도 바람은 본능적으로 탄다. 그러나 이 이충(二蟲)은 바람을 거부한다.

장자는 여기서 두 마음의 충돌을 경험한다. 꼭 저렇게 야단을 치면서 세상 소란하게 날아갈 필요가 있을까, 날아서 무엇에 소용될까. 날짐승들이 웃고 있다. 장자는 미물이 된다. 종이 다른 두 종류의 조류와 곤충의 이 중얼거림과 비웃음은 장자가 시비의 문제로 넘어가기 위한 한 복선(伏線) 장치이기도 하지만 두 미물은 어떤 존재일까. 눈이 밝은 권력의 간사한 지략인가. 이익만 추구하는 심리의 끈일까, 권모술수와 임기응변의 혀일까.

그런데 장자가 비둘기를 학구(鷽鳩)라고 쓴 까닭이 있을 것이다. 어리석은 쓰르라미와 함께 새끼비둘기들만 있지 않았다. 그렇다면 굳이 구(鳩)자를 쓰지 않고 '조여학(蜩與鷽)'이라 했을 것. 비둘기들의 어리석음을 강조하기 위해 어린 비둘기와 어른비둘기들을 그 자리에 함께 있게 했다. 그러나 만약 학구(學鳩)라고 한다면 학동(學童)의 의미처럼 새끼비둘기가 맞을 것이다. 청나라 1721년에 선무공(宣茂公)은 "비둘기는(鳩) 꼬리가 길고 다리가 붉고 문채(文彩)가 유(有)하니 소자(小者)다" 하였다. 새끼들만 가지고 장자가 비유하지 않았다.

자기를 닮은 새끼를 낳고 자기 모습대로 기르는 것은 그 어미이고 아비들이다. 이것을 보는 또 다른 마음 하나는 보이지 않는다. 그것은 측은지심도 아니고 분노도 아니다. 뒤에 나오는 무정(無情)일 것이다. 한 종은 한통속이다. 자신의 계통을 배반하고 형질을 변경할 이유가 없다. 하지만 그것은 그러므로 미물(微物)일 뿐이다. 물론 이 변변치 못함이 기이한 일이긴 하지만.

종의 편애와 언어소통

매미와 비둘기는 날아서 자신이 살고 있는 주변의 나무숲을 돌아다닐 수 있다. 그러나 조금이라도 높은 나뭇가지에 올라가려 하면 숨이 차고 힘이 못 미쳐서 그만 땅에 떨어지고 만다. 이런 면을 볼 때 학구란 어른비둘기 속에 어린 비둘기가 섞여 있다는 뜻이다. 어른비둘기가 새끼비둘기들에게 당파성과 종의 이기심을 가르치고 있다. 여기서 두 미물이 얼굴을 마주 보고 자기합리화의 말을 하며 짝이 된다.

두 미물 속에 있는 어떤 기의 마음이 동하는 순간이다. 불가해하고 또 무섭기도 한 밀통이 전개된다. 여기서 살해와 배척의 음모와 합의가 싹트기 시작할 것이다. 붕새는 어찌하여 그 먼 하늘을 날아가려 하는가 말이오, 이렇게 묻다가 9만리 장천을 올라가서 굳이 그 멀고 먼, 보이지도 않고 있는지도 모르는 천지를 확인도 하지 않고 찾아 나설 것이 무엇이냐고 비하한다. 그러면서 슬쩍 옹졸함을 자경(自警)하는 척 자문(自問) 한다. 고개를 꺄우뚱하는 비둘기가 보이는 듯하다. 기묘한 부분이다.

장자는 그들을 보았다. 어찌 종이 다른 쓰르라미와 비둘기가 말을 하며 뜻을 같이할 수 있을까. 장자만이 상상할 수 있는 자연의 오묘한 영역이다. 생물에게 있는 배타심과 이기심의 발로이다. 두렵기도 하고 재미가 있기도 하지만 엿듣고 싶은 모의(謀議) 이기도 하다.

모든 지혜와 시비와 차별을 내던지고 활락(闊落) 한 기상으로 세상을 뒤흔들고 날아오른 존재를 보고 이 둘은 자신들은 바람 없이도 날아갈 수 있다고 말했거나 아니면 바람을 아예 보지 못했거나 둘 중의 하나일 것이다. 즉 자신들의 작은 날개로 자신들의 몸을 실어 높은 나뭇가지에 오를 수 있다고 믿는다. 그러면서 슬쩍 자신들의 희원과 진심을 속이면서 대붕의 고비(高飛) 가 쓸데없는 일이 아니냐고 속닥인다. 둘은 날개만 비슷하지 특별한 혈연관계가 있는 것도 아닌데 의기투합한다.

문득 떠오른 생각이다. 혼돈을 죽이게 되는 것들이 이들이 아닐까. 거대한 괴물이나 대지(大知), 대변이 아니라 바로 이 오활한 소지와 미물들이 아닐까. 갑자기 생물이란 것이 귀엽지만 생각하는 존재라는 그 사실 하나가 그만 경포심을 불러일으킨다. 까무룩한 미궁의 의식 속에서 그만 생물이라는 것이 의문 속에 가려진다. 그래서 생물(生物)이 난해진다. 이들은 대체 무엇일까. 자연의 어리석음이고 무지한 직도(直道)이다.

나무 밑에 이들을 조용히 잠재워주고 싶어지는 것이 자연의 커다란 자애의 마음이다. 대수 밑에 조용히, 조용히, 영원히 말이다. 다시는 일어나지 않게, 천변만화의 무궁 속에 내가 티끌처럼 맡겨지도록. 다시는 그 우주의 바다 남명의 하늘에 돌아오지 못하게 말이다. 자연은 자신의 생명들을 자신의 골짜기에 묻는다.

생명 자체가 무용한 것이라는 생각조차 쉬 떨쳐버릴 수가 없다. 어리석은 그 얼굴들은 아마도 장자의 기억 속에선 어떤 인류의 얼굴일 수 있을 것이다. 그들이 시비(是非)를 만들고 해구(解垢)를 늘어놓고 떼를 지어 다니는 자들이다. 생명이 묻어 있는 지혜의 일물(一物) 즉 인류(人類)가 문제이며 꿈이다. 하지만 누가 생명을 무위의 존재로부터 빼앗아 버렸을까. 하지만 거대시간 속에서 본다면 모든 것은 한 조각의 꿈에 불과하다. 우주의 저쪽이 미래이다.

왜 남(南)으로 가는가

이 비둘기와 쓰르라미들은 누구일까.

의문으로 삼고자 한다면 일대 의문이 아닐 수 없다. 장자 당시의 어떤 군주나 벼슬아치거나 간에 당대를 관통하면서 등장한 인간들.

그보다 더 추레하고 보잘것없는 존재들. 결국은 그 어디에도 도달하지 못하는 비극적 인류의 길이며 문명을 끌고 가는 노역의 아이콘일까. 인간들이 기껏 가봐야 편리의 세상 그 어느 구석에 처박히는 일밖에 없다. 각각의 개체로서의 인간과 거대한 한 흐름의 인류의 문명사를 비웃고 비하하기는 저 쓰르라미와 비둘기와 내가 다르지 않다. 마음이 같다. 어리석은 일이다.

세상이 그 작은 매미나 비둘기의 날개로 해결될 것은 없다. 그들은 작은 지혜를 만들고 그것에 만족하고 즐긴다. 어쩌면 일생을 쓸데없는 일에 몰두하고 허비하는 놈팡이, 좀팽이들이다. 마치 쓰레기를 가지고 노는 짐승과 같다. 하지만 소똥벌레는 소똥의 자기 집을 짓는다. 그래 보아야 결국은 그것이 그것이다. 끊을 수 없는 족쇄의 숙업(宿業)이 그에겐 있다. 세상과 인간과 만물이 녹록하고 간단치가 않다. 숙업은 유전한다.

오히려 그래서 장자는 복잡한 구조의 사슬을 풀기 위하여 정치나 현실 속에 뛰어 들어간 것이 아니라 세상을 버리고 뛰쳐나와 비상하고 초극하고자 했다. 이 결기가 없다면 붕새는 북명의 하늘로 날아오르지 못한다. 이것이 장자가 언어로 실제 결행한 지혜와 조직과 역사로부터의 대탈출이었다. 모든 인간은 저 이충이 아니기에 너무나 깊은 육체의 숙업이 내부를 관통하고 있다.

유충(幼蟲)이 무엇을 알 것인가. 나뭇가지에 오르려다 땅바닥에 떨어져 뒹구는 한 조각의 필름 같은 작은 날개를 떨며 뒤뚱거리는 매미일 뿐이다. 그런가 하면 비둘기는 창공의 한 뼘의 공기를 세차게 때릴 수 있는 날개의 힘과 강한 깃을 가지고 있다. 하지만 미물에 불과한 매미를 꼬드겨 편을 들고 붕새를 비난하는 모습은 좋아 보이지 않는다. 그는 장자의 눈에 쓰르라미보다 못난 존재로 비쳤을 것이다. 더 낮은 미물을 약간 높은 두뇌의 미물이 가르치고 있다. 얼마나 우스꽝스런 장면인가.

결국 이 둘은 푸른 하늘을 날아보지도 않고 왈가불가한다. 그 파란 하늘 위에 장자가 이들을 데리고 올라가 내려다보고 싶은 마음이 읽힌다. 그러기에 지금 장자는 붕새가 아니라 쓰르라미와 비둘기들이다. 이놈 저놈의 비둘기와 쓰르라미라니, 어쩌면 이렇게도 자아의 거울조각들은 다양하고 특이한지 통쾌하다. 또 느릅나무와 박달나무 그늘에서 장자는 잠시 휴식하며 쓰르라미와 비둘기를 보고 있다. 그들은 쉬지 않고 뭔가를 쑥떡거리고 구구거리고 쓰르람거린다. 쌍방의 말의 소요유이다.

심심하여 견딜 수가 없는 찢어진 공명기와 부리를 가지고 있다. 여기서 상망(相忘)이 이루어질 것 같지만 지금은 그때가 아니다. 이미 쓰르라미와 비둘기이면서 또 인간으로서 저 건너편 그늘에 앉아 쉬고 있는, 이 절묘하고도 은폐적인 정황적 시선은 기막힌 삼각 구도를 형성하였다.

인생과 만물, 만사 그리고 짧은 시간들이 조금씩 가는 것을 재고 보고 있다. 생물학적 윤회를 자시(自視)로 볼 때 최고 경지는 인간이 비둘기나 쓰르라미가 되는 것이다. 윤회가 아니라 갑자기 장자는 쓰르라미와 비둘기가 되어 있었다. 이 돌연한 화생의 기변(奇變)을 어쩔 것인가. 자연인들 그리 된다는 것을 어찌할 수 없다. 자연은 어리석음을 품었고 그것이 또 최고의 지혜이다. 왜 날아가려 할까. 왜 남쪽을 내다보게 되었을까.

그래서 고비는 거대한 것의 죽음이거나 탈출이거나 구사일생의 이사(移徙)이거나 이동이다. 거대한 한 집단의 생존자들이 혹은 하나의 도(道)가 도망하는 왠지 웃음이 터져 나올 수밖에 없는 형국이다. 그 옛날 둔천(遁天)해 온 그 하늘에서처럼 또다시 이 지구 북쪽에서 천지로 둔천 이사하려는 것인지 모른다.

여기서 나는 미물의 장자가 아닌 인간 장자를 보고 웃는다. 나 또한 그들 곁의 한 마리의 우치(愚癡)한 쓰르라미이다. 그것이 생명이라 할지라도 한 마리의 몸을 가진 비둘기라는 사실은 결국 억울하고 슬픈 존재의 한계 속에 있을 뿐이다. 결코 벗어날 도리가 없는 숙명의 덩어리들이다. 누가 저 자연을 어리석다 할 수 있을까. 혹자는 숙명을 우습게 여기고 그것을 무시하고 혹은 숙명은 없다고 망언을 일삼지만 그 상판을 보면 억울한 생각이 든다. 아무것도 모르는 인간이다. 그는 쓰르라미도 아니다.

종생(終生)은 허무하다. 쓰르라미와 비둘기들의 종생은 더 슬프다. 뜬구름 같은 허위와 책략의 시간들을 차치하고라도 저 미물의 시간들은 어디 있는 것일까. 또한 모든 인간들은 한 사람도 남김없이 역사의 무덤 속에 묻힌다. 다시는 꺼내 보고 싶지 않은 살생과 창검과 음모의 유물들이 무덤 속에 가득하다. 그 캄캄한 광 밑에 군주도 장군도 재상도 모두 묻혀 있다. 잔인하고 무지한 인간들의 집단이다. 장자는 쓰르라미와 비둘기들의 재상과 장군과 군주를 비웃지만 그들은 그것으로 족할 뿐이다.

탄허는 "어찌하여 저 9만리를 고비(高飛)하여 남으로 사거(徙去)하는 노로영녕(勞勞攘攘)의 일을 하리오" 하고 강술(講述)했다. 노로영녕은 대단히 애를 쓰고 수고로워 어지럽다는 뜻. 그는 또 "빙산(氷山)은 하충(夏虫)의 알 바 아니요, 창해(滄海)는 정와(井蛙)의 경계가 아니다" 하였다. 실천만이 아닌 언어의 말이 없다면 세계는 썩은 울타리를 치고 있는 작은 공장에 불과하다. 누가 무너진 그들의 추악한 무덤을 찾아갈 것인가. 태허의 하늘에서부터 심와(心窩)가 아파온다.

저 머리 위의 창창(蒼蒼)한 하늘을 찾아 나선다. 그래서 알 길 없는 인간의 욕망과 숙업을 깨끗이 씻고 조용히 혼자 지내는 것이 최상

자(最上者)의 길이다. 분명 그 길은 참여의 길을 거부한 자연으로 향하는 방외(方外)의 길이다. 속된 정치적 놀음에 놀아난 인위적 윤리가 수많은 사람들을 죽음으로 몰아갔고 허구의 위인으로 만들었다.

지금은 또 무서운 칼날의 수레바퀴가 돌아가고 있다. 어찌 그들이 없을 수 있을까. 그렇다면 그것이 가장 불가사의한 일이다. 사후가 없다는 것은 이해되지 않는다. 숙업이 나의 대에서 종결된다는 말도 있을 수 없다. 저 아득한, 이젠 보이지조차 않는 상고(上古)의 푸른 하늘을 한 번만 만져보고 울고 싶다.

최초로 등장하는 이충(二蟲), 쓰르라미와 비둘기

방추형 몸에는 녹흑색의 반점이 있고 두부는 두꺼워서 나무에 머리가 부닥쳐도 깨어지지 않는다. 머리 양쪽에 복안(復眼)이 있어서 눈이 보이지 않아 무섭다. 하지만 아이들은 이 매미 채집을 좋아한다. 친구들은 매미를 잡아 구워 먹기도 했지만 나는 먹어본 적은 없다.

매미와 비둘기는 자기 날개에서 일어나는 바람을 말하고 싶었던 것이 아닐까. 매미와 새끼비둘기 뒤의 장자 뒤의 나, 그리고 그 뒤에 또 누가 비웃고 있을까. 자신의 작은 행동의 민첩함을 자랑하면서 손톱보다 작은 지혜의 불투명 막질(膜質)의 날개를 파닥이며 가느다란 다리를 쭉 뻗어보는 산매미와 그 옆에서 오장을 안에 감춘 채 오만하게 고개를 들고 구구대는 산비둘기의 어눌한 모습은 영영 잊히지 않을 자경(自警)이며, 자연이 스스로 풍자하는 특별한 풍경이다. 자연의 오만은 가릴 줄도 모른다, 역시 인간적 생각으로는 어리석다.

삶이란 실은 아무것도 하지 못하고 헛되이 살아가는 소비가 아닐까. 무사 속에서, 누추함 속에서, 어리석음 속에서, 무지 속에서, 소지로서, 망아 속에서 사라져가는 시간을 매일 본다면 말이다. 현대에선 바로 그 헛된 삶, 아무 가치가 없는, 영향을 주지 않는 삶이 오히려 진인의 삶일지 모른다. 자연이 한 일을 가지고 자신이 이른 일이라고 하면 몽매한 자이다.

그 후, 어느 날 '나'는 혼자 죽을 것이며 그때 비로소 그의 내부는 완전히 붕괴되고 정지할 것이라고 나는 덧없는 생각을 떠올린다. 이 조여학구(蜩與鷽鳩)의 웃음에서 찾은 저기 살고 있는 나의 일개(一介) 모습이다. 조여학구의 나무들을 쳐다보며 혼자 죽는 것을 생각해 본다. 뒤에 장자는 역(櫟, 상수리나무)을 통하여 나무의 신령을 보여 주게 되지만 우리는 모두 저 유방나무 근처의 비둘기와 쓰르라미와 똑같이 죽는다.

한 생명에게 주유된 시간이 아주 짧다. 어느 날부터 늘 이렇게 내게 말하고 있는 나를 보면서 현재의 나를 부디 찾지 말라고 당부한다. 쓸데없는 마음을 내지 말라고 명령하기도 한다. 내가 없는 미래, 내가 없는 과거도 알려 하지 않는다. 모든 인간에게는 자연의 망각 속으로 들어가는 일만 남았다. 그 자연의 망각은 거대한 아니면 너무나 작은 누에고치처럼 생겼을지 모른다. 그러나 태초의 나는 이 나를 너무나도 잘 찾아올 것이다.

벌레와 새에 가탁(假託)한 장자의 이 소왈(笑曰)은 인간을 향한 최초의 자가당착적 역설이고 교묘한 우화(寓話)이다. 무엇을 위하여 남으로(南爲) 가고자 할까. 이것이 《남화경》(南華經) 전편의 일대 의문이자 활구이다. 어쩌면 이 활구는 내편(內篇)의 종미(終尾)인 혼돈사를 해결하기 위한 서두의 대전제이며 운행과 수정이 불가능한 자연에 대한 숙명적 예언을 노래한 것이다.

욕망과 지배, 지혜와 문명으로 훼손된 도를 본래 인간과 자연의 모습으로 되돌리기 위한 존재가 자연재해와 조화와 공포에 은유의 옷을 입힌 대체존재(對替存在)가 '붕'으로 확대된 것인지 모른다. 그렇다면 붕은 모든 사물의 어리석음을 껴안은 장자의 분노이자 비상이다.

정말 내 생각처럼 죽은 '혼돈'을 살리기 위해 바다를 뚫고 화이위조의 변신으로 비상한 것일까. 장자의 비의가 최초로 착공(鑿空)한 순간이지만 여기서부터는 이미 인간세의 이야기가 우화적으로 나오며 그 의문은 문을 열고 현실로 나오고 있다. 인간세를 말하지 않고선 화광동진(和光同塵)할 수 없다. 불구나 바보 천치가 되지 않고선 그 자연에 결코 도착했다고 말할 수가 없다. 자연은 거의 천치 바보 상태의 현상이기 때문이다. 그 자연의 지혜가 그렇게 만들었고 모든 나는 그러한 숙명을 만나게 될 것이다.

자연의 혼돈이 기획과 질서, 편집과 체제, 질서, 법, 이성에 의해 살해된 현실세계는 어디에서 그 고통과 위협을 증좌할 수 있을까. 정말 자연은 역행과 위기 속에 있는가. 과연 '나'는 내 안의 신성(神性)을 잃은 것일까, 신성이 있는 것일까, 있다면 그것은 어떤 향기를 가지고 있을까. 아니 남아 있기나 할까. 내 안에 감히 신성이 있었다는 것을 내가 기억할 수 있을까, 또 내 안에 있던 신성이 죽었다는 것을 알 수 있을까. 자연에 대한 판단을 지우고 소요를 잊지 않고 즐기는 까닭을 찾을 수 있을까.

장자 우화를 동양 사상의 최상에 둘 만한 이유가 여기 있을 법한데 지구 위에는 지금 누구의 비둘기와 매미들이 우짖고 있는 것일까. 기이한 언어로 비웃고 의사를 소통하고 있지 않은가. 자연은 고독하다. 놀라운 묘사이다.

한 가지 큰 의문

아마 쓰르라미는 느릅나무 등에 가 붙기를 즐기고 비둘기는 강한 발가락으로 단단한 박달나무 가지로 날아가 앉기를 바랄 것이다. 나는 다른 생각을 한다. 장자가 박달나무와 느릅나무가 재미있는 이충(二蟲)의 말을 듣고 가만히 있는 것을 본다. 그들의 마음을 그리고 싶어 한다. 저 나뭇가지들은 이충이 살아가는 터전이다.

누가 이 존재의 성정과 상물성(相物性)을 갈라놓고 그들을 비판할 수 있을까. 비극의 저 안쪽에서 아직은 소요하지만 파국은 비극을 넘어 우화가 되는 일은 우리 당대의 것이 아직은 아닌지 모른다. 결국 가지 사이의 보금자리에 돌아와 아무 말도 않고 잠드는 이들을 내려다볼 것이다, 가지들은. 자연 자체가 우매한 집이다.

9만리 장천은 지구가 타원형으로 공전하는 하늘에 달이 떠 있는 거리의 우주 속이다. 그 거울하늘까지 올라가서 붕새는 남으로 날아갈 것이다. 붕(鵬)에게 달이 두 개 있는 것도 그 까닭이었을까. 월광(月光)의 반대쪽은 영원히 빛과 시선이 닿지 않은 차가운 어둠이며, 우리는 그 달의 한쪽 면만을 바라볼 뿐이다. 붕새는 지금 어느 하늘에 떠 있을까, 가을일까 겨울일까. 온 지구가 환해지는 달빛 아래 이 쓰르라미와 비둘기 들은 어디선가 잠들었다. 그들이 잠든 눈은 어떤 모습을 하고 있을까. 그 감은 눈매만이 지극하다. 이들은 솔직히 9만리 장천을 날아오르지 못하는 처지에 대해 한탄하고 있다.

이런 생각 끝엔 종교적 조직과 우상과 신앙과 신도들이 필요할 것이지만 이는 모두 장자 사상에 위배되는 것들. 장자는 자연 외의 무엇을 만들지 않는다. 이때 문득, 홀로 남아 있는 자아를 느끼고 그때 무아(無我)가 있음을 겨우 느낀다. 내가 잃어버린 상아(喪我)이다. 무아가 있다는 말은 갑자기 나에게 새로운 언어로 스며들어온다.

9만리 장천은 지구에서 달까지의 거리. 붕새가 밤에 달을 데리고 남명 천지(天池)의 하늘로 떠나려고 한다. 새로운 물바다 천지로 이 지구의 모든 바람과 물을 가지고 떠난다고 나는 생각하는 걸까. 그런데 여기서 남위(南爲)는 붕비의 원형일까 현재형일까 미래형일까.

그래서 이 부분을 '남(南)으로 가려 하는가'로 해석한다.

아니다, 이 문장은 예언형이다. 남위는 남으로 지금 가는 것이 아니다. 그러나 미리 가는 것을 이충의 입장에서 인간보다 미리 보도록 하는 정지된 미래진행형이다. 이것도 앞과 같이 유보하는 현대적 해석이 필요한 부분이다. 그럴 것이 실제 쓰르라미나 비둘기 따위는 9만리나 되는 장천(長天)의 까마득한 하늘의 붕새를 감히 알 리 없다. 환유적 표현 저 안쪽에서 듣자면, 이충의 눈알 속에 들어간 장자의 엉뚱한 노파심의 어리석은 미래에 대한 숙명의 말이다. 옴짝달싹할 수 없는 무극(無郤)의 경지이다. 지구는 장자의 이 말 안에 있어, 심계(心悸)가 높아질 뿐이다.

예언이라면 이 말의 미래에 그 현재가 있다. 모든 사물과 말은 그 현재 앞에 있다. 그 현재는 언어 속에 찍혀 있다. 누구나 이사를 갈 때는 가장 중요한 것들만 챙겨서 어서 떠난다. 필요 없는 것들은 버린다. 늘 이사 행위는 다급하다. 그래서 저 이사할 '사(徙)'자와 떠나버릴 '거(去)'자가 단순한 글자가 아니고 숨어 있는 슬픔의 은자(隱字)이다. 떠나고 이사 가는 것은 이별이기 때문이다. 귀양 가는 것이며 이사 가는 것이며 무언가를 넘기는 것이며 장소를 옮기는 것이 이사(移徙)이다.

몇 가닥의 작은 뼈로 붙여놓은 비둘기와 무골충(無骨蟲)의 쓰르라미여, 이별한 자는 다시 돌아오지 않는다. 하지만 이것은 강제적 사축(徙逐)일까 자발적 이거(移去)일까. 붕새는 무엇을 복장에 넣고 있을까. 그것이 이 《장자》 책이다.

내가 어떻게 대붕은 도의 의조화이며, 소조(小鳥)는 소인들의 의인화인 것을 알 수 있을까.

7 길을 가는 자의 양식(糧食)

야외를 나가는 자는, 세 끼니면 돌아올 때까지 배가 든든할 것이다. 백 리를 갈 사람은, 날 새워 방아를 찧어야 하고, 천 리를 갈 사람은, 석 달 치 양식을 준비해야 한다.
이럴진대, 두 벌레가 또 무엇을 알겠는가.
작은 지혜는, 큰 지혜에 미치지 못하고, 짧은 목숨은, 긴 목숨을 따르지 못한다. 어떻게 그런 줄을, 알겠는가.

• 원문(原文) •

適莽蒼者 三飧而反 腹猶果然 適百里者 宿舂糧 適千里者 三月聚糧 之二蟲又何知 小知不及大知 小年不及大年 奚以知其然也

* 갈 적適. 풀 우거질 망莽. 푸른 빛 창蒼. 망창莽蒼 들판. 저녁밥 손飧 찬(餐), 손(飡)으로 된 원문도 있음. 돌아올 반反. 오히려 유猶. 과연果然 배가 부르다. 절구질 용舂. 모을 취聚. 이 지之 여기선 이럴진대 혹은 이의 뜻. 어찌, 무엇 하何. 소년小年 짧은 목숨. 대년大年 긴 목숨. 어찌 해奚. 기연其然 그러함.

처음 나오는 인간의 길

이 망창(莽蒼)의 하룻길, 백릿길, 천릿길은 길(道)이다.

어떤 사람은 교외를 갔다 오고, 또 어떤 사람은 백릿길을, 또 다른 사람은 천릿길을 갈 것이다. 돌아올 수 있는 길이 있고 돌아올 수 없는 길이 있다. 하지만 아무 준비도 없이 가는 길은 없다.

5리건 십 리건, 백 리건 천 리(千里)건 사람의 길이다. 길은 거기 변함없이 나 있다. 물론 최초로 그 길을 내고 간 사람이 있을 것이다. 그 이름은 남아 있지 않다. 길만이 그곳에 나 있다. 그 길이 그이다. 아침햇살이 내리고 바람이 지나가고 주야가 바뀌고 눈이 내리고 비도 내린다. 길은 말이 없다. 길도 시련 속에 있다. 길은 혼자 간다. 그 길은 속도가 아무리 빨라져도 실제의 그 거리가 마술처럼 늘거나 줄지 않는다. 속도가 빨라졌을 뿐, 백 리 천 리 거리는 그대로 백 리 천 리이다.

고인들은 먼 길을 몇날 몇달씩 걸려 직접 걸어 다녔다. 속도가 느린 만큼 많은 것을 보았다. 속도는 사색과 풍경, 우연과 겸손을 잃게 했다. 문명의 속도 속에서 객창감(客窓感)이나 무상감 혹은 거리감은 사라졌다.

실제의 천 리란 대단히 먼 거리이다. 문명의 이기를 사용하면 만 리도 가까운 거리이지만 실지(實地)를 걸어보면 참으로 먼 거리일 것이다. 장자 시대에 평범한 한 사람이 천 리 밖을 나간다는 것은 결코 쉬운 일이 아니었을 터이다. 그러나 교외의 하룻길 정도를 걸어나갔다 들어올 때 세 끼 정도의 끼니를 해결하면 배가 꺼지지 않고 지치지도 않고 돌아올 수 있다. 하룻길을 갔다 돌아올 사람에게는 별도로 많은 양식을 준비할 필요는 없다. 그러나 자신의 발로 천 리를 갈 사람이라면 석 달 치 양식은 준비해야 한다. 여기서 한 가지를 지적하고 넘어가자.

'적백리자 숙용양(適百里者 宿舂糧)'에서 숙용양이 '하룻밤을 묵을' 양식을 찧어야 함이냐 '하룻밤 동안' 방아를 찧어야 함이냐의 혼란이 있다. 백 번 읽어보고 후자가 맞다는 생각이 들었다. 장자에 대한 고견을 가진 한 사람은 '일숙(一宿)의 양(糧)'을 준비해야 한다고 하였다. 뒤의 '석 달 치 양식을 준비해야 한다(적천리자 適千里者 삼월취량 三月聚糧)'와 부합하려면 여기서도 하루 치 양식을 준비한다고 단순하게 말을 하지 않았을 것 같다. 하루 치 양식이란 말이 어색하고 그것을 준비라고 할 것이 없을 것 같다. 그러니 '하룻밤 동안 방아'가 맞을 것이다.

그런데 조여학구(蜩與鷽鳩)에게는 이처럼 백릿길 천릿길과 그 길을 가기 위해 준비해야 하는 것들이 있다는 것을 알 방법이 없다. 이충들에겐 백 리란 것이 없기 때문이다. 기이한 일이다. 겨우 지척의 유방에 날아가 앉으려고 하는 이들에게 천 리란 길이 있을 수 없다.

장자는 인간을 높이지 않았다. 특별히 칭찬하지도 않는다. 실은 이충보다 더 낮춰버린 쓰르라미 인간, 비둘기 인간들로 보고자 하였지만 그러나 결코 인간이란 단어를 붙이지 않았다. 정말 쓰르라미나 비둘기가 이런 질문을 할 리도 없지만 정말 그들에게 질문했다면 이것은 인간을 향한 신랄한 공격이라고 본다. '인간 비둘기'라고 하는 것보다 더 모욕적인 말이 없을 것이다. 이충이 인간의 형상을 하고 있는 것이 아니고 인간이 이충의 얼굴을 하고 있는 것이 아닐까 싶을 정도이다. 두 미물은 쓰르라미나 비둘기가 아니라 인간들일 거라는 점에서 불쾌하기보다는 통쾌하다. 왜 나는 나 자신을 포함해 인간에 대해 이런 생각을 갖고 있을까.

하지만 이충우하지(二蟲又何知)를 확대해 보면 그 안에는 중요한 문제가 있다. 곡해하면 미물들에겐 도가 없다, 길이 없다, 앎이 없다는 것을 간접적으로 말한 것이 된다. 매우 흥미로운 말이 아닐 수 없다. 그들에게는 인간들의 양식과 길과 꿈과 삼손(三飧)과 절구질이 없으며 취량(聚糧)이란 말도 없다. 하지만 개미와 꿀벌들에게는 월동(越冬)을 준비하는 취량의 본능이 없지 않으니 이 말도 정확하게는 틀린 말이다. 즉 모든 미물들에게 도(道) 혹은 길과 생각이 없다는 말은 장자로선 위험한 말일 수 있다. 그러니 장자가 천기(天機)를 감춘 것이리라.

그런데 장자가 구태여 그런 위험한 말을 할 까닭이 있을까. 쓰르라미와 비둘기를 인간처럼 표현한 것은 오해를 불러일으킬 수 있다. 비둘기와 쓰르라미들의 무지를 강조한 표현이다. 이것은 한 바퀴 더 회전해서 보면 인간중심의 사유를 비판한 것으로 들린다. 지혜를 가진 인간은 이충이 하는 질문과 의문을 하지 않을 수도 있다. 하지만 손톱보다 작은 벌레들도 정(情)이 있고 겨울에 대한 공포가 있어서 미리 저 너머의 봄이 있다는 것을 알고 양식준비를 한다. 더구나 매미는 7년간 땅속에서 썩지 않고 기다리며 더 긴 생의 사이클로 탄생한다.

울창한 숲속에서 여름을 울어대던 올해의 모든 매미는 죽고 땅속에서 내년에 나올 매미는 어디선가 울고 있는 아련한 매미 울음소리를 기억할 것이다. 그것은 내년에 땅 위로 올라와서 또 한 여름철을 울며 살다 똑같이 자연으로 돌아갈 것이다. 그들은 7년 전에 어느 매미가 목피 사이에 알을 슨 것들이다.

언제부터 이런 방식으로 유전하기 시작했다. 올해의 매미는 땅속에 자신의 씨앗을 심었으리. 이것을 인간이 감히 경험할 수가 없으니 사실은 뭐라고 말할 계제가 아니다. 인간도 하나의 주제라면 인간주제에 개미나 매미의 생과 언이를 안다고 할 수 없다.

쓰르라미와 비둘기 인간

다만 장자가 이충이 어찌 백릿길을 알 것인가 하고 물은 것은 인간을 향한 지독한 우의(寓意)이다. 인간이 길을 떠남에 있어서 준비해야 할 복잡한 것들이 분명히 있음을 말하고자 한다. 아마도 장자가 문장을 이렇게 써놓고 뭔가를 추가하려 하다가 그만 붓을 놓았을 것이다. 만약 그렇다면 장자는 못내 이 부분이 마음에 오랫동안 걸렸을 법하다. 그러나 누구나 조여학구는 이충일 뿐이라고 말한다면 그도 어쩔 수 없는 일이다.

장자가 이충에게 시비를 걸고 그 시비로 마음과 사유의 문채가 다칠 필요가 있을까. 도가 자연의 길이라면 정말 이충들에게 영혼과 도가 없다고 장담할 수가 없는 일이다. 만물에게는 영(靈)이 있을 것이다. 인간은 지혜를 가지고 오히려 태허로부터 받은 도의 내부를 훼손시키고 있지만 어느 미물이 그 옛 태허의 정(情)과 본능을 잃은 적이 있을까, 하고 묻는다면 할 말이 없을 것이다. 어찌 이충이 알겠는가 하는 장자의 말은 진정 그들에게 하는 말이 아니다. 역시 미안한 일이지만 내부에 캄캄한 어둠을 가지고 있는 인간 이충들에게 하는 말이다.

지고한(?) 인간이 조여학구조차 될 수 없는 한계가 느껴지는 암담한 내용이다. 장자 말대로 망년망의(忘年忘義)하면 겨울이 가고오고 할 뿐이다. 그들이 알아서 살아갈 것이다. 다시 이듬해 봄에 보면 된다. 그들에겐 도가 없어도 되고 그 도가 없음을 알지 않아도 된다. 이충은 자연의 법에 따라 살아가고 죽는다. 숙명에 절대 순응하는 이충들이 인간보다 더 완벽하다. 그들의 생을 보고 있으면 인간들이 어리석어진다.

미물이 미물을 알려 들지 않고 알지 않아도 되는 것처럼 나도 이 이물(二物)의 숙명과 도와 심정에 대해 알려고 하지 않는다. 그들은 적어도 그냥 자연이다. 그들이 인간보다 상위의 존재라는 생각이 장자의 마음속에 있다는 것을 나는 느끼는 것일까. 하지만 결국 미물들에게도 대정(大情)의 도가 있음을 말해야 하며, 인간은 그 미물들보다 못한 존재일 수 있다는 것을 강조해야 하는 것에는 한 가지 근거가 있다. 저 북명의 바다의 곤이 충(蟲)이라는 사실이다.

그 곤충(鯤蟲)은 대붕이 되어 9만리 장천 위로 날아올랐다. 그렇다면 현재 글을 쓰고 있는 장자의 조소는 '조여학구의 웃음(蜩與鷽鳩笑)'과 다르지 않다. 장자 스스로가 어리석은 이물과 비웃음이 된다. 즉 장자가 스스로가 그렇게 한 것이며, 독자가 그것을 발견하기를 바라고 슬쩍 숨겨두었다. 오랜 세월 동안 이 부분이 독자들을 괴롭히고 성숙하게 했을 것이다. 이것을 읽지 못하면 장자의 생물에 대한 새로운 해석이 나올 수 없을 것이다. 이 이충들의 어리석은 모습처럼 먼지를 뒤집어쓰고 화광동진(和光同塵)으로 살아가도 진인에겐 오해와 변명이 될 수 없을 것이다.

그러나 이충에게 도가 없다고 하는 쪽으로 긍정한다면 아마도 장자가 어떤 까닭으로 그러함을 아는가(해이지기연야 奚以知其然也) 하고 자문(自問)한 것에 대해선 부정적 해석이 가해질 것이다. 이럴 경우는 문제가 잘 풀리지 않은 자연과 만물에 있는 법외의 특별한 예외사항 예컨대 심외무별법(心外無別法) 같은 것이 있어야 한다. 이충에게도 생의 길(道)이 있다는 것은 아무리 내려다보아도 의심할 수가 없다. 이 말에는 인간은 조여학구만도 못한 존재라는 것이 깔려 있다. 사실 9만리 하늘에서 인간이 보이기나 할까.

이 '우하지(又何知)'는 이충을 한탄하고 절망하는 것이 아니라 장자가 자신과 자연에게 묻는 질문이다. 자연과 숙명에 대한 원망이 된다. 내가 충비서간(蟲臂鼠肝)이든 돌이든 화살돌이든 이 자연계 안에 들어와 존재하는 이상 살아야 한다는 것은 자연이고 숙명이며 인정(認定)이다. 그래서 장자는 그 답으로 인시(因是, 자연을 따르고 순

종하라) 하라고 한다.

어째서 그러한가. 이에 대한 답은 스스로 그러한 것(자연)이 바로 '이것(是)'일 뿐이라는 말에 있다. 사실 이것은 존재의 숙명이므로 의심될 수 없다. 이것이 장자의 시(是)이다. 백 리 밖을 가든 천 리 밖을 떠돌든 이 시(是)를 잊지 않는다. 나의 존재는 이 시 즉 자연 속에 있으므로. 다시 말한다면 '해이지기연야(奚以知其然也)'의 답은 '기연(其然)'이다. 그러하다. 조여학구는 자연이다. 그곳에만 고통이 있고 의문이 따라다닌다. 존재는 자연의 핵심이고 그 핵심 속에 생각과 생명이 집결되어 기이하게도 유전한다.

숙명론자인 장자로서는 더 분해할 까닭과 목적이 없는 구조이며 정신이며 언어이다. 어느 쪽으로 말하든 장자의 생각은 일원으로 모인다. 하지만 장자의 사상과 논리의 폭을 넓히는 데는 얼마든지 새로운 해석이 가능하다. 인간은 만물 중의 하나이며 하나의 생명이다. 아니 어쩌면 이충보다 못한 존재일지 모른다는 혐의가 그의 말 속에 있다. 인간을 이충으로 보는 이 장자의 의문은 어떤 인간옹호의 말보다 위로가 된다.

양식(糧食)의 문제

대부분의 사람들은 대체적으로 천 리 안쪽에서 살아간다.

두 발과 다리로 걸어다니는 직립인간이 가장 실감할 수 있는 거리를 나타낸 거리가 백 리 천 리이다. 걸어보는 것만이 실제의 거리를 알 수 있다. 범속한 듯한 이 비유는 그러나 인생 전반을 잴 수 있는 척도가 된다. 동화와 우화 같지만 어른들에게 놀라운 허위와 진실을 그대로 도출해낸다. 즉 심현(深玄)을 현상한다. 빛의 속도와 지문 터치의 세기일수록 인간은 사실 걸어다녀야 하지만 현실은 그러지 못하다. 이것도 놀랄 게 없는 인간만의 숙업적 조건이다. 이충들은 문명을 이용하지 않는다. 그들은 진재(眞宰)의 복으로만 살아간다. 인간의 양식은 자연스레 이루어지는 것이 아니다. 노동과 지혜와 이해가 있어야 양식도 준비된다.

그런데 나는 아무것도 준비하지 않고 살아가고 있다. 손(飧)과 용(舂)과 양(糧)은 삶의 구체적 척도(尺度)로서 근본조건이다. 정말 9만 리 장천을 올라야 되는 것인가 하고 정작 장자가 자신에게 처절하게 묻고 있다. 하지만 장자는 누옥에서 붕비(鵬飛)의 세계를 열었다. 백 리 안에서 살아가도 길을 가는 것은 천릿길을 가는 것과 다르지 않다.

곳곳에서 우리는 장자의 숨은 마음과 문면(文面)을 새롭게 읽어내야 한다. 저 곤충들에게도 이와 같은 삶과 손용양(飧舂糧)이 있을 것이므로 걱정할 일이 아니다. 그들에게 그런 것이 없는 것이 더 좋으련만 하고 말하려다 나는 긍정하고 만다. 도는 모든 생명에 적용되면서 만물의 옷이고 정신이다. 가없는 일로서 그 언어가 또 필요한 존재가 인간이지만.

가치와 척도가 바뀌고 속도가 지리를 이동시키는 광속의 아이티 시대에 개인에게 절대 필요한 다른 무엇이 준비되지 않으면 안 된다. 장자는 자연과 인간의 상호 양존(兩存)하는 지속을 위한 최고의 지혜를 찾고자 했다. 이것이 장자의 양행(兩行) 사상인데, 어느 한쪽을 꼭 선택해야 하는 결정의 문제가 원래는 삶이 아니다. 자연의 모든 것을 받아들이고 그것이 되고 다시 돌려보내는 것이 자연의 삶이다. 즉 소요자연의 방법을 찾아가며 일차적으로 자신의 몸을 양생(養生)하고 살아가는 것을 생의 최고 덕으로 삼는다. 모든 것은 자연이 추수해 간다.

현대보다 더 혼란스러웠을 전국시대의 분열하고 통합하는 대전환의 소용돌이 속에서 장자의 삶의 중심은 아이러니하게도 자아(自我)에 있었던 것 같다. 이 자신의 문제는 가끔 장자 자신의 우화가 되곤

하지만 그럼에도 흠이 되지 않는다. 오히려 중요한 것을 버리고 무용한 다른 것을 찾아 떠난 기이한 나그네 장자는 그러므로 자신의 자아를 타자의 자아처럼 여긴다. 만물과 가지런해지면서 자연과 함께 소요하는 무화(無化)의 시간 속에 차별이 사라진다.

그렇다면 그 준비란 무엇일까. 삶의 길에서 양식을 준비해야 한다는 것은 어쩔 수 없는 일이다. 자아를 중시하면서도 무용한 것들을 찾아가는 장자는 일견 모순적이지만 외연(巍然)에 의해 자아를 깨닫는 것이 도에 대한 진지한 태도로 본다. 우리는 장자를 너무 안이하게 판단하고 있는지 모른다. 이 치열한 풍자와 비유엔 당대 어느 누구도 체득하지 못한 숙명적 예지와 여유와 우화, 극도의 치밀성과 친밀성과 농담이 함께 풍미하고 있지만 장자는 상상 외의 불안의식 속에서 살았던 사람이었던 것 같다. 그렇지 않다면 이와 같은 길과 떠남의 비유와 문장을 쓸 수 없었을 것이다.

그런데 여기서도 장자는 그럼 9만리를 가는 데는 대체 무엇이 필요한지를 말하지 않았다.

불안했을 장자

불안 속에서 세월을 보내며 초월의식(超越意識)을 감내했을 장자.

중심을 넘어선 경계 너머에 무한히 열린 만물의 존재들이 있음을 장자는 간과하지 않았다. 이제 다난하고 머나먼 길의 출발은 시작을 알리는 장자의 예고편이다. 이 먼 길은 국가의 모든 문제보다 더 심각한 숙명의 난제이다. 한 인간이 반드시 발견하고 넘어가야 할 절대 숙명의 문제일 것이다. 여기서 그의 사상의 특징으로서의 초월과 현실을 양행하는 계기로 삼은 틈이 아닐까. 붕의 고비도 뜬금없는 일이지만 이 길의 문제도 그러하다. 언제나 길을 떠난다는 생각을 멈춘

적이 없었을 것이다. 그러기에 삼시 세 끼의 슬픈 귀환의 길과 하룻밤 방아와 석 달 치의 양식을 꿈꾸고 걱정한다.

이러한 집 바깥으로의 먼 길과 여행, 양식에 대한 준비를 했다는 것은 단순한 우화와 비유의 소재가 아니라 장자의 실존 문제를 반영한 것으로 보인다. 처참한 자기고백의 장이 아닐까. 자신에게는 양식이 없다는 것. 아무도 자신을 돕지 않는다는 것. 그래서 《장자》가 어떻게 출간될 수 있었는지도 의문이지만 거금이 투자되었을 것은 분명하다. 아무런 기록이 남아 있지 않지만 반국가적 초월적 저술활동에 대한 지식인의 멸시와 의혹, 정부의 장자 감시와 인쇄소의 사찰 등이 상상된다. 장자의 정신적 시대 외출(外出)은 산으로 들어가는 입산의 경지와는 다른 출가일 수 있다.

미래에 거는 위태롭고도 가녀린 꿈을 실어 올린 것이며, 새로운 사상과 인간에 대한 벅찬 우화(羽化)의 꿈일 수 있다. 지긋지긋한 삶의 훈습을 초극하고 싶은 간절한 마음, 이것이 그의 갈망이 아니었을까. 하지만 그럼에도 장자 내면에서 들려오는 소리를 변경할 순 없었을 것이다. 지구적 비극은 막을 길이 없다는 것을 간파하였을 때, 그 숙명성이 갑자기 그에게 우화(寓話)로 잉태됐을 것이다. 장자의 말문이 이 천릿길에서 멈춘 것이 이 까닭일 것이다.

그러나 더 근본적인 장자의 꿈은 현재와 미래와 초월의 합류에 있을 것이다. 노(魯)나라의 공자가 주(周)나라의 예(禮)를 찾아 귀족적 가치인 인(仁)을 들고 주나라로 회귀하고자 했고, 한비자의 사상이 중심세력들에게 아첨하고 민중을 통제하고 위협하는 형법(刑法)을 계속해서 만들어내고, 권력의 눈먼 앞잡이들이 칼과 법령을 들고 군마를 타고 시대를 가로질러 치달려갈 때, 장자는 제 3의 길을 찾아 과감하게 미래로 뛰쳐나왔다.

하지만 가장 부패도가 높은 것이 역시 권력과 조직, 재물과 명예라면 그것들부터 세월이 흐르면서 부패하고 가치 없는 것으로 전락했다. 어느 인간이든 조직이든 가장 유용한 것이 먼저 부패하기 시작한다. 그럼에도 통일된 진(秦)은 철옹성을 쌓고 책을 불태우면서 왕권을 강화해갔지만 20년도 못 넘기고 멸망한다. 모든 사상이 덧없는 것이 되었다. 그야말로 역사의 횡액(橫厄)이다.

자연은 무서운 야성의 세계

삶에 준비성이 없다는 것은 삶의 실존에 위배된다. 위기 속에서 홀로 지내며 은둔하고 친소(親疎)를 떠나며 유유한 사유를 구사한 장자가 준비성을 강조한 것은 심외(心外)의 일이지만, 그가 현실극복주의자임을 입증한다. 그를 단순히 비현실주의자로 예단하는 것은 매우 위험하다.

국가와 법의 질서 밖에서 자유로이 살고자 하는 자에게는 더 단단한 준비가 요구된다. 처절한 자연과 싸우고 더 가까워져 자연의 변화와 성정을 알고 하나가 되어 대승(大勝)하는 길은 그리 단순하지가 않을 것이다. 자연은 무서운 야성의 세계이며 혼돈이기 때문이다. 또 육체와 정신은 저 우주와 자연의 숙명적 구조이기 때문이다.

그러나 그런 만큼의 자유를 자연은 보장해줄 것이다. 그 속에서 자유를 얻은 자는 늘 홀로 있으며 강해진다. 자연은 백수의 제왕인 사자의 품 같은 것일지 모른다. 자연 속의 적멸은 귀의(歸依)이다. 여기서 장자가 포효하듯 변방에서 세상을 향해 울부짖고 하늘 높이 들어 올린 것이 절대 '숙명(宿命)'이다. 유일한 이 목숨같이 희디흰 숙명의 깃발이 펄럭이는 소리가 가장 강하게 우리 귓전에 남아 있는 사상의 혈투가 바로 이 장자의 눈물겨운 한 인간의 승리를 외친 소요일 것이다.

피 한 방울 묻히지 않은 장자의 이 천진소요(天眞逍遙)의 길은 지금도 미래적 무용의 가치를 한껏 자랑하고 있다. 그것은 개인을 통해서만 증좌될 수 있는 법이고 《장자》는 그러므로 무용한 인문의 가장 위대한 승리의 책이다. 하지만 그 가치란 것도 언제나 무용 속에만 자신의 존재 거처를 둘 것이다. 그러지 않으면 그 책도 도적(盜賊)이 되고 파손될 것이다.

얕고 좁은 지혜는 깊고 넓은 지혜를 알지 못하고, 하루의 시간 속에선 십 년 백 년 만 년의 세월에 무슨 일이 일어나는지 알 도리가 없다. 잠시 있다 가는 인생이 백 년 뒤의 무엇을 예측하고 안다고 할 것인가. 짧은 시간이 장구한 세월 뒤의 일과 뜻을 알 수 없다. 과거가 오늘의 현상을 알 수 없다. 다 죽어 없어지고 사라진다.

사라진 것은 아무 책임이 없다. 인간들은 역사와 연속성을 강조하여 사자(死者)들에게도 마치 책임이 있는 것처럼 말하지만 모두 거짓이다. 남은 것은 사실 아무것도 없다. 이 허무의 절대만이 한 인간의 마음을 평정하고 드높은 초극을 꿈꾸게 했을 것이 분명하다.

'우하지(又何知)'는 장자의 울부짖음이다. 《장자》 어디에서도 엿들을 수 없지만 이 울부짖음은, 자여(子輿)가 숙명을 받아들이면서 노래한 그 울음과 같다. 인간의 절대 한계에 대한 장자의 통곡 같은 것이다. 아니 어쩜 그 자여와 주변 인물은 장자의 친구였는지도 모른다. 장자에게서는 여기 죽음에서까지도 소요가 필요했다. 여기서 살아야 하는 조건과 죽음이란 숙명의 순응과 함께 장자의 그 처절한 사생의 극복을 보여주는 새로운 삶의 의미가 창조되었을 터. 숙명의 의지(意志)이고 숙명의 의탁(依託)이다.

마지막 구절, '어떻게 그러하다는 것을 아는가(해이지기연야 奚以知其然也)'란 말은 풀기가 사실은 쉬운 문장이 아니다. 물론 문면에 나타난 것으로 슬기와 어리석음을 구별하는 것이야 쉽겠지만, 우리에게 어찌하여 그런 것이 있는지는 알 수가 없다. 이 알 수 없다는 것 자체가 어렵다. 오묘한 일이다. 이것은 지극과 불안이 뒤섞인 장자의 분리된 의식 같다. 왜 너는 너이고 나는 나이며, 너의 어미는 너의 어미이고 나의 아비는 나의 아비인가를 알 수 없다. 이것은 풀 수 없는 화두이다.

'해이지기연야(奚以知其然也)'는 겨우 우주 중심을 향해 던진 질문이다. 그 답이 없다. 자연은 침묵한다. 이 자연의 침묵은 나를 찾지 말라는 뜻으로 들려온다. 정말 어떻게 알았는가. 그것은 본래부터였을까. 그것이 후에 장자가 말한 유존(遊存)인가. 아무것도 알 수가 없으니 무엇이든 된다는 '화물(化物)'이라 한 것일까. 숙명의 궁극에서 복귀하는 이 의지는 자연의 인임 즉 인시(因是) 즉 '이것'으로 '따름'이 나타날 것이다. 후렴처럼 '해이기지연야'할 뿐이다. 끝이 없이 드높은 하늘은 말이 없다.

지금 이 순간 속에 내가 아는 것은 대체 무엇일까. 사실이지 장자가 지칭한 이충(二蟲)의 눈과 날개와 부리만 못하다. 나의 화재(火災)는 티끌로 날아간다.

천 리가 아니라 9만리는?

인간의 길은 고달프다. 삶은 많은 준비가 필요하다. 왜 이렇게 되었는지는 알 길이 없다. 혹자는 당연하다, 신념이 필요하다고 기염을 토하지만 그것은 숙명이다. 부분적 조건이 아니라 절대적 한계이다. 저들이 한선(寒蟬)이나 작은 새인 것을 가지고 비난할 처지가 아니다.

그러니 작은 지식이 큰 지혜를 알 수 없고 오랜 세월이 짧은 시간에 관여할 것이 없다. 짧은 시간은 빨리 사라지기 때문이다. 긴 시간은 뒤에 혼자 남아 위기와 수모를 오래 겪는다. 장자가 이충을 버리고 인간 편을 드는 것일까.

9만리 장천을 날아올라 남쪽 바다로 날아가는 붕새는 과연 얼마의 양식을 준비해야 할까. 상상이 불가한 질문이다. 붕새가 먹고 자고 미지의 이름만 있는 그 머나먼 남명의 바다로 날아가려면 천문학적 무량수의 양식을 준비해서 짊어져야 할 것이다. 그러므로 종막이라 할지라도 나에게는 적어도 붕비(鵬飛)가 웅대하고 아름답기만 하다. 끝은 예언되어 있지만 이보다 찬연한 무지는 없을 것이다.

이 이충은 태어나서 그곳에서 한 발짝도 벗어나지 못했다. 비둘기는 겨울에 느릅나무나 방(枋) 나무에 날아다니겠지만, 매미는 땅속에서 7년 혹은 10년을 박혀 있다. 자신이 죽었는지 살았는지도 모른 채 마치 어떤 이상한 곤충의 식물성 씨앗처럼 잠들어 있을 것이다. 썩지도 않고 가만한 숨을 어느 비늘 밑에 열린 작은 숨구멍으로 쉬면서 때를 기다릴 것이다. 그 비둘기가 이태 뒤 푸른 나뭇가지와 눈 속을 날아다니는 그 숲의 그 나무의 뿌리 밑에서 말이다. 매미 유충이 이것을 어찌 알 것이고 비둘기도 그것을 어떻게 알 것인가. 이 스스로의 무지가 자연의 진재(眞宰)이다. 그것이 자연의 절대불변한 유일의 믿음이고 성정 우둔(愚鈍)이다. 적응해야 하는 숙명이다.

그러나 영원의 길을 가는 사람과 남명 천지로 가는 붕새는 아무것도 먹지 않을 것이다. 왜 그런지는 나도 알 수 없다. 영원의 길과 하늘의 길을 가는 존재가 음식을 이고 들고 다닌다는 말은 들어보지 못했다. 그것은 재산을 죽음 저쪽으로 가져가려고 화물차를 부르는 사람처럼 어리석은 짓이 아닐까. 먹지 않은 마음의 소요의 날갯짓을 시작한다.

마음의 길을 간다. 마음의 길을 낸다. 방을 나와 골목을 빠져나가 도심을 지나 교외를 지나 그가 살고 있는 마을 앞을 지나간다. 그것이 언제였던가. 나여 밥을 먹고 걸어야 하지 않을까. 그렇다, 나여. 바로 이 밥(손飧, 양糧)이 도가 아닐까. 하지만 교외를 빠져나가 백리를 벗어나 또 천 리를 걸어갈 언어의 양식은 어디 있을까.

8 대춘(大椿)은 8천 년을 살았다

조균(朝菌)은, 그믐과 초하루를 알지 못하고, 씽씽매미는, 봄가을을 모른다. 이것들이 짧은 목숨이다.
초나라 남쪽에, 명령(冥靈)이란 나무가 있는데, 5백년이 봄이고 5백년이 가을이라. 상고(上古)에, 대춘(大椿)이란 나무가 있는데, 8천세가 봄이고 8천세가 가을이라.
그럼에, 팽조(彭祖)가 이마적에 오래 산 것에 솔깃해, 사람들이 부럽다 하니, 또한 슬프지 않은가.

• 원문(原文) •

朝菌不知晦朔 蟪蛄不知春秋 此小年也 楚之南有冥靈者 以五百歲爲春 五百歲爲秋 上古有大椿者 以八千歲爲春 八千歲爲秋 而彭祖乃今以久特聞 衆人匹之 不亦悲乎

* 조균朝菌 아침 버섯. 그믐 회晦. 초하루 삭朔. 혜고蟪蛄 한선(寒蟬), 털매미, 씽씽매미. 춘추春秋 봄가을. 이곳, 이 차此. 명령冥靈, 춘椿 상상의 나무 이름. 위춘爲春 봄으로 살다, 봄으로 삼다. 내금乃今 이마적, 지금. 구久 오래 살다, 수(壽). 특문特聞 솔깃하다, 특별히 들림. 중인衆人 세인들, 사람들. 짝, 맞서다 필匹 견주다, 부러워하다.

조균(朝菌)과 8천 년의 대춘(大椿)

조균(朝菌)과 대춘(大椿)이 등장한다.

짧은 문장 속에서 조균과 혜고(蟪蛄), 소년(小年), 명령(冥靈), 오백세, 대춘 팔천세 등으로 이어지는 전광석화 같은 사유의 행보를 볼 수 있다. 그야말로 종횡무진하는 전사(轉徙)의 활보이다.

이번에는 소요의 세계 저 아래 있는 존재와 지혜를 드러냈다. 조균(朝菌)은 균이라는 설도 있지만 버섯이다. 옛날 두엄자리에 피어났다 아침햇살이 들면 이슬처럼 흔적도 없이 사라지곤 하던 버섯이다. 신기루의 버섯이다. 햇살을 보려고 눈을 뜨는데 죽는 버섯은 하루살이도 못되는 아침살이다.

또 가장 흔한 이 씽씽매미라는 혜고(蟪蛄)는 명이 아주 짧아서 얼마 울지도 못하고 죽는다. 씽씽매미는 춘추를 모른다 했을 때 이 춘추는 역사나 나이가 아니라 문자 그대로 봄가을의 뜻이다. 씽씽매미의 한계도 조균처럼 기막히다. 차라리 조균처럼 일찍 해가 들자말자 사라지면 한이라도 없지 이 혜고의 죽음과 무지는 슬프다. 여름 앞의 봄이나 여름 뒤의 가을을 모른다. 한 해 전의 겨울과 다가오는 혹한과 어둠 저쪽의 겨울을 모르는 것이야말로 한심한 무지이다.

어린 시절에 겨울잠을 자고 있을 개구리의 구부린 작은 몸과 숨소리가 궁금하던 기억이 있지만 이 벌레들의 단명은 차라리 자연의 시련을 겪는 것을 생각하면 다행스럽기도 하다. 아무튼 조균과 혜고는 짧은 목숨밖에 살지 못한다.

혜고에게 없는 다른 것을 가진 인간의 특성은 무엇일까. 그 다른 것이란 선하며 우둔하고 태허적인 것이 아니라 간사하고 기교적이고 조직적이고 음모적인 것들이다. 끝없이 흔들리는 눈동자처럼 그들은 쉼 없이 판단하고 차별하고 선택하고 간언한다. 이 인간들도 긴 세월에 비하면 너무나 짧은 시간을 살다가 사라진다. 누구나 이것을 벗어날 수 없다. 꿈같다. 찰나와 같다. 꿈이라고 해도 점점 더 그 실체가 부정되지 않는, 오히려 비유가 아닌 실제 사실의 꿈이라는 생각이 든다. 삶은 가장 딱딱한 뼈의 꿈인 것 같다.

옛 사람들은 조균이 아침에 생기고 저녁에 죽는다고 여겼다. 그러니 밤의 그믐과 그 다음의 초하루가 있다는 것을 알 리 없다. 그믐과 초하루란 것도 한 달 이상을 산 지혜의 생명체라야 겨우 알 수 있는 월력(月曆)의 비밀이다. 조균이 아침에 태어나 저녁에 죽기 때문에 한 달 속에 한 번 있는 그믐과 초하루의 비밀을 알 수 없다. 또 그믐 다음에 초하루가 온다는 것을 알 수 없다. 모른다는 것이 어리석다는 말이 아니라 안다는 것이 불가능하다.

아침과 저녁이, 심야와 한낮이 반대편에 있지만 서로 자리를 바꾸고 입장이 달라진다는 것을 알 리가 없다. 아침이 저녁이 되고 저녁자리가 아침자리가 된다는 것을 어지간한 영물의 지혜가 아니고는 알 수가 없다.

장자는 진리를 직접 말하지 않고 자연물을 가지고 비유한다. 공자의 글에 아주 심오하고 어려운 것은 없다. 장자의 글을 읽으면 조금 더 복잡한 작품을 읽는 것 같다. 풍부한 비유와 환유, 유머, 오해, 풍자, 혼돈 등의 형상화가 한 단계 높은 전달형식을 취한다. 그만큼 인생과 세상 만물을 좀더 복잡하게 인식한다는 뜻이 된다.

사람의 일을 직접 말하는 직설적이고 교화적 내용의 글보다 바람과 물, 새, 균, 식물, 제기(祭器) 등 풍부한 자연의 소재를 끌어들여 말하는 장자가 훨씬 시적이면서도 자유롭다. 만물 속의 일물로서의 인간과 그 심성(心聲)에서 나오는 말을 들려준다. 사물과 현상을 한 묶음의 시적 언어로 표현하기란 쉬운 일이 아니다. 도를 깨우쳤을지라도 시적으로 표현되어야 완성된다. 그것은 모든 것을 통째로 새로운 형식으로 그 대상을 삼키거나 토해내야 하기 때문이다. 장자의 문장은 소심하지 않고 심현하며 왕양(汪洋)하다.

주제, 소재, 형식, 생활과 당대성의 일치는 마치 형식과 내용의 일치처럼 중요하다. 옷감과 바느질과 본이 잘 맞아야 한다. 이 전형성이 일치되면서 더하여 여분과 예외가 있을 때 플러스 완성이라고 말할 수 있다. 어떤 문명도 사유도 이 언어의 형식을 붙잡지 않고선 완성되지 않는다. 도(道)도 이 언어의 옷을 입어야 한다. 모든 문명은 문장 속에 들어와야 완결된다. 어쩜 그 주제보다 그 형식과 은유 자체가 중요할 수 있다. 그것은 그 문장의 생명이고 리듬이기 때문이다.

그나마 기이하게도 존재와 인간의 시간은 언어만 보존할 수 있다. 참으로 옹색한 지혜의 그릇이지만 어쩔 수 없다.

티끌 같은 인간의 꿈

인간은 꿈을 가진 존재이다.

궁극적으로 어떤 도주(陶鑄)의 틀로부터 자유로워지려 한다. 가벼워지려는 인간의 꿈을 방해하고 억압하고 규제하는 모든 말과 체제는 일단은 옳다고 할 수 없다. 인간이 추구하는 현대의 어떤 의식의 위험 경계선 가까운 미래로 접근해 올수록 인간은 모든 체제로부터 해체되고 자유로워지려 하는 경향이 점점 더 강해지고 있다.

이것이 인간들이 바쁘게 뒤쫓는 운명의 행로일 것이다. 사물과 자본, 과학과 욕망, 교육과 제도, 상품과 분배, 결혼과 양육 등 모든 것이 그 가벼움 쪽으로 이동하고 있다. 중력과 가벼움이 어떻게 조화될지는 알 수 없지만 어떤 바람과 물이 있어 비유가 가능하다면 이 무거운 육체와 현실을 위로 들어 올려줄 수 없을까. 이러다 나중엔 인간에게 꿈만 남게 될지 모른다. 어떤 압축적 염색체의 구조 속에 모두 들어가 숨게 될지 모른다.

두렵기도 하다. 모든 물질과 문제가 어떤 언어와 꿈으로 대체되고 환치되는 것이 아닐까. 이것이 인간의 종말을 뜻하는 것일까. 왜 상고(上古)의 춘목(椿木)은 8천 년을 서 있었을까. 어렵게, 힘들게. 무슨 까닭으로 무엇 때문에. 무슨 메시지를 남기고 싶어서. 아무 의미 없이? 나무 자신도 바람도 흙도 그 누구도 알지 못하는 일이다. 이것이 무지의 부자량(不自量)이다.

하지만 문명과 의식의 종말이 어디에 있든 진정한 자연의 자유가 명목상의 자유에 희생되는 것은 장자 사상에선 해악이다. 체제와 법이 약자를 보호하는 것 같지만 꼭 그렇지도 않기 때문이다. 선지(先知)가 후지(後知)를 지배하는 것도 아니다. 그것들은 꼭 인간을 위로하지도 않는다. 국가나 법의 역사는 특별한 대가 없이 인간의 본성을 불편하게 하는 존재이며 시스템이기도 하다. 수많은 법이 어떤 사람에게는 아무 소용이 되지 않는다. 너무나 오랜 세월 동안 도시국가로 이주한 인간들은 자연 속으로 돌아갈 예약을 할 수 없게 된다.

첨단의 지혜들이 모인 도시는 결코 인간의 고향이 아니다. 도시 속에 갇힌 대부분의 인류는 천복(天福)은 차치하고 분복(分福)조차 누리지 못하고 도시 속에 갇혀 살다가 죽을 것이다. 그가 누구든 무엇을 했든 상관이 없다. 그는 도시의 인간이었을 뿐이다. 발악하듯 울다 사라진 매미들이지만 한 마리 매미만도 못한 죽음 앞에 인간은 덧없이 당도할 것이다. 죽음조차도 매미의 죽음이 인간의 죽음보다 간략하다.

생은 덧없고 짧다. 다복솔이 천 년 고송을 알 수 없다. 그러나 천 년 고송도 대춘목(大椿木)도 쓰러진다. 그것들 뒤에는 영겁의 시간인 하늘이 있다. 그러나 그 아래 천지를 분간할 수 없는 어린 싹이 올라올 것이다. 이것이 천진의 세계이며 자연이다. 어리석은 자연의 짓이 아니다. 그래서 이 비웃음도 날것의 비웃음이 아닌 복잡한 은유로 포장되어 있다.

자연의 헤아릴 수 없는 생명들의 어리석음이 우치한 인간을 가르친다. 오히려 인간보다 말과 발이 없는 무정(無情)의 존재들이 자연의 지혜에 가깝다. 인간의 고향은 진정 저 무정물들의 무언과 우둔, 허무일지 모른다. 날카롭고 명민하고 민첩한 지혜가 그리운 것이 아니라 꾸물거리는 미물, 교활한 언어가 없는 무정물들의 무지와 혼돈이 그리워진다. 기이한 일이다. 나의 마음은 저 미물들의 몸속에 있다. 나는 지혜의 나로부터 탈출하고 싶다.

인간은 티끌과 같은 존재이다. 모두 허공 속으로 사라질 임시 존재이며 가건물이다. 이것이 인간의 조건이며 본질적인 어리석음이다. 팽조(彭祖)는 하(夏)나라와 은(殷)나라와 주나라를 거쳐서 767년을 살았다고 한다. 그러나 춘(椿) 나무는 8천 년의 봄과 8천 년의 가을을 살았다고 하니 비교 자체가 무의미해진다.

시비와 비교와 경쟁을 넘어 무한의 시간을 사유하는 것을 장자는 발견하고자 한다. 그 시간은 하늘 안의 만물의 주변에 쉼 없는 흐름으로서 소요하는 만물의 풍경이다. 유한한 존재라도 의지할 곳은 그 자연 속에 소요하는 삶을 얻는 그 길밖에 없다. 장자의 길은 바로 이 이충과 장수목들이 함께 존재하는 대자연 속에 있다. 다만 그 시비와 비교가 없다면 생명의 장단 문제를 가지고 논할 것이 못 된다.

어쩜 일찍 죽은 것이 장수한 것일 수 있다. 요절은 다른 시간과 죽음 의식에서는 장수보다 더 장수이기 때문이다. 먼저 떠난 것이 더 많은 시간을 먼저 선점한 것이 아닐까. 오래 산 것은 자신의 사생의 시간 속에서 산 시간이 축난 것이라면 말이다. 더 영원히 살아야 할 저쪽의 시간이 짧아졌다 할 수 있다.

장자의 현실적 삶으로는 일단 누구의 간섭도 받지 않고 자연 속에서 살아가는 것이 일차적인 대전제이다. 그것은 배타적인 것이 아니라 독연(獨然)의 삶으로서 산과 강물과 같다. 독자적인 삶의 중심에 있는 도에 대한 답을 장자는 상황에 따라 달리 말하지만 그것은 하나(一) 속에 있다. 장자는 초나라 남쪽에 있었다는 명령(冥靈, 나무 혹은 바다거북이라고도 함)이나 상고의 거대한 춘목(椿木)을 보고 저들도 도를 말하고 싶어 한다는 생각을 보여준다. 그들이 인간보다 높아서도 못나서도 아니다.

하지만 그들은 인간의 키의 몇십 배 높은 곳에서 주로 바람과 같이 노닐고 있지만 인간이 가지고 있는 그 알량한 말을 하지는 않는다. 그 무언(無言)은 동물과 인간, 곤충과 나무의 관계에서도 마찬가지이다. 서로 말을 하지 않는다. 장자가 표현하지 않은 춘목의 소요를 읽어야 한다. 장자 사상은 생명의 소요를 소모하고 방해하는 것을 반대한다. 기이한 사상이다.

미래엔 무용(無用)이 무용으로서 진귀한 가치를 지니게 될 것이지만 우리가 알고 있는 현대적 유용은 아닐 것이다. 중심 아닌 곳에서 작동하는 그 무용만이 인류와 한 인간을 자유롭게 해주며 구원할 수 있을 것이다. 하지만 인간은 너무나 영악하고 지혜로워서 그 꾀에 스스로 빠져 자신을 구원하지 못할 것이다. 북극의 얼음이 지구를 아름답게 가꾸고 사계의 문화를 꽃피우게 했지만 아주 가까운 미래에 북극의 눈과 얼음의 소멸로 사계는 사라질지 모르는 것처럼.

하나의 생명은 자기 삶의 한 범주 안에 존재하면서 수많은 형식과 다른 상황 속으로 진입하고 생존해가지만 종국엔 자기 삶의 범주 안에서 종생(終生)한다. 조균이 초극과 비상의 경험 없이 사라지는 것과 같다. 나는 아침에 죽고 너는 저녁에 죽는다. 너는 낮에 죽고 나는 밤에 죽는다. 장자는 인간에게 구체적인 영구주택을 선물하지 않는다. 우리는 임대주택에서 산다. 질주해 가는 권력의 무리들과 그 아래서 고통받은 민중을 바라볼 때 그가 인류에게 해줄 수 있는 것은 사실 아무것도 없다. 진인은 함부로 숙명을 변경하거나 지우지 않을 것이다.

성인은 범부(凡夫)이다. 성인은 해결사가 아니다. 범부는 바라볼 수밖에 없는 자이다. 요(堯)와 같은 정치적 성인이 물론 아니지만 이 성인의 마음은 지극하며 측은하다. 범부는 재물도 명예도 권력도 가진 것이 없다. 성인은 침묵과 말밖에 가진 것이 없다. 성인이 범부가 된다.

역사상 잘못된 성인들은 거의 폭력과 감시, 오만과 모사와 착취의 주체들이었다. 그 권력의 주변에 서성거리거나 가 있는 자들은 거개가 육장 구규(九竅)가 부패하기 쉽다. 자연을 배반한 문화는 문명 속에서 임시방편과 사치에 불과하다. 그것은 갈증이며 착취이다. 착취와 갈증은 착취와 갈증을 유발한다. 그래서 장자의 자연은 저 자연이 아니라 다른 자연 즉 도이다. 하지만 이 도는 저 자연을 배반하지 않는다. 이 도는 아버지 같고 저 자연은 아들과 딸 같다.

사유와 언어와 도의 소요는 장자의 이 시(是) 즉 자연의 선물이다. 우리가 떠나려 하는 자연은 들판 끝의 산맥과 계곡과 구름의 가시적 자연만이 아니다. 즉 저 실재라고 하는 자연은 비유이며 주변부이고 방외일 수 있는 언어와 내부의 자연이다. 그것이 인간의 자연이다. 장자의 자연은 도의 자연의 배경이다. 아무도 실제의 자연을 보여주지 못한다. 자연이 정원과 개발지가 되었다는 것은 절망이다. 소요유 마지막에 무하유지향(無何有之鄕)이 등장하는 것도 그 절망의 불가피한 선택이다. 아직은 이 자연은 끝이 없는 이상의 세계이다.

혼자 나무가 되어 생각한다. 인간은 한정적인 범주 속에 있는 갇힌 존재이다. 서로가 대통(大通)하는 하나의 절대 창구를 가지고 있지 않다. 인간이기도 한 이 이충들은 진인과 교류하고 소통할 길과 언어를 가지고 있지 않다. 이 세계에서 저 세계를 내다보는 다른 눈이 없다. 이런 면에서 지구의 존재 특히 인간을 비극적 존재로 장자는 보는 것 같다.

교주(敎主)가 되지 않다

무엇을 찾아야 할까. 어디로 가야 할까. 물질과 고통, 차별과 권력, 욕망과 억압이 배제된 적은 없다. 그것들은 물질과 고통, 차별과 권력, 욕망과 억압 속에 있지 않다. 장자의 인물들은 도의 계보 속에 있어도 죽음조차 피할 수 없는 절대숙명에 처해 있진 않다. 장자야말로 불길한 교주(敎主)가 될, 말하자면 인간을 구제할 성인적 가능성을 많이 내포한 인물이다. 하지만 그는 홀로 있는 진인의 길을 선택하고 국가나 집단의 구원의 문제를 거부한 것으로 보인다.

특히 불행한 인간에 대한 지대한 관심과 권력에 대한 경고와 소외는 다분히 하나의 종교화할 수 있는 매력적 요소를 내포하고 있음에도 장자 자신은 정작 세상과 인간의 고통을 떠안거나 삭감하려는 교주가 되진 않았다. 장자에게 가장 문제가 되는 지점이며 이 부분에서 그는 위대함을 지니게 된다. 진정한 의미에서 인간의 성인(聖人)은 장자 한 사람뿐인지도 모른다. 장자는 공자와 노자를 비판했지만 추앙받는 세상의 성자가 아니라 가없는 진인이 되고 싶었다.

장자는 인간과 시원이 다른 나무와 곤충을 인간에 대한 단순한 우월과 우치의 존재로 보지 않고 인간을 그것들 속에 데려가 만물 속에서 그 자체의 지고무상(至高無上)함을 깨우치고 싶었다. 무상과 지고함은 물론 이 모든 것의 요인은 그 만물들의 개체 자체가 자기 몸속에 이미 가지고 있는 것들이다. 〈제물론〉(齊物論) 편에서 문득 환생을 본 장자의 거거연(蘧蘧然)한 호접몽은 이미 아득한 언어도단을 선물하게 되지만, 동식물을 가지고 인간과 동일한 입장에서 편견 없이 다루었다는 것은 놀랍고 흥미롭다.

인간을 동식물들에게 초대했다. 그리고 거기서 인간을 보여주었다. 그러고 보면 인간이 춘목(椿木)보다 나을 것이 거의 없다. 비유가 없는 훈육적이고 교화적인 강화(講話)와 교시적이고 일방통행적 교육보다는 이 장자의 대화적 독백적 의인적 유비는 지금도 인간을 포함하여 모든 생물들의 절대적 우치함을 사랑하고 바라보게 만든다.

어떤 인간이 정신적 진화 속에서나 지식정보의 발전 속에서 뜻밖에 변신하는 일은 얼마든지 있다. 그래서 문명과 언어 속에서 분절되면서 발전해도 인간은 여전히 그 어리석음 속에 있으려 한다. 그 어리석음이 어미의 젖이다. 인간들은 어미의 젖을 떠나면 다시 다른 여자의 젖을 찾아가게 되어 있다. 이것이 마치 태중(胎中)에 있을 때 몸에 익힌 자궁본능 같은 집착과 어리석음, 훈습인지 모른다.

자연이 지니고 있는 어리석음은 인간의 주제이며 현재 조건이다. 돌아갈 수밖에 없는, 찾아가야 할 작은 집이다. 인간은 이 집을 통해서만이 죽을 수 있고 죽음을 건널 수 있을 것이다. 인간뿐이 아니다. 지구의 모든 생명체는 그 어리석음이라는 이름의 집에서 죽는다. 어김없는 사실이다. 이것을 보고 나서 생명측은의 마음을 더 발동시키지 않고 독(獨)이나 진(眞)에서 그쳤다. 숙명과 무정(無情)이 자연의 대정(大情)이라 할지라도 인간으로서 수용하지 않을 수가 없다.

죽음보다 어리석은 것은 없다. 죽는다는 것 자체가 어리석음의 산물이다. 이 죽음 속에 모든 생명은 소요를 중지한다. 그리고 그 안에 갇힌다. 모든 자기 시간을 반납하는 공간이 죽음이다.

역시 장자는 숙명론자이다. 그러나 고도의 미학적 숙명론자이다. 생명체가 파멸되며 자연에 안기는 것은 천지자연의 대비극(大悲劇)이다. 앞에서 나는 이충에 대해 편들고 그들에게도 '무엇'이 있다고 변명하려 했지만 여기서 장자는 아침살이 조균(朝菌)을 가지고 나와서 인간을 옹호한다.

조균에게는 아무래도 도가 없을 것 같다는 생각이 들다가도 여전히 그도 하나의 기(氣)의 존재로서의 사실에 수긍한다. 또 무극(無郤)과 무짐(無眹)으로서 그 '무엇'이 없다 할 수 없다는 것을 새겨들으려 한다. 저 대우주 속에서 인간은 이충조차 되지 못할 것이다. 인간이 보는 이충보다 우주가 보는 인간이 더 작으니 말이다. 광막한 시간 저쪽에서 인간은 존재하지 않는다. 이충이 있는 것은 인간을 가르치기 위해서가 아니다.

나는 인간에게만—인간뿐이므로 말하고 있다. 거개의 현대인에게는 이제 거의 길이라는 도(道)가 없다. 잡고 있는 하나의 끈이 없다. 그저 목숨을 살 뿐이다. 자신에게 있는 한정된 시간을 허비할 뿐이다. 시간은 주유 계기판의 한 눈금뿐인데 나는 그것조차 모른 채 질주하고 있다. 어떻게 인간이 여기까지 오게 된 것일까.

나는 우리 속의 돼지만도 못한 게 아닐까. 《장자》 마지막 편에서 열자(列子)가 기른 돼지만도 못한 것이 아닐까. 어디서 출현했는지 알 길 없는 그래서 그냥 기르고 있는 그 검은 새끼돼지 한 마리가 내 안에서 둥그런 주걱 같은 턱을 들어 올리며 밥을 달라고 꿀꿀거리고 있는 눈 내리는 먼 저녁의 적막한 소리가 들리는 것 같다.

문득 생각나는 맹씨

소장(消長)이 없다.

춘(椿)은 참죽나무인데 상고에 대춘이라는 사람이 1만 년을 넘게 살았다는 설도 있지만 이 대년(大年)은 오래 사는 수명, 오랜 세월이다. 수명에 한정시켜 대소년(大小年)을 장단(長短)으로 해석할 것은 없다. 제물론의 소리, 양생주의 나비 등등의 이야기가 있지만 《장자》는 사실 기이한 인간들의 이야기로 가득 차 있다.

〈소요유〉에 이처럼 동식물이 등장하는 것도 흥미로운데 이제 인간이 나온다니 어떤 모습일까. 실로 궁금하다. 가장 불행한 인물이 등장할까, 도를 깨우친 인간이 등장할까. 아니면 황제나 최고 성인이란 인간이 등장할까.

이미 모든 것은 그의 언어 예보(豫報) 속에 있다. 지구는 그의 언어의 병 속에 갇혀 있다. 이것을 깰 인간은 아마도 없을 것이다. 장자는 소요를 주장한 비극론자이다. 그런데 이상하다. 그 비극론이 즐겁기만 하니 말이다. 그의 도와 덕이 토론할 의제가 아니라 숙명적 생존의 문제라는 생각이 들지만 반대쪽 마음이 말하기를 그것은 분명한 소요라는 것이다. 비극의 소요가 여기 있다.

문득 돌돌한 생각에 마당에 나와서 저 지붕 위의 밤하늘 별들을 쳐다본다. 하늘에 하늘이 담겨 있다. 의아하게 생각하면서 저 하늘에 소요하는 것들이 얼마나 많은지 내가 아는 것들이 얼마나 되는지 궁금하다. 저 하늘이 광막하다는 것, 그리고 내가 그것을 모른다 할지라도 저 하늘이 우리의 소요의 공간이란 생각이 들었다.

대풍(大風) 속에 소풍(小風)이 노닐고 소풍 속에 대풍이 노닐고 있는 바람의 풍경은 아름다운 무성의 음악으로 나의 하늘에 한 장의 악보처럼 불어간다. 별을 보는 하늘의 저 가마득한 이상한 빗금의 허공 아래 한 미물이라는 이름의 나의 눈 속에 비춘다.

상물적(相物的) 인식의 대전환 속에서 인간은 무엇을 할 수 있을까. 9만리 장천의 거대한 거울하늘 아래의 개미굴보다 작은 도성과 인간을 찾아가 거꾸로 유람하고 싶다. 비정상적인 이 기괴한 전환의 회전축인 도추(道樞)가 하늘의 새로운 의상이며 공기이며 일탈이다.

정말 9만리 장천 위에서 이 땅바닥의 이충의 인간을 어떻게 볼 수 있을까. 보라고 외칠 수 있을까.

어디다 쓸 것인가. 이 인간을 쓸 데가 과연 있는가. 이제 장자의 이야기가 다른 하늘의 경계로 열려간다. 문장은 평범한 것 같지만 장자만의 독보적인 상상력의 시야를 보여준다. 상식적 문법(文法)의 질서를 넘어선 것. 어디서 줄기를 잡아야 할지 알 수 없는 분방한 사유. 이러니 당대의 맹자(孟子)도 아마 장자를 읽었다면 그의 사상의 줄기와 잎을 감히 가지런히 할 수 없었을 것이다. 《장자》를 무시했거나 깊은 장롱에 감추었거나 콤플렉스를 느꼈거나 그 어느 것 중의 하나일 것이다.

장자에 대해 한마디도 하지 않았다는 것은 생소한 상상력의 결핍감, 자기 지식의 조급함, 인격의 문제 등 때문이었다고 말할 수 있을 것이다. 아마도 내 생각엔 맹자가 장자를 가두었을 것이라는 상상기억을 해본다.

장자가 왜 쓰르라미와 비둘기를 이충이라고 했는지 의문이다. 붕비에서 한번 대노(大怒)하지 않고 어찌 날아오를 수 있고, 이 이충들 앞에서 대소(大笑)하지 않고 어찌 도연(道然)할 수 있었을까. 자연의 도를 찾고 그 속에서 미물의 도를 말해주고 있다. 인간의 미물이 도를 말하다니 놀랍다. 인간은 일물(一物)이며 영물이다.

9 궁발의 북쪽은 무엇을 예언한 것일까

탕(湯)이, 극(棘)에게 질문한 것도, 같은 내용이다.

궁발의 북녘에, 명(冥)이란 바다가 있는데, 천지(天池)라고 한다. 그곳에 물고기가 있는데, 그 넓이 수천 리라, 그 길이를 아는 자 없지만, 그 이름 곤이라 한다.

또 새가 있으매, 그 이름을 붕(鵬)이라 한다. 등은 태산 같고, 날개는 하늘을 내려덮은 구름 같다.

양각(羊角)의 회오리바람 속에, 날개를 치며, 구만리를 날아오른다. 구름의 기상은 절정에 달하고, 청천을 등에 진 연후(然後), 남을 꿈꾸며, 이윽고 남명으로 날아가리.

메추라기가 보고 웃으며, 중얼거린다.

저것은 또 어디로 날아가는가. 나는, 위로 힘껏 뛰어올라도, 한 길 반도 날지 못하고 내려와, 쑥대 사이를 날아다닐 뿐인데. 내 딴엔 이것도 한껏 날아오른 것인데. 저것은 또 어째서 날아가는가.

이것이, 작은 것과 큰 것의 분별이다.

• 원문(原文) •

湯之問棘也是已 窮髮之北 有冥海者 天池也 有魚焉 其廣數千里 未有知其修者 其名爲鯤 有鳥焉 其名爲鵬 背若泰山 翼若垂天之雲 摶扶搖羊角而上者九萬里 絶雲氣 負青天 然後圖南 且適南冥也

斥鴳笑之曰 彼且奚適也 我騰躍而上 不過數仞而下 翱翔蓬蒿之間 此亦飛之至也 而彼且奚適也 此小大之辨也

* 탕湯 은나라 초대 왕. 극棘 탕의 현신. 시이是已 이러한 것, 같은 것. 궁발지북窮髮之北 불모의 북쪽. 미유未有 없다. 수修 길이. 태산泰山 산동성에 있는 오악의 하나. 수천지운垂天之雲 하늘을 내리덮은 구름. 날개 칠, 싸울 박搏. 양각羊角 양의 뿔의 무늬. 차且 이윽고, 바야흐로. 뒤의 차(且)는 또. 운기雲氣 구름장, 구름의 기운. 도남圖南 남을 꿈꾸다, 도모하다, 예정하다. 척안斥鷃 메추라기. 뱁새로도 번역되어 있지만 틀림. 어찌, 어느 곳 혜奚. 등약騰躍 뛰어오르다. 인仞 7자 즉 230센티미터 가량. 날개를 파닥이며 날, 뛰어놀 고翱. 날개를 멈추고 날 상翔. 봉호蓬蒿는 쑥풀, 쑥대. 변辨 분별 혹은 구별.

붕의 근원과 반복 등장

대체 누가 이 붕새를 보았을까.

공활무변(空豁無邊)의 하늘은 그 어떤 것과 비교할 수 없는 절대적 시공간이다. 장자는 까마득한 과거와 미래를 동시에 보았다. 그 절대란 무(無)이며 기창(氣蒼)이며 허실(虛室)이다. 그의 허실의 자연관에 입각해 보면 이 경우는 치밀한 구성이 의외(意外)이다. 장자라고 해서, 자연이라고 해서, 무위라고 해서 치밀한 구성과 운행의 천의무봉이 없는 것은 아니다. 오히려 더 정밀한 고도의 비유로 편집하지 않으면서 유존(遊存 나를 잊고 노닐면서 존재함)케 하는 구성을 보여주는 것이 장자의 자연이다. 그러한 것만이 무상의 소요를 할 수 있다. 아니 자연이야말로 일을 하지 않으면서 일을 하고 일을 하면서 일을 하지 않는다. 자연은 허술한 듯 정밀하다.

장자의 이야기가 그렇게 전개된다. 보통은 자연의 노고가 전혀 없이 진행되고 성훼(成毁)를 오직 반복한다고 생각할지 모르지만, 방박(磅礴)을 한다는 사실을 알게 된다면 저 자연도 힘들어한다는 것을 한 번은 생각해볼 수 있다. 이 방박이 얼마나 쉴 새 없이 몸을 뒤섞는 것인지를 다 알 수 없을 지경이다.

물론 자연은 스스로 그러한 것이지만 근래엔 한계를 드러내고 태허적의 힘을 가지지 못하고 균형이 깨어졌다. 이것이 인간과 문명 그리고 지구 내부와 대기, 태양의 영향이라고 볼 수 있지만 자연이라고 해서 무한히 신성한 것으로 남아 끝없이 균형 있는 은후(恩煦)를 베푸는 것은 아니다. 인간은 과학을 도구로 더 높은 욕망과 가치를 자연의 한계선까지 접근하여 찾으려 하지만 자연은 그것을 다 받아주지 못하고 그 바닥을 드러내고 있다. 인간은 이미 옛 인간이 아닌데 자연만이 옛 자연일 수는 없다.

장자는 붕새를 소요유의 주인공답게 또 등장시켜 강화한다. 앞에 나오는 위곤(爲鯤)과 위붕(爲鵬)이란 말도 다시 사용했다. 그런데 이 말의 해석은 애매하다. 붕이라고 한다, 붕이라고 생각한다, 붕이라고 부른다 등으로 해석할 수 있다. 모두가 붕에 대한 간접 표현이다. 서두에서도 그랬지만 당시에도 붕을 직접 본 적이 없으니 말과 글을 통해 생각하고 상상했을 것이다. 대붕의 존재를 상상해보기 위해 좀더 쉽고 분명하게 번역하면, 본 적이 없는 '그것'을 붕이라 생각하고 그렇게 부른다가 될 것이다.

우(禹) 임금이 이것을 발견하고 백익(伯益)이 그것을 확인하고 이름을 붕(鵬)이라 짓고, 이 사실을 이견(夷堅)이 남겼다고 하극이 탕

임금에게 말했다고 전한다. 그것을 본 자와 그것을 확인한 자와 또 그것을 기록한 자와 그것을 다시 말해주는 자가 있고 듣는 자가 있다. 붕이 존재하게 되는 검증과정이 복잡하다. 우 임금이 최초로 본 것을 가지고는 그 붕이 존재할 수도 후대에 남을 수도 없었던 저간의 사정이 있는 듯하다. 장자는 그 붕새의 의미를 새롭게 확장하고 싶었던 것 같다.

결국 장자는 붕새를 도(道)의 중심 사상에 높게 세웠다. 이 붕새가 전혀 다른 메타포의 옷을 입게 된 것은 장자에 의해서 가능해졌다. 장자는 이 기록을 읽고 이것이 희귀한 것이라는 것을 알아차렸다. 이로써 붕새는 장자의 시대를 가로질러 영겁과 종말을 예언하는 존재로 등장하였다. 망각하거나 한쪽에 버려져 있는 것을 장자는 거두어들여 무위의 중심에 세웠다. 붕새는 장자의 사상이 날개를 달고 2천 년을 넘게 거쳐 오면서 수많은 사람들이 문학적 도학적 상상의 세계로 활개를 치게 한 영물의 기재(機才)이다. 비로소 장자에 의해 붕새는 새로운 생명과 미래를 가진 현재적 예언의 존재자가 되었다.

장자는 그 붕새를 하늘로 날아오르게 한 장본인이다. '달 월(月)'자가 두 개나 붙은 붕(鵬)의 이름과 존재에 무슨 비의가 있는 것일까. 그 새의 '이름이 붕이다'라고 하지 못하고, 예로부터 '그 이름이 붕이라고 한다'로 해온 것으로 보아 그 붕의 모양을 알 수 없다는 것인데 이 점이 아쉽다.

하지만 그것을 꼭 그리거나 묘사할 필요가 있을까. 장자 자신이 태허는 볼 수도 없고 보여주어서도 안 되는 것처럼, 하늘은 형상을 주고 도는 형태를 준 것으로만 도를 알아야 하는 것처럼 붕새 또한 그러하다. 골의지요(滑疑之耀)로 그릴 수밖에 없었을 것이다.

내 생각에 아마도 장자는 자휴(恣睢)의 흰자위가 찢어지는 아픔을 겪으며 대곤을 붕새로 변신시켜 하늘로 날려 보낸 것으로 보인다. 자신도 자신의 문장을 보고 가슴이 태허처럼 허전하고 바위처럼 답답해서 심신과 영부(靈府)는 아무것도 할 수가 없고 의지할 수 없다는 경지를 알았을 것이며 그 후, 어떤 사회적 국가적 당위에 대해서도 책임지지 않고 의탁하지 않으며 자연에 순응하여 나날을 보내는 것이 가장 중요한 일이 되었을 것이다.

악몽의 세계

붕새가 하늘로 날아갔다는 말은 충격이다. 이것은 모든 것의 잃음과 버림의 형국이다. 그래서 장자는 그야말로 마지막 도(道)의 궁여지책으로 그 허전한 지구와 마음을 허실생백(虛室生白)이란 말로 대체했는지 모른다. 태허에 원래부터 이런 말이 있을 까닭이 없지만 허실(虛室)이 생긴 것은 붕비를 인정한 허정(虛靜)의 마음에 의해서였으리. 사용할 수도 소유할 수도 없는 절대적 태허가 저쪽에 있다. 무정의 마음은 아무것도 가지지 않는다. 그 아무것도 없다는 것이 장자의 마음이기도 하지만 실제의 이 지구에 아무것도 없다는 뜻이기도 하다.

저 피난의 하늘로 붕새를 날려 보내고 나서 지상에서의 지혜와 삶이 무엇인지를 곰곰이 생각한 결과가 이 《장자》일 것이다. 불길할 것도 없지만 이 지구의 미래와 태허의 세계가 저 궁발지북(窮髮之北)으로 한 발짝 나아가는 것을 눈앞에 볼 수 있을 뿐이다.

보광(葆光)에서 볼 때, 어느 외계(外界)에 있는 북명의 바다에서 한 괴이한 존재 하나가 하늘로 날아올랐다. 그것은 미친 듯 하늘에서 무엇인가를 마구 토해냈고 그리고 불타듯이 몸부림치며 분노하며 하늘로 떠올랐다. 그 광경은 그것이 하늘로 내던져진 것같이 밖으로 솟구쳤다. 마치 화산폭발 같은 형상이었지만 그 안에서 무엇이 펄럭였다. 그것이 이 지구의 언어로 날개였을 것이다. 그때가 과거라면 그것은 마지막 절규였을 것이다. 그리고 그때가 미래라면 그것이 무엇인지 알 길이 없다.

그 남명 천지는 태고적의 현재 지구의 북쪽의 북명의 바다였을까. 그 북반구 중심의 한 바다가 첫 번째 천지였을까. 그리고 태고가 지나가 수많은 분파의 세월이 흘러갔다. 생명들은 자신들이 어디서 어떻게 누구에 의해 존재하기 시작했는지 기억하지도 알지도 못한 채 저 위험한 현대란 자그만 조롱(鳥籠)만 한 시간 속으로 흘러들어갔다. 그 현대가 지금의 오늘이다. 불완전한, 항상 유보되고 미끄러지고 지워지고 마는, 그래서 항상 채워 넣어야 하는 목마르고 미흡한 공허의 현대는 저 북명의 바다와 궁발의 반대쪽 거울일까. 그것은 아직 도래하지 않은 미래의 현재일까.

그러므로 북명의 궁발(窮髮)은 황폐화한 옛 예언의 미래의 땅이다. 대곤이 더 견딜 수가 없어 스스로 살길을 찾아 극적인 화생(化生)을 이루어내 — 이 부분은 그것이 붕새의 실재이든 장자의 의지이든 드라마틱하다 — 북극의 바다를 버리고 하늘로 탈출하여 날아간다. 이렇게 가장 신성한 흰 눈과 얼음으로 뒤덮인 묘망한 북극이 먼저 멸망했던 것일까, 알 수 없는 일이다.

또 다른 둔천일까. 지구의 곡두가 황량한 궁발지(窮髮地)로 화했다는 것은 무엇을 뜻할까. 미래와 과거는 아는 것이 전혀 없다. 오직 발과 눈과 귀와 코가 없는 지구만이 그 역사와 예언을 간직하고 있을 것. 그러나 오늘도 지구는 저 까마득한 천공의 낡고 위험한 궤도를 여전히 공전하는 책무를 다하고 있다. 덜커덩, 하늘에 지나가는 투명 지구 궤도의 낡은 침목과 레일 소리가 불쾌하게 들려온다.

창가에서 해질녘 그 지구를 본다면 눈물겨운 일이다. 그렇다면 이 마음은 바로 자연조차도 힘들어한다는 것을 이미 알고 있는 반증이 된다. 그 지구의 중력과 인력, 척력과 약력이 또 태양계의 구도 속에서 무언가 어긋나고 있다고 말하지 못할 것도 없다.

이 궁발지북은 장자가 그 까마득한 상고(上古) 이전의 태허 때를 기억하여 그 외계의 북명의 천지의 파멸을 역으로 예언한 것이다. 그림이 없는 예언이 아니라 까마득한 과거사를 정말 두 눈으로 들여다본 꿈의 문장. 이미 심증된 기막힌 과거기억과 미래상상의 그물 속에 갇혀 있다. 이제 얼마 남지 않은 미래지구의 궁발지북화의 오늘. 저 외계의 어느 별에 있는 북명의 바다의 궁발이 이곳에서 다시 재현되는 일. 믿고 싶지 않은 자발적 상상의 폭발 속에서 자연의 침묵과 파괴의 지구를 가만히 내다보면, 인간과 지구는 다시 알 수 없는 현상이라는 것을 깨닫는다. 이것들이 모두 어떻게 된 것들이며 어디로 가는지를 아무도 알지 못한다. 이충들의 외계이며 시간이다.

만물은 함께 만멸(萬滅)한다면 현상의 이것들은 아무것도 아니다. 그 어디에도 기록은 남지 않는다. 그러한 자연이 있을 것. 자연은 그러한 책무를 가지고 있지 않다. 자연은 윤리가 없다. 이런 것이 자연 앞에 서성거리는 거대한 성훼이다. 아무도 막을 수 없는 불가피한 일, 즉 인간의 일이 아니다.

외계의 그 북명은 이 북명의 바다의 거울일까. 지구는 외계로 이동하는 경로의 한 과정일까. 장자 사상 속의 실재에 투영된 허구의 가상일까. 장자 속의 실재는 무엇인가. 그 하늘의 천지(天池)는 또 어디 있었던 것일까. 그곳에도 물이 있고 산소가 있고 생물들이 다시 상취를 시작할까. 또 미래의 그곳에서도 우리는 존재할까. 또 이와 같은 쓸데없는 삶과 문명을 반복할까. 그 다른 시공간의 그 북명의 바다는 어디일까.

장자에게 세계는 둥근 거울 안의 비밀 속에 감추어져 있는 책 같다. 자연의 숙명의 사슬을 놓고 풀어야 하는 의외(意外)의 문합이다.

아직 도래하지 않았지만 궁발의 세상은 언어와 상상 속에서 이미 지나가버린 것처럼 아득하게 느껴진다. 그 허망하지만 끔찍한 궁발지북이 저 북쪽 어디 있는 것처럼. 지금 이 순간들은 누가 꾸고 있는 꿈의 시간이며 이 꿈의 주인은 누구인지 알 수 없다. 그 꿈 바깥은 태허. 텅 빈 아무것도 없는 하늘. 그것만이 기다리고 있는가.

처절한 몸무림의 비상(飛翔)

질주와 질풍의 티끌이 날리는 건조한 세상의 거리에서 문득 발걸음을 멈춘다. 과연 무엇으로 다 망가진 인간을 위로하고 미래를 기약할 것인가. 장자는 그 절대적 절명(絶命)을 가지고 《장자》를 쓰면서 그러나 조급해하지 않으면서 지고한 삶의 방도를 찾으려 했다. 그것이 바로 유자(遊字)의 도이다.

지금 장자는 붕과 메추라기를 이야기하고 있다. 하지만 그는 그 붕의 대언(大言)과 대지(大知)의 꿈을 끝까지 품고 있으면서 색다른 지구 운명의 비극을 창조하고자 한다. 누에가 고치를 순식간에 말아 집을 짓듯 붕새는 양각의 무늬 속의 바람에 휘말려 올라갔다. 또한 선풍은 360도 회전하며 하늘로 올라가는데 그 속에 붕새가 올라탔다. 도남붕정을 위한 그 고비(高飛)의 내막은 무엇일까.

탕왕(湯王)이 그의 현신인 하극(夏棘)의 말을 들었다〔《열자》에는 탕이 하혁(夏革)에게 묻는 것으로 되어 있다. 탕이 하극에게 물건엔 크고 작은 것, 길고 짧은 것, 같고 다른 것이 있겠지요? 하고 묻자 하극이 대우(大禹) 임금이 보았다는 붕새의 존재를 알려준다〕. 탕은 하를 무너뜨리고 은(殷)을 연 자로서 성왕(聖王)이라고 칭했다.

탕왕은 웬일로 곤이 붕이 되어 바다를 떠나 하늘로 날아가는 고대 전설의 붕새를 상기하는 걸까. 그는 어떤 예감을 가진 것일까. 탕이 하극에게 붕새를 물은 것은 그에게 천하를 다스리는 영웅심이 있어서가 아니라 소년 같은 궁금함이 있었던 것이 아니었을까. 그의 머리와 가슴 속에 불가사의한 한 마리 검은 붕새가 고독하게 날고 있는 광경이 떠나지 않았던 것일까. 그리고 자꾸 세상을 부수고 날아가는 붕새를 꿈꾸었는지 모른다. 왜 우왕과 탕왕 같은 사람들 꿈에 붕새가 나타났던 것일까. 어떤 불안이 있었던 것일까.

아무튼 장자는 여기서 어처구니없이 대소(大小)가 있음을 드러내면서, 또 이충을 단지 미물이라 하지 못하는 어리석은 성인의 마음을 드러낸다. 장자가 메추라기를 길렀던 적이 있고 메추라기 취급을 받은 적이 있었던가. 여기서 하늘로 날아오르는 붕새를 보고 있으며 그것이 추락하지 않도록 지키는 장자 안의 또 다른 장자를 본다. 만물을 껴안고 대소(大小)를 초월하려는 장자의 일원론적 지극독연(至極獨然)의 일심을 헤아려본다. 절운기(絶雲氣)가 그것이다.

이 말은 구름 위로 솟구쳐 올라갔다는 말인가, 아니면 구름의 기운을 꺾었다는 말인가. 앞 문장에서 날개가 구름 같다 하였다. 수(垂)는 동서남북 사분 전체 하늘을 가린 날개이지 구름이 아니다. 그렇다면 구름은 붕의 날개이며 절운기는 상공에 떠가는 붕의 날개의 위용을 표현한 것이다. 구름 자체가 아니다. 눈부신 광휘이다. 그야말로 장대한 붕새의 날카로운 날개가 구름처럼 하늘에 빗겨 친 기상이다.

흰 깃털들이 바르르 떨고 있는 경이의 세계로 볼 때 이 장면은 붕의 완결미를 보여주는 순간의 웅장함이며 천고(千古)의 전율이다. 이 광경이 사실은 하늘에 자신을 거꾸로 걸어 현해(懸解)하는 장자의 숙명처럼 바라보인다.

붕이 날아오른 구만리 높이의 하늘에 구름은 없다. 운(雲)은 하늘에 뻗친 거대한 붕의 날개다. 누군 "운기(雲氣)가 족하(足下)에 끊어진다"로 직역했다. 이러면 다른 뜻이 된다. 아무튼 부요양각(扶

搖羊角)은 새가 날아 하늘로 올라가는 곡전상행(曲轉上行), 풍곡상행(風曲上行)의 모습이다. 만약 정말 장자가 구름을 끊었다고 했다면 '기(氣)'자를 빼고 '절운(絶雲)!' 하면 되었을 것이다. 장자가 한껏 멋을 낸 것이다.

사실 이 '기(氣)'자는 《장자》에서 여기 처음 등장하는 중요한 글자이다. 이 기(氣)가 야마(野馬) 지상의 상공에 펼쳐져 있는 무한한 창창(蒼蒼)의 내부이다. 가장 난해한 생령(生靈)의 기운으로서 이 기는 《장자》 본편에 꼭꼭 숨어 있는 비장의 한 단어이다.

절운기 속에 보이는 붕새의 고난(苦難)

구름 공기를 끊고, 운기(雲氣)를 절(絶)하고, 구름을 벗어나고 정도로 해석된 절운기(絶雲氣)의 모든 해석은 부족하고 아쉽다.

장자의 이 표현은 과장법의 백미이기 때문이다. 거듭 의문해 본다. 이 장쾌한 경악의 광경을 장자가 고작 구름을 끊거나 뚫거나 동강낸 뜻으로 표현했을까. 그것은 붕의 기상을 극치하게 돕고 승화하는 장자의 안간힘을 다하는 절명적(絶命的) 운기의 기상이다. 새파란 태허의 하늘에 가득 뻗친 구름 조각들이 새로운 괴연독(塊然獨)의 창생(蒼生)과 창기(蒼氣)의 세계를 열고 있는 광경이다. 즉 구름조차 긴장하고 붕새의 출현에 벌벌 떨고 하늘도 새파라니 얼어붙은 듯 기척하지 못한 채 어떤 대자연의 변화만을 기다리고 있는 광경이다.

붕새는 이 순간, 완전한 우주의 존재 주체가 되었다. 또 그는 자신의 모든 지체와 주변과 방외가 되었다. 그래서 절운기의 '절(絶)'을 끊어지는 것이 아니라 절정(絶頂)으로 보고, 기가 운기(雲氣)의 기가 아니라 장자 특유의 핵심 사상인 만물을 조물하는 허실(虛失)의 모기(母氣)로 볼 수 있다. 심미적 초극의 경지를 은유한 표현이다. 그렇다면 《장자》에서 이 절운기(絶雲氣)는 가장 시적(詩的)인 표현이라 할 수 있다.

붕비의 극적인 상승 묘사에 대해 대체적으로 번역이 소홀하다. 회오리바람 타고 위로 오르는 것을 양의 뿔무늬로 묘사한 것은 그 부요가 대단한 통제와 힘을 가진 것으로 강조하기 위해서였다. 이 묘사는 놀랍다. 이 곡전상행(曲轉上行)은 소용돌이치는 기류의 급격한 상승 현상이다. 기류 상승 속의 붕새의 위기(危機)를 보여주는 태탕한 활로(活路)이다. 즉 소요적인 여지를 열어주는 기이한 화물(化物)의 이동은 실로 놀라운 묘사가 아닐 수 없다. 그것도 세상의 청풍이 아니라 티끌과 먼지, 물결로 붕새가 날아오르니 더욱 그렇다. 그야말로 화광동진(和光同塵)의 광경이다.

붕새가 날아오르는 광경은 조용하고 부드럽게 단계적으로 이루어지는 것이 아니라 광기와 혼란과 돌발, 소란 속에서 이루어진 만큼 그 일대는 암흑세상이었을 것이다. 이 부분은 사실 섬세한 해석이 필요하다. '소란하게 때리다, 바람을 타다'란 뜻이 있는 박(搏)자를 어떻게 세필하느냐 하는 문제도 있다.

20년 전의 박종호의 해석에서부터 대부분의 해석은 이 부분을 지나쳤다. 기원전의 사상적 일탈과 전대미문한 문학적 묘사의 일대 경지를 연 장자의 경우는 토씨 하나까지, 예컨대 가장 빈번하게 나오는 기(其)자 하나도 놓쳐선 안 되는 귀한 눈빛이다.

일단 붕새가 아무런 의지처가 없는 텅 빈 하늘을 힘겹게 날아오르는 기상과 위험의 경계에서 '박(搏)'자를 절대로 뺄 수는 없다. 이는 해활(海闊)한 세계의 세찬 회오리바람 속에 붕새가 날개를 치며 싸우는 절체절명의 순간이기 때문이다. 양의 뿔 같다니! 이 광경을 놓치지 않고 양의 뿔처럼 아주 세밀하게 가까이 들여다보는 장자의 축소적 상상력은 소름끼치도록 경이롭다. 가장 큰 것으로 대소(大小)를 대소(大笑)하였다.

그러므로 바람을 탄다는 말보다는 날개를 친다는 말이 적합하다. 풍적(風積)에 의할지라도 붕새라고 해서 저절로 하늘로 올라가는 것은 아닐 것이다. 최선을 다하여 중심을 잡고 비상하는 붕새의 모습을 보여주어야 한다. 이것이 장자의 의도일 것이다. 이때 붕새는 회오리바람에 뒤집히거나 쓰러지지 않기 위하여 중심을 잡고 고투했을 것이다. 그가 날아오르는 모습이 멀리선 자연스러워 보이겠지만 숙명을 넘어서려는 당사자의 극복의지는 처절했을 것이다.

장자는 숨 막히는 대탈출의 순간들을 숨기고 붕새의 분노와 기상을 절운기로 나타냈다. 절운기 속에 보이는 붕새의 고난(苦難)을 바로 보고자 한다. 이럴 때만이 붕새가 등에 지고 있는 절대 배경의 청천(靑天)이 창창(蒼蒼)한 태허의 위엄과 빛을 발할 것이다. 장자의 도가 저항과 고투 없이 쉽게 이루어지는 것은 아닐 것이다.

또 한 가지. 사소한 것이지만 《장자》의 해석은 다듬고 완결되어야 한다. 기광수천리(其廣數千里) 미유지기수자(未有知其修者) 기명위곤(其名爲鯤)도 그 해석이 분분하고 대동소이하지만 제대로 된 것 같지가 않다. 이것도 한글로 번역했을 때 대개는 거기 물고기가 있는데 '넓이는 수천 리이고, 그 길이는 아직 아무도 모르며, 이름을 곤이라고 한다'라고 하였지만, '그 넓이 수천 리라, 그 길이를 아는 자 없지만, 그 이름 곤이라 한다'로 해야 한다고 본다.

이것은 앞뒤 문장의 부드러움과 운율을 위해 한글에 맞춘 것이다. 또 장자 문장의 숨고르기를 위해서이다. 여기서 '아무도 모른다'는 말은 장자가 한 말이 아니다. 장자가 그렇게 말할 처지나 시대에 있지 않았다. 적어도 곤과 붕새는 장자보다 까마득한 과거세월에 있었기 때문이다. 또 그 모른다고 말한 사람과 모른다고 한 그 말은 장자 시대의 사람이나 말이 아니다. 전해오는 과거의 말이다.

또 여기서 중요한 조사는 '그 길이를 아는 자 없지'만' (그러나) 그 이름 곤이라 한다'의 '만'이다. 즉 비록 길이는 모르지만 그 이름은 안다, 즉 곤붕이 존재한다는 것을 사람들이 이미 알고 있다는 말이 된다. '아직 모르고'는 장자 시대 사람들의 인식의 현재성인데 이렇게 하면 틀린 말이 된다.

북명의 바다는 까마득한 과거의 북쪽이므로 장자의 현재 시간의 공간이 아니다. 또 '아직도' 곤이 그 북명의 바다에 있는 것도 아니다. 게다가 지금 즉 장자 시대의 사람들이 그 이름을 곤이라고 하는 것이 아니라 까마득한 북명의 바닷가에 살던 사람들이 (길이를 알지 못하는) 그것을 곤이라고 했다는 그 말이라는 사실을 상기할 필요가 있다.

해석에 나타나는 문제의 재미

복잡한 해석의 문제들이 수백 년에 조금씩 바뀔 수 있다. 사소한 것이지만, 익약수천지운(翼若垂天之雲)이 '날개가 하늘에 드리운 구름 같다'로 된 것을 버리고, '날개가 하늘을 내리덮은 구름 같다'로 해석하는 것도 쉬운 일이 아니다. 장자의 마음을 알고 싶은 진지한 관심으로 수십 번 읽고 또 읽고 들여다보고 나서 조금 바꿀 수가 있을 것이다. 그저 하늘에 드리운 것이 아니라 양 날개가 지구의 하늘을 내리덮었다. 이것은 어감과 상황이 다르다.

사소한 것 같지만 장자의 문장을 후대들이 갈고 닦아서 우리 한글에 딱 맞게 해야 한다. 어떤 번역이건 누군가에 의해 새롭게 수정되고 탁마(琢磨)되어야 한다. 많은 《장자》 번역이 아무리 고전적 번역이라 할지라도 개성이 없이 너무나 대동소이하다. 아마도 선대의 번역을 그대로 옮긴 것이 아닌가 싶다.

예컨대 불과수인이하(不過數仞而下)를 대부분 '뛰어오르면 몇 길

오르다 내려오고'나, '뛰어 날아올라도 두어 길을 못 가서 도로 내려와', 혹은 '힘껏 날아올라도 불과 몇 길 못 올라가고 내려와'로 되어 있다. 직역하면 '한 길 반도 날지 못하고'가 맞다. 인(仞)은 7자 내지 8자 길이인데 230센티미터쯤 된다. 사람 키가 한 길인데 1인(仞)은 한 길 반이다. 그런데 '몇 길'이나 '두어 길'로 번역하면 이것은 지나친 오해(誤解)이다. 비록 이것을 기록한 장자의 키로 하더라도 틀리고 그 말을 하는 화자 즉 메추라기의 입장에서 말하더라도 틀린 말이 된다. 포르릉 하고 날곤 곧장 땅바닥에 떨어지고 마는 메추라기의 우치를 묘사한 장자의 의도를 십분 살려야 한다.

또 고상봉호지간(翱翔蓬蒿之間)의 문제도 그렇다. 이것은 장자의 소요의 우언을 메추라기에게 부여한 풍자적 표현이다. 저자의 비웃음과 대상의 심리가 감추어진 암유로서 지나칠 수 없는 문자의 마디이다. 특히 유(遊)에 상당하는 '고상(翱翔)'을 붙여준 까닭이 숨어 있다. 그러면 고상을 오락가락한다, 쑥풀 사이를 날아다닌다, 풀밭 속에서 퍼덕거린다 하지 말고, '고(翱)'자를 풀어내서 '쑥대 사이를 날아다니며 노닐 뿐이다'라 해야 할 것 같다. 소요유의 길에서 '유(遊)'자를 떠올릴 것이다. 장자의 비웃음이 미소가 될 수 있다. 자연의 어리석음이 재미가 있어진다. 화광동진(和光同塵)도 골의지요(滑疑之耀)도 여기서 나온 위대한 깨우침이 아닐까.

'노닐다'는 말이 앞으로 나올, 그리고 이 〈소요유〉편의 제목의 한 글자로서 중요한 의미를 지니는 만큼 유와 고상의 비유를 장자가 비견한 것이다. 이 광경은 웃음이 나오지만 문득 자신을 돌아보게 한다. 깜빡하면 소요를 잊게 된다. 《장자》 전편의 하늘과 들엔 이 메추라기들이 많이 날아다닌다. 마치 날개 끝이 가위로 가지런하게 삭둑 잘린 현대의 새끼메추라기들이 팔짝거리며 뛰어다니는 것이 보이는 듯하다.

메추라기들의 고상(翱翔)

인간은 메추라기들이다.

자신의 지혜와 능력을 한탄하는 모습은 여기서 비참해 보인다. 묘한 심리적 하중을 느끼게 하는 이 탄식은 앞의 조여학구와는 좀 다르다. 나는 위로 힘껏 뛰어올라도 한 길 반도 날지 못하고 내려와 쑥대 사이를 날아다니며 놀 뿐이다, 하는 고백에선 아무도 그를 도와주고 가르쳐줄 것 같지 않다는 절망과 동정이 느껴진다. 이것이 장자가 보는 중인(衆人)들에 대한 안타까운 마음이었을 것이다. 하지만 장자는 그 측은지심을 경계하고 위험하게 여겼을 것이다.

장자는 연민으로 인간을 동정하고 동행(同行)하지 않는다. 항상 당당한 모습으로 그들 앞에 서 있었다. 마치 불구자들이 장자 앞에 당당하게 선 것처럼. 오히려 장자는 숙명이 없는 인간보다 숙명이 강한 인간에게 경의와 고정된 믿음을 보냈다. 그러나 그는 그런 사람에게도 격려나 동감의 편지를 고의적으로 부치거나 자비를 베풀지 않았을 것이다.

장자는 낡은 진리와 궁지(窮地) 앞에서 자신을 굽히지 않았고 편들지도 않았다. 그 상황과 육체는 온전히 그의 것이기 때문이다. 격려하고 근심해준다면 그 불구의 육신과 정신이 불쾌해할 것이다. 권력 앞에의 장자는 말할 것이 없겠지만 불구자들 앞이라고 해서 겸손한 척하지 않았을 것. 장자는 그러니까 그들의 외발이나 올(兀)자를 보지 않았다. 마음을 보았다. 기를 보고, 그리고 태허를 보았다.

이것은 뒤에 가서 보게 되겠지만, 장자는 단호하게 인간을 무정(無情)의 존재로 본 까닭이다. 그는 스스로 내부에서 자신이 교주가 되는 것을 방지했다. 이 방지는 철저한 자기통제와 자시(自視) 속에서 가능했을 것이다.

사람들이 찾아와도 장자는 자리를 피해 도망갔을 법하다. 당신들이 왜 나를 찾아오는가. 당신들은 그래선 안 되는 사람들이다. 돌아가시라. 나를 따르지 말라. 나의 말을 믿지 말라. 당신들의 길을 가라. 이것이 장자일 것이다. 그렇지 않다면 장자야말로 사이비가 되기 적격인 사상적 요소를 많이 가지고 있다. 그만큼 인간적이며 그만큼 매력적이다. 그러므로 너무나 위험하다. 초극(超克)의 정신을 견지하지 않는다면 진정으로 아름다운 영혼은 타락하기 쉽다. 이때 타자들이 추종하지 않게 한다는 것은 거의 불가능한 일이다.

이 붕비는 장대하고 우화적이고 환상적이고 예언적이다. 문득 괴이하다 문득 우스워진다. 그러나 바로 이것이 장자이다. 붕새의 곡전상행의 상상은 마치 붕새가 목숨을 하늘에 걸고 죽어가는 형상인 것처럼 처절하게 바라보인다. 구름이 걷힌 밤하늘이 찰강찰강, 사슬에 묶인 채 소리치는 별들처럼 전율한다. 물론 앞에서도 '장(將)'자를 써서 바야흐로, 앞으로, 날아가리란 여운을 남겼지만. 여기에 연후도남(然後圖南)의 연후란 남쪽을 품을 뿐 아직 날아가지 않았다는 뜻이다.

광경은 창연하고 고절한 절운(絶雲)의 경지이다. 구름이란 것도 구름이 아니다. 장자의 한없는 무언의 마음이다. 하늘에 떠서 운행하는 구름조차 이 대붕이 비상함으로써 무색해졌다. 장자가 붕새를 어두운 북명에서 남명으로 날려 보내려 한다. 어마어마한 상상의 세계를 내다보는 한바탕의 대화(大化) 속에서 북명의 하늘은 초유의 소요를 시작했다. 이후, 만물과 모든 예화와 지혜는 이 고비의 아래쪽과 과거에 있을 뿐이다.

대화(大化) 속의 소화의 생성

모든 질서가 이 한 번의 비상으로 무화된다면 마치 폭우가 수백 리를 덮치는 가문 날의 빗소리와 같은 것. 지구 자체의 붕괴와 혼돈으로 세상은 새로워지고 처음 눈을 뜨는 신생의 작은 얼굴들이 보이다 사라진다. 명년 봄이 아니고 현생의 존재들이 아니다. 지구 공간의 저쪽도 아니다.

여기에 장자의 숨은 도남(圖南)의 뜻이 숨어 있지만 그것을 말하기는 쉽지 않다. 그는 혁명적 사유를 즐기고 있었던 아주 평범한 한 늙은이 이상으로 보지 않아도 좋다. 그리고 그들의 생기에서 작은 기쁨을 두 눈으로 보았고 그리고 그것이 다름 아닌 자신의 국가라는 것을 깨달았을 것이다. 너덜너덜 다 찢어진 장자의 흰자위에도 생기가 돌지 않았을까.

북명의 붕새가 그 바다에서 솟아올라 하늘로 날아올랐다는 전언(傳言)은 마치 하나의 어두운 전등(傳燈) 같다. 왠지 나에게는 이 장자가 이 지상의 유일한 위로이며 유희이기도 하다. 모든 것이 날아가고 파괴되고 훼손되면서 붕새는 하늘로 날아올랐다. 무슨 연유이며 의미인지 몰라도 좋다. 무엇을 예언한 것이 아니어도 된다. 단지 지혜를 말하고 교훈을 주려는 우화에 불과해도 상관없다. 장자의 매력은 이미 말로 할 수 있는 경지의 것이 아니다. 도덕도 자연도 사실은 아니다.

인간의 대소의 지혜와 사물, 크고 작은 공간들이 꼬여 있는 실타래의, 벌집 같은 세계에서 소요의 경지란 그럼 무엇일까. 괴이한 무엇이다. 만물을 가지런히 하지 못하면, 인류는 그 제물의 능력을 가지지 못했으므로 피해야 할 것이다. 그것이 최소한의 인간의 지혜이지만 인간들은 극한을 피해 가지 않는다. 도전하면서 역행하는 숙업의 수직

척추를 가진 존재들이다. 이 무지와 혼돈, 암흑물질, 천진에 대한 도전이 마치 미덕인 양 부추기는 인간들이 이 지구를 지배하고 있다.

물신화는 인간사회의 한계가 모두 노정된 끝의 험상궂은 모습이다. 장자의 말처럼 비인(非人)일까. 기어코 도달한 비인(鄙人)의 경지. 저 산 밖의 지구의 푸른 하늘이 뭐라고 할까. 인간의 업이다. 실제로 다 소용없는 짓들이 끝난 시대와 인간의 얼굴들을 보았을까. 장자는 그것들에 대항하기보다 멀리 벗어나 혼자 소요하며 비웃으며 자연의 대자유를 즐길 것을 당부한다.

어느 시대나 누구에게나 용단의 탈쇄(脫灑)를 못하고 걱정은 많고 옹졸하고 작은 윤리의 틀에 묶여 있는 인간들은 얼마든지 볼 수 있다. 그러니 이 이상의 소요와 진인이 어디 있을까. 이것이 남명이란 천지로 끝없이 유보되면서도 끝까지 향해 가는 한 진인의 지고한 선이며 꿈이다.

붕정만리 남명천지(南冥天池). 붕새는 아마 행성만 한 선박이거나 만물을 삼킨 물고기일지 모른다. 이 우주의 배인 붕새 비상의 비밀과 관련하여 이곳에 '어떤 무엇'을 숨겼는지 알 수가 없다. 장자의 쓰르라미, 새끼비둘기, 조균, 메추라기, 춘목(椿木), 팽조 들 즉 모든 만물은 다 방편이고 비유물이고 문장의 사유의 도구일 뿐 그 안의 무엇은 말해지지 않는다. 그 복장에 무엇이 있을지.

붕새가 날아오르면서 북명의 바다 전체는 파괴되었을 것이다. 그러나 장자는 쑥풀 사이에서 내다보며 한편 놀라면서 예의 비웃는 작은 메추라기를 등장시켜 지상에 별 변동이 없는 것처럼 위장한다. 즉 천지는 개벽하는데 봉호(蓬蒿) 사이에서 이렇게 '어디로 날아가느냐', '어째서 날아가는가' 하고 태연히 묻고 있으니 천연덕스럽기만 하다. 파괴된 체제의 세계 저쪽은 붕비로 버려두고 장자는 이쪽 현실세계의 인간과 권력의 어리석은 내면과 체제를 풍자한다. 메추라기들은 남이 우니까 함께 울어주는 인간과 같다.

똑같은 기존의 해석을 고쳐서 새로 풀고 싶은 것은 '피차해적야(彼且奚適也)'를 '저것은 또 어디로 날아가는가', '저것은 또 어째서 날아가는가'로 구분하는 것이다. 즉 앞의 '해(奚)'를 '어디로'로 뒤의 해를 '어째서'로 해석했다. 앞의 질문보다는 뒤의 질문이 한 길 깊은 의문일 것이다.

이 깊음은 절망의 첫 번째 선물이다. 두 문장의 말맛을 달리하면서 메추라기의 우려와 의문을 존중하기로 한다. 또 '어째서'란 말 속에는 여러 차례 무엇들이 날아올랐다는 것을 의미하며 그것들이 모두 이 메추라기에겐 별 의미가 없다는 의미까지 담아주었다. 인간은 어쩌면, 다행히, 이 질문만 할 수 있을 것이다.

비록 그가 한 길 반밖에 날아오르지 못하더라도 메추라기의 마음에도 인간의 마음엔 없는 신의 또 다른 마음도 있지 않을까. 그래서 이 문장엔 '어, 어느 놈이 또 날아오르네. 곧 떨어질 것이'라는 투의 수없이 보아온 쓸데없는 비상에 대한 메추라기의 한탄과 경시와 범상성이 뒤섞여 있다. 지금 장자가 그 뒤에서 그 말을 듣고 있다. 그러나 메추라기의 이 작은 질문은 대단히 중요하다. 이런 질문조차 못하고 아예 생각조차 내지 못하는 미물들이 많을 것이기 때문이다. 그렇다면 메추라기야말로 어떤 대단한, 결코 무시하지 못할 부류의 인간(人間)이 아닐까. 문득 진인도 몰라볼 그 인간이 무서워진다.

해석되지 않은 심중들

여기 하나의 의문이 있다. 장자는 왜 붕새가 하늘로 날아오를 때 그 울음소리를 묘사하지 않았을까. 그 울음은 어떤 불길한, 해방의 울음이었을까. 가장 중요한 핵심의 고리다. 괴이한, 세상엔 없는 소리가 아니었을까. 그것도 9만리 장천에서 우는 그 울음은 상상만 해도 소름이 돋는다. 하늘을 다 찢어놓았을 울음이었을 것이다. 그렇다면 그 후의 이 하늘은 그 전과 다른 하늘일 것이다. 말하자면 찢어진 하늘이다. 붕새가 울며 날아가다 찢어진 하늘의 눈동자이다. 붕새의 울음이라니, 소름끼치는 상상일 뿐이다. 이 울음에 대해서는 다시 묻지 않기로 한다.

여기 또 다른 의문의 문자는 궁발지(窮髮地)이다. 이것은 무엇을 암시한 것일까. 장자의 불가해(不可解) 중의 하나이다. 이것은 저 북쪽 바다가 생명 하나 없는 불모지가 된다는 뜻인가. 이 북쪽은 남명 천지의 북쪽이며 지구이다. 무엇으로 인하여 저 얼음의 북극이, 머나먼 북명의 바다가 암흑과 신비로 가득한 북반구가 어찌하여 궁발지로 화하게 되는 것일까. 알 수 없는 일이다.

저 도남붕정의 붕새만이 그 까닭을 알고 있는 것일까. 저 거대한 붕새는 출발선에서 남쪽으로 날아가려 준비하고 있지만 아직도 날아가지 않고 있다. 현재 내가 속해 있는 이 인류는 그 하늘 아래 궁발지북에 살고는 있는가, 알 길이 없다.

붕새는 아직도 이 지구 위에서 완전히 날아간 새가 아니다. 그러나 사람들은 그 붕새가 하늘에 있는 것을 보지 못하고 또 그 붕새가 조금 전에 한 마리 곤이었다는 사실을 알 수 없다. 지금 무엇이 예언되어 있고 보이고 보이지 않는지를 모른다. 문득문득, 그것이 장자 이전 시대부터 날아가는 소리가 수천 년에 걸쳐 들려오는 것만 같다.

미궁 속에 파묻혀 있지만 그 누구도 저 붕주(鵬舟)의 도남을 가로막을 어떤 빛도 지혜도 수단도 가지고 있지 않은 것 같다. 모든 지혜를 거절하고 모든 문명을 부정한 존재만이 남명의 바다를 향해 청천을 등에 비추며 언젠가 '그때' 미상불 천천히 소요하듯 날아가기 시작할 것이다.

결국 몇몇의 강한 욕망의 덩어리들에 의해 지구의 북명의 바다는 처참하게 버려지고 궁발지가 되는 걸까. 이것이 어길 수 없는 이 기울어진 지구의 숙명이라고 한다면 과학적으로 45억 년밖에 되지 않았다는 지구가 끝이 있다는 것은 불가사의하고 어처구니없는 일이 아니다. 인간은 언제나 지구가 중심이 아니라는 것을 강조하고 싶었고 그것으로부터 소외하려는 심리가 있었기 때문이다.

이 영원에 대한 완전한 승복의지가 태초부터 있었다. 그 지구 붕괴의 예정에 대해 그 누구도 책임지고 해결할 과학도 운명도 인간도 없다. 하물며 이충인들 무엇을 할 수 있을 것인가. 다만 종말의 최후의 문을 열어주고 따르고 맞을 뿐이다.

소요유의 내부는 의외(意外)로 불길하다. 오직 지구의 생명이 다하는 시간이 이 공전의 행성 내부에서 다가오고 있는 걸까. 마치 지구가 거대한 거울을 향하여 질주하고 있는 것처럼 느껴진다. 장자의 이 붕비의 결말은 이미 시작되면서 끝이 난 세계를 보여주는 대담한 상상력이다. 담담하게 가감 없이 한마디 하고 그만둔 장자의 놀라운 이 서막은 난해하다.

이미 무언가 끝났다면 그 다음 미래와 현재란 무엇인가. 인간은 이제부터 잊어버린 시간을 살게 된다. 전체의 유예적인 시간 속에 더구나 한정된 개체의 시간 안에서 우리는 그 시간을 쪼개어서 나누어 살아간다. 이 안에서 장자의 도는 위기이며 급박한 것이기도 하다. 장자는 전체의 시간보다 개체의 시간을 중시하고 정신적 소요를 제공한 것으로 본다. 잠시 반짝이고 출렁였던 이 소요 역시 한 순간의 꿈같은 흔적이며 삶일 것이다.

장자의 탈비극적 도의 심현(深玄)이 여기 있다. 대자연의 성훼(成毁)의 숙명은 어쩔 수 없다. 작은 시간과 지혜와 말은 큰 것 속에 포괄되고 운행하고 따라간다. 그러나 너무나 분명한 것은 소요를 한다고 해서 지구와 인간이 구제되는 것은 아니리라는 것이다. 숙명의 길을 반드시 거쳐야 한다는 것이 장자의 생각인 것 같다. 이제 그 대전제의 난해한 이야기들이 길게 이어지겠으나 그 관점에서 《장자》를 읽어나간다면 만물과 생의 시종(始終)이 이 붕비(鵬飛)와 마지막의 혼돈사의 한 줄에 꿰일 것이다.

이후, 붕새는 등장하지 않는다

남명의 바다는 어디일까.

알 길이 없다. 이제 장자는 고비(高飛)를 떠나거나 유예한 채 분변(分辨), 논쟁, 시비, 갈등의 세계로 들어설 것이다. 화이위조처럼 장자의 글은 흔들, 만물의 자연에서 인간으로 이동한다.

이 세계의 한쪽은 인간의 세상 바닥이다. 장자가 이곳으로 들어간 것은 이것을 모르고 세상을 비웃고 섞이고 홀로 살아가지 않겠다는 의지이다. 물론 분변(分辨)의 저 밖엔 늘 시비와 상물(相物)이 없는 음양의 대자연이 있다. 그것이 이 자연의 인간세상의 대전제인 것은 언제나 부정되어서 안 되는 경계(境界)이다.

북명의 바다에서 붕새가 하늘로 올라간 것과 같다. 진정한 독립적 자기 공간을 확보하는 혈혈단신(孑孑單身)의 결정적 순간이 필요하다. 이 독존적 세계의 위치는 사위에 거슬리고 가로막는 어떤 만물과도 경계가 없는 무변(無邊) 허공(虛空)의 경지이다. 이 경지에서 날아올라 탕탕 비어 있는 허허로운 기창(氣蒼)의 한가운데 눈길 줄 곳조차 없는 요료한 대자유를 느낀다. 아니 그 전체가 '나' 자신이다.

너무나 무결하고 투명한 가운데 혼돈(渾沌)이 된다. 하늘로 무한히 떠오를 것 같은 무중력의 부상 속 떠 있는 창기의 저 허공은 상취가 혼란스런 야마진애의 세상 중심에 있는 한 인간의 꿈을 유혹한다.

그 꿈은 천공으로 뛰쳐나온 돌연과 괴연독(塊然獨)이다. 이것은 장자의 상상력이며 영혼이며 분노이자 도의 괴이한 응무궁이다.

두 날개로 하늘을 덮은 붕새가 지상의 크고 작은 분계(分界)와 만물을 분쇄하고 망각 저쪽으로 건너뛰는 것은 어떻게 상상할 수 있을까. 한 품에 안아버린, 까마득한 현재적 태허의 첫 줄기는 사라지는 것일까. 이 상상을 또 이 세상의 한 구석진 책상에서 하지 못한다면 장자를 읽어 무엇할 것인가.

이 절대무변의 무위를 얻기보다 그 속에 사라져야 한다면 아무것도 위함이 아닌 무위이므로 한 인간으로서 슬퍼지는 것은 어쩔 수 없는 일이다.

이후, 장자는 붕새를 다시 말하지 않는다.

일관(一官)과 일군(一君)의 메추라기들

그러므로 무릇,
지식이 오직 한 관직(官職)을 얻고, 순행이 오직 한 고을을 다스리며, 덕이 오직 한 군주와 짝이 되고, 그래서 오직 한 나라가 떠들썩할지라도
자신을 보는 그 눈은, 또한 메추라기와 같다.

• 원문(原文) •

故夫知效一官 行比一鄕 德合一君 而徵一國者 其自視也 亦若此矣

* (발어사) 대저, 무릇 부夫. 오직 하나 일一. 본받을, 주다 효效. 행行 행동이지만 여기선 한 고을의 순행으로 봄. 견줄, 좇음, 다스릴 비比. 하나가 될, 짝 합合. (말 이을) 그래서 이而. 부를, 거둘, 이룰 징徵. 자시自視 자신을 돌아보는 마음. 이 차此 앞의 메추라기(척안 斥鴳).

한 벼슬과 한 고을과 한 군주란 무엇인가

메추라기는 메추라기가 아니고 바로 인간들이다.

저 보잘것없는 메추라기들을 바라보면서 저것들이 인간이라고 생각했다는 것은 창자를 끊는 자시(自視)이다. 그러나 불가피할 것이다. 이것은 장자 혼자만의 반성이 아니라 인류가 겪는 도의 존재로서의 각성의 발언이다. 사실이지 이러하니 감히 누가 장자와 대화할 수 있을까. 맹자 같은 동시대 사람의 글을 읽고 이런 생각은 들지 않는다. 이것은 말 그대로 인간과 윤리에 대한 반역이 아닐까. 여기서 실로 떠오르는 장자의 숙명과 생존에 대한 의문은 한둘이 아니다.

시비를 피해 가기 위해 장자는 비유를 사용하여 자기 자신과 도를 알지 못하는 자들을 비판한다. 익살스럽긴 하지만 당대의 유학에도 정통했을 장자가 터뜨린 한 편의 멋진 골계(滑稽)이다. 숙명론자인 장자가 보여주는 도는 한없이 가벼운 망량(罔兩)의 그림자 같지만 아무것도 없는 듯한 구멍을 막고 안에서 문을 걸어 잠그는 사유의 비밀이 있다.

그의 일원론(一元論)은 만인의 일원론이다. 군주나 일향을 향하는 따위의 세속적 일원이 아니다. 만물과 만인이 일원론으로 통한다. 여기서 불통(不通)이 아니라 우주만물과의 소통(疏通)을 꿈꾸게 된다. 여기서 만물제동(萬物齊同)의 사상도 싹트고 있다. 하지만 모든 것이 열린다고 해서 다 소통되는 것은 아닐 것이다.

한 지역의 관리란 보잘것없다. 그 관모(官帽)란 자신이 만들어 쓴 것이 아니라 누군가가 만들어 씌워준 하수의 표시이다. 그 모자의 주인은 저 지역 중앙의 봉(封)이나 군주이며 더 위로는 그 위의 황제이다. 하지만 장자에게 그러한 모자란 쓸데없는 것이며 오히려 모략과 권모의 수단에 불과한 것으로 본다.

수천 리 밖 먼 향리에서 보이지 않는 허구의 덕과 존재를 위하여 양심에 저해되지 않도록 종생토록 충성해야 한다. 이런 말을 강요하는 자들이 대부분 당시의 권력층이거나 유가 사상가들이다. 이렇게 그들은 인간을 옥죄었다. 자연 속에 있어도 모두가 감옥 속에 있는 것과 같았다. 장자는 이것들과 밀실에서 혼자 소요의 사유로 혈투를 벌인 사람이라 할 수 있다.

관향군국(官鄕君國)에 대한 견딜 수가 없는 욕지기와 그 아래에서 가렴주구(苛斂誅求)에 시달리는 평민들의 참살(慘殺)과 고통에 대해 포효의 분노를 무명의 진인은 느꼈을 것이다. 전국시대의 전쟁과 불행의 면피(免避)는 권좌와 상층부, 지역 담당자에 목숨과 노역과 세금을 바쳐야 가능하다는 것이 당시의 모든 유가와 도가 사상의 뼈대요, 뿌리였다. 하지만 장자만은 달랐다. 그는 그들을 보잘것없는 메추라기 정도로 비하하여 비웃어주면서 내면을 자시(自視)할 수 있었다. 여기서 자신의 도를 제창할 수 있었다. 실로 고독한 일이었을 것이다.

이 '자시(自視)'는 이 관국의 비하 발언 외에 허유(許由)의 말에서 진정한 의미를 보여주지만 〈소요유〉편에서 두 번 등장한다.

이 말은 쉽게 말해서 정치적 실존적 반성이다. 그러나 이 자시야말로 이른바 유가세상이라고 하는 당대의 군자나 지식인들에게 던진 장자의 개뼈다귀 같은 말이었으리. 이미 다 죽어 진토(塵土)가 되어버린, 떵떵거리던 벼슬아치들은 아무 쓸모없는 티끌과 같은 고리짝이나 책과 같다. 장자가 말한 것이 무엇인지 전혀 이해하지도 못했고 한번 생각해본 적도 없이 그저 남들이 좇아가는 권력의 눈먼 허깨비들이었다. 권력의 주변을 기웃거리고 인간의 깊은 샘 즉 자시로 볼 수 있는 진정한 눈을 가진 자들은 거의 없었다.

그 당대의 처절한 구련(拘攣) 속에서 지극한 무궁의 자아를 발견한

자는 장자뿐이었다. 왜냐하면 군주 속으로 기어들어간 자들은 모두가 독립의 수(樹)를 이룬 자들이 아니기 때문이다. 장자의 말을 빌리면 신구(神丘) 밑에 빌붙어 산 들쥐들이라고 말할 수 있다.

숙명적 고독의 장자

장자의 고독은 어떠했을까.

벼슬 하나와 향리 하나에서부터 또 메추라기보다 못한 추종자들의 반자연적 행태를 통하여 실로 불가피한 숙명인으로 지닐 수 있는 고독은 사실 여기서 독하게 싹텄을 법하다. 장자를 정말 깊이 제대로 읽는다면 공자나 한비자, 맹자 등의 인물들이 헛되이 비친다는 말은 지나친 표현일까. 과연 《장자》 집필 이후부터 현재까지 장자의 그 마음을 헤아려 해석한 사람이 있을까. 여기서 장자가 일개 관(官)과 향리를 들고 나온 것이 왠지 가슴 아픈 까닭은 무엇일까.

장자가 황노(黃老)사상 체제를 부정하고 간접적 혁명으로서의 봉비를 보지 않더라도 한 도인으로서 이와 같은 초월의 사상을 피력했다는 사실 자체에 놀라움을 금할 수가 없다. 만약 장자마저 이런 생각을 보여주지 않았다면 그 당시의 사상은 사상누각일 것이다.

그만큼 장자의 사상은 《논어》나 《맹자》에 비견할 것이 아니라고 본다. 전혀 다른 차원의 세계를 그려냈다. 이러기에 〈응제왕〉 편에 나오는 제미파류(弟靡波流)에 대한 해석도 새로운 의미를 찾아야 할 것이다. 그야말로 〈대종사〉 편에 나오는 요탕(遙蕩) 자휴(恣睢) 전사(轉徙)의 꿈이 헛될 수 없는 노릇이다. 그러나 수많은 세월 속에서 오히려 군주들이 이 《장자》를 탐독했을지 모른다. 고개를 끄덕이며 분노하며 절망하면서 말이다.

그들은 황로술(黃老術)의 외척으로서 권력 중심의 법제(法制)와 인의를 끝없이 강요하고 민중들의 핏줄 속까지 파고들어간 메추라기보다 못한 인간들이었다고 한다면 지나친 말인가. 메추라기는 그저 하늘만 쳐다보고 저것이 어디로 가는가 하고 자문만 하지 않았는가.

그들은 중앙을 위한 지방과 향리와 토호, 가족, 학원에 효 사상을 강요하며 집안, 학당 그리고 조정이 국가 구성의 동력으로 작용하길 원했다. 효사상과 국가는 당시 멀리 있는 짝이었다. 이것의 한쪽은 공(孔)사상의 핵심이었다. 즉 반드시 권력과 관계한다는 사실이다. 장자는 이와는 정반대이다.

공자의 복고적이고 고루한 사상은 사회체제와 권력의 집중과 구성을 해체하려는 장자와 달리 인간 본연의 것들을 권력 속에 통째로 동의도 검증도 없이 이양(移讓)한 사상적 구도를 끝없이 강요하였다. 《장자》 본편에서 장자는 한 번도 효를 말한 적이 없다. 이 효(孝)는 공자가 주나라로의 회귀를 꿈꾼 혼란스런 시대의 귀족주의 사상의 산물이다. 장자처럼 창조적인 도의 세계를 태탕(駘蕩)하게 열어젖히지 못했다.

또 소박한 인정과 명분(名分)에 묶여 있었다(그래서 군사를 끌어와 상대를 살해하려고도 하였다). 공자의 문장엔 권력의 메커니즘 속에 거하며 늘 권력자의 눈을 의식하는 그림자들이 어른거리지만 장자는 결코 그런 것이 보이지 않는다. 장자의 집은 늘 불구자와 숙명을 향해 열려 있었다.

권력자들이 읽으면 공구를 좋아했겠지만 장자는 권력의 눈에 가시였을 것이다. 하지만 그는 독자적 경지에서 아무도 두려워하거나 눈치 보지 않았다. 공자는 과거로 돌아가고자 했다면 장자는 미래로 나와버렸다. 지평적 국가의 공간에서 수직적 정신언어의 공간으로 이동하고자 하였다. 그것이 창천으로의 탈출이다. 놀라운 일탈이며 전복이며 해방이다.

그야말로 장자는 점점 작은 조롱에 갇혀가는 인류의 시간이 없어져 가는 불길한 제약의 극한을 묘사하고 예언하였다. 그 예언은 현대 속에서 불행 중 다행으로 맞아떨어지고 있는 것이 아닐까. 이것이 비록 미래적 종국으로 가는 길일지라도 얼마나 고독하며 처절한 외침이며 분노였을까. 숙명에 대한 탄식이 나로 하여금 장자 편에 가 서게 한다. 지구의 시간과 예언은 투쟁 속에 있는 것이 아닐까.

공자 사상에서 붕새와 같은 방외와 탈출의 사상은 감히 꿈도 꿀 수 없는 일이다. 하지만 장자의 사상은 분노에만 머물지 않았다. 감히 망량과 그림자〔影〕를 같이 본 장자를 해석할 수 있을까. 장자의 해방과 소요의 도(道)는 그야말로 한 어둑한 구멍자국에서 지속되어온, 그 일관과 정치 권력자들의 강압과 음모의 요소들을 물리치고도 홀로 스스로 충분히 존재할 수 있는 유일한 자유의 언어이다.

이보다 더 짜릿하고 통쾌한 언어와 사상은 지금까지 나에겐 없다. 비록 허발치고 말더라도 이것은 계속 유효한 이본(異本)이 될 것이다.

허발되더라도 나의 이본(異本)

여기서 이징일국자(而徵一國者)의 이(而)를 접속사로 보는 것이 문장 앞뒤의 관계상 합당한 것 같다. 관향군(官鄕君) 3가지 직분이 그 다음의 국(國)으로 이어진다.

앞의 3가지 능력 즉 지행덕(知行德)은 뒤의 국가로 이어지는 3가지의 하부 조건이지 별도의 주어들이 아니라고 본다. 즉 관향군에서 지행덕이 뛰어나서 국가에 이름을 널리 날려도 한 나라에 그친다는 뜻으로 본다. 더구나 지덕행이 일개 재능보다는 상위개념이며 재능에 의해 지덕행이 이루어진다면 이 마지막의 이(而)가 능(能)이 될 까닭이 없다. 그저 '그래서'로 해석하였다. 메추라기들로서는 아마도 이름이나 명예나 공이란 것이 궁극일 것이기 때문이다.

메추라기와 같은 작은 직책인 관의 직책을 얻고 향의 순찰(巡察)을 해도 또 덕이 한 군주와 하나가 되어도 한 국가를 따르는 것일 뿐이다. 이 탈권력 내지 탈국가관 사상이 숨어 있다. 고작 일관을 메추라기에 견주기보다는 한 국가의 재상이나 인물 혹은 풍문을 비판하고 있으므로 일관이나 일향 자체를 거론한 것은 아니라고 본다.

장자의 표적은 놀랍게도 여기서 확인하는 것이지만 국가(國家)였다. 이 국가를 바로 자연에 반하는 기구와 존재로 본 것일까. 그러나 한국의 대부분의 번역자와 일본의 아베 요시오(阿部吉雄)는 이(而)를 '능히'로 번역했다. 나는 군주의 권력에 해당하는 통치의 재능(才能)으로 보지도 않았다. 앞의 3가지를 잘하고 위에까지 보고가 되고 그리하여 군주가 알아 그를 조정으로 불러올렸을 경우로 보았다.

그러나 그런 것들이 장자에겐 별로 중요한 것이 아니다. 그렇지 않고 개별적으로 본다면 그것은 별 의미가 없다. 이 지행덕과 관향군이란 메추라기와 메추라기의 집과 다를 것이 없다는 것을 신랄하게 풍자하였다. 그러니까 지식이 한 관직만 본받고 만족하는 것이 메추라기와 같고 한 고을만 순행(巡行)하는 것이 또한 조금 더 나은 메추라기와 같다. 이렇게 3가지 모두가 모아져 결국 한 나라 안에 소문이 자자해서 이름을 날려도 그것은 고작 한 나라 안의 또 다른 메추라기의 작은 명예일 뿐이다. 이것은 바로 뒤에 나오는 송영자(宋榮子)란 사람에 대한 비판에서도 나타나지만 이것과 연결시켜 본다면 이 말이 맞아야 한다.

장자가 저 향의 일관(一官)까지 메추라기로 보긴 했지만 실은 장자의 마음은 적어도 군주 정도를 메추라기로 본 것이 아닐까. 일관들은 메추라기의 발가락 발톱 정도일 것이다. 그런데 이들이 모두 저 메추라기들이라는 것을 상상하면 웃음을 참을 수가 없다. 모든 권력은 비웃음거리가 될 만하다.

장자의 입장에서 통치하는 세력이나 모든 관(官)과 향이란 대저 저 쓰르라미(조 蜩), 새끼비둘기(학구 鷽鳩), 씽씽매미(혜고 蟪蛄), 메추라기(척안 斥鷃)와 다르지 않다. 그들은 인민이나 한 범부가 생각하는 것처럼 고상하지도 덕이 높지도 않다. 그들은 권력자의 모자를 얻은 자들이다. 그들 대부분은 메추라기나 씽씽매미 같은 곤충이 바로 자신들이라는 것을 알지 못한다.

그런데 척안(斥鷃)이 뱁새일까 메추라기일까. 뱁새는 박새과로 날개 5센티, 꽁지 6센티미터의 소조(小鳥)이다. 굴뚝새보다 곱다고 하며 등은 갈색, 배는 담황색, 다리는 회적색. 매우 민첩하여 여름가을로 떼를 지어 날아다니며 벌레를 잡아먹는 익조이다.

그런데 메추라기는 꿩과로서 몸길이 18센티로 비교적 작지 않다. 황갈색에 검은 세로무늬가 있고 마치 무슨 관복이라도 입은 것처럼 화려한 편이다. 겨울에 한 번씩 출장을 나오는 벼슬아치나 나리들처럼 주로 농경지에 숨어 사는 겨울새이다. 뱁새로 번역한 사람들이 있는데 척안은 아무래도 뱁새보다는 메추라기가 맞을 듯싶다.

장자가 꼭 민중의 편을 드는 것은 아니다. 오히려 만물과 평민을 메추라기 따위로 폄하하고 가르치려 한다. 대부분 모자와 오만을 가진 그들은 벼슬과 향리와 권력자와 국가에 꽁꽁 묶여 무위를 얻을 수 없는 자들이다. 한편으론 그들이 무슨 이유로 누가 만들어준 모자를 쓰고 말을 타고 돌아다니는가를 생각하면 이해되지 않는다. 이것은 계급과 체제를 도적으로 바라보는 의아(疑訝)이다. 권력은 불가촉민처럼 대체로 자시하지 않기 때문이다. 요임금조차 상아(喪我)하고 자시하는 일이 어려웠으니 말이다. 그만큼 그 관(官)이라는 모자가 무서운 것이다.

여기서 나는 메추라기가 앞에서 한 '소지왈(笑之曰)'을 떠올린다.

쓰르라미는 쓰르라미로 새끼비둘기는 새끼비둘기로 씽씽매미는 씽씽매미로 메추라기는 메추라기로 그들은 자신의 생 하나만을 경영할 줄 아는 기능공들이다. 그러니 장자의 비유는 불쾌하기 이를 데 없다. 장자에겐 일관(一官)을 하고 오만하거나 향리를 지키며 약탈하거나 일군에 붙어 이름을 날리고 권력을 남용하거나 일국을 통치하며 백성의 고혈을 빨아먹는 그들은 모두가 또 다른 얼굴의 쓰르라미요 메추라기들이다.

그들이 자시(自視)로서 쓰르라미와 메추라기가 아닐 수 있을까. 이들은 시골과 나라의 도둑과 같아서 틈만 있으면 훔치고 그 모자를 쓰고 언제나 오만해지기 쉽다. 장자가 자연을 따른다면 이들은 일개관(官)에서 비롯된 군주를 따른다. 무릇 성인들이 죽지 않으면 큰 도적은 없어지지 않는다(성인불사 대도부지 聖人不死 大盜不止).

향과 국가를 넘어서다

장자는 메추라기와 같은 미관말직의 칠원리(漆園吏)였다.

이 소역원이 감히 붕을 노래하고 세상을 비웃는다. 세상을 따라가기 바쁘지 빗겨 서서 세상을 비웃는 자들이 없는 당대 속에서 그는 자신과 같은 길을 가는 덕인과 은자, 대종사와 진인을 찾아 그들을 《장자》 속에 모신다. 장자로선 이보다 더 즐겁고 유의미한 일은 없다. 장자가 황제와 일관 등을 등장시키고 거론해 무엇에 쓸 것인가. 다만 소요요 재미요 글쓰기일 뿐이다.

《장자》엔 멋진 인간들이 등장한다. 괴이한 도의 인물전이기도 하다. 다만 장자는 그들을 통하여 먼 시간을 내다볼 수 있기를 바랐던 것 같다. 붕새는 아직도 천공에 날개를 펼친 채 떠 있다. 소요하고 있지만 불안하기도 하다. 이것이 장자의 당대와 금세기의 심심풀이

주사위이다. 인간을 찾아가는 언어의 유희 또한 한 나그네의 심심풀이지만 또 일종(一終)이고 절대적 지향이다.

그림자가 지는 해를 끝까지 따라가듯이 놓치지 않는다. 《장자》 대미에 나오는 지심(至心)이 움직이는 경지에서 세상과 인간, 사물, 자연을 보았다. 문밖을 내다보면 시름도 있고 일관도 있고 나라도 있다. 모든 인간들이 자신의 처지만을 꾀하고 경영해 간다지만 장자에게 가장 중대한 탐구의 대상은 바로 이 '나'와 저 '자연'이었다. 그 둘이 만나기를 바랐다. 그러나 그것은 쉬운 일만은 아니다.

그들은 바로 저 자연의 아이들이다. 장자의 분노는 그들을 장난스럽게 바라보면서 우화를 나누는 또 하나의 글의 소요의 대상들이다. 장자의 비극과 숙명은 이렇게 변하지만 다시 비극의 현실 속으로 전환하면서 숙명의 인물들을 만난다. 그래서 장자는 다시 읽어야 하고 그래서 그 복잡한 심경을 헤아리기가 어려워진다. 분노와 우언을 지닌 《장자》는 복잡하고 단순한 자연의 모습을 그대로 담고 있다. 인간의 행로가 얼마나 깊게 씌어지고 간략하게 표현될 수 있을까. 어렵게 깨달은 것을 인류를 위한답시고 장자는 쉽게 내주지 않는다. 그것은 쓰레기가 되고 해악이 되기 쉽다.

여기서 필사하고 싶은 말은 자시(自視)이다. 이 앞에서 메추리가 웃으며 말한 '소지왈(笑之曰)'도 나름대로의 자시의 눈이다. 스스로를 보는 눈, 이것은 자기 자신을 알아야 한다는 기본의 대의이며 한 잔의 물이 있던 대종(大宗)이다. 장자는 고루하고 강고한 문장들이 넘쳐나던 시대에 우스갯소리를 한다. 공포와 협박, 징집과 궁핍의 시대에 장자는 긴장과 경계를 허물고 농담과 소요를 충동(衝動)하고 일삼으려 한다. 그런데 장자가 본 저 쓰르라미, 새끼비둘기, 씽씽매미, 메추라기 들은 자시가 없는 자들이다.

그런데 혹시 이 쓰르라미, 새끼비둘기, 씽씽매미, 메추라기 들은 유가를 비롯한 당대의 학문, 지식인들과 가짜 도인들, 군자와 군주 그리고 그 측근들이나 제자들을 지칭하는 것이 아닐까. 권력을 추종하는 무서운 자들, 그들의 우두머리, 중간 계급들, 권력 주변을 맴도는 자들, 자연을 파괴하는 자들, 본성을 버리고 인간을 자연으로부터 도성과 권력과 문명 속으로 뛰어 들어가게 한 자들이 아닐까.

공자는 《장자》에 별 볼일 없는 인물로 등장하기도 하지만 때론 공자가 공자가 아니라 다른 공자라는 생각을 하게 한다. 이것도 장자의 고도의 수사적 은유로 보인다. 아무튼 이 메추라기들은 심증만 느끼는 것이지만, 인위적 구조로 인간을 편제하는 권력의 하수로 그려진 것 같다. 여기서 자시하고 구토하는 장자의 부심(腐心)과 광기가 느껴지기도 한다.

인간의 본성은 자신과 그들의 꼬임에 넘어갔는지 모른다. 인류의 자연이탈의 도시 역사는 스스로 자연으로부터 자립하려는 의도였지만, 그 결과에 따르는 재앙의 임박은 아무도 예측하지 못한다. 자연의 침묵은 이미 비등점에 가까웠고 만년설의 지구 고봉들은 벌써 늙어버렸다. 검은 흙덩이를 드러내고 쓰러지고 북극의 하늘은 요동치고 있다. 인류의 도덕을 무엇에 쓸 것인가. 인류는 이 붕괴의 속도를 이젠 따라잡을 수가 없게 되었다. 한마디로 지구가 북극에서부터 무너지고 있는 것인지도 모른다. 지구 중심 대륙의 하중이 비극을 초래하는 그 근원이 어디 있을까.

자연도 보복하는가. 만물에도 감정이 있는가. 문명과 자본은 아직도 정신없이 이윤을 향해 질주한다. 인간 사회에 자연의 보시와 희생이란 순환은 거의 없어졌다. 인간은 인류에 대해 결코 그 어떤 책임도 지지 않는다. 인류의 모든 DNA의 뉴클레오티드를 연결하면 우리 은하계를 건너 다른 은하계까지 갈 수 있는 길이 96억 5,400만 킬로미터의 1억 배에 달한다고 한다. 이 무위의 뉴클레오티드의 세계가 우주와 통하는 마음의 그물이 아닐까. 붕새는 혹시 이것이라도 가지고 가는 걸까.

그러나저러나 인간은 자연에 대해 너무나 가혹하고 잔인한 존재이다. 진실한 자시(自視)가 없다. 만물에 물성이 있고 물에는 개성이 있고 성(性)에는 극처(極處)가 있다. 인간 안에 장자가 말한 백해(百骸) 구규(九竅) 육장(六臟)이 있는 것만이 아니다. 알 길 없는 막막한 도의 광막지야가 있다. 이 도는 어둠과 무서운 도랑에 거꾸로 처박혔다. 그 배는 다시 진수되지 않을 것이다. 무극(無郤)과 광량의 세계를 장자가 창조하여 인간에게 주었지만 수혜(受惠)는 불가능하다. 수혜할 인간과 손이 없기 때문이다.

송영자처럼 고작 내외(內外) 구별만 할 것인가. 바로 그 세계가 무용이며 무지의 세계이다. 구성되고 편집된 세계가 아니라 진정 알 수 없는 세계로의 방황이 그리울 뿐이다. 이 광막의 방황은 선택하는 것이 아니라 어쩔 수 없이 지구에 부여된 숙명으로서의 불가피한 소요이다. 이제 그 소요라도 해야 할 것이다. 너무나 이미 늦었지만. 자시는 보는 눈이고 마음이고 만물의 경계이다. 이 자시의 내용물과 그 언어는 《장자》 속에 쉼 없이 앞으로 등장한다.

자시(自視)의 눈은 이미 저 9만리 장천에 날고 있는 붕의 시하(視下)와 같고 막고야산의 신인의 응(凝)과 직통하지만 지구의 기는 다해가고 있다. 사용할 수가 없을 정도로 장대하지만 세세하게 모든 실핏줄로 연결된 만물의 세계 그 종말 앞에서 그러나 진인은 우우(于于)하게 소요를 즐긴다. 종말의 그 순간에도 진인은 웃고 있을 것이다. 왜냐하면 놀라울 일이 아니기 때문이다. 우주를 쳐다보며 자기 자신과 지구를 비웃을 뿐이다.

11 송영자(宋榮子)를 비판하는 장자 선언

그러나, 송영자(宋榮子)는, 태연히 비웃는다.

더구나 온 세상이 치켜세운다고 더 애쓰지 않고, 온 세상이 자신을 헐뜯어도 막으려 들지 않는다. 안과 밖의 구분을 바로잡고, 명예와 욕됨의 경계를 구별한다. 이럴 따름일 뿐이다. 그는, 그 세상 상황에, 대응하지 못했다.

비록 그렇지만, 여전히, 나무를 심어 지니지 못했다.

• 원문(原文) •

而宋榮子猶然笑之 且擧世而譽之而不加勸 擧世而非之而不加沮 定乎內外之分 辨乎榮辱之境 斯已矣 彼其於世 未數數然也 雖然 猶有未樹也

* 송영자宋榮子 전국시대 중기의 사상가. 유연猶然 태연히. 권할, 힘쓸 권勸. 막을 저沮. 바로잡을 정定. 정호내외지분定乎內外之分 내심과 외물의 분별을 세우는 것. 이럴 사斯. 따름, 그칠 이已. 구의 끝에서 단정을 나타내는 조사 의矣. 사이의斯已矣 단지 이럴 따름일 뿐이다. 삭삭數數 어수선히, 황망히 재빠르게 다니는 모습. 수연雖然 비록 그렇지만. 태연히, 여전히 유猶. 가질, 보유할 유有. 나무, 심을, 세울 수樹.

미수(未樹)의 송영자

송영자(宋榮子)는 의문의 인물이다.

그는 붕이 등장한 뒤 지금까진 쓰르라미, 학구(鷽鳩), 조균(朝菌), 혜고(蟪蛄) 또 영(靈)과 춘(椿)이라는 나무가 나오고 그 후 인간이 하나둘 등장하는데 탕(湯)과 극(棘)에 이어 《장자》에서 세 번째로 등장하는 의미심장한 인물이다. 등장인물 자체가 직접 말을 하거나 그 말을 장자가 인용하진 않았지만 사실상 《장자》에서 구체적으로 등장하는 첫 번째 인물이 송영자이다.

장자가 서두에 배치한 만큼 세심한 주의와 관찰이 필요한 인물이다. 세상만사에 발버둥치지 않고 태연자약하게 초연한 모습의 송영자. 속으로 일관과 군주, 메추라기들에게 고소(苦笑)를 짓는 이 인물은 누구일까.

장자의 바로 위의 선배인 송영자는 송경(宋牼), 송견(宋鈃)이라고도 하며 송영(宋榮)으로 기록되어 있기도 하다. 또 송은 송나라 송이며, 영이 성(性)이고 자(子)는 경칭이라는 설도 있다. 비전론을 주장한 전국 중기의 송나라 사람으로 존경받았다는 현자이며 사상가이다. 기덕(耆德)의 장자가 왜 송영자란 인간을 앞부분에 구체적으로 등장시켰을까.

송영자는 송나라의 전형적 인물일 가능성이 높다. 한비자는 유가와 묵가의 병폐(病弊)를 비판하면서 어리석고 속이는 학설과 잡박하고 모순된 언사로 다투기 때문에 언론의 원칙과 행동의 통일된 원칙이 없다고 하였다. 세상 사람들이 제가끔 소리를 내게 놓아두는 군주를 비판하기도 했다. 송영자는 다투지 않는 논리의 주장을 펴고 원수를 갚지 않으며 감옥을 부끄러워하지 않고 모욕을 당해도 굴욕이라 여기지 않았다. 그런데도 송의 군주가 그를 관대하다고 예우했다.

장자라고 분노와 정의가

송영자는 자연과의 적극적인 소통(疏通)이 없었다.

안으로 문을 닫아걸더라도 외부의 사물이 들어오도록 문을 또 열어 놓아야 한다. 먼지와 물과 바람과 눈과 사람이 들어와야 한다. 그러면서 마음이 흔들리지 않고 방문한 것들을 맞아 담소한다. 그리고 떠나면서 잊는다. 이것이 무위(無爲)의 시간이 아닐까.

어느덧 단풍이 들더니 낙엽이 지기 시작한다. 바람과 시간 속으로 사라져간 것들의 안부를 물으면서 서풍이 불어오는 서쪽을 내다보고 그 흙의 표정을 읽는다. 땅조차 인간의 마음과 다를 바가 없다. 땅은 더 초조하고 더 일찍 겨울을 준비한다. 기억이 망각에게, 서풍에게 가을이, 여름이 가을에게 자신을 맡기는 것처럼 인생은 조용히 변해가고 물들어가고 사라지고 나타난다.

그 불변의 신성을 가진 자연에 나를 조용히 맡기는 것이 숙명에 합당한 것일 수밖에 없다. 혼돈스런 외부세계의 변화무쌍함과 내부의 불안과 피아와 물아의 갈등과 시비를 외면하는 것이 아니라 극복하는 것이 곧 진정한 무위라면 그 길은 정착이 아니다. 소요는 바로 이 끊임없는 자연의 운동의 생성과 소멸에서 비롯된다. 그것을 장자는 자연에서 발견하고 의탁하려 한다. 비록 자연에 의지하더라도 독자적인 세계를 가지는 것 또한 자연 속의 인간이 지닌 위대한 모습이다. 훗날에 장자는 그것을 상망(相忘)이라고 말했을 것이다.

입지나 독립성을 장자는 은유적인 문자 '수(樹)'로 나타내고 있지만 그 길만이 모든 권력과 욕망을 초극할 수 있을 것이다. 비루한 욕망을 채우고 권력층에 올라서 자연만물을 초극하는 길은 없다. 만물자연은 그를 따를 때에만 동행이 가능하다. 초극은 진인의 내부의 문제이다. 장자가 한 나라를 믿고 살 수 없듯이 그 누구도 국가를 믿고 살 수는 없다. 장자에게 어쩜 국가란 저 멀리 있는 신기루일지 모른다. 아무튼 장자가 앞의 경우를 빼고 국가를 거론하거나 걱정한 경우는 거의 없다. 나라를 걱정하면 도가 아닐 것이다.

그들은 나에게 자주 찾아와 고지서를 던져놓거나 때론 강요하거나 목숨까지 내놓으라고 얼굴 없는 법을 들고 찾아와 강제한다. 국가란 산 너머 있는 승냥이 떼와 같은 것일까. 국가는 주민에게 무한의 봉사와 헌신을 지속해도 모자랄 것임에도, 그것을 망각하고 있는 까마귀 천치들일 경우가 많다. 모든 역사에서 하인들이 주인 행세를 하는 것은 실로 가관이 아닐 수 없다. 국가는 귀신과 같아 있다가 없고 없다가 나타난다. 아무튼 장자에게 국가는 별로 중요하지 않다. 그보다는 인간이 더 중요하다. 이 인간의 문제와 소요를 다룬 것이 《장자》이다.

장자는 송영자가 내외분별에 그치고 이루지 못한 거대한 언어의 숲과 혼돈의 길을 내서 인간의 전정한 정부를 — 아니 자연이라고 하자 — 그 자연의 정부를 《장자》 속에 수립(樹立)하고 있다. 국가는 가지런히 할 수 없는 만물의 혼돈과 무질서와 무통을 일부의 체제 속에 감추어 위장한 소자연이다.

장자는 그런 작은 국가나 정부, 인사들을 결코 믿지 않았다. 그러니 그 주변에 맴도는 자들을 믿지 않을 뿐만 아니라 통렬하게 비웃다 못해 경멸했을 것이다. 장자라고 자신의 분노와 정의가 없었을 리 없다.

송영자에게는 창상(創傷)이 없다

장자는 자신의 나라 인물을 도마 위에 올리면서 자신을 올리고 자시(自視)한다. 자신들을 반성할 수 없는 시대의 인물들은 거개가 부패한 존재들이다. 송나라가 망해가는 과정에서 이러한 인물들은 도랑에 넘쳐났을지 모른다.

그런데 영자가 점잖게 비웃었다는 것 자체가 영욕에 관여한 것으로 보여진다. 그는 아직 초출(超出)하지도 출세(出世)하지도 못했다. 송영자에겐 《장자》 〈응제왕〉 편에 나오는 열자(列子)와 같은 구도자의 처절함과 괴연독(塊然獨)의 내수(內守)가 보이지 않는다. 또 모질고도 벅찬 숙명도 가지고 있지 않다. 장자는 그가 안팎으로 탁연자립(卓然自立)하지 못했다고 본다. 세파와 풍파를 이겨낸 바위가 아니다. 그는 화광동진(和光同塵)하지 않았으며 골의지요(滑疑之耀)가 없다. 다만 깨끗할 뿐, 창상도 등창도 없고 혹도 사마귀도 달지 않았다. 체면은 있지만 그것으로는 안 된다는 것이 장자의 응시(凝視) 같다.

유희(遊戱)는 외부의 만물과 내부의 일심이 서로 어긋나고 대립하고 소외되는 것이 아니다. 소통시키면서 구별되게 하는 것이 진인의 경계이다. 고요하지만 끝없이 전투하고 있는 자가 진인이다. 그는 조용하지만 소란하다. 그런데 단절을 통해 흔들림이 없었다는 것에 대해 소지왈(笑之曰) 할 까닭이 없겠지만 장자가 선택할 인물은 아니다.

영욕의 구설에 관여하지 않았지만 그 안에 갇혔다고 보았고 여기서 장자는 송영자의 바깥 사물과 내부의 일심에 실은 끊임없는 갈등과 대립, 시비가 작용한다고 보았다. 내심을 강조하고 외물을 경시한 것을 비판한 셈이다. 만물의 고통과 존재의 거처를 읽어야 한다. 소란하고 붐비는 장터를 지나갔을 지리소(支離疏: 〈인간세〉 편에 등장하는, 턱이 배꼽에 내려와 있는 형체가 불완전한 인물)의 발걸음을 장자는 여러 차례 보았을 것이다. 눈길을 마주치면 지인처럼 멀리서 눈인사를 했을 것이다.

어쩌면 다른 데 문제를 두려 의도한 것인지 모른다. 현자라는 명예와 평화론으로 위장된 자가 권력 아래에서 감히 자신을 한 그루 청수

(淸秀) 한 나무라고 내세울 순 없다. 상처투성이의 인물들이 《장자》에 가득한 것은 송영자란 인물에 대한 철저한 거부를 보여주는 반증이다. 여자들이 따르고 좋아한 추남 애태타(哀駘它)의 노나라 애공(哀公), 소를 해체하는 포정(庖丁)을 찾은 양혜왕(梁惠王) 외에 장자가 군주를 칭찬한 대목은 이 책에 나오지 않는다. 이 시야가 장자의 경계이다. 과연 어떤 것이 목눌(木訥)한 세계이며 무위의 경지일까. 계산이 없고 무식 속에 있는 자연한 삶은 어떤 것일까. 누가 과연 '자연(自然)으로' 살았을까.

송영자는 자신이 사는 마을이나 관계하는 곳에서 크게 비난받거나 욕먹는 사람은 아니지만 장자는 그를 탁연히 자기 세계를 가진 사람으로 보지 않았다. 송영자는 한 그루의, 튼튼한 원줄기와 굵고 잔 뿌리를 지닌, 수많은 가지를 거느린 거대한 나무가 아니다. 그에겐 쉴 만한 그늘도 없고 구름도 일지 않는다. 그리고 그에게선 도의 냄새가 나지 않는다.

여론에 흔들리는 사람이 아닌 것은 대단하지만 그것만으론 천둥번개 아래의 헤아릴 수 없는 빗방울을 맞고 그것을 버리지 않고 다시 끌어올려 바람과 햇살 속에서 고독하다는 말 한마디 없이 자신의 육체와 정신으로 만든 수(樹)가 아니다. 말하자면 그는 아직 길 잃은 아이도 여희(麗姬)도 아니며, 올자(兀者) 왕태(王駘)가 아니고, 인기지리무신(闉跂支離無脤)도 아니다. 그는 자신만 쉴 수 있는 그늘이다.

즉 그는 지혜를 이용하여 사람들이 욕하지 않는 범주 안에서만 자신을 지키고 있는 보신적 인물이다. 남들이 칭찬해도 덩달아 교만해지지 않는 것은 그가 그들이 도움을 청할 때 거절하거나 그들로부터 자유롭기 위해서이다. 피해나 혐의를 입지 않기 위해서이다. 또 남들이 입방아를 찧어도 별로 대수롭게 여기지 않는 것도 나름의 보관과 계산이 있는 까닭이다. 장자는 그를 세상일에 관여하지 않으면서 자신만을 지키는 타락한 현자로 본 것 같다. 장자의 무위는 저 방박(磅礴)과 신인의 세상이다. 그래서 이 글의 유연소(猶然笑)라는 빙긋이 웃는 모습은 불쾌한 표현이다.

잡다한 세상의 일을 버리고 무사(無事)로 돌아가 과연 누가 쉴 새 없이 망가진 마음을 고치고 연마할 수 있을까. 실로 요원한 일이며 당혹스런 일이다. 세속의 한 범부 이상으로 송영자 다음에 등장하는 열자(列子)가 훗날 위기처찬(爲其妻爨)했으며 사시사인(食豕食人)했다. 장자가 계급에 대해 말하고 있지 않지만 은근한 권력의 비호 아래 거처하는 송영자를 보았던 것 같다. 《장자》의 대미에서 열자는 초인(超人)적 은자가 되지만 《장자》의 서두에 등장하는 송영자는 한계가 분명한, 태탕하고 숙명적이지 못한 소요도(逍遙道)의 반대 인물이다. 소요는 정적이 아니다.

비록 무위를 지향하는 장자라 하더라도 거대한 숨 막히는 순환을 계속하는 자연과 세상일에 무관하여 자신의 인격만을 지키는 자가 난세 속에서 방박(磅礴)의 세계를 논할 수 있다고 보긴 어려웠을 것이다.

자국의 송영자를 넘지만 신이 되지 않는다

장자와 송영자에는 하늘과 땅의 차이가 있다.

장자의 초탈(超脫)은 만물과 자연과 정신을 하나로 엮어 뼈와 살과 신경 그리고 언어와 현실과 한 덩이 되어 껴안고 간다. 그것이 하나의 고귀한 육체이다. 그 육체에 어느 날 한쪽 팔은 닭이 되어 울기도 할 것이다. 서간(鼠肝)의 슬픔을 몰라 아파하기도 한다. 장자의 사상은 결단코 단순하지 않다. 너무 복잡해서 오히려 단순화해야 한다. 그러나 그 숙명 하나만으로 모든 것이 정리정돈되지는 않는다. 그것에 장자의 매력이 살아 뛴다.

그러므로 장자의 글에는 가닥이 단순한 것 같지만 만물의 냄새가 역하게 풍겨난다. 그러나 장자의 문장이 지나가는 물에서 맑은 햇살이 노니는 향기와 그늘과 빛이 반짝인다. 어쩜 혼돈의 냄새가 소용돌이 치고 있는 건지 모른다. 바람과 구름의 무궁자가 도처에 소요한다. 소요계는 태양과 비상과 부요와 하늘과 날개를 때리는 박(搏)의 바람과 혼돈의 지인, 그리고 응결의 신인의 세계이다. 송영자는 단순한 세속의 한 인간이며 자신이 없는 신인이 아니다.

송영자, 이름이 한 나라에 나 있어도 그런 것에 개의치 않지만 괴연독(塊然獨) 같은 자기 세계를 우뚝 세운 인물은 아니라는 것이 장자의 첫 번째 의견이다. 독하지만 한없이 부드러운 괴연독의 이 독(獨)은 독자적 세계를 확립하는 도(道)이다. 장자는 송영자를 위선적인 아류(亞流)로 보는 듯하다. 이 글로 보아 사면초가의 전국(戰國) 한가운데서 흔들리고 있었을 송나라에는 혀가 닳도록 권력에 아부하거나 송영자 같은 독(獨) 없는 자, 즉 치욕과 절망과 갈등이 없는 유소(猶笑)한 부류의 인간이 많았을 법하다.

송영자 같은 인물들이 송나라를 멸망시켰을지 모른다. 장자에게 송나라가 무하유지향이 아닐 것이다. 그럼에도 자국이 무너져가는 상황 속에서 초연하거나 유연소(猶然笑)할 순 없었을 것이다. 모든 나라가 멸망하고 기원전 221년에 진으로 통일되지만, 또 진은 20년 뒤 한(漢)나라에 무너지고 말지만, 저 덧없는 세월과 수많은 '나'들 속에서 장자만이 어쩌면 진실 하나를 꼭 붙잡고 남아 있는 유일한 한 인간의 승리인지 모른다.

이 처절한 안타까움과 진설성이 장자의 가녀린 한 줄기 풀단일 수 있다. 숙명의 연고로 나에게도 전해져 위로를 받는 《장자》는 경전이라 하지 않을 수 없다. 장자의 나라라는 것이 자연이라 할지라도 또 장자의 나라가 따로 있다 하더라도 여전히 장자는 바보나라 송의 국민이고 몽의 주민이었다.

모든 나라가 멸망하는 시대의 장자

메추라기의 일관(一官)과 일향(一鄕)을 조소하지만 장자가 볼 때 송영자 역시 그들의 웃음거리이다. 웃는 자 뒤에서 누가 웃는다. 이것을 장자는 말하고자 하였다. 《장자》에서 인간이 직접 비웃는 최초의 장면이 나오는 곳이다. 하지만 《장자》에선 이미 이충들이 비웃고 이제 인간이 비웃는다. 만물 중에서 인간만이 웃을 줄 알고 말을 한다고 한다. 정말 그럴까. 인간만이 말을 할까.

그렇지 않다면 인간도 정말 조롱거리가 되고 만다. 아니 이미 만물 중에서 가장 웃음거리가 되는 것이 인간일 것이다. 벌레만도 못하고 메추라기보다 못할 것이다. 장자의 말로 하면 인간은 지혜를 가지고 있기 때문이다. 남을 해치고 함정에 빠트리고 고자질하고 배반하고 죽이고 하는 모든 지혜의 말단(末端)들은 주로 인간들의 눈과 손발이 하는 행동이다. 그러니 만물과 생물 중에서 인간보다 못한 존재는 없다. 인간의 입장에서 인간중심으로 세상을 내다보는 인간이야말로 조소의 대상이 아닐 수 없다. 진정한 성찰의 뼈아픈 자시(自視)도 여기서부터 시작되어야 할 것이지만 인간은 절망적인 말로 해서 수정이 불가능한 존재이다.

하물며 송영자 같은 인간이 그들을 비웃을 때 장자가 아니더라도 청천(靑天)이 송영자를 비웃을 것이다. 인간의 등 뒤에는 무한의 하늘이 펼쳐져 있다. 그러니 비웃을 수가 없다. 송영자가 빙긋이 웃는 얼굴의 웃음은 송나라 전체를 내다보는 방관의 웃음이다. 물론 '이것일 뿐이다'라는 장자의 마음을 나타내는 전환이 뒤에 있지만 이(而)

이후의 문장은 송영자에 대한 비판의 글일 수밖에 없다. 내외지분(內外之分)을 말한 것은 그를 그나마 일부 인정한 것뿐이다. 앞에서 여러 미물들을 거론하면서 말해온 것을 상기하면 불통과 숙명이 '도'가 되는 것이 이해가 되며 또 이 죽은 자가 그것을 어떻게 알아듣느냐 하면 말이 되지 않는다 하겠다. 이런 것이 장자이다.

이래서 이 문장의 이송영자(而宋榮子)의 '이(而)'의 해석에 문제가 된다. 위와 같이 한벼슬 하고 향리에서 순찰하고 군주와 생각이 같아 온 나라에 이름을 떨쳐도 그래서 신망이 높아도 자시(自視)하는 것이 저 쓰르라미에서부터 메추라기 같은 꼴에 불과하다. 수차 말하지만 송영자는 자기 방 안에서 세상을 내다보며 태연히 웃기만 한다. 이래서(즉 그 자기 자신을 보는 것이 또한 이와 같다—기자시야 其自視也 역약차의 亦若此矣) 송영자는 빙긋이 웃었다고 하면 완전해지는 것일까. 이 '이(而)'는 '그러나'라고 해야 맞게 된다.

메추라기의 역약차의(亦若此矣)와 송영자의 사이의(斯已矣)는 같은 뜻이다. 또 뒤에 나오는 정호내외지분을 강조하고 다시 그 뒤에서 그것뿐이라는 단정 '사이의(斯已矣)'를 강조하기 위한 복심적 단서이니 이송영자(而宋榮子)의 '이(而)'는 '그러나'가 맞다. 왜냐하면 앞에서 '그러므로(고 故) 지식이 오직 한 관직(官職)을 얻고 … 한 나라가 떠들썩할지라도' 했는데 '고(故)'에 이어 곧이어 또 '이(而)'를 '그러므로'로 해석한다면 이것은 왕양자자한 장자의 문장답지 않게 된다. 앞 문장 전체를 전환하는 다른 문장의 시작으로 보아야 한다. 장자가 분명 거두절미했을 것이지만 문장의 흐름으로 볼 때 일군(一君) 비판에 이은 웃음과 침묵에 대한 비판이다.

'그러나'인가 '그래서'인가

송영자의 이 기묘한 웃음이 《장자》에 나오는 첫 인물의 것인 만큼 단순한 것이 아니다. 실은 매우 난해한 것이지만 세상으로 활짝 열린 태탕(駘蕩)한 우언이 아니라 세상의 비밀과 이치를 숨기고 있는 웃음이며 음모의 베일에 싸여 있는 초연(超然)이다. 이런 정황 등으로 볼 때 장자는 송영자를 진인으로 보지 않는 첫 번째 인물로 등장시킨 셈이다. 오직 일신의 내외(內外)를 구별하고자 한 인물 정도에 그친다.

이렇게 되면 사실 이것은 더 난해한 부분이 숨어 있게 된다. 그것은 송영자가 장자 이전의 인물이며 장자가 이 글을 쓸 때는 이미 죽어 없는 자라는 점. 어떻게 장자가 그에게 계속 그 광경을 보여주며 글로써 강조했을까. 난해하다. 송영자에 대한 특별한 불만이 있었을까. 이 역시 장자만이 쓸 수 있는 사유법인 것 같다. 그는 죽어서도 여전히 웃고 있는 송영자이다.

장자의 나라에 송영자 유의 인물이 많았던 것일까. 그러니까 장자가 보기엔 가치와 시비에 대한 중대한 문제가 발생했을 때도 송영자는 빙긋이 웃고만 있다. 저 미소를 격파하고 비하하고 삭제하려는 의지가 읽힌다면 지나친 해석일까. 이 다음부터 무수한 운명이 전개되어야 하고 이전에 송영자의 생이 있고 송이 있다면 말이다. 정리해야 할 것 중의 하나였을 것이다. 바람은 자유롭기 위해서 홀로 바람이지만 모든 것을 스쳐 지나간다. 붕비는 구만리 하늘에서 하늘 위를 보지만 도남도 지상의 야마진애의 상취와 생물도 발견한다. 인간은 한 가지 기술만으로 살아가는 단순한 기술자가 아니다.

장자가 추구하는 인간형이 송영자 같은 인물이 아니라는 것을 보여주는 결별이자 새로운 출발의 선언이다. 그래서 사이의(斯已矣)한 인물이다. 즉 거기에 그치고 만 '이럴 따름일 뿐인' 사람이다.

이것을 긍정적으로 단순하게 번역하면 그가 세상을 초탈한 사람처럼 보인다. 사이의는 송영자의 분변의 낮은 단계를 지적한 말이지 그의 덕과 도를 높이고 고양시킨 말이 아니다. 이것이 오독(誤讀) 되면 심각한 오해(誤解) 가 된다. 장자가 말하는 것처럼 그는 비록 초연한 것 같지만 근간(根幹) 이 없는 자이다. 뿌리와 대지를 가진 자는 모든 생물과 상취하고 자연과 함께 호흡해야 하고 어느새 몸을 바꾸고 모든 고통과 숙명을 껴안아야 한다. 장자라고 해서 무조건 무위(無爲)로 나아간다고 생각하면 오산이다.

무위를 따르기 위해서는 경계가 필요하다. 송영자 정도의 덕을 가지고는 장자의 고준하고 험난한 독산(獨山) 에 도달하지 못한다. 이제부터 장자의 논리와 비약은 이 송영자라는 한 인물의 비판에서부터 시작되고 있다고 해도 좋을 것이다. 무차의 진제(眞諦) 가 아닌 껍데기 자연의 송영자의 위선과 허구를 격파하고 지인과 신인과 성인과 그 다음의 저 너머 진인으로 나아가고자 한다. 장자는 목표하는 것은 조직이니 국가 벼슬이 아니라 결국 자연 속에서 한 인간의 완성을 노래하는 그 궁극(窮極) 이다.

자연은 마음의 바깥

아무튼, 하지만, 인간의 꿈은 실로 어리석고 유구하다.

아무 정도 없이 시퍼렇고 캄캄하고 밝은 하늘. 가장 가까이 있으면서 우리가 숨 쉬고 쳐다보는 하늘. 크고 작고 멀고 가까운 별들이 밤새 반짝이고 아침이면 사라지고 없는 무심한 하늘!

그 하늘 저쪽이 이 하늘로 다가오고 있는 것인지 모른다. 인간의 어머니와 아버지들은 겁 많고 불안한 아이들처럼 아이들을 낳아 기르고 살림을 하며 아침을 맞고 저녁을 보낸다. 이것 외의 인생이 더 있는 것인지, 우리의 아침과 저녁은 어디 있는지, 권력이 얼마나 덧없는 것인지, 지혜와 사상, 사물, 명예를 의문하며 문득 과거와 미래에 갇혀 있는 시간을 의식해 본다.

정호내외지분(定乎內外之分)은 앞에서 말한 자시(自視)의 한 방법이다. 이것은 송영자의 것이 아닌 장자의 것이다. 이 말로 송영자를 들여다보았다. 안의 마음과 밖의 물의 구분을 분명하게 구별한다. 이것은 장자의 이원론적 입장이다. 존재와 세계를 내심과 외물의 경계로 구분한 것은 《장자》에서 계속 나타나 끝에 가서 분이봉재(紛而封哉)로 마무리되지만 불가피한 분별(分別)이다. 이것이 장자의 자연 속에서의 유일한 분별로서 이것으로 실은 많은 일화가 해결되기도 하며 이것이 보이지 않더라도 이 내외의 분법(分法)이 숨어 있다고 보면 된다. 이것은 그러나 내외의 이분(二分)에 불과하다. 이제 만물(萬物)을 가지런하게 할 것이다.

장자가 숙명을 극복하기 위한 최소한의 조치로서 내외를 구분할 것을 강조한다. 이것은 고이불견(觚而不堅)과 일이시종(一以是終)의 전제(前提)가 되는 지표이다. 자연은 우리가 아는 것처럼 나의 마음처럼 안정되고 내실(內室)이 있으며 차분하지 않다. 자연은 두려운 곳이며 잠시도 머물지 않으며 곧 이동하고 사라져가고 생사가 혼돈하는 곳, 인간의 이성 같은 것은 거기 없다고 보아야 한다. 그런데 이 마음이 소란하고 어지럽고 끝없이 변하는 자연을 따라가더라도 그것에 휩쓸려 흔들리지 말고 정(定)과 수(樹)를 지키려는 것이 장자의 기본적인 세계에 대한 태도이다.

이 구멍에서 내다보는 세상은 그야말로 천변만화(千變萬化)이다. 인간도 만물도 천차만별이며 자기 생존과 언어에 의해 마구 돌아다니고 차별하고 변화한다. 또 계절도 생도 죽음도 대소, 시비, 음양 등등 헤아릴 수도 없는 것들이 떠돌아다니는 유랑의 세상이 이 구(球)

의 요철과 유별(有別)의 세상이다. 여기서 장자는 중심을 잡아야 한다고 했는데 그것이 정(定)이다. 이 정은 결코 자연을 따르고 좇는다고 해서 자연의 어지러움 속에 뒹구는 것이 아니라 그야말로 인간이 한 배꼽의 중심을 잡는다는 뜻이다.

무위자연도 잘못 해석하면 편한 이상의 아늑한 곳으로 판단하기 쉬운데 사실은 그렇지가 않다. 장자 사상의 동적이고 경이로운 점은 불안한 존재 유랑(流浪)의 자연계를 소요와 유소(遊所)의 공간으로 과감하게 대체해 버렸다는 것이다. 이것이 장자의 괴독(塊獨)이다. 아무도 추종할 수 없는 질서와 구성이 아닌 혼돈의 대도이다. 이러한 점 때문에 장자의 5덕〔五德, 道·言·仁·廉·勇으로서 인의예지신과 다름〕이 갑자기 난해해지지만 그러나 그 혼돈을 과감하게 따라가면 정신은 오히려 지고한 승물유심(乘物遊心)의 경지에서 노닐게 될 것이다.

막고야산과 방박이란 가장 고통스런 신인과 언어가 있지만 이것이 자연의 노동이다. 장자는 자연의 쉼 즉 귀휴(歸休)를 찾아야 한다고 말했지 모든 자연의 도처가 다 편히 쉴 곳이라고 말한 적은 없다. 그 귀휴도 요임금이나 되니까 쓴 말이다. 마음을 고치고 자신이 저 험하고 살벌한 자연의 주인공이 되어 버릴 것은 버리고 취할 것만 최소화하여 살아가라는 말이 아닐까. 그래야 인간의 향기가 나오는 사람이 되는 것이 아닐까. 글쎄 박을 타고 물 위에서 노닐라고 한 말도 같이 동화하기 어려운 혼란스런 자연에 적극적으로 합류하여 벗이 되라는 자연에 대한 극복의지일 것이다.

문득 어찌된 일인지 장자가 마음〔장자가 최초로 사용하는 '심(心)'은 혜자와의 대화에서 나오는 봉심(蓬心)이다〕을 발견한 것은 획기적인 일이 아닐 수 없다는 생각이다. 중국에서 인간의 마음을 발견한 도인은 장자가 최초가 아닐까. 그는 외물과 대결하고 대응하고 분별할 수 있는 존재와 작용을 바로 이 마음으로 본 것 같다. 《장자》 끝 편에서 그는 거울에 대한 말을 심도 있게 하지만 거울과 마음을 교묘한 위치와 존재의 관계 속에 놓아두었다. 대단히 심오한 부분이다.

장자의 일원론은 분명히 하늘에 입각한 것이며 이 이원론적 견제의 태도는 불가피한 지상의 한 인간의 중심의 필요에 의한다. 장자의 하늘은 별다른 하늘이며 자연과는 좀 다른 하늘로 보아야 한다. 일부 번역에서 하늘을 자연으로 해석하기도 했지만 장자에게 하늘의 의미는 아직 해결되지 않은 미지수의 세계이다. '천(天)'자를 그대로 두고 하늘이나 천으로 번역해야 할 것 같다는 생각을 떨쳐버릴 수가 없다. 엄격하게 말하면, 붕새는 자연을 파괴하고 부정한 존재이다. 자연 법칙을 초극한 존재로서 음양과 시공의 집을 벗어난 초탈(超脫)의 현상으로 보아야 한다면 그 행위는 하늘을 빌려야 하고 얻어야 하고 이주해야 할 공간 이동이다. 이것도 난해하긴 마찬가지, 불가해하다.

뒤에 들여다볼 기회가 있겠지만 장자가 따르고 배우는 세상은 자연이다. 그러나 이 자연의 인임(因任)과 인시(因是)를 강조하는 것은 자연의 흐름을 배반하고 역행하지 말라는 뜻. 이것은 자연을 거절하거나 역행할 수 없기 때문이다. 자연을 배척하고 인간이 살아갈 수는 없으므로 자연과 호흡을 맞출 것을 바란다. 절로 가는 자연에 거역하지 말고 오히려 의탁하여 소요할 것을 장자는 요청한다.

그러나 자연이 장자의 불가피한 배움의 공간이지 절대적 공간은 아닌 것 같다. 자연은 너무나 위험하고 순간적이며 잔혹한 곳으로서 만물이 천변만화하는 시공이다. 궁극적으로 말해서 장자의 쉼터 즉 귀휴(歸休)할 곳은 이 지구의 자연은 아닌 것 같다. 지구의 자연은 외물의 자연이다. 물질의 소유와 의지와 상용(常傭)으로나 위로를 삼는 인간은 어디서나 진정한 귀휴를 얻을 수 없다. 태초에도 그리고 미래 그 어디에도 그런 귀휴의 공간은 없었다. 세계란 만물들이 거짓으로 실재하는 그러나 가상적인 꿈의 시공간이다. 그럼 장자가 쉴 곳은 어디일까.

장자가 귀휴할 곳은 마음의 집이다. 그곳은 어디일까. 붕새에게 물어보아야 할 것이다. 장자의 마음의 붕새는 이미 먼 하늘로 날아올랐다. 하늘로 눈을 돌려 쳐다보지만 붕새는 보이지 않는다. 붕새를 찾는 자에게만 그 귀휴의 집이 있고 집으로 가는 그 길이 보일 것이다. 하지만 그 귀휴처는 단지 마음만도 아니다. 그렇다고 이 지구가 인간 영혼의 귀휴처일 순 없다. 결국 이것저것 소유하고 벗하고 헤어지고 지치고 놀다가 사라지게 되는 승물(乘物) 하는 마음도 귀휴처의 거울일 뿐이다. 아 그렇다면 진정 인간의 귀휴는 어디일까.

무위(無爲) 실존의 인간

문득 장자의 현실적 고독을 헤아려보게 된다.

장자는 아마 그 당시 사상계에 큰 인정을 받지는 못한 소외된 사상가였던 것 같다. 그렇다면 당대 지식인들 속에서 소외되면서 아마도 사상적 모멸로 인고하고 분투했고 죽음 너머의 투시까지 불사했을 것이다. 《한비자》에 공자는 30회가 넘게 등장하지만 장자는 한 번밖에 등장하지 않는다. 신하의 말은 실제 효용만을 목표로 삼아야 한다는 한비자는 말을 섬세하고 찰찰하게 미묘하고 알기 어렵게 하는 것은 급한 일이 아니라고 하면서 이렇게 모욕을 주었다.

혜시(惠施)는 대쪽에 그린 그림과 같다〔이 말은 대나무 쪽에 그림을 그린 다음 그 위에 옻칠을 한 화책(畵策)이란 말이다〕. 이어서 한비자는, 위모(魏牟)와 장로자(長盧子)와 함께 장주(莊周)를 귀매〔鬼魅, 장개귀매(莊皆鬼魅)〕, 즉 요괴라고 하였다. 이것은 한비자가 장자를 읽었다는 증좌이다. 일관을 얻기 위해 일군의 마음의 짝이 되기 위해 한비자는 자기 사상과 다른 세계를 인정하지 못하고 질주해 간 사람이다. 그러기에 그도 한 마리의 메추라기이다.

어느 시대나 먼 자연의 길을 에돌아 갈 수 없는, 달리는 말의 등에 탄 채 언제 떨어질지 모르고 달리는 조급한 자들이 많다. 그래도 송영자는 형명(刑名)과 법술(法術)의 달인인 한비자와 같은 무서운 인간은 아니었던 것 같다. 말하자면 급이 다른 부류의 인간이었지만 그러나 장자와 동시대에 잠시 살았을 법한 한비자에 대한 언급이 없고 앞 세대인 송영자에 대한 비판이 있는 것은 특이하다. 역사의 소용돌이 속에 있던 맹자나 한비자 등이 장자의 소요와 붕과 혼돈사를 실언이나 우언 정도로 여기고 폄하해서 자신들의 저서에서 소외시킨 것이 사실이다.

혜안이 있었다면 그들이 장자를 언급도 하지 않거나 이름 한 자만 올릴 수는 없을 것이다. 일종의 지식인의 맹신이며 무지라고 할 수 있다. 그들이 가장 중요하다고 생각하고 집필한 것들은 그 시대가 가면서 이미 사라졌고 가장 중요하지 않은 변방의 장자가 어쩌면 이 시대까지 최상의 사상가로 존속해온 셈이 된다. 즉 그들도 바로 장자가 보고 웃는, 송영자가 보고 웃는 메추라기들일지 모른다. 하나의 약속이나 규정 속에서 자기들끼리만 소통하고 동의했을 것이다.

긴박하고 유효한 것들 즉 법제와 인의, 도량, 병기 등만을 논한 논객들은 인간의 중심에 있는 꿈을 보지 못하고 사라져간 덧없는 권력의 하수인들이었다. 단적으로 말하면 나라를 살리겠다고 나선 자들이 앞장서서 인민을 쓸데없이 착취하고 모든 나라를 멸망시켰다. 세월이 2천 수백 년이 흐른 오늘날, 적어도 내가 볼 때 이제 장자가 당대의 공자를 비롯한 수많은 선후배 사상가들을 물리치고 가장 현대적 의미와 미래적 문제를 지닌 최고의 사상가로 홀로 남게 된 것 같다.

장자의 사상은 결코 방임(放任)이 아니다. 무책임도 아니다. 가장 적극적인 무위의 실존적 인간이었다. 그의 사상의 주체성은 적극적 삶의 확장에 있다. 나 자신과 자연을 정치하는 것 외의 정치란 사실은 존재할 수 없다. 정치는 장자가 완전히 소외시키려는 추악한 세계이다. 그는 더 큰 세상을 소요하며 가없고도 드높은 혼돈의 사상의 무늬를 수놓은 경지를 추구했다. 그것이 장자의 삶이며 도이다. 그럴 것이 기이하게도 《장자》 속엔 친구나 사제, 도반 간의 예화는 많지만 혈연이나 효, 부자(父子)와 군신의 관계에 대한 예화가 없으며 궁정이나 현실정치에 대한 묘안이나 발언도 거의 없다.

삭삭(數數)과 수(樹)의 문제

한 가지 문제가 있다. 피기어세(彼其於世) 미삭삭연야(未數數然也)의 해석은 어떻게 할 것인가.

최근에 기세춘은 '그는 세상에 드문 인재였으나 아무리 그래도 그는 아직 근본적이지 못한 것 같다'로 번역했다. 한글엔 허사가 많긴 하지만 이 장자 구에 없는 말들이 너무 많이 덧붙었다. 나는 이것을 '그는, 그 세상에, 휩쓸리지 않는다'로 풀었다. 기씨는 '세(世)'자를 시대나 한 왕조, 일생, 세상으로 보지 않고 인간 세(世)자로 본 것 같다. 그러면 앞의 '세상에 드문'이란 문장은 없어야 한다. 장자가 하지 않은 말이다. 또 '數'자를 '삭삭'으로 읽는 뜻의 재빠르거나 분망한 모습이 아닌 재주, 기술의 뜻인 수(數)자로 보았다. 이러니 뜻이 완전히 달라진다.

매일 전쟁이 일어나는 전국시대를 상상한다. 질풍노도의 전장, 정신없는 치마(馳馬)의 풍경을 떠올릴 때, 그 시대의 난국 전체를 장자는 삭삭(數數)이라고 표현한 것이 아니었을까. 그리고 '세(世)'자는 그러한 상황의 송나라의 어지러운 세상 혹은 시국이다. 그래서 나는 이 삭삭의 문자가 뒤에 장자가 말하게 될 광막지야에 방황하는 최고도의 경지를 은근히 보여준 일부라고 본다. 즉 혼돈과 전장, 방황 속에서도 부요와 같은 고비, 즉 소요를 적극적으로 행하지 못한 '미수(未樹)' — 바로 뒤에 나오는 미수(未樹) — 즉 주체성을 얻지 못한 것을 안타까워한 정황과 인물로 이해하였다.

그래서 송영자는 미수(未樹)에 불과했다. 장자의 생각은 그러한 상황 속에서도 재빠르고 어수선한, 정신없는 난국 상황의 삭삭(數數)함을 송영자가 적극적인 더 높은 혼돈의 정신과 대응과 창조로 헤쳐나가지 못했다〔未〕는 뜻이 아닐까 싶다. 결국 나는 '그는, 그 세상에, 휩쓸리지 않는다', 혹은 '그는, 그 세상 상황에 대응하지 못했다'가 맞다고 본다. 송영자는 시대를 통찰하고 초극하는 태충막승(太冲莫勝)의 경지를 보여주지 못했다는 뜻.

도는 혼란과 또 천변만화 속에서도 응무궁(應無窮)하고 서서우우(徐徐于于)한다. 막고야산의 인덕(人德)은 응결하면서도 방박(磅礴)을 쉼 없이 이어갈 것이다. 이중성과 이원론으로 일원론을 강화하고 만인을 각각의 천축(天軸, 우주 진리의 도추)으로 세우려 한다. 신성을 가진 인간 즉 신인이 등장하게 되는 것도 이와 같은 배경에서 비롯된다 하겠다. 그것이 여기서 말하는 수(樹)이다.

난국의 삭삭(數數) 속에서도 나무 수(樹)는 잎을 피우고 겨울을 즐기고 낙엽을 바람에게 주며 생을 어쨌든 소요한다. 그러나 천변만화 속에 온몸을 내놓는 나무이다. 즉 지혜의 대수(大樹)이다. 이는 물론 뒤에 쓸모없는 나무로 등장한다. 장자는 송영자에게 현실적인 희망을 요구한 것이 아니라 현실에 무용한 진정한 무용의 천리를 언어와 사상으로 보여주길 바랐던 것 같다.

장자 역시 어지러운 세상에 함부로 뛰어들 순 없었다. 이것이 고작 난세 속에 서 있는 한 그루 나무 같은, 그러나 소용돌이치는 내부의 갈망을 가진 장자의 가없는 우둔과 어리석음이라 할 수 있을 것이다. 나는 이렇게 보았기에 유유미수야(猶有未樹也)를 김동성처럼 덕을 세우지 못했다거나, 안동림처럼 안정되지 못하였다고 하지 않고, 미래의 '나무를 심어 지니지 못했다'로 번역했다. 덕과 주체성을 세우기 전에 아직 식수도 하지 못하였다고 장자는 생각했다고 보았다.

한 그루 나무는 주체성과 덕을 포괄할 뿐 아니라 심어서 키우고 지키며 살아가는 숙명과 소요의 이중변주곡이며 나이테와 바람, 그리고 잎들의 비애와 환희가 뒤섞인 장자의 심상(心象)이며 표상(表象)이다. 그렇다면 이 수(樹) 앞에 대(大)자를 붙여 저 뒤의 혜자(惠子)의 대수(大樹, 저나무)를 기약하는 것도 무리는 아닐 것이다.

《장자》 번역엔 정본이 없다. 아직도 《장자》 번역은 진화 중인가.

12 무궁을 노니는, 이름 없는 인간들

저 열자(列子)는, 바람을 타고 시원하고 기분 좋게, 공중을 돌아다닌다. 보름 뒤, 집으로 돌아오곤 한다. 그는 이런 기복(祈福)에 연연치 않는다.
이것으로, 비록 걷는 건 면했지만, 오히려 기다리는 것이 있는 사람이 되었다.
만약, 저 천지의 정도(正道)를 올라타고, 육기(六氣)의 변화를 따라, 무궁을 노니는 자라면, 그가 또 무엇을 기다리겠는가.
그러므로, 지인(至人)은 몸이 없고, 신인(神人)은 공이 없고, 성인(聖人)은 이름이 없다고 하네.

• 원문(原文) •

夫列子御風而行 泠然善也 旬有五日而後反 彼於致福者 未數數然也 此雖免乎行 猶有所待者也 若夫乘天地之正 而御六氣之辯 以遊無窮者 彼且惡乎待哉 故曰 至人無己 神人無功 聖人無名

* 저 부夫. 어御 모시다, 데리고 다니다. 어풍御風 바람을 타고 공중을 날아다님. 서늘할, 시원할 령泠. 선善 좋다, 즐겁다. 열흘 순旬. 따위,

것 자者. 극진한 데 이를 치致. 치복자致福者 복을 가져다주는 사자(使者). 차수此雖 이것은 비록. 면할 면免. 바 소所. 사람 자者. 천지지정天地之正은 하늘과 땅의 정도(正道). 육기六氣는 여섯 가지 기(氣), 즉 자연의 천변만화. 유무궁자遊無窮者 끝없이 노니는 자, 이상적 세계의 인간. 저, 그 피彼. 어찌 오惡. 재哉 단정하고 탄미(嘆美)하는 어조사. 무기無己 몸, 자기가 없음.

승천지(乘天地)의 무궁자(無窮者)

무궁자의 유(遊)는 무엇인가.

닫혀 있는 외물과 내심의 세계를 소통하는 것이 유(遊)이다. 이는 할 일 없이 들과 지수(止水) 가를 걷는 것이고, 바람을 쐬는 것이며, 마음을 가볍고 즐겁게 해주는 것이다. 그곳에 지나가는 것은 사람이 아니라 몸이 없는 바람과 기척 없는 음기와 잘디잔 햇살들이다. 그것들이 주인공이라는 생각은 꿈에도 하지 못했다. 인간인 '나'가 그곳의 주인공으로 착각한 세월이 말도 할 수 없이 많이 흘러갔다. 다시 돌아와도 깨우치지 못할 것이다. 또 일 없이 세월을 보내는 것이며 아무것도 기다리는 것이 없는 것이고 자적(自適)하는 것이다. 그러나 그 '나'는 휴식(休息)의 삶을 살아본 기억이 거의 없다.

바람은 또 비견할 것이 없는 홀로의 행보이며 모자 같은 것은 쓰지 않는다. 상사도 없고 하수(下手)도 없다. 오직 스스로 머리며 다리이다. 혼자의 심장으로 뛰고 있을 뿐이다. 육기와 천지가 마구 드나들고 찾아오고 사라져간다. 자연 속에서 혼자 숨 쉬며 쓸데없이 떼를 지어 돌아다니지 않는다. 마음에 무거운 중력 하나가 걸려 있으며 오히려 그것으로 그는 중심을 잡아 든든하다. 모이지 않고 오히려 흩어지며 소속한 곳이 전혀 없다. 그가 배우고 더욱 터득하는 것은 자연뿐이며 그 안에서 천변만화를 흠뻑 경험한다. 이것이 바로 장자가 노래한 유인(遊人)의 도리이며 자유이며 교유(交遊)이다.

그러므로 유인은 나그네가 되는 것을 마다않으며 그것을 더없는 행복으로 여긴다. 하지만 안으로의 여행을 중시한다. 서너 평의 뜰에서도 그는 우주와 생명과 자신과 모든 음양과 여행할 수 있다. 그는 아무리 혼자 있어도 심심하지가 않다. 작은 거울 하나와 유리알 하나만 있어도 그것으로 평생을 보낼 수도 있다. 언제나 마음은 윤슬이 반짝이고 눈의 편린들이 반짝이고 멀리 태양의 불기둥이 반짝인다. 항상 즐겁다. 내 등짝 너머로 무수한 광음이 흘러갔다는 것을 알며 그것들이 유리의 금처럼 내 뼈에 흔적을 남긴 것도 다 알고 있다. 그것들이 무극의 바깥에서 다시 돌아오려 하는 것도 알고 있다.

붕새도 무궁자의 몸도 진공의 창천도 저 무색투명한 바람도 지구 운행과 함께 먼 궤도의 사계라는 공정한 여행을 하지 않는 순간은 없다. 너무나 높고도 먼 곳에서 돌아가고 있는 점같이 작은 자신을 겨우 바라볼 뿐이다. 그때의 그 소요의 행복은 저 지상의 언어로는 말할 수가 없다. 이 유(遊)와 도(道)는 친구이다. 이 둘은 자신만 노는 것이 아니라 타동사이다. 즉 소통의 동사이다. 그러나 지나치게 소통하지 않을 뿐이다. 내밀하게 소통하고 사라진다. 그는 같은 뜨락에 내리느라 줄 서 있는 같은 햇살이 아니다.

그리고 다시 춥지 않은 천양의 뒤쪽 하늘 위의 어둠 속에 들어가 앉는다. 그는 그곳에 앉아서 태양을 응시한다. 그러면서 우주와 함께 노닌다. 그래서 우주의 벗을 사귀고 또 꿈을 꾼다. 비애롭지 않다. 언제나 순간순간이 살별처럼 지나간다. 우리 우주가 아닌 곳에도 그는 산다. 그것이 마음 닿을 길 없는 망막 안의 저 먼 유성(遊星)이다. 그는 그런 것을 다 말할 수가 없고 말할 필요와 의무가 전혀 없다. 다만 막막한 세계에 있을 뿐이며 그러다 문득 이 거리의 목련이 피는 봄에 도착해 있거나 지평(砥平)의 깃대봉에 눈 날리는 캄캄한 겨울의 한낮 길을 걸어 돌아오고 있다. 지금 막 지구에 도착해서 금방 어른이 되고 내일 죽을 사람처럼 돌아온다. 바람도 돌길도, 꽃가지도 발도, 하늘도 강설도 모두 그의 것이다.

이 유(遊)의 타동사는 그러나 전적으로 타동사가 되지 않는다. 그것이 자연의 동사이다. 그는 천지와 육기(六氣)의 주인공이다. 바로 그것이 나이다. 모든 존재의 경계에서 그는 조심스럽게 때론 광풍처럼 건너간다. 죽음보다 더 복잡하고 아름다운 경계들이다. 그는 무한히 높은 우주의 언덕에서 들판에 내려와 작은 꽃이 되고 또 밟혀 죽기도 한다. 이 천변만화의 세상에서 자신의 한 목숨을 너무 귀중히 여길 것도 없다. 저 수많은 유객(遊客)들을 바라본다면, 저 우주와 자연은 사실 유관(遊觀)의 망루가 아닌가.

유자(遊字)여 즐겁게 놀아라. 저 텅 빈 자연과 우주의 변화와 같이 유일(遊逸)의 시간 속에서 최고의 도는 거기 하늘에서 내려오고 마음 속에서 산구름처럼 일어나는 맑은 기를 경험할 수 있는 것. 만약에 인생에서 목표가 있다고 한다면 그것이 최상의 것일 것이다. 언제나 나무에 기대어 혹은 누워 자신의 마음을 볼 수 있을까.

장자가 하늘의 도(道)와 육기를 통하여 바람의 열자(列子)를 넘어선다. 첫 번째는 정호내외지분의 비판이지만 이번엔 어풍자(御風者)에 대한 비판이다. 송영자에 이어 나오는 두 번째 인물이 이 열자(列子)이다. 《장자》 본편은 열자의 분이봉재(紛而封哉)로 깨끗하게 종결된 한 인간의 일이시종(一以是終)에 대한 마지막 이야기로 끝이 나지만, 여기 등장하는 열자가 그 종결의 의미 있는 발단이다. 그러나 송영자는 이후 등장하지 않는다.

어떻게 자기 몸과 마음이 생각이 없고 어떻게 공이 없고 덕이 없고 혼자이며 이름과 명예와 추모가 없는가. 하지만 사실은 그러한 것을 사람들이 모르지 않는다. 다 알면서도 벗어나지 못할 뿐이다. 그러면서 또 추종하고 성인으로 만들고 교주가 된다. 그 사이에서 인간은 자신을 잃어버리고 욕망을 앞세우고 질주하면서 모략을 꾸미기에 여념이 없다. 그래서 높은 곳에 있는 자들일수록 그 마음의 내부는 더 컴컴하고 소란하기만 할 뿐이다.

그런데 놀라운 것은 범부들이 그들의 명예와 공의 욕망과 음모를 대단하게 여기지도 사실은 부러워하지도 않는다는 사실이다. 명예만이 명예를 추구하고 욕망만이 욕망을 추구한다. 그것의 내막을 그들이 더 잘 알고 있다. 기이한 일이지만 이 범부들이 바로 하늘의 친구들인지 모른다. 권력은 어쩔 수 없이 계책을 마련하지 않으면 주변이나 하부 세력들에 의해 침식당하거나 전복될 수 있다. 가장 깊은 중심에 있는 것은 가장 불안하다.

나는 '그' 안에 한낮처럼 있는가

출세하고 나라에 공(功)을 세워야 권세가 생긴다. 직위가 있어야 이름이 있고 공이 있고 존재한다. 권력에 의한 존재감이다. 그때 국가의 권력기구 속에 있는 그들 반대편에 있는 수많은 범부들이 장자의 두 눈에 확연히 들어왔을 것이다. 나란 누구인가, 대체 공은 어디 있는가, 이름은 무엇인가.

장자의 고뇌는 깊어지고 세상은 창검으로 소란하고 궁마다 책략이 넘쳐나며 세월은 장강처럼 흘러가고 있었을 것이다. 지나가는 세상 한쪽에 장자는 빗겨 있지만 이 3무(三無)의 존재들이 어디에 없는 것은 아니다. 가만히 생각을 멈추고 자연을 내다보면 그곳엔 방박(磅礴)이 있으나 이름도 공도 덕도 없다. 대체 무엇이 이리도 바쁘게 정신없이 가고 있는 것일까. 기괴한 일이다. 장자는 수많은 자아의 모습들을 발견했을 것이다.

장자에게는 사실 아무 일도 일어나지 않는다. 아무 할 일 없이 혼자 지내고 있는 자신이 도처에 있다. 그것들이 자연이다. 풀과 바람, 고적한 한낮의 열기, 곤충들의 무미한 날갯짓. 구름 먼 마을과 그 거수(巨樹)들, 파란 하늘, 냇물, 작은 길들 그리고 티끌과 새들, 이 모든 것들이 이 장자의 마음속에 있다. '나'는 바로 그것들이다. 그것들은 자연이다. 나는 이미 죽었고 아직 태어나지도 않았다. 또 나는 현재 살아가고 있다. 나는 없는 것 같지만 저기 조용히 흔들리며 지나가는 '나'를 모른다. 보시게, '저기 나는 있다'라고 말하고 싶다. 여기 잠시 있지만 이미 나는 저곳에 있다. 이런 말을 장자는 하고 싶었을 것이다.

그러나 이미 거기 있으므로 정작 그것을 '나'라고 말하고 싶지 않다. 이렇게 되었다. 이 경지에 장자는 드나들었지만 사람들은 알지 못한다. 이 앎이 자연과의 합일의 경지이다. 이것을 문자로 표현할 순 없다. 저 아무것도 없는 공기 속에 서 있는 나무처럼. 아무런 감정과 느낌도 욕망도 만들어진 비원도 없다. 그저 나는 '그' 안에 한낮처럼 있다. 아 이것에 대한 문장이 없다는 것은 다행일지 모른다. 그 말이 생기는 순간, 인간은 다른 묘안을 짜내서 다시 작은 지혜들로 의심을 시작할 것이다.

그리고 마지막으로 나를 발견했을 것이다. 이때 장자는 자아와 명예와 이름과 공덕의 세계로 가지 말고 '자연 안'으로 들어가 그곳에서 무위를 발견하길 바랐을 것이다. 그 무위가 달처럼 바람처럼 바다처럼 흙처럼 나무처럼 불처럼 처처에 생명으로 활활 살아가고 있다. 권력자들만이 궁궐에서 지혜와 묘안을 찾고 있을 때 장자는 다른 진리의 길을 열고 있었다. 질풍노도와 같은 전국시대에 장자는 아무 일도 일어나지 않는 만물들이 쌓여 있는 자연의 고적(孤寂) 속에서 이 3무

(三無)의 진리를 발견했을 것이다. 3무는 자연의 어머니란 것을 장자는 통감했을 것이다.

그 3무는 바로 범부와 장자의 무사와 자연이었다. 《장자》 전편은 사실 이 위대한 3무 속에 있다. 그것이 자연이다. 그 범부와 무사와 자연의 이름이 지인이고 신인이고 성인이다. 지극한 사람과 신묘한 사람과 성스러운 사람이 없는 세상에서 장자는 급급해하지 않으면서 다만 그 시대의 덕망 있다는 자들을 비판하고 있다.

장자는 주로 죽은 사람들을 불러내 마치 살아 있는 사람인 양 말하게 한다. 열자도 비판하기 위해 자기 글 속에 불러낸 자이다. 수많은 사람들 중에서 왜 하필이면 열자인지는 알 수가 없다. 송영자는 장자와 같은 나라의 인물이지만 열자는 춘추시대 정나라의 인물이다. 성이 열(列)이고 이름은 어구(禦寇)이다. 《천서》(天瑞), 《황제》(皇帝), 《중니》(仲尼) 등 여덟 권의 저서가 있으며, 이를 '충허집(沖虛集)'이라 한다. 그를 충허진인(沖虛眞人)이라 하지만 그러나 열자에 대한 사실이 거의 없어 실존인물인지도 의문으로 남아 있다.

일종(一終)하는 열자

〈응제왕〉 편에서 열자(列子)는 호구자림(壺丘子林)을 사사하다 절망한 뒤 집으로 돌아가 3년 불출하며 돼지를 치고 선도(仙道)를 깨달았다. 특히 그 (어떤 상태, 병중이었는지는 알 길이 없지만) 아내를 위해 찬을 만들고 돼지를 사람처럼 먹이며 기른(사시여사인 食豕如食人) 누추한 삶의 실천으로 분이봉재를 얻는다. 기이한 것은 그 열자 자신이 도를 얻는 것이 아니라 장자의 글에 의해 도를 얻고 세상을 떠난다는 점이다. 특히 돼지를 길렀다는 것은 열자에게 자신의 마지막 생명을 길렀다는 뜻일까. 왜 하필 사람과 가까운 가축인 돼지였을까.

돼지는 이충이 아니며 영물이며 장자의 붕새의 화신이었을까. 비루하고 추잡하고 욕심 많은 돼지를 사랑하고 기른 열자의 마음은 만물 중에서 그 어느 것의 마음일까.

훗날 한 후배가 선배의 도를 높은 경지로 끌어올리는 이 문(門)은 정말 기괴한 도문(道門)이 아닐 수 없다. 무궁으로의 열자의 육체와 시공을 연 사유는 탁연하다. 장자에 의해 비로소 저 태허와 자연이 또 하늘이 인간의 정신 속에서 새로운 대상이 되며 더 높고 넓은 세계로 확장된다. 그것이 가득하여 텅 빈 태충막승(太冲莫勝), 충허(沖虛)가 아닐까.

지상과 역사가 한 부분으로 남게 되고 자연을 그저 존재로만 보는 단순한 대상이 아니라 무극의 세계로 열어두는 데 목적이 있다. 사실 이것은 무목적이다. 거기에 언어와 이름과 자아는 사실 없다. 공적(空寂)할 뿐이다. 기척도 정표도 기록도 흔적도 없이 텅 비었다.

장자가 노자를 권력과 연루된 점을 비판한 대목도 있지만, 그래도 열자를 종요(宗要)하게 다루고 있는 것은 특별해 보인다. 장자가 보기에 열자가 노자에 비해 현격한 차이가 있어서 그를 더 높인 것인지도 모른다. 노자는 날렵하고 문장이 빠르지만, 열자는 우우(于于)한 사람이었던 것 같다.

초월을 꿈꾼 장자가 우둔을 따르고 열자를 높인 것은 타당하다. 아마도 열자의 상은 검은 돼지상이었을 법하다. 아무튼 쓰르라미나 새끼비둘기들이나 메추라기 등이 등장한 이래의 이 이야기의 본령엔 기묘한 것이 있다. 즉 어리석음의 과정을 거치지 않은 무위는 소요의 경지에 오를 수가 없다는 대전제가 그것이다.

뼈아픈 실수로 깨달음을 얻는 과정을 장자가 그려줌으로써 열자는 이 〈소요유〉 편에 나오는 무궁자의 아래 단계에 있다. 장자는 바람을 좋아한 열자를 인정하는 것 같다. 이 바람은 〈제물론〉에서 지뢰,

천뢰 등으로 등장하는 자연의 소리이며 입이며 무형상의 정신이지만 장자는 이 바람 혹은 기(氣)의 이동, 상승, 소멸, 기상(氣相) 등을 중시하였다. 그리고 그것이 바로 장자 사상 속에서 소요 사상의 핵심 주제가 된다.

그것들은 혼돈과 경계하고 있는 하늘 안팎에 휘돌고 있다. 장자의 사상은 정지해 있지 않다. 언제나 흔들리고 불안하지만 그 안에 정(定)이 있다. 즉 마음이며 도추(道樞)이다. 그것이 여유이자 소요이다. 그것이 장자가 꿈꾸는 승천지(乘天地)의 난무(亂舞)이며 정도이다. 그래서 장자는 미풍과 순풍보다 역풍과 선풍(旋風)을 좋아한다.

본질을 안 다음에 앎을 망각한다. 저 혼돈 때문이다. 혼돈만이 우리의 의식을 새롭게 바꾸어놓을 수 있다.

보름으로 정해진 바람의 열자

여기서 장자는 치복자(致福者)라는 신선한 칭호를 열자에게 붙여주지만, 송영자에서 정호내외지분처럼 그것을 대단히 높은 경지로 보는 것이 아니라 상상의 폭이 좁음을 비판한다.

치복자를 바람으로 보면 뒤 문장의 '기다리는 자〔待者〕'의 바람과 충돌되므로 '기복(祈福)' 정도로 번역하는 것이 합당할 것이다. 내외정분 다음에 바람의 치복자를 내세운 것이 그 뜻이다. 그러나 열자도 바람에 재미를 붙인 나머지 그 매너리즘에 빠져 바람만 기다린다. 열자의 사상적 고리인 바람 속의 허(虛)를 보지 못한다.

대지 위에 집을 짓듯 덕으로 현실에 충실하면서 무한히 자유롭고 환상적인 인간, 오히려 비정상적인 인간을 장자는 더 좋아한 것 같다. 아주 낭만적이고 시적이며 분방하고 엉뚱한, 거슬림 없는 외계인이라 해야 할까. 우리는 그런 인간의 아버지와 형님을 잃어버린 지가 오래

되었고 매력 있는 인간들이 사라져버린 세계 속에서 대동소이한 삶을 꾸리고 있다. 꿈도 형상도 얼굴도 언어도 마음도 비슷비슷하다. 뜻밖의 인간이 없다. 꿈을 꾸는 듯한 무욕의 사람들도 사라졌다. 정말 시적으로 사는 사람은 더더욱 없다. 똑같은 인간이 모여 살고 있다. 이것이 이 지상과 인간의 거푸집화이다. 이젠 정말 새로운 것이 없다.

몸도 공도 이름도 없다면 사자(死者)가 아닌가. 장자는 혹시 죽음의 입장에서 세계와 생을 바라보고 말하고 있는 것일까. 아니 죽어서 살라는 것일까. 죽은 자가 되어 살아 있을 때, 기막힌 상상과 방외와 숙명이 빤히 보이는 것일까. 산(山)에게 정면이 없다는 것일까. 모든 인간이 남김없이 그 무위 즉 3무를 이루게 된다는 것을 멀리 떨어진 생(生)으로서 보고 말하는 걸까.

저 1억 5천만 킬로미터의 천공에서 오는 태양의 햇살이, 들판에 불어가는 한 무리의 검은 동부새가, 골에 가득 몰려와 하루를 머무는 구름이, 저 보이지 않는 대해의 삼각물결이 아닌 다음에야 어떻게 몸도 공도 이름도 없을 수 있을까. 그러나 지인은 영극(靈極)하고 신인은 음양(陰陽)을 구분하지 않으며 성인은 대화(大化)한다면 그들을 따라가고 싶다. 이래서 간단해지던 장자의 사상이 난해해진다. 마치 열자의 스승 호자(壺子)가 갑자기 당장 죽을 것 같은 회(灰)의 습상(溼相)을 보여준 것처럼.

장자는 송영자를 자신을 다스려 자신의 복을 찾은 보신주의자, 개인주의자로 보았다. 자연의 복을 진실로 지니며 누리는 자는 많지 않은 것인가. 일향일국(一鄉一國)의 벼슬아치들이 세무(世務)에 급급한 것을 송영자가 탐탁하게 여기지 않은 것처럼 열자 또한 송영자의 수신치복(修身致福)하는 일을 즐기지 않았다. 수신제가 치복하는 것을 장자는 별것 아닌 것으로 본 것 같다.

무엇이 좋다고 혼자서 바람을 타고 보름을 나가 놀다가 돌아오는 것일까. 분명한 것은 여기서 장자가 묵언 중에 이렇게 선언하는 것 같다는 사실이다. 이것은 장자의 도가 아니다. 놀랍지만 어쩌면 너무 성급한 발언이라고 생각할 수도 있겠지만 그만큼 장자는 이충(二蟲) 아닌 두 인간(= 人)을 넘어설 자신의 도가 있었던 것으로 보인다.

의문되는 것은 이 책의 완성 제작이다. 책을 만들 때 쉽게 수정할 수 없는 전국시대였고, 게다가 전국시대이니 종이와 붓이며 제책 과정이 쉽지 않았을 것이다. 처음에 이렇게 강하게 폭탄선언을 하고 그 뒤를 어떻게 글로 써내려갔을까 하는 것은 일대 의문이다. 수많은 내부 수정과 주변의 비판과 조언이 있었을 텐데 말이다. 그렇다면 완전히 장자가 머리에 있는 전체 《장자》를 외우고 써내려간 것. 그렇게 만들어졌다면 장자는 인간 장자가 아닐 것이다. 분서의 난을 통과한 이 책은 그러면 신의 책이라 할 만하다.

어쨌든 《장자》는 완결되면서 — 특히 이 내편 즉 본편만이 장자의 책인 것은 칠일이혼돈사(七日而渾沌死)의 대미 때문이다. 장자가 구태의연하게 외편을 쓸 이유가 없으며 — 종말을 열어놓은 예언적 최고의 성공작이 되었다. 아슬아슬 산맥을 넘고 바람을 탔다. 이것이 장자이다.

인성(人性)의 고향이고 벗이다

장자는 열자를 앞세우고 있지만 그러나 보름 동안 바람을 타고 오가는 작은 도일 뿐 그 이상의 자유자재한 경지가 그에겐 없다고 본다. 이곳의 열자는 지인도 신인도 성인도 아니다. 장자는 자신의 사상으로 현실을 뛰어넘는 초출(超出)한 존재, 위대한 삼무인을 만나고 싶어 했다. 그 비원 속에서 독자는 작은 '나비'와 무궁한 '붕새'의 영겁과 순간과 대소를 넘나드는 장자의 꿈과 언어의 경계를 넘나들게 될 것이다.

붕새는 녹시(鹿柴, 울타리)를 빠져나갈 수 없지만 장자의 나비는 그곳을 자유자재로 넘나든다. 즉 금강석 같은 무극(無郤)을 통과한다. 장자의 무위는 무엇인가를 계속 생각하게 한다. 그것이 아무리 무심해도 무심하지 않은 영역 속의 혼돈이며 소요이다. 역시 자시(自視)가 필요하다. 이 3무(三無)의 반성 없이 아무것도 보이지 않는다.

그러나 장자의 상상에서 열자의 바람이란 얼마나 초라한 것일까. 반드시 돌아와야만 하는 그 열자의 바람은 인위(人爲)의 바람이며 귀가해야 하는 한계를 가진다. 열자의 치복자는 바람의 부채 정도이다. 그래서 송영자의 사이의(斯已矣)와 같다.

그렇다면 작은 새 등의 이충들과 '장자의 아름다운 나비'를 혼동해서는 안 된다. 나비는 빛 사이를 마치 책장처럼 넘어가고 있다. 아무 생각과 의식이 없고 성인, 지인, 범부조차 개입할 여지가 없는 물화의 다른 세계이다. 태양과 구름과 바람, 바다와 창공만이 큰 것이 아니다. 이 또한 분별심이지만 인간 장주가 나비로 되지만 물고기는 새가 되기도 한다. 아득한 전도와 변신과 탈바꿈이라는 대화(大化)의 경험이 나의 '현재' 속에서 가능하길!

그 경계를 넘나드는 것은 '무엇이든 되는' 화물(化物)이다. 그러니 존재하는 것의 스스로를 깨닫고 잊는 것이 최선이다. 그 망각의 상아(喪我)에서 거대한 상망(相忘)의 세계가 천변만화한다. 그 세계로 가버릴 때 활활 타는 태양 아래 고요하기 이를 데 없는 설원의 반짝이는 은빛 갈망을 맞을 것이다. 언어의 사유가 망각을 몸소 보여준다. 이것이 자연 속에 있는 인성의 고향이고 무위의 벗이다.

육기란 음양풍우회명(陰陽風雨晦明)이고 호오희로애락(好惡喜怒哀樂)이다. 전자는 우주현상이며 후자는 인간의 감정현상이다. 이것에 무관한 도란 없다. 어쩌면 장자의 도는 노는 도〔遊道〕이다. 놀 수 있다면 놀아야 한다는 것이 소요사상의 간과할 수 없는 중심이다. 이 상유

(常遊)의 철학이 동양사상의 중심에 있게 된 것은 장자에 의해서이다. 이것은 귀족주의와 황로사상에 위배되는 민중과 만물 중심의 사상이다.

유(遊)사상은 장자가 인간에게 준 최고의 선물이다. 이 유사상에 반하는 것은 일단 반(反)장자의 것들에 해당한다고 말할 수 있다. 인간이 의무와 체제에 묶이고 책무와 노동만 강요된다면 이 갇힌 육체는 지옥이다. 당시 전국시대가 지상의 지옥시대였을 것이다.

뿐만 아니라 인간의 육체로부터 무한정적인 마음을 광대무변한 세계로 해방시키는 것이 장자 사상이라면 전쟁의 아수라장과 사상의 질풍노도 속에서 최초의 인간해방의 풍류를 외친 자 또한 장자이다. 그것은 방탕(放蕩)이 아니지만 어떤 방랑과 태탕이라 할지라도 불필요하지 않다. 그래서 장자는 어디선가 요탕(搖蕩)이란 말을 사용하기도 하였다. 생에 대한 어떠한 요탕도 기념이며 아름다운 생이 될 수 있다. 하지만 가정과 사회, 국가, 이념에 갇혀 있는 자들은 도덕에 갇히고 인륜과 체면과 심로(心勞)에 얽혀 진정한 유행(遊行)을 행하지 못하고 그 해방을 또한 좌시(坐視)하지 못할 것이다.

욕망은 인간의 마음과 행동에 쓸데없이 관여하고 통제하고 여론을 유도하여 법제화한다. 인간은 결국 몸의 거푸집과 도주(陶鑄)를 만들어 그 안에 가둔 존재가 되고 말았다. 어항 속의 물고기이다.

하지만 진정으로 알 수 있을까. 치복자라는 바람과 무궁자의 천변만화의 경지를. 바람은 한번 불면 온 세상을 즐겁게 해주고 잦아진다. 그때 마음은 물을 타고 모기(母氣)를 타고 시간을 타고 항구를 떠나야 한다. 인생이란 것은 그것을 꿈꾸는 절대적 유한이다. 지금 저 햇살이 내리는 거울 같은 둥근 하늘에 가 닿아 꺾이는 시선의 감각을 알 수 있겠는가. 소요유여, 너의 꿈이 겨울 뜰에 내려오고 있는 것이 아닐까. 이것을 소리쳐 말해야 하지만 나는 꼴깍 따가운 침을 삼킬 뿐이다.

열자가 절기가 한 번씩 바뀌는 보름 뒤에 돌아온다는 것도 의미심장한 자연의 이치에 순응하는 계산법에서 나왔다. 보름마다 하나씩 찾아오는 24절기에 의해 계절은 순환한다. 하지만 장자는 열자의 이 특별한 이치를 진정한 도로 보지는 않았다. 전적으로 자연의 바람에 의탁하기 때문이다.

이것은 대정(大情)도 아니고 상아(喪我)도 아니다. 열자는 아직도 너무나 많은 것을 기억하고 있고 작용하고 있고 준비하고 계산한다. 다만 이 안에 있는 열자의 자연에 대한 대단한 순응력에 대해서는 극찬하고 있다. 바람을 데리고 다니는 열자의 태도를 한정된 것이지만 영연(泠然)하다고 보았다.

하지만 그 열자는 자연의 절기 순환에 묶여 있다. 돌아올 날을 계산하고 하루의 어김도 없이 열닷새 만에 귀가한다. 열자는 하루라도 그때를 놓치면 바람을 놓치는 것이 되어 그만 출발했던 곳으로 되돌아오지 못한다. 열자로선 두려운 일이다. 방황이나 길을 잃거나 광막함이란 없다. 바람이라고 하지만 인위이며 유위(有爲)이다. 목적을 두지 않는 것이 무위소요(無爲逍遙)이다. 아무것도 의존하지 않고 그 무엇을 위하지도 않는다. 나중에 열자가 깨닫게 되는 무여친(無與親)이 이것이다.

육기와 함께 떠돌아다니지 바람을 기다릴 일이 없다. 그렇다면 지금도 이 도처에서 떠돌아다니는 천변만화의 무궁자 즉 유자(遊者)가 있을 것이다. 장자 '나'는 이미 그 안에 있다. 존재하는 무아(無我) 즉 무기(無己)이다.

유무궁자(遊無窮者)의 목표는 없다

언제나 근거가 없고 이미 존재하며 사유하는 무궁자는 자연 속의 공룡구름과 준봉처럼 우뚝하고 괴연하고 탁연(卓然)하다.

그는 한곳에 언제나 같은 상으로 머무르지 않는다. 사라지는 것만이 아름답다. 그는 그 무엇이어도 다른 무엇에 비유되지 않고 상물이 되지 않는다. 그는 산의 바위이며 책이며 구름이며 이미 물이고 죽음 너머의 마차푸차레 앞의 어두운 아침 뜰이고 궤(机)에 기대어 있는 한 노인이다.

자유자재하며 바람과 물처럼 천지를 떠돌고 만물과 유희(遊戱)하는 변화 자체이다. 저 수많은 변화 속에 '나'가 있고 공(空)조차 있으며 당연히 이름도 있다. 그것을 뚜렷이 본 장자는 그러므로 열자와 한계를 긋는다. 장자의 바람은 일정하게 불지 않는다. 열자는 늘 바람을 기다려야 하는 자이다. 이 기다림이 장자는 마음에 들지 않았다. 열자가 바람을 이용한 것은 좋지만 현실로 복귀하는 일에는 아직 서툴다. 열자는 너무나 이분법적이다.

산과 들끝, 물밑과 하늘이 또 그것을 내다보는 '나'는 시대상황처럼 급급해하진 않지만 결국은 이착륙을 반복해야 하는 열자의 불편함과 갈급한 마음엔 신음이 새어나온다. 그래서 장자는 그를 무궁자가 아니라고 한다. 혼자 누워 저 바람소리를 듣지만 그러나 그것은 자연의 일부이다. 그렇게 보름도 못 견디고 돌아가야 한다는 열자의 불안 심리는 무궁한 것이 아니다.

총괄해서, 간신히 그 이름을 장자로 하여금 작명받아 명맥을 다시 시작하는 이 유무궁자(遊無窮者) 즉 유자(遊者)의 꿈은 치복자 수준의 열자를 넘어 앞으로 인간이 다 안다고 여기고 있는 사물의 본질과 미지를 찾아 떠나는 여행이다. 장자는 삼무자(三無者)를 통하여 잠시 하늘로부터 받은 붕새의 성성(星星)한 성품을 말했을 뿐, 어디에도 나도 공도 이름도 없다. 붕새는 하늘로 돌아가고 하늘은 붕새의 본향이다. 정말 하늘로 돌아간 것뿐이다. 밤별의 성망(星芒)을 눈에 대고 그려 넣을 수 없다.

무궁자의 꿈은 소통이다. 자연을 따르며 자연과 하나가 되어 무궁한 곳을 노니는 진인의 지고하고 무기(無己)한 꿈. 그리하여 어느 날 문득 지상의 낯익은 얼굴을 한 나비가 되었을까. 장자는 그 나비의 얼굴을 느끼며 어느 투명한 구석에서 그를 쳐다보고 있었을 것이다. 그러나 진인의 소통은 명백하고 뚜렷한 소통이 아니라 혼돈 속으로 들어가 상아(喪我)한다. 바람 속에 새와 씨앗과 노래와 꽃과 사람과 꿈이 현현한다. 어느새 몸을 뒤집고 나타나 저기 가고 있는 저들의 모습을 멍한 눈구멍으로 내다볼 뿐이다. 주변엔 온통 수많은 '나'의 구멍들이 함께 내다볼 것이다.

무궁자의 꿈은 천양(天壤) 위의 혼돈으로의 여행이다. 무한한 세상을 떠도는 방랑은 끝이 없다. 장자의 영혼은 그리고 붕새의 허상(虛像)은 돌아오지 않는다. 내가 정말 아는 것은 정말 아무것도 없다고 느끼는 순간, 나는 혼자 마당 한가운데 서 있었다. 어떤 곡두처럼. 가만히 그야말로 조용히 움직여 나아갔다. 다만 정수리 위에 수많은 별들이 반짝였다. 이 모든 것은 꿈이다. 한 손아귀에 잡힐 듯한 한 줌의 언어이다.

만일 천지가 3년이 걸려서 나뭇잎 하나를 만든다면 식물 중에 잎 달린 나무가 적을 것이다. 이는 한 송인(宋人)이 군주를 위하여 3년 동안 상아(象牙)로 닥나무〔저(楮)나무〕 잎의 줄기와 실가지를 만들었는데 어찌나 섬세하게 만들었는지 진짜 닥나무 잎과 섞어놓아도 찾을 수가 없을 정도였다는 말을 듣고 열자가 한 말이다. 자연의 방박의 노고를 말한 것일까. 불필요한 심로(心勞)이다. 감히 자연과 우주의 천변만화와 생명 소멸의 무늬에 대해 말할 언어가 있을까. 저 하늘의 별과 언어의 천진과 무지만이 나의 심지(心地)로 박혀 있다.

13 기산에서의 유(由)와 요(堯)의 독대

요(堯)가, 천하를 양위하려고 허유(許由)에게, 말했다.
해와 달이 떴거늘, 쉬지 않고 횃불을 피우면, 그 빛 역시 난감하지 않겠습니까.
때맞춰 비가 내리는데, 도리어 물을 대면, 그 연못 역시 수고롭지 않겠습니까.
선생께서 즉위(卽位)하시면, 천하가 다스려지겠거늘, 아직도 제가 천하를 다스리고 있습니다.
제가 자신을 돌이켜보건대, 부족합니다. 부탁하오니 천하를 맡아 주십시오.

• 원문(原文) •

堯讓天下於許由曰 日月出矣 而爝火不息 其於光也 不亦難乎 時雨降矣 而猶浸灌 其於澤也 不亦勞乎 夫子立而天下治 而我猶尸之 吾自視缺然 請致天下

* 겸손할, 넘겨줄 양讓. 양천하讓天下는 천하를 양위(讓位)하다. 출의出矣 해가 떴거늘. 횃불 작爝. 불식不息 계속해서, 쉬지 않고. 난감할 난

難. 성(盛)의 모습은 아님. 도리어 유猶. 시우강의時雨降矣 때맞춰 비가 내리다. 침관浸灌은 스며 적시게 물을 대다, 즉 치수(治水). 불역~호不亦~乎 ~하지 않겠습니까. 부자夫子 선생. 즉위 립立. 이아유시지而我猶尸之의 시(尸 신주)는 주관하다, 지(之)는 천하. 모자랄 결缺. 청컨대 청請. 맡길, 위탁할 치致.

해와 달과 횃불

권력을 양여(讓與)할 수 있을까.

달리 이름할 수 없는 하늘이나 미물들이 있기에 내심(內心)의 바깥 즉 자연과 외물에 인간은 관여될 수밖에 없다. 말할 수 없는 것들, 언어화할 수 없는 것들, 다 베풀 수 없는 것들, 함께 만날 수 없는 것들, 헤아릴 수 없는 모든 것들의 품의 만물(萬物)이 있다는 것을 추구한 장자는 도교(道敎)를 세울 만한 사람이었지만 종교를 만들지 않았다. 더 많은 사람들을 《장자》란 책으로 모이게 하기보다 멀리 각각 흩어지게 하였다.

장자는 생명들이 서로 엮이고 의지하고 땅과 하늘에 바쳐지는 수고로움을 겪는 것이 유명이 아니라 무명(無名)이라고 생각한다. 아마도 이 무명이 저 자연에 가장 가까운 이름일지 모른다. 그러기에 장자는 공자보다는 왕태 같은 초국가적 인물을 존경했으며 그런 인물들이 이 세상의 진인이라고 보았다.

128세까지 살았다는 요(堯)는 5제(五帝: 복희, 신농, 황제, 요, 순) 가운데 한 사람이다. 자신의 무능과 한계를 깨닫고 허유를 불러 그에게 천하를 양여하려 한 일은 기이한 일로 기록된다. 무상을 깨달았는가, 한계에 도달했는가, 무명을 알았는가. 쓸데없이 천하를 다스릴 것이 없다는 것을 터득하였는가. 아마도 요는 고독했을 것이다. 매일 말 없는 기산(箕山) 쪽을 바라보며 허유를 부러워하고 궁궐 떠나기를 속으로 갈망했는지 모른다.

유(由)는 기산(箕山)에 들어가 세상으로 나오지 않았던 전설의 은자로서 요의 스승이다. 유에게는 또 설결(齧缺)이라는 스승이 있었다. 기산 아래쪽에 소부(巢父)가 살았다. 허유가 요와 대화를 나누고 건너편 물가에서 귀를 씻자 소부는 송아지(독 犢)를 데리고 피하면서 나의 물을 더럽혔다고 하였다. 어떻게 요와 유가 한 말을 전해 들었는지는 알 수 없지만 아마도 요가 천하를 유에게 양여하려 한다는 풍문을 들었을 것이다.

요임금이 기산(箕山)의 허유를 찾아갔으면 온 나라가 떠들썩했을 것이다. 결국 요가 천하 양여의 말을 듣고 귀를 씻으려 물가로 나갔지만 소부는 허유의 마음과 행동을 인정하지 않았다. 유(由)의 본심과 무관하게 그런 소문이 있다는 것은 이미 권력자와 만나 대화했다는 것이며 그것이 불쾌하다는 암묵의 행동을 보인 셈이다.

한 사람은 정신이상을 보일 정도인 것 같고, 다른 한 사람은 유수(流水)에 구토한 것이 아닐까 싶다. 뒤돌아보지도 않고 송아지와 함께 어디론가 산길을 걸어 유유히 사라졌을 것이다.

그런데 이들은 왜 그토록 천하 권력을 부정하고 멀리했을까. 권력은 도인들에겐 가장 위험한 칼과 독이 되는 것일까. 어쨌든 소부의 입장에서 보면 허유는 오해를 받을 수밖에 없었으며, 또 허유는 천하에 뜻이 없다는 것을 해명을 해야 할 일이었다. 아마 허유는 요가 다녀간 그 뒤로 절치부심(切齒腐心)했을 것이다. 그러나 허유는 삭삭하지도 않고 변명하러 다니지도 않고 그대로 기산의 하늘과 계절처럼 일상을 무심히 받아들였을 것이다. 모두 동북아의 무서운 자시(自視)의 인간형이다.

여기서 한 가지 문제 삼는 것은 '양천하어허유왈일월(讓天下於許由曰日月)'의 '일월(日月)'이다. '원래부터 하늘에 해와 달이 이미 있는데'로 할 것인가, '이 혼란의 시대에 해와 달이 나타났는데'로 할 것인가. 전자는 시대를 초월하는 것이며, 후자는 당대 성인에 대한 비유이다. 전자는 요임금이 머리 위의 해와 달에게 자신을 낮추는 말이 되며, 후자는 자신이 일월이므로 자신이 이룬 태평성대엔 횃불이 필요 없음을 은근히 내보이는 말이 된다. 어느 쪽이 맞는가.

전자가 맞다 해도 자신을 해와 달에 비유하는 것 자체도 무리이며, 비록 낮춘다 해도 자시(自視)를 잃은 오만이며 어불성설이 될 가능성이 높다. 장자나 허유가 보기에 요임금도 해와 달에게는 욕됨이며 현장의 허유 당사자에겐 민망함이었을 것이다. 그렇다면 이 천하 양여의 말은 거짓말일 수 있다. 아니면 천하가 다 이루어져 더 다스릴 것이 없다는 뜻으로 오해할 수 있다.

그런 정치와 성인과 시대가 있을 수 있을까. 허유가 귀를 씻은 것은 이 말 때문이 아닐까. 아직도 요는 멀었다는 뜻이 아닐까. 요는 아직 무기(無己)를 넘지 못한 이른바 세상이 말하는 성인일 뿐이다.

여기서 두 번 나오는 역(亦: 不亦難乎, 不亦勞乎)은 중요하다. 이 '역시'는 전의 것들을 거론하지 않았지만, 횃불을 밝히는 기광(其光)이나 논에 물을 대는 침관(浸灌) 말고 또 다른 것들도 그러하다는 뜻이 숨어 있다. 즉 횃불과 관개 말고도 다른 모든 국가적인 것들이 자연의 일월(日月)에 반하는 것이 아니겠느냐는 말뜻이다.

은자 앞에서 모든 것을 고백하는 요를 은근히 편드는 것 같아 대답하기 어려운 순간의 정치한 말이지만, 유는 요의 부탁을 거절한다. 희대(稀代)의 일이다.

장자는 이 허유가 열자에 이어 대단한 경지에 가 있던 3무의 한 인간 즉 진인으로 본 것 같다. 그러나 요도 대단한 깨달음을 뒤에 보여준다. 그것은 유가 천하를 받지 않았기에 얻은 무상 같은 것이다. 그 무상은 다른 자연을 요에게 보여주었다.

요(堯)와 유(由)의 심리 분석

잠시 생각해볼 것은 횃불이다.

횃불을 켠 난(難)을 '헛수고', '쓸데없는 일'로 무리하게 해석하는 것은 아무리 요라도 유(由)에게 할 경우 있는 말은 아니다. 자신을 반성하더라도 '저 횃불이 일월 아래 난처하지 않겠습니까'로 점잖게 보는 것이 좋다. 그 횃불이 자신의 권력일 수 있고 허유의 은거일 수 있다면 두 사람이 쓸모없는 대화를 나누는 것이 된다. 잘못하면 요가 타자이자 스승인 유에게 실언(失言)을 하게 되며 자시(自視)를 잃게 된다.

아무리 부드럽게 무장해제한 듯 말하고 있지만 요는 역시, 불가피하게 병력을 가진 권력자이며 유(由)는 가진 것이라곤 기산뿐이란 걸 독자가 간과할 리가 없다. 하지만 기산 속에서 병력을 가지고 천하를 다스리는 요는 조심스럽게 자신을 유 앞에서 낮추고 있다.

어쩌면 유(由)를 부자(夫子)라고 부르며 요는 허유의 마음을 떠보는 것인가. 그렇다면 말할 것도 없이 요는 모부(謨府)가 되고 만다. 하지만 요의 마음은 진작부터 기산(箕山)을 정말로 부러워하고 존경했을 것이다.

'홰 거(炬)'는 싸리나 갈대 등을 한 묶음으로 묶어 불을 붙여 길을 밝히거나 신호를 보내는 불이며, '횃불 작(爝)'도 홰에 불을 붙인 것이다. 어쩜 싸리나무 홰를 들고 누군가 저쪽에 떨어져 서 있었거나 커다란 장작불이 요와 유 앞에 일렁이며 두 사람의 얼굴과 주변의 어둠을 비추고 있지 않았을까. 갑자기 횃불이 등장한 것으로 보아 실제로 그 횃불이 이 대화의 현장에 있었다고 보아도 된다. 그렇다면 이 횃불만 있는 기산의 어둠 속이다. 풀벌레만 울고 있는 조용한 기산의 달밤일 수 있다. 공히 무지와 도를 품은 밤 산이 의식되었으리.

그런데 이 횃불을 헛수고로 보기보다는 전체 문맥으로 볼 때 '난감(難堪)함'이 맞을 것이다. 활활 관솔불을 피우고 있으면 그 불의 입장에선 최선을 다하여 빛을 발하고 자신을 태우고 있지만 태양에 비하면 너무나 미미하다. 그래서 자시(自視)한다면 횃불이 딱해지는 것은 당연하다. 태양을 보고 있는 횃불은 실로 난처하고 곤란했을 것이지만 요 자신의 관솔들은 계속 불타고 있다. 그래도 요는 수고롭게 관솔을 계속 운반해 와서 그 정치의 불을 지피고 있으니 불목하니보다 나을 것이 없다, 이렇게 역사를 보는 한 독자(讀者)로서 장자를 들여다본다.

이것이 고작 요(堯)가 하는 정치이다. 자시(自視)한 요의 눈은 비교적 맑은 편이라 할 수 있다. 어떤 번역에서는 '기어광야(其於光也)'를 횃불로 보는데 문맥상 그것이 아니라 일월의 빛이다. 즉 일월의 빛이 비웃지 않겠느냐고 보는 것이다. 얼굴이 어떻게 일그러지는지 알 길 없는 저 이충의 비웃음과 같다.

뒤의 '기어택야(其於澤也)'도 마찬가지. 그 빛과 택이 일월의 빛이나 연못이면 심오해지고 횃불과 침관(浸灌)이면 얕아진다. 횃불이 비추지만 역시 일월에 못 미치고 물길을 내봐야 연못만 못하다는 말이 되어야 할 것이다. 비가 올 때 잠시 물길을 내보아야 비가 그치면 없어지고 만다. 수만 년 내려온 비를 자연이 남김없이 받아 만들어낸 물길과 연못은 언제나 변함없이 흐르고 넘치지도 않고 부족하지도 않게 그 자리에 있다.

물론 여기서 그 '광(光)'이 횃불의 빛이라면 오만해진다. 감히 태양에 견줄 횃불이라고 스스로 자신을 곤란해 한다는 것 자체가 이미 교만이다. 만약 그렇다면 요의 말은 다른 뜻의 도모나 위선이 될 수 있다. 즉 더 나쁜 것은 유가 정말 나의 권력을 받으려 하는지 유의 의중을 떠보는 말이 될 수 있다. 이래서 희대의 권력 양여의 밀담(密談)이라고 한다.

그런데 과연 요가 천하를 유(由)에게 정말 물려줄 생각이 있었을까. 그러나 '양천하(讓天下)' 같은 말을 거짓으로 하거나 부러 할 수는 없다. 요는 진정으로 국가를 떠나 자연 속에서 도를 얻고자 했던 가련한 한 인간, 즉 진인을 그리워하고 진인이 되고자 한 사람으로 보인다. 특히 이 대목에서는 장자가 사용한 '립(立)'자에 비밀이 있다. 이것은 요가 한없이 부드러운 정치를 했다는 뜻이며 그로 인하여 힘들었다는 것을 나타낸 것이 아닐까. 모든 백성의 아픔을 들어주어야 하는 진정한 천자(天子)는 모든 것을 바쳐야 하기 때문이다.

혹시 인간 요는 정치에 지친 것이 아닐까. 정치란 입이천하(立而天下) 즉 빈틈없이 곳곳이 서서 나라를 단속하라는 뜻의 당부나 지침도 아주 없다 할 수는 없다. 장자가 굳이 이 립(立)자를 쓴 까닭을 찾아보자면 그렇다는 뜻이다. 결국 그렇게 해도 되지 않으니 요는 유를 찾아온 것이다. 입이천하란 말 자체가 성립될 수 없는 말일 것이다.

가을이 오면 자연은 가을이고 봄이 오면 역시 자연은 봄인 것이다. 자연이 다스리는 저 천하의 운영은 저리도 순조롭게 흘러가는 대해의 범선(帆船)인데, 인위(人爲)의 정치란 실로 시끄럽고 피곤할 것이다. 어떻게 수고롭게 모든 수목과 벌레와 바람과 인간에게까지 정치적 의도를 가지고 지켜 서 있을 수 있을까. 정치가 면피하고 싶은 것이 많지만 무엇부터 정리해야 할지 알 수 없는 노릇이다.

때맞춰 낙종물이 내리고 이미 나 있는 도랑으로 하늘의 물이 흘러오고 있는 것을 왜 구태여 관개(灌漑)를 해야 하는가. 정치란 법규와 예규가 늘어나고 수많은 예외들이 발생하면서 골머리를 썩여야 하기에 허유로선 일일이 대처하기 불가한 일이다. 시비와 반대 속에서 세월을 보내자니 권력을 사용할 수밖에 없게 되는 것이 정치이지만 그러다가 또 민중과 내부 세력에 의해 붕괴되고 마는 수모와 전복의 역사와 뼈아픈 곡절을 쓸데없이 겪게 된다. 고쳐지지 않는 역사와 정치 자체가 지닌 답습이고 버릇이다.

정치란?

한 번 더 뒤로 돌아가 보자.

기막히도록 난감한 입장과 어리석은 수고로움을 요(堯) 자신의 입으로 항변한 것으로 가면 역시 인간의 우치함이 보인다. 자연이 할 일을 인간이 나서서 하거나 몫을 마치 빼앗듯 하는 인위의 모습은 장자가 볼 때 가관이었던 모양이다. 그러면 연못은 할 일을 잃고 일이 없어진다. 그렇게 스며 적시라고 물길을 내놓거나 자연 스스로가 하는 일을 가로막아 사람이 하는 것은 태양이 그 횃불을 보고 난처해한 것처럼 빗방울들이 그 지수(止水)를 보고 어쩔 줄 몰라 할 것이라는 것이 장자의 생각이다.

인간으로서의 장자는 저리 물러나 저 물의 편에 서고 있지 않은가. 물의 편을 든다고 말할 수 없다면 이런 대목에서 나는 깜짝 놀라고 그냥 함묵하고 얼른 지나치게 될 것이다. 장자가 다 하지 않은 말과 숨겨둔 뜻을 다 파악하고자 하진 않는다. 또 세상에 내놓고 싶지도 팔고 싶지도 않다. 이것은 우주가 우주의 본질을 사용해서 훼손하지 않으려는 혼돈의 보존본능이다. 모든 궁구(窮究)가 다 옳은 것이 아니다.

생각해 보자, 자연의 연못이 인간과 경쟁해야 한다는 어처구니없는 일이 전개된다면 그것을 옆에서 바라보는 다른 자연들은 무엇을 생각할 수 있을까. 우리는 저 자연으로부터 버려지고 끝장난 아이들의 어른들인가, 저들이 이제 망할 일을 먼저 서둘러 하는 것인가 하고 생각하게 된다. 이것이 황망한 지구와 인간의 현재이다. 마치 혼돈이 죽는 것과 같은 흉사(凶事)일지 모른다. 아무튼 물은 《장자》 책 속에서 남해(南海), 북해(北海)로 출렁이며 흘러가고 중요한 시작이자 끝이며 바탕이다. 대륙에 살던 장자가 어떻게 이런 기묘한 상상의 기미(機微)들을 묘사할 수 있었을까.

연못과 물, 횃불과 태양의 심리까지 그려낸 장자의 직관은 놀랍지만 그 거대하고 우둔한 지구의 운명을 돌려놓을 순 없다. 하지만 개인에게 주는 장자의 직통(直通)의 언어는 아무리 비춰보아도 다치지 않는 승물(乘物)이며 안에 감추거나 장치하지 않는 거울의 부장(不臟)이다. 잊을 수 없는 것은 저 숭엄한 존재와 운동을 한 점 다치지 않게 그대로 놓아두어야 하고 자연의 운명에 모두 바쳐야 한다는 점뿐이다. 이미 모든 것은 고장이 났지만 장자가 가는 사유의 위태로운 길을 따라갈 뿐이다.

요라고 하면 유가(儒家)에서 성인으로 모시는 임금인데 장자가 그를 선가(仙家)의 허유 밑에 둔 것에 특별한 의미를 부여할 것은 없다. 장자는 위대한 요조차도 침수나 하고 관솔불이나 관리하는 노무자 즉 정치(政治) 기술자 정도로 본 것 같다. 세상이 그를 성인이라 할수록 장자는 내심 어림없는 수작이라고 반발했을 것이라는 생각을 하게 된다. 단지 기억할 것은 천하를 받지 않은 유의 묘를 봉하고 기산에 산 그를 기려 요가 기공(箕公)이라 한 것은 상정(常情)이며 제자로서 마땅한 도리이지만, 그것도 요의 쓸쓸할 수밖에 없는 인정(人情)이다.

여기서 입(立)은 송영자에 나오는 수(樹)와 같지만 즉위(卽位)의 뜻이 있다. 한 그루 나무가 천하를 다스릴 수 있어야 한다는 말로 해석할 수 있다. 나무는 지혜 자체로서 인간의 지혜와는 다르다. 나무는 또 세 치 재앙의 혀가 없으므로 말을 하지 않는다. 뒤에 장석(匠石)의 나무 역(櫟, 상수리나무)이 나오지만 나무를 닮는 것이 가장 자연의 길에 가까이 접근하는 길이 아닐까. 가없는 일이며 또 불가한 일이다.

인위적인 만사의 편집 구도 속에서 인간과 세상을 다스리느니 자연을 따르며 자연의 길이 되며 자연과 합일되는 것이 천하를 다스리는 일이다. 그러므로 모든 유자(遊子)의 개인은 마치 나의 나처럼 나의 팔처럼 신장처럼 눈의 나처럼 다리의 나처럼 나의 심장처럼, 이름도 공도 없이 자연을 따르며 합일하여 함께 노니는 사람이다.

한 나라를 통치하는 것만큼 큰 고달픔과 수고로움이 없다. 권력의 무용과 무상이 여기 있다. 자연의 무위만이 유용인 것이다. 저 하늘의 땡볕이 무엇을 하는지 이미 아는 자는 방 안에 들어가 혼자 쉴 일이다.

이 귀휴(歸休)가 가슴 찡한 한여름의 얼음장 금 가는 소리를 낸다. 바람을 타고 치복하는 것보다 이처럼 오장육부가 시원한 위로의 말이 어디에 있을까. 무사인(無事人)에게 태양과 계절이 관통한다.

14 그대는 귀휴(歸休)하시오

허유(許由)가 말했다.

그대가 천하를 다스려서, 이미 천하는 잘 다스려지고 있는걸. 그런데 갑자기 내가 그대를 대신해, 장차 날더러 이름을 걸란 말이오. 명의란, 주인의 객(客)일 뿐인걸. 날더러 장차 객이 되란 말이오. 뱁새가, 깊은 숲속에 보금자리를 튼다 해도, 깊은 산림의 나뭇가지 하나면 족하고, 두더지가 황하를 마신다 해도, 배만 채우면 그만이라오.

돌아가 쉬시라, 임금이여. 나는 천하를 위해 쓸데가 없습니다.

비록 요리사가, 요리를 잘 못한다고 해서, 시동(尸童)과 축관이 제례(祭禮)의 순서를, 바꿀 수 없지 않소.

• 원문(原文) •

許由曰 子治天下 天下旣已治也 而我猶代子 吾將爲名乎 名者 實之賓也 吾將爲賓乎 鷦鷯巢於深林 不過一枝 偃鼠飮河 不過滿腹 歸休乎君 予無所用天下爲 庖人雖不治庖 尸祝不越樽俎而代之矣

* 자子 그대. 오히려 유猶. 기이旣已 이미. 위명爲名 (통치자, 천자) 이름을 내다, 걸다. 실지빈實之賓 실은 요(堯), 빈은 유(由). 초료鷦鷯 뱁새, 박새과에 속하는 교부조. 언서偃鼠 두더지. 귀휴호군歸休乎君 그대는 돌아가 쉬라. 나 여予. 소所 방법, 수단. 쓸 용用. 포인庖人 요리사. 시尸 제사 때 쓰는 신위, 신위를 대신하는 그 아이(시동), 신주. 축祝 축문을 읽는 사람, 축관. 순서를 밟지 않고 나갈 월越. 존재樽俎 술그릇과 제기(祭器). 대신할, 바꿀 대代.

양보할 수 없는 일지(一枝)

허유는 숲속의 한 가지에 보금자리를 틀었다.

요는 천하를 경영하지만 허유를 찾아와 엄청난 제의를 한다. 천하를 다스리는 권력을 허유에게 주겠다는 말을 한다. 유(由)는 매우 놀랐을 것이다. 비록 요의 스승이지만 이 국면을 벗어나는 데 있어서 허유는 조금의 거리낌도 없다. 마치 뱁새가 기산(箕山) 속에 숨듯 자신의 존재를 축소하고 가린다.

허유는 자신을 천자(天子) 앞에서 뱁새와 두더지로 낮추고 있다. 뱁새 나는 그저 기산의 나무 가운데 한 가지면 되지 천 가지 만 가지가 필요하지 않다. 두더지 역시 마찬가지로 물 한 모금이면 되지 하수(河水)가 다 필요하진 않다. 물론 그 기산과 하수(河水)가 그 누구의 것이 아니고 자연의 것이니 부끄러운 것이 없다. 단 한 가지로 산다는 은자의 최소한의 용(庸)에 의한 자유를 노래하였다.

하지만 허유는 허수아비가 되지 않겠다는 독자(獨者)의 뚜렷한 의지를 세운다. 유는 말을 잘 골라서 요에게 한 셈이다. 그야말로 정사에 지쳐버린 한 천자가 은자 앞에 와 있는 모습은 처량해 보인다. 요는 주변과 객체가 되어 찾아왔지만 여전히 불행한 중심과 주체이다.

아마도 요는 유가 자신을 어떻게 생각하는지 걱정했을 것이다. 유가 듣기에 따라서 불쾌할 수도 있지만 요는 기산에 들어와 더욱더 천자의 자리를 떠나야겠다는 결의를 다졌을 수도 있다. 세상 사람들이 성인이라고 말하는 천자라 할지라도 항상 마음은 편하지 않았던 모양이다. 잘 모르긴 해도 유는 이렇게 자신을 낮출수록 요는 기산이 아름답고 그립기만 했을 것. 기산에게 요의 궐이나 검이나 인장이나 벼슬이나 정책 그 어떤 것도 보잘것없는 것임을 요가 충분히 알고 있을 것이다. 어쩜 요가 볼 때 그런 것들은 정말 먼지만도 못한 것일 수 있다. 이것이 요의 진실이어야 한다. 그러지 않다면 요는 가짜 요가 된다. 그렇다면 요는 기산에 찾아올 필요가 없다.

이 선양설화(禪讓說話)의 중심 테마는 양(讓)에 있다. 이 양은 겸손의 뜻과 양위를 넘겨준다는 뜻이 있다. 모든 권력의 승계인데 여기서는 주고자 하는 자는 있지만 권력을 받지 않겠다는 자가 있다는 데 문제가 있다. 사실은 실패한 양여이다. 그런데 여기서 허유의 말에 의미가 있다. '대자(代子)'란 말은 빌린다, 대신한다는 말이다. 따라서 잘 다스려지는 천하를 내가 왜 맡아야 할 필요가 있는가, 또 임금으로 앉아 있어도 그건 내가 다스리는 게 아니라 천자 즉 요임금이 이미 다스린 결과의 연속일 뿐이다. 또 잘 다스려진 천하라면 허유가 굳이 천하를 다스릴 필요도 없다. 그러니 허유가 천하를 요임금으로부터 물려받았다면 그것이 유의 천하일까. 그러나 애초에 유는 천하 권력의 욕심과 꿈을 가지고 있지 않았을 것이다.

초라하기 그지없는 통치 문명과 권력

이것은 오해일 수도 있지만 다르게 생각해 보자. 요가 더 커다란 천하를 통치하려고 온 것이 아닐까 하고. 궐에서 이젠 진짜 천하인 기산(箕山)을 경영하고자 하는 욕망 말이다. 모든 것을 버리고 더 큰 것을 독차지하려는 요의 욕망을 허유가 알아차리고 단호하게 거절한 것일까. 자신이 진짜의 천하를 가지기 위하여 허유에게 천하를 양여하려 한 것일까. 눈에 보이는 천하 말고 눈에 보이지 않는 기산의 천하를 가지고 싶었다면 이는 큰 문제가 아닐 수 없다.

그것이 무엇일까. 사실 선양(禪讓)은 형식적인 절차의 대상일 수 있지만 그 안에 있는 허유의 정신 지렛대를 가지고 싶은 요의 마음에 문제가 있을 것이다. 그리고 다스리지 않으면서 다스리고 싶었던 것 그 무위의 정치를 혼사 하고 싶었던 것이 큰 문제이다. 자연의 정치를 즉 도를 탐낸 것일까. 아무리 많은 신하와 명예, 정책과 국력과 외교를 총괄한다 해도 모든 것은 귀찮은 일일 수 있다. 그래서 요의 이 기산행에 입산(入山)과 같은 의미를 부여할 수 있다.

그러나 다스리고 싶었던 것이 무엇인지는 기산에서 깨닫지 못한다. 당당한 이 천하의 주인인 허유를 요가 천하 정치의 일꾼으로 고용하려 하니 웃을 일이 아닐까(이미 이것은 재상 정도의 자리가 아니라 전권을 이양하는 것이기에). 그것은 서로 맞바꿀 수 있는 물건이 아니다. 요의 권력은 요의 것일지 모르지만 사실 허유의 천하 기산은 허유의 것도 아니기 때문이다. 그래서 사후에 요가 허유의 시호를 허황되지 않게 기공(箕公)이라 하였을까.

허유는 요에게 천하가 정말 당신의 것이 아니라는 것을 말한 것 같다. 어찌 천하가 누구의 것이 될 수 있는가. 자연이 웃을 일이다. 즉 천하가 당신 것이 아닌데 왜 그토록 자기 것인 양 애쓰느냐고 말한다. 스스로 있는 자연을 내버려두라는 당부 같다. 새를 자연 속에 버려두지 않고 어리석게 잡아 조롱(鳥籠)에 가두어 정치하면 새가 죽는다고 말하고 싶었을까. 자연과 인간에 대한 치명적인 발언이다. 자연

속의 천하를 말하는 것이다. 그런 천하를 강탈하고 편집한 결과 무언가를 잃게 된 것이지 원래부터 그 천하 경영권과 그 자연변화에 대해 관찰할 능력이 없었던 것은 아니다.

인간과 문명은 천하를 점점 더 복잡하게 만들어왔다. 인간의 치적은 자연에 비해 빛날 것이 없다. 초라하기 그지없는 문명이다. 문명은 풀 한 포기의 생명도 유전하는 힘도 만들지 못한다. 과학의 문명과 통치권력은 결국 지혜와 강압의 구성과 합의에 의해 이루어질 뿐이다. 지혜와 강압의 체제가 봄을 가져다주진 못한다.

그런데 묘한 것은 문득 이 두 사람의 대화에 농담이 섞여 있는 듯한 느낌이 든다는 점이다. 마치 농담하듯이 이 두 사람이 오랜만에 만나 천하에 대해 한번 논해보고 있는 것 같다는 생각이다. 스승과 임금이 그럴 수 있다고 본다. 한 번의 비유이며 비상일까 아니면 가정일까. 한 나라를 주고받으려는 이 일대의 불가한 거래는 우스꽝스럽기까지 하다. 지금 같은 시대에선 상상할 수 없는 일이지만 요의 말 한마디로 국가의 모든 권력이 허유에게 넘어갈 수 있을 것이다.

사실 이런 선양(禪讓)의 두려운 제의 혹은 상상이 정치권력의 주체인 요로서는 대단한 일이 아닐 수도 있었을 것이다. 경천할 일이라면 요는 아직 새로운 요가 아니며 정치에 애착이 강한 자가 된다. 그렇다면 요는 유(由)를 찾아올 까닭이 없고 이 기산(箕山) 방문은 허위가 된다. 기산 방문의 목적은 어떻게 하면 정치를 잘할 수 있겠습니까 하는 것이 아니라 정치를 포기하거나 유에게 양여하고자 하는 데 있기 때문이다.

선양의 실패는 유(由)에게 있다. 궐에 보물이 넘쳐나고 비밀서류가 많아도 저 기산의 세월과 물만 못하다는 자부심을 유는 가지고 있었던 것 같다. 하기야 그 어떤 궁궐도 저 산처럼 아름답지는 않을 것이다. 궁궐에 기산 같은 봄이 오고 겨울이 올 리 없다. 기산의 새가 울고 옥

수(玉水)가 넘치듯 흘러가진 않을 것이다. 옥수는커녕 밤낮 없이 주체가 모르는 음모가 있고 먼 지방관의 목이 잘려나가고 무서운 법령에 의해 국가는 운영될 것이다.

진정한 임금이면 이와 같은 허유의 초라한 산방이 그리울 만하다. 요는 궐에서 산을 그리워한 점에서 기산의 제자라 할 수 있다. 어떤 국가도 다 멸망했지만 저 기산은 예전과 변함없이 유(由)의 산이다. 그만큼 요가 아무리 임금일지라도 정치란 고달프기만 하다는 것을 유에게 하소연한 것 같기도 하다.

뱁새는 한 가지면 족해

'교부조'라고도 하는 이 초료(鷦鷯)라는 뱁새는 굴뚝새와 비슷하다. 새는 심처(深處)를 좋아한다. 허유가 자신을 낮춰 말한 비유물이다. 또 자신을 낮추면서, 보이는 것에 대한 정치만 한다면 임금도 초료에 불과하다는 것을 은근히 말한 것이기도 하다. 그럴 수밖에 없는 것이 정치란 것은 결코 사람의 마음까지 다스리진 못하기 때문이다. 하물며 일지(一枝)에 걸 자기 영혼의 집이 있는가. 유는 한 가지에 의지하여 일생을 살아가지만 요는 천하권력의 중심에서 살아간다. 이 극명한 숙명의 대비는 불가피하다. 요와 유가 대등해지려면 천하와 기산을 버려야 한다.

누구나 그야말로 극미한 한 부분만 경영할 뿐이다. 아마 유의 스승은 유가 경영한 치적을 보고 비웃을지 모르는 일이다. 어찌 천 가지 만 가지 일을 잡아 다스릴 것인가. 거짓과 술수, 배척과 등용의 피로 얼룩져 있는 것이 정치이다. 사람의 마음까지 권력이 강제로 사거나 구걸할 수 없는 것이 기산의 경영이다. 이 소요와 무위와 바꿀 것은 유에게 존재하지 않는다. 이것이 제자인 요에게 주는 유의 당부였다.

그 이상의 어떤 말을 해줄 수가 없다.

그러나 유는 강력한 발언을 한다. 이것은 권력의 무의미와 허무, 권태, 무력감에 빠져 있는 요에 대한 반발적 의미가 있는 것 같다. 저 기산에 사는 허유를 요가 빼앗을 수 없으니 그건 일찍 포기하라는 말로 들린다. 정치인은 저 불행하고 억울한 사람들의 숙명을 생각하며 천하를 다스리는 일을 쉬지 말라는 당부 같다. 그렇게 하면 당신은 그런 말을 할 권리가 없게 된다.

여기서 중요한 말은 귀휴(歸休)이다. 허유가 요에게 돌아가 쉬시라고 한 말은 대단한 충고다. 황제의 정사도 다 고단한 일을 도모함에 불과하다. 덧없는 일임을 요임금에게 부드럽게 가르치고 있는 광경이다. 귀궁(歸宮)이라 했다면 아무리 유라 할지라도 요에겐 지나친 것이 된다. 귀휴의 '휴(休)'자가 그래도 요의 위안이 되었을 것이다. 사람과 나무가 함께하는 것이 쉼일 것이다. 아무리 사제지간이라도 서로는 남이다. 그러니 여기서 깨우쳐 가지고 돌아갈 자는 요인 건 어쩔 수 없다.

뒤에 나오는 장보(章甫) 이야기에서 요가 그 남쪽을 바라보며 얻은 것은 무엇일까. 마치 천하의 정치보다는 한 인간의 내면을 다스리는 것이 왠지 더 커 보이는 처절한 대화이다. 황제가 한 도인 앞에서 예를 갖추고 귀 기울이는 대목에선 요도 대단하다. 하지만 요는 천하를 다스려야 하는 정치의 옷을 입은 자이고 유는 기산에서 아무것도 바랄 것 없이 살아가게 된 자이다. 요는 천하를 얻은 이상 버릴 수 없다.

기산 역시 절대 불가의 산색(山色)을 띠었을 것이다. 기산이 천하를 거부하며—기산이 세상의 어머니이니 세상의 아들인 천하를 받을 일이 없으므로—죽어도 유는 기산과의 약속을 지켜야 하고, 대신 요는 요연(窅然)을 얻는다. 이 심중의 형용사 하나가 요의 끝이었다. 여기서 대단한 요연을 발견하지만 여기서 이후, 요는 다시 기산을 찾아가지 않았을 것이다. 또한 기산 역시 요를 기다리지 않았을 것이다. 서로가 멀리서 하늘까지 높아졌을 것이다.

요(堯)를 슬프게 한 언어

이 단어들이 요를 슬프게 했을 말이다. 화난(火難)과 노(勞), 입(立)자 대(代)자 명(名)자. 천하 권력을 사양한 허유. 그렇다면 천하가 요의 것이 아니라는 속뜻을 요가 찾아야 할 것이다. 아마도 궁중에 돌아가면 번쩍 정신이 날 말이다. 그러나 요가 슬픈 것은 쉴 수가 없다는 것에 있다. 아무리 태평성대라 해도 산더미같이 쌓여 있는 정사를 다 어찌할 것인가. 그러나 저 기산의 허유는 천하를 이미 가지고 있지 않은가. 그는 더구나 아무것도 하지 않으면서 천하를 운영하고 있지 않은가. 그것도 아무 힘도 들이지 않고 발품도 팔지 않으면서 말이다. 쓸데없이 일을 만들어 심로(心勞)하는 것이 정치이고 인간이고 제도이다.

어쩌면 이 허유의 귀휴(歸休)란 말은 돌아가 모든 권력을 내려놓으라는 말로 해석할 수도 있다. 고도의 수사적 대화이다. 이런 정도의 말을 했을 때 요도 차라리 눈물겨운 자기 업에 대한 작은 위로를 받았을 것이다. 안 됩니다, 당신이 없으면 나라가 무너집니다, 물러나지 마십시오 하였다면 돌아와 요가 혼자 눈을 감고 누워 유와 기산을 비웃었을 것이다. 내가 보기에 이것이 슬플 뿐이다.

그러나 가장 슬펐을 것은 '나는 천하를 위해 쓸 만한 방법을 가지고 있지 않다'는 유의 직언이다. 예를 다한 절대 사양의 말이었다. 가장 커다란 평생의 업인 천하의 문제를 들고 온 요에게 이 이상의 말을 할 수 없었을 것이다.

이 둘 사이가 사제간이라 하지만 그 사이에는 무서운 권력의 눈초리와 칼날이 보인다. 말이란 생각보다 어려운 것이지만 허유는 요에게 자신의 모든 것을 보여주었다. 이것이 기산의 독(獨)이다. 하지만 그 경계를 두 사람이 함부로 무너뜨릴 수 없다.

이 말이 요에게 가슴 찢어지는 말이 아니었다면 요는 이미 진정으로 도에 굶주린 자가 아니다. 천하를 가진 자 앞에서 천하가 필요 없다는 것 자체가 이미 스승이 되어버린 형세이다. 이러니 요가 유를 잊을 수 있었겠으며 따라잡을 수가 있었겠는가. 일이 바빠 다시는 찾아올 수 없었을 것이다. 허유가 모든 숲의 가지에 보금자리를 틀지 않는 뱁새처럼 사실 천하가 모두 내게 필요한 건 아니라는 말은 지나친 말일 수 있다. 천하를 경영할 능력도 묘수도 없다고 해석하는 것이 옳을 것이다.

하지만 결코 양보할 수 없는 도의 경지가 있다. 나는 객이 되고 싶지 않다. 나는 주체이고 싶지 당신의 권력을 명의만 빌려 행사하고 싶지 않다는 것. 그 권력은 당신 요의 것이다. 당신이 만든 권력은 당신의 것, 나의 것이 될 수 없고 빌려줄 수도 없다. 마치 나의 몸을 남에게 빌려줄 수 없는 것과 같다. 아니 허유는 아예 권력 자체가 싫다. 그리고 천하를 다스린다는 말 자체가 끔찍하고 어처구니없으며 가당치가 않은 일이다. 자연을 다스릴 수 없는 이치와 같다. 기산에는 스스로 아침이 오고 정오를 넘어 저녁이 온다. 이 이상의 것은 유에게 필요 없다.

권력과 통치가 싫증난 요의 마음을 알 만하다. 통치란 얼마나 무잡하고 소용없는 일인가. 내 몸 하나 간수하여 지켜 나가기도 어려운 평생에 무슨 국가를 운영한단 말인가. 그것은 가장 커다란 허사이며 욕망이다. 실로 허유 같은 삼무인에게는 귀찮은 일. 수많은 사람을 곁에 거느리고 백성을 다스리는 임금이 되어 무엇할 것인가. 정말 아무 소용이 없는 것이 아닌가. 그 아래 수많은 제도와 도구와 이름과 명예와 공적과 권력을 끝없이 탐하는 인재들이 있어도 허유가 부럽기만 하다. 아무리 궁궐이 아름답다 해도 기산만 못하다.

여무소용천하위(予無所用天下爲)는 '나는 천하를 다스릴 생각이 없다'거나 '나는 천하가 필요 없다' 하는 것보다는 그대로 번역하여 허유의 마음을 겸허하게 전달하는 것이 좋다. 요가 청한 오자시결연(吾自視缺然)에 대한 유의 답이므로 그렇다. 왜냐하면 여기선 임금에게 돌아가 쉬라고 한 강한 어조보다는 그래도 요임금이 찾아온 것을 탓만 하거나 내치는 것보다는 자시의 말로서 자신을 경계하는 말이 유다운 말이기 때문이다. 그래서 자신을 낮춰 '나는 천하를 위해 쓸데가 없습니다'로 하였다. 위(爲)를 어조사로 보지 않고 타동사로 보았다. 저 천하를 내가 어떻게 다스린단 말인가. 나 하나도 다스리기 어려운 걸 왜 천하를 다스리겠는가. 허유의 일심(一心)이다. 장자는 이 하나의 마음을 아주 중시했다.

정치는 요리(料理)인가

요리를 정치에 비유한 말은 절묘하다.

식객들은 요리사가 만들어준 요리를 먹을 수밖에 없다. 요리사가 마음에 들지 않는다고 당장 요리사를 교체할 수 없다. 또 바꾸면 되겠지만 그 다음에 오는 요리사의 요리를 반드시 먹어야 한다. 요리사는 바뀔지 모르지만 요리는 올라온다. 정치를 해본 적이 없는 장자 같은 도인이 어떻게 돼서 천하 정치에 대한 통찰을 가지고 있는지 놀랍고 우스꽝스럽다. 장자도 정말 정치를 하고 싶었던 것일까. 허나 장자의 진짜 정치는 풍자요 소요며 어쨌든 소요는 관람하고 비판하는 권리가 있다. 정치는 비판될 수밖에 없고 소요는 비판할 수밖에 없다.

요리사는 임금을 말한다. 어떤 요리사도 부엌 전체를 다스리지는 못한다. 총괄하는 책임자는 사실 아무 요리도 하지 못한다. 지켜보고만 있어야 한다. 떠나지 않는 영원한 요리사도 없다. 한 요리사는 어느 기간 한 부엌과 요리만을 실제로 책임질 뿐이다. 모든 것을 다 책임지고 싶을 때 그에게는 어떤 한계가 온다. 또 요리사는 부엌을 책임져야 할 소임이 있는 자이다. 주인과 신주가 들어가 요리를 할 순 없다. 아무리 군주가 잘못해도 시동(尸童)이 그것을 맡을 순 없는 노릇이다.

혹시 요(堯)는 유(由)에게 단지 하나의 요리사 정도로 보인 것이 아닐까. 또 유는 정치를 움직이지 않는 요리사가 있는 부엌의 신주인 시(尸)로 나타내면서 묘한 풍자를 한 것이 아닐까. 다스리지 않고 관여하지 않는 신주가 바로 무위의 상징체일까. 당신은 임금이고 나는 임금이 아닐 뿐이다. 그렇게 본들 요가 유의 생각까지 수정하고 통제할 순 없다.

격무에 시달리지만 일은 하지 않을 수 없고 청산의 풍운(風雲)은 그립고 도성은 가로막혔으니 요는 유를 못내 부러워했을 것만은 진실일 것 같다. 모든 잡동사니들로부터 떠나는 자유의 길은 요원하다. 그래서 천하를 허유에게 넘기려 해보지만 되지 않았다. 유는 요리사가 될 수 없다. 유의 요리사는 자연뿐일 것이다. 아무나 기산의 산감(山監)이 되는 것이 아니었다.

벼룩의 간까지 걱정하고 다스려야 한다면 누가 통치를 하겠는가. 아니 한 인간으로서도 할 일이 아니다. 인간이 할 일을 최소화하는 것이 가장 올바른 지혜이다. 자연에 맡기면 자연이 알아서 한다. 자연이 원하지 않는 것을 만들고 기르지 않는다. 어쩌면 요임금은 그런 자잘한 것들까지 다스려야 하는 일에 대한 억압을 받고 있었는지도 모른다. 말하자면 성군(聖君)이 되어야 한다는 부담에서 벗어나고자 허유를 찾아온 게 아니었을까. 그렇다면 제왕이 시골의 한 노인보다 나을 것이 없다.

마지막 말에는 뼈가 있지만 어쩔 수 없는 측은지심이 보인다. 임금으로서의 요의 세간의 책무와 허유의 출세간의 책무가 다름을 이른 말이다. 요리사 혹은 부엌을 관리하는 자로서의 요와 제수(祭需)의 주기(酒器)나 육기(肉氣)로서의 자신을 대비해 말하고 있다. 그러나 요는 요리사처럼 인간을 요리하고 만물을 정치하고 싶진 않았을 것이다. 인간이 할 수 없는 일의 한계와 구분을 일러준 주요한 대목이다. 이것으로부터 자유롭지 못하거나 부정되면 기계적이고 체제적인 인간이 되어야 한다. 불가피하게 반도(反道)의 인간이 되어야 한다. 요임금은 심각한 고민 속에서 사적(私的)으로 허유를 찾아와 자기 존재의미를 찾고자 한 자였다.

장자는 자신의 선인(先人)을 비판의 대상으로 삼아 새로운 인간형을 창조하겠다는 결의를 보여주었다. 궐은 모든 사람이 경쟁하고 감시를 받으며 비웃음과 비난을 받기 쉬운 곳이다. 권력의 중심과 주변부가 모든 공명을 다 나누어 가지고 세상을 쥐락펴락한다. 그러한 정치인들에 비해 요는 대단한 자시(自視)의 인물이라는 것을 장자는 말하고 있는 것 같다. 결국 장자는 송영자를 안을 치중한 인물로, 요를 밖(외물, 정치, 명분, 천하 등)에 묶인 자로 양쪽을 비판하고 열자를 치복자 정도로 규정한 셈이다.

한 가지 위의 집과 두더지의 만복(滿腹)을 위하여

3무(三無)의 존재는 가능한가.

몸과 공과 이름이 없는 것들을 발견하는 것이 또한 자시(自視)를 가지는 방법인가. 궁극적으로 그것들 즉 분별, 체제, 신분, 계급, 사상 등이 없는 것이 자연이다. 그것들이 없는 것들이 이 자연 속에 얼마나 많은가를 발견해보는 것도 한 일탈의 방법이며 소요의 길이다. 자시(自視)를 통해서 만물과 인간의 머리 위에 비상하는 존재가 있다는 것을 잊을 수 없다. 장자가 여기 이 자리에 요와 유를 초청한 것도 그 존재를 의식한 구성이다.

요는 위대한 스승을 가졌다. 요가 말하길 허유 선생은 태양이며 나 요(堯)는 횃불이 아닌가 하는 말은 보통사람이 할 말은 아니다. 이 천하의 기산에서 요 유가 독대한 이 대화는 권력과 자연의 초극적 대결의 대화라고도 할 수 있다. 요는 허유 아래 있을 수밖에 없다는 결론이 난 것이다. 그러면 도는 만인의 권력 위에 있는 부러운 그 무엇이다. 기산은 천하의 요를 부릴 것이므로 기산은 현실로부터 이미 저 멀리 있다.

장자는 송영자에 이어 열자 다음에 요(堯)를 거론했다. 마음 아픈 자는, 여론에 흔들리지 않는 송영자도 바람을 몰고 다니는 열자도 아닌 구조 속에 갇혀 있는 요이다. 이것이 이제 숙명의 이야기로 《장자》가 전개되는 것을 보여주는 단서이다. 행복은 어디 있는가, 도는 어디 날아가고 있는가, 갇혀 있지 않은 인간이 있는가. 그가 열자든 요이든 순이든 어느 누구이든 그가 어떤 방법으로 회금수자(懷金垂紫)한들 이 무궁자를 따를 수는 없다. 그들은 대부분 민중의 이충일 뿐이다.

천하를 사양하는 유(由)의 말은 핑계이기도 하지만 사실은 대단한 진실이기도 하다. 그래도 유는 요의 마음을 아주 섭섭하게는 하지 않았다. 단지 해석의 문제가 있다. 유의 마음을 좀더 부드럽게 만드는 쪽으로 가고 싶었다. 그 까닭은 여기 나오는 새(초료 鷦鷯, 뱁새)와 쥐(언서 偃鼠 들쥐)에 있다. 계속 굶주리지 않고 자기 배만큼 만복(滿腹)하는 저 들쥐가 탐욕으로 더럽혀진 인간보다 깨끗하고 한 나뭇가지만으로 주야를 거처하는 데 충분한 뱁새는 어리석은 인간보다 현명

하다 할 수 있다. 그럴 것이, 인간이 그 뱁새의 세계를 알 리가 없다. 또한 허유도 그러할 것이다.

자연의 정치를 하라는 말, 너무 정치에 과욕을 부리지 말라는 말로 요는 알아들었을 터이다. 그러나 요에 대해 걱정할 것은 없다. 요는 세속적으로 유와 비교할 수 없을 정도의 많은 것을 가진 자이다. 하지만 그는 유의 위로를 받고 싶었던 것 같다. 이것에서 요는 뼈아픈 장자 특유의 회오(悔悟)인 '자시(自視)'의 가능성이 있었다 할 것이다.

끝 문장의 '월(越)'자를 술그릇과 제기(祭器)의 위치를 무시하고 제례(祭禮)의 순서를 밟지 않는 것으로 보고 '제례(祭禮)의 순서를, 바꿀 순 없지 않소'로 해석했다. '대(代)'자도 대신한다는 것보다는 '바꾼다'는 뜻이 합당해 보인다. 여기서 요는 어쩔 수 없는 들쥐의 우두머리일 수밖에 없고 유는 저 심산의 작은 한 마리 새인가, 하고 감히 상상할 순 없는 일이었다.

15 그리운 고야산의 신인(神人)

견오(肩吾)가, 연숙(連叔)에게 말했다.

"내가 접여(接輿)한테 들었네. 비상하고 황당하데. 그의 말은 돌진만 했지 돌아올 줄 모르더군. 나는 그 말이, 은하(銀河)처럼 끝이 없어서 놀랐고 무서웠다네. 너무도 동떨어져 상식으론 접근키 어렵더군."

연숙이, 그 말이 무슨 말이냐고 물었다. 견오가 말했다.

"말일세, 먼 고야산(姑射山)에, 신인(神人)이 살고 있대. 살결은 빙설(氷雪) 같고 얌전키가 마치 처녀 같다는군. 오곡을 먹지 않고, 바람을 마시고 이슬만 먹으며, 구름을 타고 용을 데리고 세상 밖을 노닌다는군. 그 정신이 응결(凝結)하여 만물이 질병에 걸리지 않고, 곡식이 여문다는군. 나는 이건 거짓말이다 생각하고, 믿지 않았네."

• 원문(原文) •

肩吾問於連叔曰 吾聞言於接輿 大而無當 往而不返 吾驚怖其言 猶河漢而無極也 大有逕庭 不近人情焉 連叔曰 其言謂何哉 肩吾曰 藐姑射之山 有神人居焉 肌膚若冰雪 淖約若處子 不食五穀 吸風飮露 乘

雲氣 御飛龍 而遊乎四海之外 其神凝 使物不疵癘而年穀熟 吾是以狂而不信也

* 견오肩吾, 연숙連叔 가공인물. 접여接輿는 초(楚)의 실존인물. 성은 육(陸) 이름은 통(通). 클, 비상할 대大. 무당無當 터무니없음. 대이무당大而無當, 왕이불반往而不返 크고 황당하며 나아갈 줄만 알고 돌아올 줄은 모르다. 경포驚怖 놀랍고 무섭다. 대유경정大有逕庭 너무 동떨어져 있음. 경은 문 밖의 길, 정은 집 앞의 길. 불근인정언不近人情焉 상식으론 접근키 어렵다. 멀 막藐. 고야산姑射之山 신인이 산다는 전설의 산. 기부肌膚 피부. 뇨약淖約은 얌전하고 유약함(《南華經直解》). 사해四海 세상. 자려疵癘는 모든 질병과 염병. 연곡年穀 오곡. 즉 메기장, 찰기장, 검은깨, 보리, 콩. 운기雲氣 공중으로 떠오르는 기운. 광狂 속임수, 기만.

고야산(姑射山)은 어디 있는가

허유가 지인(至人)이라면 막고야산의 이 인간은 신인(神人)이다. 지인은 지극함이 있고 신인은 신 같은 데가 있다. 마치 은혜를 갚는다는 남숙(南儵)과 북홀(北忽)의 손에 의해 혼돈(渾沌)이 살해되듯이 (이 책의 미래지만 과거로 볼 수도 있다) 신인들은 문명과 인간의 소지에 의해 한 사람도 남김없이 다 죽은 것일까. 그들은 왜 인간의 소지와 계략에 약한 것일까. 바보와 같은 우둔한 혼돈이 7일 만에 죽었다는 것은 그가 아무런 대응도 반항도 하지 않았다는 뜻이다. 그는 왜 보호하지 못했을까. 아무튼 저 문명의 대도시에 한 사람의 진인도 없는 것이 사실이다.

그 옛날 누가 고불(古佛)이 그립다 하였던가. 고불이 그립다는 말은 옛 사람이 없다는 말이다. 사람들이 닳고 닳아서 본래의 인간이 아니라는 말뜻이기도 하다. 아마 현대인들이 본래의 인간을 본다면 아마 그 아름다움과 자연스러움에 깜짝 놀라 물러설 것이다. 추악하고 왜소하고 좀스러운 인간을 본 태고의 인간들은 또한 깜짝 놀랄 것이다. 진심으로 옛 사람들의 손과 눈과 허리춤과 발을 나는 보고 싶다. 하지만 이 세상 어디에도 그 옛 사람은 다 사라졌고 존재하지 않는다.

막고야지산(藐姑射之山)은 고야산이라고 해야 할 것 같다. 막(藐)은 머나먼 이라는 형용사이다. 북해(北海) 속에 있는 산이기도 하지만 임분(臨汾) 남방에 있는 산이기도 하다. 해중(海中)의 고야국 서남쪽 산맥의 남쪽 100리 밖에 있는 산. 또 이로부터 서남쪽으로 380리 밖에 이 고야산이 있다고 한다. 《산해경》(山海經)에 전해지는 이야기이다. 그러나 통칭 막고야산이라 해도 좋다.

이것은 접여(接輿)가 말해준 한 신인(神人)에 대한 이야기를 견오(肩吾)가 연숙에 전하는 광경이다. 고야산(姑射山)에 사는 신인에 대한 터무니없는, 황당무계한 이야기를 사람들은 생각하고 있었다. 전해지는 그 신인(神人)은 처녀와 같고 살결은 눈과 얼음처럼 희다. 바람을 마시고 이슬을 먹고 구름을 타고 용을 거느리고 사해를 맘껏 돌아다녀서 그 정신이 한없이 엄정하고 맑아 만물이 병들지 않게 하고 오곡이 잘 여물게 한다.

그러나 예나 지금이나 눈으로 보지 않고 어찌 믿을 수 있을까. 고야산의 신인은 기이하게 뇨약하다. 강한 것이 강한 것이 아니라 약한 것이 강하다. 그 정신이 아무 시름 없이 노닐며 한여름을 잊고 없는 듯 보내기에 천하의 모든 곡식의 알들이 무르익는다고 한다. 장자 시절에도 사람들은 신인을 믿지 않았던 모양이다.

허황하기 짝이 없는 이야기이다. 그것의 진위 여부를 떠나서 중요한 것은 장자가 세속에 나오지 않고 기산 속에 사는 허유처럼 이 신인을 끌어내지 않고 접여의 말을 전해 들은 견오가 연숙에게 말하게 할 뿐, 신인에 대해 더 밝히거나 분석하지 않는다는 점이다. 저 불별 하늘 속에 이런 신인들이 몇이 살았으면 하는 마음이 드는 것은 나의 마음에 그들이 살았던 시절의 상취가 남아 있어서일까.

정말 신인의 얼굴과 자태를 보고 싶다. 그리고 그 신인이 정말 실존했었다고 마음속으로 믿는다. 권력과 재물과 명예를 지니고 그것을 즐기고 탐하는 자들은 대개 신비한 일들을 믿지 않는 경향이 있다. 그렇다면 견오도 그 시대의 대다수의 합리적인 사람들 중의 하나일까.

연숙의 경포(驚怖)

청나라 선영무공(宣穎茂公)은 막고야산의 산을 사람의 몸으로 보고 신인을 몸 안에 있는 '신(神)'으로 보았다. 그래서 피부가 눈 같다 한 것은 적멸하여 일진(一塵)조차 물들지 않았음이고, 음식을 먹지 않았다 함은 끽다(喫茶)하되 쌀 한 톨(일립미 一粒米)도 먹지 않음이요, 구름을 타고 하늘을 돌아다녔다 함은 지혜의 밝기가 영통하여 무심히 사물에 순응하고〔順物〕 빨라도 느리며 그 속에서 변현(變現)의 무상함을 말한 것이라 하였다. 감히 장자를 사모한 자의 말이다.

그러나 그러한 해석보다는 불교의 영향을 받은 일이 없는 장자에게 이 천고의 신인의 존재와 세계는 독창적인 도의 광막지야의 세계를 열고 있는 어떤 광명과 혼돈이 함께하는 태허천지(太虛天地)의 응결(凝結)과 직조(織造)로 보인다. 햇살의 빛다발들이 그 곡식 속에 얼크렁설크렁 들어가 고치를 잣는 일처럼 느껴진다. 마치 땀을 뻘뻘 흘리며 애를 쓰고 있는 그 무엇이 느껴진다. 가슴과 코끝이 찡해온다.

신인(神人)이란 말에서 초월의지와 광막함이 함께 느껴진다. 잊어지고 사라져간 당대와 이전의 신인 중에서 마지막으로 남았던, 장자 앞 세대인 광접여(狂接輿)가 직접 보았다는, (물론 장자는 본 적이 없겠고 그래서 더 안타까워했겠지만) 마지막 막고야산의 신인을 기억하고 사모하고 아쉬워하는 눈물겨움이 이곳엔 있는 것 같다. 인간의 눈이 어둡고 멀어서 이젠 뇌의 기억도 지워져 상상조차 하지 못하지만 장자의 이 신인의 시현(示顯)은 장자에서 가장 중요한 인물이며 실종이며 기억이다. 기막힌 그 무엇이 담겨 있는 비전(秘傳)이다.

세상 사람들과 같이 견오는 믿지 않는다. 노자는 어리석은 사람 즉 하사(下士)들은 도를 들으면 크게 웃는다(大笑) 하였다. 그런데 견오는 황당한 도의 이야기를 듣고 웃지 못했으니 답답한 일이다. 그 신인을 몸이 찢어져서라도 찾아가야 하는 것을 견오는 전혀 모르고 있었다. 유언비어로 치부했을 것이며, 어떤 권력의 하수인은 그를 혹세무민의 혐의로 잡아들이려 했는지 모른다. 그는 시계 톱니바퀴 같은 작은 논리 속에 갇혀 째깍째깍 소리를 내고 있다. 즉 천하의 도를 들었음에도 자기의 작은 울타리의 일상성에 매몰된 인물임을 견오 스스로가 자기 입으로 다 내뱉는다.

그런데 여기서 흥미로운 말 하나는 경포(驚怖)이다. 이 놀라움은 《장자》 전편에서 매우 중요한 의미를 던진다. 최초의 경포(驚怖)를 나타낸 부분이다. 이 경포는 무서움을 동반한 괴연독(塊然獨)한 도에 대한 떨림과 호기심의 발로이다. 이 견오의 경포는 송영자의 비웃음을 아주 까마득한 저곳으로 밀어내는 새로운 감정이다. 이 경포가 없다면 장자의 글은 출범하지 못했을 것이다.

경포야말로 장자 속에서 중요한 도의 씨앗을 잉태한 시초(始初)이다. 그것은 장자의 도가 혼돈으로까지 나아가게 하는 중대한 단서가 된다. 이전까지 도에 경포란 없었다. 즉 모든 상식과 보편적 지식 그리고 일상과 통념이 지배하였다. 그러나 붕비와 이 신인의 언어는 세계의 지평이 죄다 흔들리는 것을 상징하는 말이 되었다. 자신의 삶과 현실을 낯설게 바라보기 시작했다는 증거이다. 이 경포는 새로운 출구이자 인식이다.

2천 년이 지난 오늘, 그 흐린 날 한 내시(內視)가 알게 된 것은 놀라운 일이다. 이 신인이 고도의 응정(凝靜)과 엄정을 통하면 아무 병에도 걸리지 않고 오곡이 잘 여물게 한다는 것은 무엇을 뜻하는 것일까. 이 신응(神凝)은 모든 만유의 흩어져 제가끔 놀고 있는 유자(遊字)를 모두 한 곳에 불러 모으는 것일까. 이리 되면 광대한 우주가 한 광원으로 모여들고 그 속에 자신이 들어가 있는 것을 신인이 알고 있을까. 마치 1억 5천만 킬로미터 동쪽의 태양이 줄기차게 한 구멍으로 들어오는 돋보기와 같은 이치일 것이다.

결국 신인에 대한 말을 들은 견오는 연숙에게 미친 수작 같아서 믿지 않는다고 말하지만 그것조차 이상히 여기지 않았다. 오히려 이런 부사의한 인물을 등장시킨 것이 작품 구성상 필요한 것이건 의도된 것이건 상관없이 실감을 더해주는 것은 사실이다. 오히려 탈주제화하는 현대문학의 소설보다 더 기사(奇事)적이고 흥미롭다. 그런 측면보다는 이 신인을 묘사하는 장자의 고독한 심야의 자시(自視)의 글쓰기가 이 순간 또렷이 보이는 듯하다. 신인을 묘사하는 지인의 응결한 모습이 보인다.

연숙은 신인을 믿을까. 아니면 남다른 관심을 가지고 접여를 찾아갈 마음을 내고 있었을까. 장자가 더 이상 거론하지 않았으니 알 길이 없다. 역시 연숙을 견오와는 다른 사람으로 그리고 있지만 견오는 영부(靈府)가 없는 자일 수도 있다. 견오는 봄의 거울이나 겨울의 유리창이 없는 자로서 고작 물질계와 감각만 믿고 사는 자일지 모른다. 이때 연숙이 귀를 곧추세우고 자기 얼굴 앞에서 한 마디도 빠트리지 않고 귀담아듣고 있다는 것을 견오는 몰랐을 것이다. 연숙이 스스로 이상해지는 자신을 알지 못했을 것이다.

야마(野馬)가 노니는 들판의 햇살 속에 여물어가는 곡식들을 신인은 곁인 듯 빤히 들여다보고 있다. 이때 신인은 온 정신을 깨끗하게 한 다음 한 곳에 집중한다. 신인은 가쁜 숨을 쉬며 응결되어 있지만 자신의 공(功)도 모른 채 익어가는 알곡 그 자체가 된다. 마치 곡식이 여물어가는 들의 여름 소리 같다. 벌레들이 울고 물이 끝없이 흐르며 하늘도 맑고 산들바람도 어디론가 불어갈 때 신인은 그 하늘 속에 분명히 존재하였다.

만물이 그 여름 태양의 신인을 향해 움직이는 것을 볼 수 있다. 이 말을 의심하지 않고 마냥 햇살이 하늘에서 지루한 듯 그러나 쏜살같이 떨어지는 듯 응결(凝結)의 명상을 따라가 보면 이상할 것이 없는 그 자체가 즐거움이다. 정말 신인이 존재했다고 여겨진다. 그렇다면 신인은 지금 어디 있을까. 신인은 완전히 죽어버린 것일까. 다시는 돌아오지 못할까. 오곡이 익어가는 저 들판에.

그리운 막고야산의 신인

시간이 흘러갈수록 점점 더 막고야산 신인(神人)이 실존했다는 생각을 떨쳐버릴 수가 없다. 그가 사라진 것이 안타깝기 그지없다는 생각에 눈물까지 나오려 한다. 상상도 할 수 없는 먼 기억의 슬픔이 메뚜기 앞발처럼 움직였다. 《장자》를 읽으면서 최초로 가슴이 뻐근해짐을 느낀 것은 여기가 처음이다. 얼토당토않은 생각이고 상상일지 모르지만 나로선 이 《장자》에서 가장 신비한 인물이 이 막고야산의 신인이다.

그가 죽었다는 말에 가슴이 아파오는 것은 이상한 일이다. 혼돈이 죽을 때처럼 막고야산 신인도 어떤 똑같은 형국 속에서 숨이 끊어지지 않았을까. 혼돈이 죽을 때도 적막할 것이 분명하다. 무지막지한 인간들에 의해 신인은 처참하게 무시되고 버려진 채 죽어갔을 것이다. 아마도 인간들은 신인을 어떻게 죽였는지조차 기억하지 못할 것이다.

고야산의 신인, 그를 어디 가서 다시 볼 수 있을까. 장자 시대 이전에 벌써 청산도 심산도 옛 산들이 아니며, 이젠 지뢰(地籟)도 없어지고 그 빙설(氷雪)의 신인도 아주 영영 없어진 것인가.

2천 년의 세월이 훌쩍 흘러가고 말았지만 광접여(狂接輿)가 본 그 처자(處子)와 같은 고야산의 신인을 그리워하는 사람은 과연 누구일까. 아니 그러한 인간의 후예(後裔)가 있을까. 혼자 마고야산에 살았을 밤과 낮과 아침과 저녁, 그리고 땡볕의 한낮과 야로(夜露)의 자정을 상상할 뿐이다. 잠든 적이 없었을 것 같은 막고야산 신인(神人)! 강렬하고 뻣세지 않은 이 유약하고 부드러운 신인은 눈 속에서 조용히 앉아 아무것도 먹지 않았을 것이다. 그가 우리에게 뼈와 눈물과 마음을 준 무명의 존재라는 생각을 하면 까마득히 슬퍼진다.

여기 등장하는 광접여(狂接輿)는 공자를 질타하는 등 일부 남아 있는 기록으로 보아 실존인물로 본다. 단지 그가 공자와 마주치자 도망갔다고 기록했지만 꼭 그 정황이 맞을까 싶다. 그게 진실이라면 그가 공자를 피한 것은 두려워서가 아니었을 것이다. 직면하는 순간 놀라고 무서워서 자리를 황망히 떠나며 미친 척 소리치며 사라졌을 법하다. 그리고 하고자 했던 말을 영원히 접었을 수도 있다. 즉 경포(驚怖)의 발생이다. 아니면 공자의 친위대가 광접여를 제압했을 수도 있었을 것이다. 《장자》에선 접여가 광무가(狂舞歌)를 부르며 춤을 춘 것이 아닌가 싶다.

고야산 신인을 최초로 전해준 사람이 바로 이 접여(接輿)인데 신비한 인물이다. 공자 시대와 동시대인으로서 초나라 은자인 그는 처를 높이 떠받들고 살면서 직접 궁경(躬耕)했다고 하며 때로는 양광(佯狂)하고 산과 바다를 떠돌아서 자세한 행방과 생사를 모른다고 한다. 뒤에 또 등장하지만 남백자기(南伯子綦)와 함께 장자가 사모하던 과거의 인물 중 한 사람이다. 《장자》에 두 번 등장하는 인물 중의 한 사람이다.

그는 미친 척하며 세상을 떠돌아다녔다. 하나의 도를 깨닫고 얻기 위하여 세상을 거지가 되어 돌아다닌 유자(遊子)들에게 도의 계보가 있지 커다란 수레를 타고 3천 제자를 거느린 자에게 과연 어떤 도가 있을까. 우선 그것부터 자격이 없는 일이기도 하지만 광접여로선 그 인물을 도저히 믿을 수가 없는 노릇이었을 것이다. 어찌 경륜과 숙명과 삶이 다 같을 수 있을까. 그는 아내를 애지중지했다고 한다. 최근엔 《노자》(老子) 자체를 여자를 노래한 도가로 해석한 색다른 연구도 있지만, 장자도 아내를 사랑한 것으로 전해지고 또 열자도 나중엔 위기처찬했다고 장자가 기록했지만 도인들은 너나없이 여자를 사랑하고 소중히 여겼던 것 같다.

천지의 음양은 곧 자신의 내외의 음양으로 여겼을 것이다. 양(陽) 속에 음(陰)이, 음 속에 양이 있음을 그들은 알았다. 음이 죽는다는 것은 곧 자신이 죽는다는 양생(兩生), 양행(兩行)의 음양의 공존과 운동의 절대성을 인정한 것이리. 음양을 잘 관리하지 않고선 도를 구현할 수 없다고 보았던 것 같다. 이것을 저 뒤에 나오는 양생주(養生主)의 불(火, 난해한 부문으로 아직 정확한 뜻을 모름)이라고 할 수 있을지 모르겠지만 이것을 보존하지 않고선 도인이 될 수 없었을 것으로 보인다. 기인들에게 공통된 아름다운 이야기이다.

응(凝)한다는 말뜻은 무엇일까? 음양이 서로 마주 응(應)해야 한다. 마주 비춰주어야 비춘다. 여기서 생령의 기가 탄생하며 이 탄생을 자연의 최고 은혜로 받아들여야 한다. 하물며 고야산의 신인이 하늘에서 용과 노닐더라도 태양이 햇살을 내리비추는 모든 대지의 풀 한 포기조차 놓치지 않고 잘 기르고 관찰했다는 것이 바로 응(應)이라 할 수 있다. 그것은 대지의 만물들이 화합하여 봄과 여름을 지내면서 비와 토양과 바람, 일조량 등을 적절히 받아들이며 오곡들이 애써서 잎을 피우고 꽃을 피우고 열매를 맺는 식물로서의 말없는 열망과 작용에 호응하는 자연의 법칙이다. 이 세상의 조화이다.

음양에 응하다

그의 일을 더 들여다보자. 그는 여자가 아니고 남자인 모양이다. 접여가 본 신인(神人)은 처자 같다고 했지만 알 수 없는 일이다. 만약 여자라고 한다면 《장자》에는 여자가 여희, 계함과 함께 세 명 중 한 명이 이 신인이 되는 셈이지만, 신인은 여자 같은 남자가 맞지 않을까 싶다. 아니면 중성일지 모른다.

이때 사람은 조물의 존재처럼 여겨진다. 평범하고 보잘것없는 현대의 인간도 예전엔 조물주와 비슷한 경지에 있었을 것이다. 거의 신적인 힘과 상상과 신통력을 가지지 않았을까 싶다. 가만히 있으면서 조물의 말소리를 들었을 것이다. 언제부턴가 인간은 나약하고 병적인 존재로 전락하고 말았지만. 신성한 눈빛과 강한 팔, 그리고 천 리도 걸어갈 수 있는 보행력, 상상력, 직관력, 기억력 그리고 백 리를 내다보았을 시력(視力), 쉬지 않고 뛰는 심장 등은 현대인과 비견할 수 없는 본래의 인간의 것이다.

이 지구에는 고야산의 신인 같은 존재들이 많았을 것이지만 작고 얕은 지혜의 영향에 의해 인간은 모부(謀附)의 창고가 되고 아무것도 아닌 이름과 명예, 욕망의 노예들로 전락하고 말았다. 추락해서 초라하고 비천해졌다. 하늘이 내려준 영부는 썩어 문드러지고 너덜거리기 시작했다. 병 아닌 것이 없으며 그들은 수많은 의료 기구와 잘디잔 과학기술, 신약에 의지해 연명해가고 있다.

그러나 표치(標致) 한 고야산 신인은 사해(四海)의 구름과 용을 타고 다녔다. 아무도 믿지 않겠지만 이 불신도 인간 지혜의 한 타락의 미신이다. 사해 밖을 돌았으니 바로 어김없는 장자의 유자(遊字)이다. 바람을 마시고 이슬을 먹었다니 그러고도 오곡을 무르익게 했다니 그의 온 정기(精氣)가 다 그리로 광속처럼 은혜롭게 쏟아져 들어갔을 것이다. 불가사의하고 신비롭다.

신인은 나에게 이렇게 말하는 것 같다. 시부(詩夫)여, 그대는 놀라지 말라. 이런 것은 아무것도 아니라네. 그대도 내가 살던 시대에 있을 때 나처럼 하늘을 날아다녔지. 자네는 기억하지 못하겠지만 이건 사실이라네. 그 옛날을 상상하고 기억해서 내 말을 믿어보게. 그러면 정말 믿기 어려운 일이 벌어진다네. 용이 문제인가, 그보다 더한 일도 자네는 혼자 했었다네.

꿈같은 한 문장 속의 거리와 시간을 생각하니 까마득하다.

접여를 만날 수 있을까

한 가지 짚고 넘어갈 것이 있다. '대이무당(大而無當) 왕이불반(往而不返)'의 번역이다. 기세춘의 번역에는 이 부분을 지금까지의 번역과는 완전히 다르게 하였다. 그의 번역은 '너무나 황당하여 그를 떠난 후로는 돌아가지 않았소'로 되어 있다. 이 말이 맞는 것일까.

대부분의 번역은 '앞으로 나아갈 줄만 알았지 돌아올 줄은 모르더군'으로 되어 있다. 견오가 접여로부터 직접 들은 이야기를 연숙에게 전하고 있는 이 장면은 아주 극적(劇的)이다. 흥분하여 어쩔 줄 모르고 말하는 견오의 모습이 들떠 보이고 한편 삐딱하기도 하다.

이 정황을 수십 번 읽고 상상한 결과, '돌아가지 않는다'는 번역은 말이 잘 되지 않는다는 느낌을 받았다. 오히려 우리 같은 사람의 상식에는 맞지 않는다고 말하면서도 정작 마음은 호기심이 발동하여 접여를 다시 찾아가서 그 내막을 더 듣고 싶어 하지 않았을까. 급기야는 연숙에겐 우선 이렇게 말하고 나중에 신인을 찾아갈 생각을 했을지도 모른다. 그런데 접여를 떠난 뒤 그에게 돌아가지 않을 사람이 이렇게 흥분해서 괴이한 이야기를 전할 수 있을까. 대단한 궁금증을 가지고 있는 사람의 표정이 문면 뒤에 읽힌다.

그러나 정황을 가만히 생각해보면 이렇다. 접여가 남의 의견이나 의심을 무시한 채 자기 말만 미친 듯 계속했을 수 있다. 접여의 이야기가 거창하고 황당해서 그에게 돌아가지 않는다는 말이 잘 성립되지 않는다. 적어도 당대의 은자들인 이들이 이러한 이야기를 듣고 화제로 삼은 것은 당연한 일일 텐데, 이런 기이한 일을 전해 듣고 놀라서 다시 접여를 만나지 않게 되었다는 것은 말이 잘 되지 않는다.

그 말 하나 때문에 접여를 만나지 않을 리가 있을까. 지금 견오가 정신없이 기사(奇事)를 전달하는데 갑자기 접여를 다시 만나지 않겠다는 것은 작가가 어떤 저간의 긴박한 사정을 생략한 것으로 보인다. 놀라운 사실을 전하는 정황으로 보아 만나고 안 만나고가 중요한 것이 아니다. 장자 역시 견오가 다시는 접여를 찾아가지 않으리란 말을 하게 하여 내용상의 혼란을 주는 쪽으로 글을 썼을 리가 없다는 생각이다. 지금 견오가 한껏 접여의 말을 신나게 전달하는 순간이기 때문이다. 다시 만나고 싶은 마음을 숨기면서 말이다.

그래서 견오는 말하길 '그 말이, 은하(銀河)처럼 끝이 없어서 놀랐고 무서웠다네(경포 驚怖)' 하고 말한다. 즉 접여의 말에 무한한 관심을 보이고 있는 심리를 나타내고 있다. 그러니 그의 말을 듣고 그에게 돌아가지 않았다는 말은 합당해 보이지 않는다. 만약 기세춘의 번역이 합당하려면 그 구의 주어인 나(吾)가 별도로 있어야 할 것이다. 장자는 그 구의 주어를 그 앞의 '말(言)' 즉 접여의 말(견오의 말도 아님)로 삼았을 것이다.

접여 이야기가 앞으로 무궁하게 나아가 혼돈 속에 파묻히는 듯해 나로선 도무지 알아들을 수가 없었다는 새롭고 높고 난해한 도(道)에 관한 전달일 것이다. 등이 오싹할 정도의 전율을 느꼈다면 그의 이야기가 세상에서 처음 들어보는 기사임이 분명하다. 그것은 실로 두려운 무극(無極)에 대한 실감 있는 말이었을 것이다. 말하자면 무한한 매력과 호기심이 발동했다고 본다.

내가 견오라면 이렇게 말할 것 같다. "며칠 있다가 다시 접여를 찾아갈 생각이네. 자네 생각은 어떤가. 같이 가보지 않겠나." 하지만 고야산은 이젠 이미 지리적 공간이 아니라 신인이 은둔한 혼돈의 저 남쪽 바다의 서남쪽 해저에 있는 백해(百骸) 구규(九竅) 육장(六臟)의 세계이리. 문합의 남해만이 철썩이며 그 수면에서 천공을 핥아대며 어디론가 흘러갈 것이다.

신인이 말을 했다는 말이 여기 어디에도 없지만 그 말없음이 자연의 심성(心聲)이다. 그것은 살해되는 순간에도 말하지 않은 저 혼돈(渾沌)과 같다. 신인은 청천 속으로 흩어져 사라졌은즉 응결의 진심이 산란(散亂)했을 것이다. 자신을 최초로 본 인간을 향해 신인은 소요의 빙설의 빛덩어리로 마치 자신이 녹아버리기라도 할까 걱정하면서 애잔한 미소를 지었을 것이나, 아무 말도 하지 못하고 가만히 있었을 것이다.

신인은 저 혼돈의 영부였을까. 영혼은 여기 있고 그 혼돈의 중앙(中央)은 스스로의 우둔함을 껴안고 순명했을까.

16 만물이 방박(磅礴)하는 자연의 음악

연숙(連叔)이, 그렇긴 하지만, 하고 말했다.

그림을 관람하는데, 장님과 함께 참여할 수 없고, 음악을 듣는데, 농자(聾者)와 함께 참여할 수가 없지. 어찌 꼭 육체에만, 귀머거리와 소경이 있겠나. 대저, 지식도 마찬가지겠지. 여기 그 말이 딱, 자네를 두고 한 말일세.

이 신인의 이 덕은, 문득 만물을 융합하여, '하나(一)'를 만든다네. 세상은, 어지러운 것을 바로잡아 주기 바라지만, 누가 구차하게 천하를 다스리겠나.

이 신인을 외물들이 해치지 못하지. 대홍수가 나서 물이 하늘에 닿아도 빠트리지 못하고, 대가뭄으로 쇠와 돌이 녹아 흐르고 토산(土山)이 불타도 뜨겁게 하진 못하지.

여기, 그 먼지와 때, 쭉정이, 겨를 가지고 오히려 문득, 요순(堯舜) 따위를 도주(陶鑄)할 텐데. 누가 만물 다스리는 일을 위해, 즐거이 나서겠는가.

• 원문(原文) •

連叔曰 然 瞽者無以與乎文章之觀 聾者無以與乎鐘鼓之聲 豈惟形骸有聾盲哉 夫知亦有之 是其言也 猶時女也 之人也 之德也 將磅礴萬物 以爲一 世蘄乎亂 孰弊弊焉以天下爲事 之人也 物莫之傷 大浸稽天 而不溺 大旱 金石流 土山焦 而不熱 是其塵垢粃糠 將猶陶鑄堯舜者也 孰肯以物爲事

* 연然 그렇기는 하지만. 고자瞽者 장님. 문장文章 문양, 문채(文彩). 농자聾者 귀머거리. 종고鐘鼓 종과 북 즉 악기. 어찌 기豈. 딱히 유惟. 형해形骸 육체. 농맹聾盲은 귀머거리와 소경. 지之는 농맹임. 시기언야是其言也 여기 그 말이. 시(是)는 여기 이곳. 여女 여(汝) 자네. 유시猶時 유시(猶是) 바로 이 같은. 문득 장將. 방박만물磅礴萬物 만물을 하나도 제외하지 않고 넓게 두루 뒤섞음. 풀이름, 바랄 기蘄. 之人也 之德也의 지之는 시是의 뜻. 난亂은 다스리다, 어지러운 것을 바로잡아 주는 것. 누구 숙孰. 폐폐弊弊 구차하게. 물막지상物莫之傷 외계의 사물이 해(害)하지 못하다. 하지 말 막莫. 대침大浸 홍수. 이를, 머무를 계稽. 빠질 닉溺. 그을릴 초焦. 진구비강塵垢粃糠 먼지, 때, 쭉정이, 겨. 장유將猶 오히려 문득 도주陶鑄 흙, 물 불, 금속으로 기물을 만드는 것. 물物 만물. 선뜻 나설, 즐거이 나설 긍肯.

과로하는 인간

연숙(連叔)은 견오와 달리 난세에 세상을 바로잡고 다스려줄 사람이 없음을 한탄한다. 누가 정치를 쓸데없이 하겠는가. 이 말은 모든 인간들이 목말라 하고 욕망하는 자아와 국가의 통치의 꿈을 가장 쓸모없는 것으로 떨어트린 역설의 선언이다. 그러한 인간들의 지고한 꿈으로 반영되고 위장된 모략과 소지(小知)로 경영되는 메추라기 국가에서 통치되느니 저 무언의 방박(旁礴)의 자연을 따르겠다는 장자의 포부를 밝힌 대목이다. 이 무언의 자연은 신인이 요순 따위는 주물(鑄物)로 만들어 버린다는 일갈의 게송과 추상같은 도의 심현(深玄)한 언어도단이다. 이것이 장자의 자연 순응의 소요이자 승물유심의 전초이다.

붕새는 9만리 장천에 날아오르고 이제 장자의 진면목이 북명의 바다의 물결처럼 펼쳐지기 시작한다. 여기 장자 도의 가장 난해한 방박이 등장한다. 역시 난해한 도주(陶鑄)가 등장하고 천하를 거절하는 신인의 마음에 승복하는 연숙은 이상한 현상을 보인다. 이것은 발견하기 어려운 표정이지만 이것을 보지 못하면 이 대목에서는 장자 도의 비의를 만나지 못하는 것이나 다름없다.

이것은 무엇일까. 그리고 연숙은 누구일까. 장자는 저 고야산 아래의 세간의 한 외진 공간에 묘한 인물을 배치하였다. 여기서 정녕 중요한 것은 신인에 대한, 신인에 의한 견오와 연숙의 마음의 변화이다.

아무도 의심해본 적이 없지만 이 연숙의 심경의 변화는 기이하다. 마치 물화와 같은 것이 아닐까. 잠시의 잠 속에 있었던 일이지만 저 까마득한 곳에 몸을 두고 온 듯한 그러면서도 벗어날 길 없었던 장주(莊周)의 화물(化物)한 나비 경험과 같은 것이 아닐까. 연숙은 알지도 못하는 일을 마치 계시를 받은 양 견오에게 가르치고 있지 않은가.

연숙 자신도 이미 자신이 무슨 말을 하고 있는지 인식하지 못하는 것 같다. 아니면 연숙은 이미 이 신인을 만난 적이 있거나 신인의 제자거나 연통되고 있는 계보의 일원일지 모르지만 어떤 비역사적 사실을 이미 분명히 알고 있다는 혐의가 짙은 인물이다. 그러면서도 절대함구하고 있는 결사의 분위기를 풍기고 있다. 그렇다면 접여는 신인의 메신저나 특수한 조직의 중간쯤 되는 인물일까.

견오 생각에 연숙이 자신의 말에 맞장구칠 줄 알았는데 그러질 않았다. 오히려 침착하다. 그리고 다 알고 있는 일을 어떻게 견오가 말하고 있는가 하고 귀 기울여 듣는 염탐꾼 같다. 또 어떻게 사람들이 신인을 평가하고 풍문으로 돌아다니는지를 알려고 하는 것 같다. 그래서 첫 문장의 '연(然)'을 '그러니'로 번역하면 안 된다는 생각이 들었다. 연(然)은 연숙이 견오에게 "자네 말 아주 잘 들었네" 하면서 자기의 다른 생각을 드러내는 전환 부사(副詞)이다. 이는 연숙이 견오와는 다른 점이 있다는 것을 암시한다.

소리를 듣는 자의 마음과 뇌와 손은 단순히 소리를 듣는 것이 아니라 감흥하고 기억하고 상상하고 떠도는 음률과 함께 움직인다. 신인의 응결하는 모습을 떠올리면 신묘해서 마음과 육극까지 통과하는 하늘의 음악이 아주 쟁쟁하고 부드럽게 흘러다니는 것 같은 착각을 불러일으킨다. 그것은 아마 공기의 선율과 충돌, 소요일지 모른다. 이 관람과 경청은 새로운 의미가 있는 말이다. 즉 정상적인 오관과 비정상적 오관이 함께한다는 참여와 동행을 통하여 구별과 비웃음을 넘어서려 한다.

그것이 새로운 소통이고 소요가 될 것이다. 그러나 눈먼 자가 눈먼 자가 아니라 눈뜨고 있는 자가 오히려 소경이 되고 만다. 마음과 지혜의 눈이 닫혀 있는 자는 정말 고자(瞽者)보다 더 고약한 고자일 것이다.

눈뜬 고자(瞽者)들

연숙이 볼 때, 이 고자(瞽者)는 바로 자신의 친구인 견오이다. 안타까운 일이다. 그렇다면 연숙은 고자가 아니라는 말이 된다. 아마 견오는 연숙이 하는 말을 잘 알아차리지 못하는 건지 모른다. 혹시 견오가 연숙을 떠보기 위하여 얼토당토않은 이야기를 하고 있는 건지는 모르겠지만. 그러나 이 연(然) 자의 새로운 말법으로 견오는 정신이 번쩍 들었는지 모른다. 하지만 연숙은 아주 기분 나쁘지 않게 연(然), 하고서 자신의 생각을 전개한다. 이 말은 우리말로, '글쎄 그렇긴 하지만' 정도의 말일 것이다.

어쨌든 정보 면에서나 방외의 측면에서나 연숙이 견오보다는 한 수 위의 인간이다. 현실이나 사물을 그리고 인간을 너무 확연하게 믿지 않는 자일 수도 있지만 그것이 바로 비어 있는 인간이다. 물들지 않은 인간, 고정되지 않은 인간이다. 장자의 인간형은 무언가에 완전히 함몰되거나 아주 믿어버리는 몰아의 인간형은 아니다.

그런데 조금 전까진 죽이 맞아가는 광경처럼 여겼다. 단지 연숙은 "접여가 무슨 말을 합디까?" 하고 견오가 자신이 들은 말을 그대로 하도록 유도한다. 하지만 견오는 접여로부터 들은 기이한 이야기를 연숙에게 자신의 생각까지 덧붙여 전달한다. 믿을 수가 없다는 것, 황당무계하다는 것, 사람의 상식으론 이해할 수 없다는 것, 무서움을 느꼈다는 것 등이다. 주변에서는 찾아볼 수 없는 인물에 대한 이야기이다. 짐짓 그렇다면 견오는 흥분할 수밖에 없었고 연숙은 자못 진지하게 견오의 이야기를 들었을 터이다.

이 두 사람의 만남은 밀담일 수 있으며 권력의 하수인들이 볼 땐 혹세무민의 부언낭설일 수도 있다. 하지만 이 두 사람은 진제(眞諦)를 말하고 듣고 있었다. 견오는 말하고 연숙을 들었다. 이것은 어김없는 사실이다. 하지만 그들은 자신들이 무엇을 말하고 무엇을 듣고 있는지는 아직 분명하게 알지 못했다. 명상과 무명, 고적과 소요 속에 있는 은자들의 몸속에서 대체 어떤 일이 일어나는지를 모르고 있으며, 또 외부에서는 무슨 일들이 벌어지고 있는지를 알지 못하는 석인(石人)들의 형국이다.

장자의 말에는 그 말 자체에 대한 인식이 불가한 경우가 가끔 있다. 그만큼 문장 자체에 대해서도 자시(自視)해야 한다. 시기언야(是其言也 '바로 이 말이') 같은 것이 그런 것이다. 철저한 자기인식의 검증을 거치면서 나오는 장자의 말을 자칫 태탕한 우언만을 일삼는 도인의 말로 여긴다면 착각이다. 장자는 치밀한 구성력을 보여주는 무위의 도인이다. 한없는 인시(因是)로 나아가 방박(旁礴) 속에 있으면서도 동시에 소요하고 인식할 것을 요청한다. 적어도 인간은 이 3가지를 동시다발적인 상상과 삶을 한 순간 속에서 살아야 한다는 것을 강조하는 것 같다.

믿을 수 없는 일들

이 시기언야(是其言也)는 다름 아닌 견오가 연숙에게 한 말의 어리석음 즉 쓰르라미 같은 곤충이나 메추라기 등 소조(小鳥)의 말임을 드러낸 은유이다. 즉 누가 놀라운 사실을 말해주어도 알아듣지 못하고 의심하고 비난하는 경우를 지적한 말이다.

견오는 시기언야에 갇혀 있었다. 그는 지적인 고자(瞽者)이다. 지식에서도 아니 마음에서도 즉물적이고 표피적인 것은 알지언정 조금만 낯선 곳으로 깊이 들어가면 아무것도 아는 것이 없다. 이것이 견오의 막힌 마음이고 지식이다. 이러한 까닭은 앞에서 말한 자시(自視)가 없기 때문이다. 영혼이 없는 인간이 있는 것처럼 장자에겐 자시가 없는 인간이 있는 것 같다. 전적으로 견오의 말을 반박하는 연숙의 말에 당연히 연(然)은 '글쎄 그렇기는 하지만' 하며 마음 상하지 않게 말을 돌렸다.

그래서 나는 대화가 셋이었으면 좋겠다고 상상해 보았다. 견오와 연숙이 죽이 맞아 떠들어대고 한 사람은 곁에서 가만히 말도 않고 듣기만 한다. 장자가 그 생각을 했다면 바로 이 마지막 침묵의 인물이, 의외의 한 진인이 될 수 있다. 모든 것을 확신할 수 없는 독자들 중 어떤 이는 바로 이 제3의 인물에 관심이 갈 것이다. 어쩜 장자는 이미 이 이야기 속에 자신이 한쪽에 끼어 있는 것을 말하지 않은 것인지도 모른다. 글을 쓰는 작가는 이미 그 안에 있는 한 인물이어야 할 테니까. 여기도 장자가 연숙의 친구처럼 끼어 있다고 본다. 농으로 말해 장자는 말 한마디 못하고 눈만 껌벅이며 두 사람 사이에서 눈치를 보았을 것 같다.

견오와 연숙의 이야기를 곁에서 다 듣고 그날 저녁 집에 돌아와 조용히 그들이 말한 고야산 신인에 대한 이야기를 이렇게 쓴 것인지 모른다. 장자의 이야기에서는 언제나 장자가 곁에 있는 것처럼 느껴진다. 장자는 떨리는 마음으로 고야산의 신인을 비교적 자세하게 그렸다. 장자는 아쉬움을 느꼈을 것이다. 정말 견오가 기억력이 좋아서 접여라는 사람으로부터 들은 신인의 이야기를 모두 말했을까. 빼먹은 것은 없을까.

장자는 양광(佯狂)하고 언제나 궁경(躬耕)한 접여를 보고 죽음 너머의 과거인물로서 접하고 싶어 했던 것 같다. 비록 공자와 동시대 인물이지만 마치 장자는 두 은자 곁에서 말을 듣는 것처럼 묘사하고 있다. 장자가 접여를 그리워한 나머지 이렇게 장면을 설정하여 그 곁에 자신이 다가가 두 사람이 속닥이는 말을 듣는 것이다. 장자는 시간을 소급하여 과거로 돌아간 것이나 마찬가지이다. 사실 이 〈소요유〉 편에서 장자가 직접 대화한 당대인은 궤변론자 혜자(惠子)뿐이다.

아까 견오의 말 중에 접여는 천지사방 산해(山海)를 떠돌아다니는 광인이라고 한 말이 기억났다. 언젠가 초왕(楚王)이 그의 덕행의 재지(才智)를 알고 황금 백일(百鎰, 백일은 약 2,400냥에 해당함)과 말 네 필이 끄는 마차 두 대를 가지고와서 빙소(聘召)했지만 접여가 거절했다고 했지? 이때 장자는 나도 접여처럼 살아가리, 다짐했는지 모른다. 장자도 초(楚)의 위왕(魏王)이 장자의 재지(才智)를 알고 사자에게 금품을 보내면서 재상이 되어달라고 했지만 웃으며 거절했다고 한다. 이때 그가 한 말이 있다.

천금(千金)은 엄청난 득이다. 경상(卿相)은 존엄한 자리다. 그러나 그대는 아직도 교제(郊祭)의 희우(犧牛, 종묘 등의 제사 때 쓰는 소)를 보지 못했는가. 몇 년을 잘 먹여 기른 다음엔 아름다운 비단옷을 입혀 태묘(太廟)로 끌고 간다. 이때 차라리 한 마리의 더러운 돼지(이 돼지가 〈응제왕〉 편에서 열자가 기른 돼지와 관련이 있을까?)가 되고 싶을 것이다. 사자는 속히 돌아가라. 나를 더럽히지 말라. 차라리 더러운 진창 속에 노닐며 혼자 즐겁게 지낼지언정 치자에게 얽매이진 않겠다. 죽는 날까지 벼슬을 하지 않고 내 뜻을 편케 지키겠다.

무이(無二)의 인물인 한산(寒山)도 이와 같았으니 이러한 진인들이 세상에 숨어 있다. 한 세상의 생애에서 이상하게 벼슬을 하고 부자로 사는 것은 캄캄한 고자(瞽者)의 내막일지도 모를 일이다. 그러나 장자는 접여에 대한 말을 아끼고 기록하지 않기로 한 것 같다. 언젠가 다시 말할 때가 올 것이라 생각했겠지. 죽은 사람을 찾아갈 순 없지만 죽은 자를 불러내지 못할 것은 없었다.

문명이라는 기름 등불의 깡통

허유도 거절한 천하 경영의 노고를 누가 짊어질 것인가.

장자는 전적으로 막고야산의 신인을 믿는다. 그 일과 인물은 이미 과거이며 죽음의 인물이지만 장자는 자신의 마음속에 살려내고 있다. 이 신인과 막고야산이 어쩌면 훗날 장자가 상상의 폭을 확장하게 되는 혼돈(渾沌)의 다른 이름인지도 모른다. 혼돈이야말로 지인도 신인도 성인도 진인도 아닐 테지만. 그것이야말로 이름 할 수 없는 참극일 테니까. 장자는 여기서 죽은 신인으로 새로운 언어를 창조한다. 죽은 자에 대한 역숙명의 부활이다. 죽음을 불러내는 장자의 자연법에 대한 거역이다. 방박이 이제 이곳에 진실로 독창적인 사상의 형태로 처음 나타나기 시작한다. 이것은 신인에 대한 응결(凝結)이며 응집(應集)의 결과이다.

이 신묘한 방박(旁礴)은 세상을 만든 근원이고 활동이고 끝이다. 또 즐겁고 흥미로운 무한의 시작을 알리는 동기이다. 장자의 책 속에서는 이 방박의 소리는 끊이지 않고 들려온다. 어디선가 물레를 잣고 방아를 찧는 소리가 끊이지 않는다. 자연이란 이름의 집이다.

겨울은 겨울대로 눈이 사나흘씩 내리고, 여름은 여름대로 질푸르다. 그 거대한 자연의 맷돌이 돌아가는 소리는 지칠 줄 모르고 싫증낸 적이 없다. 어른의 가슴속에 아가의 귓속에 쉬지 않고 들어간다. 이것이 장자가 작곡하지 못한 자연의 음악이다. 이것은 또 악보 없는 《장자》 본편이다. 최후의 인간의 말인 일이시종의 가없는 끈과 연결된다. 이것이 없이 지상의 만물은 존재하지 못한다.

방박(旁礴)이여, 내 몸을 조각조각 내고 깨부수고 흙을 섞고 불에 태워 다시 한데 내놓으면 다시 그대의 얼굴이 되는가. 다시 만들어다오. 다른 육체와 정신으로 떠돌아다니도록. 누구도 이것을 막을 수가 없다. 나의 영혼과 뼈와 살과 신경계와 기억과 상상과 경험, 혼돈과 지식 모든 감정을 뒤섞어 맷돌을 돌려다오, 하고 노래하고 싶은 사계절뿐인 저 자연 속에서 나는 인간이 덜컥 만들어지기도 하는가 놀라기도 한다. 하지만 그 시간을 확장하고 다시 응축하면 그 안에 슬프고 무일(無逸)하고 고결한 방박의 소리가 들려오기도 할 것이다.

나는 그 아득한 음악 속에서 태어나 미래와 과거를 기억할 것 같다. 그러나 또렷하게 기억하지 못한다. 그래서 매일 자리에 앉아 멍

할 때, 그때 내가 없어질 때 나는 그 소리가 된다. 나의 가슴속에서는 눈물이 흘러내리고 강물이 흘러가고 바람이 불어가는 무정한 해가 지는 저녁의 동해 같다. 덜커덩 덜커덩, 맷돌 소리와 철썩이는 새벽바다 물결소리 속에 … 이것을 형상하고 다스리리. 이것이 지고의 정치이다.

허나 그 만물은 내부, 내심 혹은 내시(內視)의 외물일 뿐 반드시 있어온 외물이지만 내심과 대응하는 상대적 존재들이다. 물론 이 상물(相物) 혹은 개물(皆物)들에 다른 자아들이 수없이 많다. 이것도 장자의 위대한 사유의 내부이다. 이것이 태양의 빛이며 바람이며 물이고 막고야산의 신인의 덕(德)이다. 방(磅)은 우주며 자연이며, 박(礴)은 결실과 숙성, 가공의 세계이다. 모든 만물들이 이 질서 안에 움직이고 할 일을 다하고 맺어 다른 곳으로 이동해 간다. 자연 안의, 이 세계 안의 사거(徙去)이다. 사라지는 것이 아니다.

하나의 알곡이 익는 것에도 이 막고야산의 신인의 부드러운 휘저음 혹은 멋진 뒤섞음이 있다는 것을 상상한다면 행복해진다. 껍질째 혹은 탈곡한 알곡 하나를 손바닥에 놓고 가만히 들여다보면 거기 신인이 속삭이고 웃고 있으며 이미 어디로 갈 것인지를 알고 있지 않은가. 이것이 신인의 인덕(人德)이다. 신의 덕이 아니라 인간의 지고한 덕이다. 현대인들은 물론 믿지 않겠지만 과거엔 그만큼 위대한 인간들이 있었다는 말이 된다.

이 방박은 위대한 혼돈(渾沌)이다. 그 혼돈은 장차 끝에 가서 살해되고 말지만 인간의 지혜로는 어리석기 그지없다. 이 그지없음을 인간과 그 두뇌들이 박살을 내고 있다. 이제 그 박살은 미안한 말이지만 거의 완성단계에 다다라가고 있다. 이제 인간들이 축배를 들 날이 멀지 않았다. 이 모든 것은 인간의 고농(瞽聾)의 오만한 욕망의 지혜에서 비롯되었다.

불행하게도 이 지상의 세계는 이미 만물방박을 회복할 수 없다. 아름다운 고(古)는 맑고 어둡고 높으나 인간은 결코 그곳을 상상할 수도 갈 수도 없게 되었으며, 먼 종말(終末)의 미래 밖으로 스스로 초라한 문명의 이기(利器)들을 하나씩 들고 추방되고 있다. 미래인들이 들고 있는 것은 문명이라는 등불의 깡통이다. 나의 마음이여, 지금이라도 늦었다고 판단하지 말고 거대한 막대를 두 손으로 잡고 천천히 이 우주와 자연을 너의 마음속에 넣고 휘저으라. 그것뿐이다. 잘 혼합하는 것이야말로 우주의 최고의 법이다. 밥이다. 놓치지 않고 소외되지 않고 빠짐이 없는 전체의 혼합의 방박이다.

이 막고야산의 신인은 하나의 진리의 당체이며 존재이면서 비존재이기도 하다. 무한의 순환계를 돌아다니는 생명 환희의 씨앗. 장자가 홀로 이 괴이한 존재를 만들어 논하고 상상하는 것은 얼마나 대단하고 멋진 일〔道〕인가. 이것을 모르고 풀잎 하나를 안다고 할 수 없고 그 풀잎이 얼마나 괴이하게 생긴 것인지를 알 길이 없을 것이다. 그것을 모르고 어찌 또 저 머리 위의 청청한 하늘을 알겠는가. 두둥실, 즐거운 우주의 방박의 덕이고 무한한 무비(無比)의 소요의 선물이다.

장자는 바로 분명히 정형이 아닌 괴이한 것을 마음에 두고 원 없이 태탕했던 그러나 가장 고독한 비의의 인간의 거두이다. 아무도 그를 따라 오를 수가 없는 사상의 깊이와 높이를 획득한 신인(神人)의 작가(作家)이다. 신격화를 완강하게 거부하고 진인답게 결코 그 회도(懷道)의 형상을 드러내지 않으며, 조물주라 하지 않고 고야산의 신인이라고 말함으로써 시적 매력을 발산하게 한다.

사실 말할 수 없는 도를 형상으로 말하고 있는데도 의문하고 있으니 견오가 눈을 뜨고 있지만 눈 없는 자이요 눈이 있지만 보지 못하는 눈이다. 즉 눈 있는 고자(瞽者)요 귀 뚫린 농자(聾者)이다. 어쩜 나는 문득 이런 생각을 했다. 여기 이 연숙이 장자인지도 모른다.

신인은 참으로 아름답게 여겨진다. 인간의 몸과 영혼 속에 숨어 있는 진성(眞性) 같다. 그와 나는 다른 자아가 아닌 것 같다. 나는 외물에 치중하여 속되게 욕망하며 만물을 얻고 다스리려 한다. 쓸데없이 천하를 일삼으려 한 반무사(反無事)의 사상이 여기서 싹텄다. 무모(無謀)한 모습으로 울타리 밖의 태양이 평야의 바람이 산 너머의 비가 아무 일도 하지 않고 하루를 지나가고 있는 것을 본다. 하늘이 다스리는 일을 어찌 그대가 하려 하는가. 그대 하는 일은 이미 진정한 덕이 아니다. 진인이라면 저 풍우가 어떻게 하고 지나가는지를 가만히 보고만 있으리.

인간에게 무정(無情, 이 무정의 의미는 뒤에 나옴)이 있는 것처럼 무덕(無德)이 있다 할 것이다. 즉 인간에겐 덕이 없다. 덕이라고 말하는 순간 덕은 덕이 아니다. 자연이 그러하다. 그래서 자연은 말이 없다. 폐폐(弊弊)한 일을 얻으려 하는 것은 사실은 인간의 덕이 아니다. 인간을 위장한 명예이며 훈육이며 숨긴 영욕에 불과하다.

방박만물의 비밀, 혼동(混同)

방박만물(磅礴萬物)이란 무엇인가.

만물 그 어느 하나도 제외하지 않고 모두 두루 넓게 뒤섞음, 어긋나지 않게 잘 융합하는 것이 방박이다. 풀잎 하나 벌레 하나 흙 알갱이 하나도 빠트리지 않는다. 아주아주 잘게잘게 빻아준다. 동일성을 찾기 위한 제물(齊物)의 전방위 개념이다. 지상의 무정물 외의 생명체의 죽음과 삶의 뒤섞음까지 포함한 것이리라.

양(陽)과 삶의 입장에서만 방박을 해석하면 협애해진다. 이 글 끝의 숙긍(孰肯)과 관련하여 보면 방박이 세사와 정치만을 일삼는 것처럼 보이기 쉽다. 삶은 곧 정치이기도 하지만 그러나 그 함정에서 이 자연의 글을 잘못 읽을 수도 있다. 만약 그렇다면 처음으로 돌아가 다시 읽어야 한다. 이처럼 장자는 읽을 때마다 생각이 변하고 길이 달라진다. 장자의 매력이다. 설령 방박이 죽음이라 할지라도 손실(損失)이 되고 상처(傷處)를 입을 것이 없다. 이 신인(神人)은 물막지상(物莫之傷)이기 때문이다. 죽음으로 뒤섞이는 것을 가지고 누굴 탓할 것인가. 조물이 됨에 무엇을 벗할 것인가. 인간으로 있는 것을 왜 탓할 것인가. 그 탓이란 있을 수 없는 일이다. 자연이기 때문이다.

즉 장자는 한 길만을 가지 않는다. 그는 한 생각 속에 여러 갈래의 길을 간다. 어떤 길을 저쪽 안에서 나오고 또 어떤 길은 머리 위를 지나간다. 또 다른 길은 보이지도 않는다. 《장자》란 전체의 책은 하나의 우주이다. 인간의 생은 약 23.44도로 기울어진 지구의 표면 위에서 영위하기 때문에 지금 현재 밤과 한낮이 함께 있다. 기막히다. 하지만 불완전한 세계이다.

실핏줄들이 거미줄이 쳐진 하늘이고 유기체이다. 비가 쏟아지고 햇살이 내리고 바람이 불고 밤이며 강물 속이다. 지수(止水)이며 노래이며 난해이며 꿈이며 나비이다. 왕이며 산이며 애태타(哀駘它)이며 그를 좋아한 어느 여인이다. 장자는 이것인가 하면 저것이고 저것인가 하면 어느새 이것이 되어 있다. 아침에 본 봄꽃이 겨울에 사라지고 없다. 기준 없음의 사유가 바로 상물(相物)이나 시비(是非)를 넘어서는 기이한 통섭의 문법이다.

눈부신 초극의 마음 없이 장자는 존재하지 않는다. 감히 어떤 막강한 직조와 사상의 현실주의도 장자의 도도한 일원론 앞에선 부요양각(扶搖羊角)으로 뒤섞이며 흔들릴 수밖에 없다. 이렇게 정신없이 지구와 우리 삶은 공전한다. 또 수많은 시장(市場)과 인간과 시간들이 뒤섞인다. 이 방박은 혼융(混融)으로 번역할 수도 있겠지만 장자의 고유한 개념이므로 번역하지 않고 그대로 두는 것이 바람직하다.

혼돈 그 자체의 좌충우돌의 운동성이다. 하지만 한없이 부드럽다.

이 방박은 원래 뜻은 가득 차 있음, 충만함이다. 방(磅)은 돌이 떨어지는 소리이며, 박(礴)은 섞는다는 뜻이다. 천지가 창조되고 개벽하며 진행되는 무시무시한 상상의 언어이다. 위에서 돌이 떨어져 내려 한 곳에 뒤섞인다는 것은 화산일가, 맷돌일까, 파멸일까. 하나의 원리로 만물의 뒤섞임을 통하여 하나로 융합한다. 천하를 소요하며 이끌어 가고 소멸 생성시키는 자연만이 이 방박을 할 수 있다.

가소롭고 오만하게 문명과 인간은 방박할 수 없다. 분분하고 산란하고 정신이 없는 듯하지만 자연은 혼동(混同)이다. 무질서한 듯 어지러움 속에서 뒤죽박죽인 것 같지만 어김없이 하나가 되어 함께 가고 있다. 걱정 근심이 문명이며 조건이며 불행이다. 숙명을 없애지 않고 껴안을 때 그것은 나의 육체가 된다. 이 숙명의 양생(養生)이 지극한 삶이다. 자연 속에서 잘 자란 건강한 한 마리의 소의 해체가 곧 자연의 원만한 양생일 것이다. 장자에게 적극적으로 말해서 혼동은 소요이며 만물의 방박이다.

이 만물의 방박은 자연의 통쾌한 성훼(成毁)이며 그 만물 자체의 운동이고 소요이다. 자연도 스스로 죽어야 하지 않았겠는가.

누가 쓸데없이 천하를 다스리겠는가

천하는 다스릴 일이 아니다. 다스린다면 무위(無爲)로 다스려야 하지만 아예 다스릴 무위가 없다. 이것이 장자가 생각하는 정치관이며 세계관이다.

장자는 모든 인위(人爲)는 진실이 아니라는 것을 깨닫게 한다. 저 천공의 햇살이 인위적일 순 결코 없는 대상인 것처럼. 그 햇살을 쳐다보고 먹고 살면 된다. 그러니 앞에서 요(堯)가 천하를 유(由)에게 양도하려 하는 것은 하늘을 팔아넘기려 하는 것만큼이나 어리석은 짓이다. 우선 자신의 것이 아닌 것을 양도하려 하는 것에 거대한 불행이 있다. 그러니 요는 묘연(渺然)히 천하를 잊었다〔喪天下〕. 하기사 요가 천하 자연을 잊지 않으면 어찌할 것인가. 어리석게 죽어서까지 죽음 바깥의 이 주인 없는 의식의 세상을 다스리려 했을까.

그러기에 인간은 강제적 윤리와 제도적 교육과 자기수신보다는 오히려 자신을 해방시키는 쪽으로 풀어주어야 하는 존재이다. 자연의 영역에서 인간은 너무나 많은 일을 하고 있다. 살아서 잠시라도 쉴 줄 알아야 한다. 이런 말 한마디만 들어도 이미 욕망은 저 한 자리를 비고 서 있는 한 그루 나무의 그늘만 못하다. 여기서 한 가지 기억할 것은 장자가 허유를 찾아간 요임금을 진구비강(塵垢粃糠)에 비유한 점이다. 장자는 신인이 그것들로 요순을 만들 수 있다고 말한다. 저 진구비강은 욕망의 오물들, 현대의 인간들은 그 오물로 치유가 가능할지 모르지만 오물의 노예가 되었다.

정말 신인은 마음만 먹고 정신을 응결(凝結)하면 가장 쓸데없는 것들로 요순을 조물할 수 있단 말인가. 신인의 응결은 그 방박에 의해서 완결된다는데. 그럴 수 있을까. 방박은 혼돈이므로 그 진구비강 안에 모든 기억과 지혜와 욕망을 새로운 인성과 신성으로 주조(鑄造)할 수 있을까. 상상조차 할 수 없는 혼돈의 왕성한 기(氣) 즉 방박으로 그렇게 할 수 있을까. 감히 분석하고 헤아릴 수 없는 광막지야의 창창(蒼蒼)한 꿈이다. 과거의 성(聖) 요순이 필요한가. 그러나 신인은 그럴 까닭과 필요가 없다고 한다. 왜 그럴까. 왜 심로(心勞)하고 갈급해야 하는가.

자연이 있기 때문이다. 자연이 만사를 다루기 때문이다. 인간이 주체가 되었기 때문이다. 자연의 일을 빼앗았기 때문이다. 신인이 죽고 자연을 인간이 식민지처럼 지배하고 착취했기 때문이다. 하지만 신인은 요순 따위의 성인을 만들지 않는다. 왜? 자연을 따르기 위해서이다. 아니 다르게 말하자. 소요하기 위해서이다. 그렇다, 놀기 위해서이다. 쉬기 위해서이다. 지울 수도 끊을 수도 없는 우주와 생명의 본질이 손상되고 말았다. 인간은 무슨 죄를 지은 것처럼 '게걸스럽게' '쓸데없이' 과로하고 과욕한다.

무용을 끝없이 유용으로 바꾸어 놓으면서 인간과 과학은 아무것도 없는 바닥에 도착했다. 인간은 또 무슨 짓을 할지 모른다. 사실은 소요만이 유용한 것인데, 나뭇가지에 바람과 마음은 오직 노닐기만 하는데 인간만이 노역(勞役)을 참지 못하고 있다.

가급적 일을 하지 말라

먼지, 때, 쭉정이, 겨로 인간을 만든단 말인가. 참으로 이상한 말이 아닐 수 없지만 장자는 그것을 아무렇지도 않게 말하고 있다. 그는 그것을 너무나 당연하게 생각하고 있다. 그러면, 왜 성인이라고 칭하는 요순 같은 사람을 만들지 않을까. 그 대답은 놀랍게도 이것이다. 즉 귀찮다는 것이다. 천하를 잘 경영할 요순 같은 인간조차 만들고 싶지 않다는 것이 신인(神人)의 마음이다. 신인은 어떤 복제술과 기(氣)의 기억장치로 저 끔찍한 불과 쇠, 흙과 물로 인간을 주조할 수 있는 모양이다. 하지만 신인은 그 쓸데없는 일을 거부한다. 즉 인간을 만들어내지 않겠다는 것이 신인의 마지막 뜻이었던 것 같다. 이후, 성인과 지인은 나타나지 않는 것으로 종결되었다.

그런데 왜 인간은 구태여 다른 생물에서부터 인간까지 조물하려 하고 쓸데없는 일들을 하고 나서는 것일까. 대체 무엇 때문에? 명예, 공로, 분배, 정의, 이상 이런 것 때문에? 자연의 마음으론 가당치 않은 일이다. 어찌 그런 것을 가지고 노고(勞苦)를 아끼지 않는 것일까. 그것이 헌신이고 희생이며 공로라고 생각하는 것일까. 인간의 불가사의이다.

그는 혹시 자신이 죽으면 다시는 이 세상에 돌아오지 않을 것이라고 생각하는 걸까. 정말 그런 마음이라면 이 생각, 지구, 만사, 인간, 사업이란 대상들이 단순한 허상이 아닐 거라는 끔찍한 생각을 하는 것이 아닐까. 현실만이 절대 공간이라고 믿는 걸까. 가능한 것을 증명하고 믿는 것은 사실 쓸데없다. 세상, 거리엔 그런 것들로 꽉 차 있다. 이 믿지 못할 욕망에게 영혼을 빼앗긴 것이 분명하다. 알 길 없는 그것들의 농락에 놀아나고 있는 것이 아닌 다음에야 영물이 어찌 그럴 수 있을까. 이런 생각을 하면서도 그 사물들에 가까이 다가가는 인간. 이것은 해독(解讀)할 수 없다.

그렇다. 신인이 현실세계의 세속적 성인이나 지도자를 무엇하러 만든단 말인가. 사실은 그럴 필요와 이유가 자신에게 없다. 사람들은 혼란스런 세상이 잘 다스려지길 바라고 있지만 또 그 충동과 실행으로 다른 쪽의 정의를 무시하고 악으로 굴러떨어지기도 한다. 모두 어처구니없는 일이다. 그런데 왜 신인이 인간세에 구차한 관여를 계속해야 하는가. 사실 이것이 증명되지 않더라도 나는 오히려 녹아내리는 금석과 대지와 산이 불타고 남은 그 찌꺼기들 즉 진구비강으로 사람을 만들 수 있다는 말을 차라리 믿고 있는 것 같다. 신인은 충분히 그러고도 남을 것이지만 지금 신인은 존재하지 않는다. 더 상상할 길이 없지만 이것은 인류의 가장 불행한 망각 같다. 여기서 문득 장자가 글 속에 은폐한 둔천(遁天)사상의 근거를 잡는 것만 같아 섬뜩하기만 하다.

그렇다면 장자가 숨기고 있는 한 진실이 규명되는 듯도 하다. 하지만 이것, 존재의 시원은 우주의 음양의 기라는 음악 속에서 태어났지만 그들이 존재한 뒤에 어떤 연유로 하늘에서 추방된 것이 아닐까.

추방되고 도망 나온 그 까닭은 또 역추적으로 무하유지향을 지향한다는 사실이 인정될 법하다.

돌아가고자 하지만 그 노역을 이 지상에서 그토록 감내해야 하는 것일까. 또 길이 없어 혹은 길을 잃어버려서 광막지야를 떠나야 하는 인간의 구도라고 하는 숙명에서도 이미 증명되는 것이 아닐까. 장자의 인간 존재의 숙제(宿題)에 대한 내막을 구차하게 어찌 증명할 수 있을까. 천 권의 책을 써도 증명되지 않을 것이다. 서사도 증좌도 알리바이도 증인도 필요 없는 일이지만 인간은 너무나 복잡하고 난해한 존재이다. 무정차역을 들여다보면서 문득, 내가 왜 저 역에 내려서 개찰구를 통하여 저 기이한 도시로 들어가야 하는지 그 까닭이 없다는 것을 눈치챘을 때는 이미 그는 그 역을 지나치고 있었을까.

다시 주물(鑄物)에 대해 간단히 생각해 본다. 주(鑄)는 금속을 녹여 거푸집에 부어 넣고 기물을 만드는 것이다. 주조는 쇳물을 부어 물건을 만드는 것인데 조물주의 영역이다. 도(陶)는 진흙으로 구워 만드는 그릇이며 도공도 조물주이다. 옛날엔 도균(陶鈞)이라는 도공의 녹로(轆轤)가 있었는데 이것은 지금의 금형(金型) 같은 것이다. 천하를 잘 다스리고 인물을 기르는 것을 뜻한다. 주물이나 도기는 인간이며 장자의 눈에 요순도 그 범주 안에 있는 피조물(被造物)이다.

여기서 장자의 예외(例外) 없는 사상을 엿볼 수 있다. 마치 자연처럼 대상에 대한 무차(無遮)의 정신을 가지고 있다. 숙명론자인 장자의 인간 기원론에는 두 가지를 설정할 수 있는데 하나는 인간은 하늘로부터 도피한 존재이라는 것이며, 두 번째는 외계의 우주와 외물적 지구의 음양의 기(氣)에 의한 화생설(化生說)이다. 어느 쪽이든 장자는 쓸데없이 인물을 설계하고 조물하지 않는다는 입장에 서 있다.

명성의 고하와 유무를 떠나 숨지 않으면 진인이 될 수 없다.

조물(造物)의 훼멸

인간을 창조한 '자'가 누구일까.

누구인지는 알 수가 없지만 인간이 피조물이라는 것은 피할 수 없는 선행 사항이라는 것이 장자의 입장인 것 같다. 이 가설 위에서 인간의 존재를 일단 바라보게 되는데 화생기설과 둔천설 모두 난해하고 부사의한 것이 아닐 수가 없다. 단지 놀라운 사실이 여기 있다. 신인을 직접 만나보았을 접여도 대단하지만 그것을 일정하게 말하는 연숙도 초월적인 상상의 소유자이다.

한 가지 의문은 접여에게 들어서 안다고 하지만 들은 것 말고도 연숙이 어떻게 이렇게 그 신인에 대해 잘 알고 있는가 하는 점이다. 《장자》 전편 속에서 가장 멋진 우주의 쉼 없는 운동을 말한 사람이 연숙이다. 이는 방박만물을 말한 자이기 때문이다. 이 방박은 한마디 더 한다면 우주생성이다. 즉 조물이다. 그러나 연숙의 말을 가만히 새겨들어 보면 이젠 그런 방박이 사라지고 없어진 지 오래되었다는 것을 암시하고 있다.

이것이 붕비와 혼돈사와 함께 또 하나의 극히 한정된 공간 속에 갇혀 있긴 하지만 관계와 존재라는 지구와 인간의 비극이 만나는 교차점이다. 장자가 무궁자와 유자(遊字)를 계속 기회만 있으면 들고 나오는 까닭이 여기에 있다 하겠다. 한마디로 우주를 꿰뚫는 언어를 창조하고 있는 것이다.

이 신인을 외계의 사물이 해(害)하지 못하는 것〔물막지상(物莫之傷)은 〈응왕제〉 편의 응이부장(應而不藏)과 승물이불상(乘物而不傷)〕과 연결된다. 《장자》의 수미에 있는 이 상(傷)은 자신과 시대의 환란의 상징어 같기도 하다. 사전지지(四戰之地)의 송나라에서 살면서 동서남북으로 사상의 적을 막고 초월해야 하는 국면에서 장자는 하늘로 솟아오를 수밖에 없었을 것이다. 현실적 상황 속에서 영구(永久)의 상황이 창조되었다.

인간의 궁극의 꿈은 하찮게 몸을 세상에 던질지라도 또 군마에 밟혀 죽더라도 숭고한 목표가 있다. 비록 그것이 무위 초극, 진애와 도주(陶鑄)라는 언어상의 한계를 가지고 있더라도 심장에까지 각인된 방박의 언어로써 외쳐야 했던 것이 장자의 인간 숙명에 대한 의지였을 것이다.

이것이 하늘이 내린 정신적 숙명과 육체의 천형을 받더라도 삶을 남김없이 다 써야 하는 천명이다. 모두 태워야 하는 한 자루의 초처럼 자연에 대한 철저한 순응의 몫과 당위와 도리를 주창(主唱)하는 주제이다. 여기서 불상(不傷)이란 장자가 지향하는 지신성(至神聖)한 한 진인에 스스로 접근할 수 있다는 가능성을 제시한 말이기도 하다. 감히 겸손하게 아니 평등하게 말해서, 진인은 만나기 어렵지만 존재한다고 본다.

장자가 〈소요유〉에서 특히 많이 쓰는 '장유(將猶)'란 말이 의미심장하다. 이 말은 장자 특유의 어법이지만 숨겨진 비의가 있는 것 같다. '장차 … 오히려'는 무엇인가. 허사이며 머뭇거림이다. 어찌 보면 사실을 말하지 않으려는 유보성과 조심성이 엿보인다. 미래에, 어떻게, 된단 말인가, 무엇이? 우리가? 하늘에 물이 닿고 산과 대지가 녹아내리고 불탄단 말인가.

장자의 말은 이런 것이다. 그때에서야 심심한 완전무위의 신인이 어쩌다 아니 전혀 그럴 생각을 하고 있지 않을 수도 있지만, 혹시 그 찌꺼기들로 인간을 만들지도 모른다는 말을 믿게 된다. 인간의 재창조일까. 어느 날 마음이 휙 바뀌어 인간을 만들어낸단 말인가. 언제, 어디서, 누구와 함께.

얼마나 통쾌한 광량의 말인가. 천하를 다스리려는 그 어떤 정치도 이상도 장자가 볼 땐 먼지나 오염에 불과한 허사들이다. 자연만이 진정한 정치를 창조할 뿐이다. 그렇지 못하는 것들은 치자와 피치자(被治者)의 어리석은 인간의 조건이다. 그 성스런 일들은 명예와 조건과 대가가 걸린 일들이 아니다.

요순 따위의 또 그 아류의 소 성인이 아무리 세계와 자연을 통치하고 정리하려 해도 그 변방은 점점 넓어지고 경영지는 다시 과거로 멀어질 뿐이다. 진정한 성인이라면 통치하지 말아야 하고 그 통치란 것이 불가능하다는 것을 알게 된다는 것이 장자의 생각이다. 현대인은 신인(神人)을 결코 찾을 수 없는 자기 함정에 빠진 비극 자체도 잊어버린 망각의 세대이다.

어떤 이는 '장유도주요순자야(將猶陶鑄堯舜者也)'를 '아름다운 주물과 그릇을 만든 이가 요순이오'라고 번역했다. 장자의 마음과 맛을 살리지 못하고—물론 현대적 표현을 한다고 다 고전이 좋아지는 것도 아니지만—'지금 책방에 진열된 《노자》와 《장자》 번역서들은 모두 수거하여 불살라 버려야 한다'는 말은 분서와 같은 끔찍한 말이다.

나는 오래전의 번역이 맞다고 본다. 마치 장자는, 연숙이 볼 때 견오와 같은 또 다른 하나의 존재처럼 말을 모시고 말하고 있는데 그것이 그 기(其)이다. 이 '기'자를 씀으로 하여 그 '그 말'이 인간 외에 별도의 인식체로서 존재하여 자시를 인식하는 거울 역할을 한다. 그래서 '그 말(기언 其言)'이 단순하지가 않다.

여(女)도 그렇다. 여는 너 여(汝)인데 앞의 글의 신인의 처자와 같은 모습을 따와서 처녀로 번역하면 지나치다. 더구나 '그 사람의 말이 처녀와 같았다면'은 무슨 뜻인지 알 수가 없다. 《장자》에서 기(其)자는 수없이 나온다. 바로 위에서도 장자는 집필 순간의 언어에 대한 인식이 작용한다고 말했지만, 장자의 이 기는 수없이 강조하는 그만의 문법이며 호흡이다.

장자는 도처에서 문장마다 그, 그, 그(其, 其, 其) 하고 그것을 강조한다. 이것은 중요하다. '여기 그 말이 딱, 자네를 두고 한 말일세.' 이상한 번역 같지만 이것을 반드시 살리려 한다. 유시(猶時)는 곧 올 시간이므로 '지금 막(딱)'의 뜻. 지금 막 '네(여 女)가' 한 말이다. '이렇게 말한 그 말이 지금 막 말한 너와 같다'가 된다. 말의 현재성과 인식을 동시에 둔 것이다. 견오를 지적하고 깨우쳐주는 순간이기도 하다. 대단히 주요한 대화법의 허사이며 전달의 순간을 강조한 것이다.

독특한 어법을 죽이거나 지워선 안 된다. 장자가 직접 쓴 글자라면 하나라도 사장해선 안 된다. 즉 이 지식의 고자(瞽者)가 견오 자네가 한 그 말과 같다는 말이다. 이 현장에 없는 접여와 신인(神人)은 접어두고 지금 우리가 하는 그 말과 그 지식이라는 것을 지적하고 있는 말이기도 하다. 고야산 신인으로부터 멀리 떨어져 있지만, 아니 나는 이미 사생의 거리에 있지만 그래도 이 두 은자는 무언가를 알아가고 있고 마음이란 자시가 열리고 있는 순간 속에 있다. 전율적인 것은 그들이 신인을 입에 올렸다는 것과 신인이 사라진 지 그리 오래되지 않은 시대의 사람들이라는 점이다.

이 지상의 생명은 낡았고 만물은 헌것이 되었다. 미래 조물의 매력도 사라졌고 과거의 모든 조물도 망가졌다. 내 눈엔 이미 저 햇덩이 같은 아이조차 새로운 아이가 아닌 것 같다. 신생(新生)이 없는 종말 직전의 문명말기사회는 이제 소등(消燈)할 때가 거의 다 다가왔다고 본다. 세상을 고친다고 참여한 자들이 인간과 세상을 망가뜨렸다.

도주(陶鑄)조차 하지 않는다

가장 중요한 문장은 이것이다. 《장자》 속에서 가장 난해한 문장 중의 하나이다. 이것의 완전한 해석은 불가능해 보인다.

그 먼지와 때와 쭉정이의 '그'는 앞의 대홍수, 대가뭄, 용암의 부산물들이다. 흙과 철만이 아니라 이것들의 먼지 등으로 요순 따위는 얼마든지 도주(陶鑄) 할 수 있지만 신인은 수고롭게 만들지 않는다. 자연이 그것을 알아서 다 하고 있기 때문이다. 신인조차도 자연에 순응한다. 그래서 억지로 도모해 일 자체를 위해 천하경영을 위한다는 인위적 명목으로 자기 사상을 위해 자기 영토를 위해 성인이라는 이름을 위해 신인은 일하지 않는다. 자연에 대한 절대적 순응을 요구하는 대목이다.

그러나 이 마지막 문장은, 그러니 만물 다스리는 일을 위해 누가 즐거이 나서겠는가 하고 의문한다. 지금도 난해한 자연에 대한 인식과 인간의 삶의 태도에 대한 뜻밖의 발언이다. 쉽게 말하면, 일을 도모하거나 사물을 위해 일하는 것, 일을 위하여 사물을 이용하는 것, 일을 위해 일하는 것, 사상체계를 위해 일하는 것, 사물을 변경시키는 것은 어리석은 일이라는 뜻이 된다.

이 말을 정확하게 이해한다면 장자 사상의 핵심에 닿을 수 있을 것이다. 이것을 깨닫고 넘어가면 이제 소요(逍遙)가 보일 참이다. 신인도 엄정과 응집을 통하여 질병으로부터 자유롭게 하고 오곡을 잘 익게 한다. 그것이 바로 응결의 소요이다. 이 소요를 함으로써만이 정기를 받아들일 수 있다는 것이 장자의 직시(直視)이다.

그러므로 모든 일과 사물이 통제되어선 안 된다. 오직 자연 그대로일 때만이 무통제성의 기(氣)는 생명이 된다. 즉 조물이 되고 인간이 되고 벌레가 된다. 이것이 장자의 소요기론(逍遙氣論)이라 할 수 있다. 발랄하고도 놀라운 도의 발견이다. 그 자연의 즐거움의 노동이 방박이다.

이것은 세계의 모든 권력과 사상, 만물과 인간 그리고 자연에 대한 감히 풀 수 없는 장자의 가장 난해한 화두이다. 진구비강의 방박과 도주(陶鑄)의 위대한 거부를 밝힌 것이기 때문이다. 장자 도가 갑자기 밝아진 부분이다. 그러나 수많은 장자의 연구자와 독자들이 이 부분을 간과한 감이 없지 않을 것이다. 한없이 강조하고 음미해야 할 부분이다.

이 부분의 해석과 깨달음은 영구할 것이며 이것만으로도 일생을 나기에 부족함이 없을 것이다. 내가 깨달은 바를 겨우겨우 말해가는 것에 대한 화답도 점점 사라져간다. 나는 이미 죽었기 때문이다. 그러니 이제 그 질문조차 사라져야 한다. 이것이 신인의 사멸과 방박과 도주가 소멸하는 중임을 증좌하는 말이다.

저 수많은 분망(奔忙)한 인간과 만물의 성훼(成毁)와 생사가 오고 가는 자연을 다스린다, 통치한다는 말처럼 어리석은 말은 없다. 생각과 만물을 가지런히 한다〔齊物〕는 것은 그것을 통제한다는 말은 아니다. 인간은 한낱 진구비강에 불과하며 진구비강에서 왔으며 진구비강으로 돌아간다. 마지막의 '긍이물위사(肯以物爲事)'를 보니 물이 곧 천하 경영이구나 하고 안심할 뿐이다.

일하지 말라 나에게 하는 이 말은 멀리서 온 소요의 친구가 해주는 멋진 말이다. 자연의 경영은 마음으로 다해도 부족할 것이니 그 남은 자연에 붙어 따라가라. 자연의 경영도 힘들여 할 것이 없다. 하늘에게 자연의 일을 인임하였기 때문이다. 구차하게 욕심내 자연의 일도 하지 말라. 무슨 목적으로 사물을 조작할 것인가.

그러느니 자연이 모든 일을 다 하도록 놔두고 그대의 목숨 하나는 저쪽에 떨어져서 그 안의 마음이나 순응케 하며 무시(無時)로 소요할 일이다. 무삼 일로 수고롭게 저 자연을 경영하려 마음을 낼 것인가.

천하경영이건 도시행정이건 제국의 정치건 사사(私事)이건 만물을 사용하여〔以物〕 일을 도모함은 쓸모없는 짓거리이다. 그 구상과 실행은 인간 지혜의 아이들인 과학과 문명이 해악을 드러내는 결과가 된다. 과학문명이 인간을 편리하게 하고 질병으로부터 해방시킨 면이 있지만 인간을 영물에서 바보로 만들어가는 것은 더 큰 해악이다. 이 일〔事〕과 그 일을 '위함〔爲事〕'은 〈응제왕〉 편의 파국의 칠일이혼돈사와 직결된다. 장자의 자연과 숙명에 대한 절대순응의 요목(要目)이다.

무사(無事)만이 소요를 가능케 한다. 그 소요만이 기(氣)의 응결을 선물한다. 이것이 장자의 도(道)이다. 인간은 쓸데없이 너무 많은 일을 한다. 처량할 정도로 너무 많은 일을 함으로써 인간은 영과 기가 희미해졌다. 그래서 소요만이 양생(養生)을 가능케 할 것이나 인간은 거의 현해의 사슬을 풀 수 없는 구조 속에 갇혀버렸다. 그곳을 위사(爲事)의 욕망과 도시의 철옹성이라 할 수 있다. 점점 탈출이 불가능해지고 탈출해도 살아남기가 간단치 않다.

17 무용한 모자와 요(堯)의 아득함

송나라 사람이, 보물로 여기는 장보(章甫)를 가지고 월(越)나라에 갔지만, 월나라 사람들은, 단발에 문신(文身)을 해서 장보는 소용이 없었소.
요(堯)가, 천하의 인민을 다스리고 세상을 바로잡아 나라를 평정해서 먼 고야산에 가 사자(四子)를 만났지만, 분수(汾水)의 양지녘에서 아득히 천하를 잊어버렸소.

• 원문(原文) •

宋人資章甫適諸越 越人斷髮文身 無所用之 堯治天下之民 平海內之政 往見四子藐姑射之山 汾水之陽 窅然喪其天下焉

* 송인宋人 송나라 사람. 은(殷)의 미자(微子) 책봉으로 파생된 나라. 은인(殷人)들은 융통성 없고 완고했음. 장보章甫 은나라의 예관(禮冠). 재물, 밑천 자資. 문신文身 자문(刺文). 치治는 다스린 것이며 정政은 바로잡음. 정치의 의미. 해내海內 천하 또는 국내(國內). 사자四子 지인, 성인, 신인, 진인. 분수汾水 산서성(山西省)에 있는 강. 분수지양(汾水之陽)의 분수는 요(堯)가 도읍한 곳, 양(陽) 분수의 북쪽 즉 양지. 산은 남향이 양이고 물은 북쪽이 양이다. 요연窅然 아득함.

소용없는 장보와 권력

아주 상반된 두 세계를 한 문장의 공간 속에 병치하였다. 이러한 비교를 볼 때 장자의 의도는 아주 뚜렷하다. 바보들은 자기 나라를 떠나 먼 나라로 한물간 자기 나라의 모자를 팔러 갔다가 낭패를 보는 세상 물정에 어두운 지혜들을, 다른 하나는 막고야산의 신인을 만나 보고 도읍지로 와서 천하를 가마득히 잊고 마는 요의 마음을 그렸다.

한쪽은 무용(無用)의 망(忘)이요 다른 한쪽은 양지(陽地)의 망(忘)이다. 그러나 이 두 망은 다른 망이다. 한쪽은 낭패요 다른 쪽은 아득함이다. 주로 장자가 지향하는 세계는 요연(窅然) 즉 너무나 커서 끝이 보이지 않는 이 아득함에 있다. 장자는 어떤 노파심에선가 이 아득함을 중시하게 되는데, 아마도 당대의 현실적 양식과 통치나 갈등의 문제를 푸는 것이 사상의 문제가 아니라—물론 당시의 대부분의 사상가들은 그것에 묶여 꼼짝 못했다—근본적인 문제를 적확하게 관통해야만 하는 것이라 생각했을 것이다. 그러니까 장자는 현실적 대지를 밟고 비상하고자 하였다. 그러나 다른 사상가들은 현실과 역사 속에 함몰되고 말았다.

장자는 그들보다 우선 과제로 열자의 무익이비(無翼而飛)를 깨고 영겁의 날개를 감히 달고 싶었다. 장자의 문장에서는 대지를 박차는 아주 무거운 새의 날갯소리가 항상 들려오는 것이 그 까닭일 것이다. 빌딩이 가득한 저 도시의 거리에서 시골 산속 어디서도 나는 두려운 그 날갯소리를 듣는다. 장자의 책을 가만히 두고 보면 마치 거대한 한 마리 새가 그 안에서 푸드덕거리며 날개를 치고 있고 까마득한 북명의 바다가 출렁이는 소리가 들린다. 장자는 마치 어미닭과 달걀 속의 병아리가 나누는 줄탁의 마음으로 그 새를 키우지 키우고 기다리진 않을 것이다.

분명 장자는 새로운 것을 추구한 사람이었다. 언제나 낡은 것을 거부하고 조경(照鏡)하며 항상 새로운 길로 나아갔다. 그것을 방해하는 것은 무엇이든 거부한 사람이었다. 낯선 시공으로 초월했지만 새로운 현실 시공을 창조한 사람이기도 하다. 붕비, 광막지야, 해우(解牛), 골혼, 태충막승, 문합, 독연, 유존(遊存), 재미파류, 일종(一終) 등 실로 과감한 월경(越境)의 형이상들을 보여준다.

그러므로 다른 사상가들과 달리 장자 주변에는 수많은 무명(無名)의 상상조(想像鳥)들이 고개를 돌리고 날개 치며 날아다닌다. 그 곁에 가만히 있기만 해도 행복해지고 미소가 절로 나온다. 통속이라고 치부할 수도 있을지 모르겠지만 자유로움을 추구하는 것은 그 어떤 이유에서도 타당하다. 마치 장자가 사용한 문자들은 공자나 한비자가 사용한 글자가 아닌 것 같다. 같은 글자라도 장자에게 붙으면 그 문자는 날개를 달고 살아 있는 생명체가 되었다. 사심이 없고 천진하고 직심이며 솔직하다. 그는 거짓을 말할 필요가 없다. 장자는 살아 있는 인간보다 더 실존적이다.

이중 비유

이 유명한 장보(章甫) 이야기는 연숙이 견오에게 해주는 말이다.

연숙은 역사나 지리에 대해 해박한 사람이었던 것 같다. 이 이야기에는 뼈가 있다. 즉 새로운 것을 받아들여야 한다는 것을 말하고 있다. 막고야산의 신인이 새로운 내용이며 소식이라는 점으로 인식하는 사실이 흥미롭다고 보아야 한다. 신인의 존재와 장보의 존재를 내세운 이 부분도 뜻풀이가 그리 만만치 않다.

장보도 무용한 것이지만 후자의 것은 전혀 다른 무용을 견주어낸 것이다. 무용 중에는 정말 쓸데없는 숭고한 것이 있다는 것을 말해주고자 한다. 즉 진정한 순수 무용은 해악을 주는, 자연에 위배되는, 인간의 본성에 반하는 무용을 무용하게 하는 무용들이다.

신인이 세상에서는 소용없는 존재처럼 보이는 것처럼 이 장보도 소용없는 물건이다. 그러나 장자는 이 장보를 진정한 무용의 비유물로 사용한 것이 아니라 2차 무용물로 본 것 같다. 사물 속에서의 무용한 것인 줄 모르고 그것이 보물인 줄 알고 그것을 내다 팔려고 한다. 여기에 그 문제가 있다. 무용엔 고귀한, 엄정한, 요연한 것의 무용이 있다. 혜자의 무용대수(無用大樹)와는 다른 것이다. 대수 아래 침와(寢臥)하고 육극(六極)을 넘나드는 광막지야의 꿈을 꾸지만, 이 장보를 머리에 쓰고 송나라와 월나라를 돌아다녀 봐야 우음거리밖에 되지 않는다.

그런데 그것을 사라고 하거나 팔 수 있다고 생각하는 자는 어리석은 자이다. 요가 천하경영의 덧없음을 깨닫고 남쪽을 내다보며 요연함을 얻는 것은 이것과 다른 것이다. 이 장보를 요의 정치라고 본다면 가능할 것이지만, 그렇다면 장보는 요의 쓸데없는 권력, 돈이 된다고 여기는 송인의 어리석음 이 두 가지로 사용하고 있는 이중적인 비유물이라 할 수 있다. 하나의 사물을 가지고 장자의 변증법적 문학수사를 사용한 셈이다.

장보는 진정한 무용이 아니며 몽매함의 잔존이고 유물이다. 허유의 대화에 나온 포인(庖人, 요리사)이기도 하고 이충이기도 하다. 송인을 칭송한 것이 아니며 요연(窅然)을 얻은 요를 칭송하기 위한 것도 아니다. 탄허는 이 장보를 요의 치공(治功)으로 강술했지만 실은 무용한 것을 사용하려는 송인을 장자가 비판한 것으로 보인다. 오히려 무공(無功)일 것이다.

장보(章甫)는 은나라의 모자인데 송나라 사람들이 그적 그것을 귀중한 것으로 여기고 있었다. 다 망한 나라의 모자를 아직도 보물로 여기고 간직하거나 다시 그 시대가 올 것이라고 굳게 믿었을 것이다. 그들은 자연의 천변만화가 항상 새롭다는 것을, 이미 흘러간 세월과 권력은 다시 돌아오지 않는 것을 몰랐을까. 얼핏 보면 이 비판이 시류에 영합하는 것 같지만 장자의 말은 결코 그런 것이 아니다.

자연의 흐름의 믿음을 따라서 가는 것은 배반과 영합이 아니라 순응과 창기의 가치를 얻는 법칙이다. 물과 세월은 흘러서 새롭고 장보는 농 안에서 냄새를 풀풀 풍긴다. 덧없이 흘러갈지라도 변하는 것만이 새롭게 다가온다. 장자는 버릴 것은 버리고 찾아갈 것은 찾아가야 한다는 결의를 보였다. 우물쭈물하지 말고 떠날 때는 떠나고 비울 때는 비우고 흩어질 때는 흩어져야 한다.

비록 쇠퇴기에 접어든 송나라였지만 아직도 예(禮)와 모자를 중시한 것 같다. 머릿내 풀풀 나는 옛 장보를 보물단지로 여기고 국경을 넘어 먼 길을 나서서 장사를 간 것은 어리석고 어두운 일이 아닐 수 없다. 이는 권위나 절차와 예를 중시하고 옛것을 버리지 못하고 외국에까지 팔러 나간 송인의 어리석음을 보여준다. 시대 물정이 어두운 무역상을 비웃고 고리타분한 외교관, 사상가들의 우둔함을 풍자한 것이다. 장자는 송나라를 이런 장사치들이 옛것을 가지고 떠돌아다니는 비루한 나라로 보았던 것 같다. 신랄한 자국 비판이다.

지나간 이야기이지만 새것을 만들지 못하고 과거에 머무르고 마는 인간과 체제에 대해 통찰하고 아울러 한 나라의 종말을 예고한 시대적 장물이 이 장보이다. 낡은 권위를 팔러 다니는 장보는 지나친 상상일지 모르지만 주(周)로 복고하고자 인과 효 사상을 들고 나왔던 지난날의 공자를 풍자한 것인지도 모른다. 장자가 자기 나라를 이렇게 말했다는 것은 곧 망할 것을 알았다는 말이 된다.

장보는 썩은 사상의 무용의 적이다

여기서 중심어는 고물 장보(章甫)이다. 송나라 사람들은 당시에 융통성이 없는 바보로 불렸다고 한다. 은나라의 선대(先代)들이 사용했던 장보를 가지고 맞지도 않는 월나라에 가서 팔아보려 한 것을 드러낸 것은 저자가 그 어리석음을 나타내려 한 지혜의 방편이다.

치정(治政) 혹은 정치(政治)란 말이 여기 처음 나온다. 즉 바로잡음이 정(政)이고 다스리는 것이 치(治)이다. 바다가 출렁이면 파도가 되어 위험해져서 바다를 다스리는 것이 정이고, 민란이 일고 불만이 터져 나오면 늘 사람이 문제이니 이것을 다스리는 것이 치가 된다.

국내의 복잡한 정황과 민중의 동향과 사상이 문제가 된다. 장자는 정치라 하지 않고 치정(治政)이라 하여 치자를 앞에 두었다. 바로잡기 어려운 것이 인간이라는 뜻이 숨어 있다. 하지만 요가 이룬 정치란 별것이 아니라는 것이 장자의 생각이다. 장자는 자신의 글 안에서 요가 참담한 심경으로 돌아가는 것을 그리고 있다는 점도 심리적으로 요의 위에 서서 작가적 위치를 확보한다. 즉 보는 자이다. 이 보는 자만큼 무서운 시선이 있을까.

장자가 보기에 요는 쓸쓸할 뿐이다. 고작 여기 분수(汾水)에서 잠깐 아득함을 경험하게 되지만 그는 권력의 창칼에 경계해야 하고 세금을 걷어야 하고 명령을 내려야 하는 불행한 제왕이다. 누가 말했던가, 내가 지금 왕이 아닌 것이 천만 다행이라고.

그런데 이 장보(章甫)라는 물건은 대체 무엇일까. 천덕꾸러기 같은 이 물건은 모자이다. 장자는 왜 하필 이것을 들고 나왔을까. 인간이 만든 예의와 차별, 계급, 보수의 상징물이다. 오해를 무릅쓰고 말한다면 이 낡고 무겁고 아무 소용 없는 장보는 어쩜 사상의 하수인들이 만든 모자이다. 예의 극치는 모자에서 나타난다. 반공자주의자인 장자는 공자의 관(冠)이 다른 나라와 시간과 풍속과 시장에선 소용되지 않는다는 것을 신랄하게 비판하여 웃음거리로 만들었다.

공자의 사상에는 과감한 미래에 대한 상상력이 결여되어 있고 고통과 숙명의 격정과 통한이 없다. 그의 작품의 등장인물은 제자들이 대부분이다. 이 괴상한 모자의 영향일까. 모자란 것은 하늘을 가리는 것이다. 인간이 인간을 직시하기 위하여 모자를 머리에 올리고 얹어 하늘을 가린 것은 묘한 이유가 내재하는 듯하다. 그것은 모자 밑의 날카로운 두 눈의 응시에 있다.

인간을 붙잡아 묶어두는 이 모자의 의미는 불쾌한 것이며, 장자는 이것으로 인간과 국가가 망할 것을 예시한다. 단순히 어리석음의 우화(寓話)를 넘어 통곡의 의미로 본다. 그때에서야 월나라로 가서 망하고 만 송나라 상인들의 어둠을 보게 된다. 혹시 공자처럼 주나라로 북귀하고 싶어 하는 구식을 중시하는 자들이 예의와 명분으로 돌아가자고 한 저항의 증거가 아닐까.

이 장보는 관인(官人)들이 쓰는 것으로 장자는 이것을 경멸한 것 같다. 이 모자를 쓴 자들이 얼마나 많은 인민들을 괴롭히고 지식과 사상적 권력의 허영에 들떠 살았을까. 이 지구가 실낙원인 까닭은 군사와 영웅과 군주와 벼슬아치들의 그 모자 때문이 아닐까. 인간의 순수한 지혜가 그곳에선 너나없이 권모(權謀)가 되고 만다. 그러니 진구비강으로 요순을 만들 수 있는 신인이 어찌 군주나 그 추종자 따위들을 생각할 수 있을까. 무엇한다고 신인이 요순과 그 하수들인 제왕과 군주들을 만들 것인가.

장자의 이 반황(反皇)사상을 엿본 것이 10분의 1이라도 맞다면 그 통쾌함을 다 말할 수가 없다. 장자만이 모자에 대한 분노와 구련(拘攣)을 다 말해주었다. 도무지 장자 글이라고 볼 수 없는 '외편'에서도 여러 차례 거론되지만 자연과 국가와 인민과 풍속을 망친 자들은 모두 그 권력의 주체들인 가짜 성인들이다. 가차 없는 장자의 비판이고 통쾌한 독설이다.

그러나 범부가 쓰는 모자에 무슨 문제가 있는 것일까. 사람은 하나의 사람인데 사람은 어째서 송인인가. 모자는 한 가지 모자인데 관모(官帽)는 왜 불쾌한가. 그것은 송나라 사상 속에 있는 악습의 유물이기 때문이며 요나 순이 그런 모자를 만들어 씌워주었기 때문이다. 그러니 사람의 머리에 모자를 씌워준 요나 순이 신인의 마음에 때나 티끌만도 못한 존재일 수 있다. 어쩌면 너무나 신랄한 그래서 끔찍한 장자의 이 극적 비유는 지금까지 풀지 못한 극비(極秘)일지 모른다.

더구나 그 인의(仁義)를 볼모로 목숨과 신의를 요구하는 요(堯)와 그 아류들이 장보를 만들어 하사했다는 것은 하늘의 일이 아니라고 장자는 보는 것이다. 장자는 제국(諸國) 멸망이 역사의 대를 이어 줄기차게 이어지리라는 것을 이 장보의 비유에서 말하는 것 같다. 국가는 반드시 멸망하기 때문이다. 아무튼 언제나 어느 나라나 모자(帽子)는 위험한 존재이다. 이 모자를 거부하는 자들이 방외자들이다.

장자에게 있는 인간적 초월적 분노와 절망이 없는 《논어》는 격정이나 상처가 없다. 이제 서서히 전국시대 말기에서 장자는 공자를 비판하기 시작한다. 거대한 시중(時中)과 상황에 맞지 않는 것은 진리일 수 없다. 주나라의 귀족사회로 돌아가고 싶어 한 공자가 궐과 권력과 학문의 무리 속으로 참여토록 유도하고 강요하는 핵심사상의 장구인 예(禮)의 상징이 장보(章甫)이다. 실은 송나라 구식 모자이지만 왠지 장자의 의도는 당대 전국의 모든 예와 절차를 웃음거리로 만들려는 것이 아니었을까.

수많은 제자들을 거느리고 먼지를 구름처럼 일으키며 길을 가고 있는, 마치 군주처럼 살아가고 있는 얼마 전의 공자를 저 먼 뒷골목의 어느 누옥에 앉아 장자는 눈꼴사납게 기억했을지 모른다. 한편 그 예

(禮)의 모자가 월나라에서 팔리리라고 생각한 그 송인들이 참 대단하고 한심스럽다는 생각이 들었을 것. 초라하기 그지없는 몰골이다. 일관(一官)과 일향(一鄉)의 모자를 쓴 자시(自視)가 없는 이충이다. 지나간 옛일이지만 장보는 썩은 사회와 악습과 잘못된 사상에 대한 장자의 고도의 은유이며 풍자이다.

반공주의자(反孔主義者) 장자

장보란 항상 자신을 본다고 하지만 실은 자시(自視)를 못한다. 그래서 나중에 장자는 공자가 겨우 좌망(坐忘)을 깨닫는 안회에게 탄복하는 정도로만 인정한다. 공자 같은 인물이 쩔쩔맸을 요를 신인은 진구비강만도 여기지 않은 것처럼, 장자 역시 공자를 제자에게서 배우는 자로 등장시킨다. 아무튼 장자는 간접적으로 공자를 집요하게 비판하지만 결핍감은 없는 것 같다. 아직 공자나 구란 이름이 나오지 않지만 미리 예상되는 복선이며 빌미들이다.

그의 필생의 타격(打擊) 목표는 공자였다고 한다면 지나칠까. 장자가 공자의 경쟁상대 정도로 취급되거나 지적인 집단적인 콤플렉스를 가진 인물로 전락될까 두렵지만 결코 그렇지는 않았던 것 같다. 장자는 요를 통하여 유가들이 요연한 자연(自然)의 저녁과 아침까지 틀 속에 넣고 훼손한 것으로 본 것이 아닐까. 즉 공자의 할아버지격인 요를 등장시켜 자연 앞에 항복시키는 문학적 장치에서도 공자의 머리 위에 앉아 있는 것 같다. 아무래도 비견할 두 사람은 아닌 것 같다.

장자가 노나라 사람이라면 이곳에 송인이 아니라 노인(魯人)의 일화가 나왔을 것이다. 장자는 모두 멸망의 길로 접어들던 전국시대 말기에 자신의 나라 사람 이야기를 두 개나 〈소요유〉 편에 배려했다.

망해가는 나라를 자신의 집에서 바라보며 패망의 그림자가 자신에게도 서서히 다가오고 있다는 생각을 하면서 그러나 세상이 진으로 흡수 통일되어가는 것도 마음에 들어 하지 않았던 것 같다. 한비자의 사상으로 물든 신진 집권세력들은 토착 구세력을 제거하고 무적의 중앙집권체제를 강화하고 곧이어 모든 지혜와 사상의 발원인 책을 분서(焚書)하는 야만의 나라로 전락한다.

그러므로 장자에게 송은 자신의 나라가 아니었을 것이다. 잠시 그 송에 머물 뿐이라는 생각을 했을지 모른다. 장자가 송나라 사람이면 어떻고 월나라 사람이면 어떤가. 인물에겐 세월이 많이 흐르고 나면 그 나라라는 것은 그리 중요하지 않은 것 같다. 국가의 경계를 넘어 그가 무엇을 어떻게 생각했는가 하는 것이 더 중요해진다.

송나라 바보가 월나라로 모자를 팔러 갔다. 그런데 월나라 사람들은 두발을 자르고 몸에 문신을 그려 넣는 풍조를 따르고 있어서 모자 쓸 일이 없었으니 당연히 그 바보 상인은 파산했을 것이다. 자기 나라에선 귀중한 가치를 상징하는 관〔章甫〕을 팔아보려고 하는 것은 당연히 웃음거리가 된다. 물론 은나라 시대의 그 갓은 구물이며 그것을 가지고 있는 자가 송나라 사람임은 의미심장하지만 그걸 월나라에 가져가서 팔아보겠다는 물정 모르는 이론이나 속셈도 이치에 전혀 맞지 않다.

그러므로 어떤 물건이나 사상도 때와 장소에 잘 부합해야 잠시만 유용하다. 그러나 이 세상엔 영원한 유용성은 없다. 사람들은 그것이 무엇이든 사용하고 종국엔 버리고 떠나게 된다. 이 세상을 떠나지 않는 사람이 없는 것처럼. 이 두 개의 쓸데없는 마음 중 송인의 마음을 생각하면 자신을 보는 듯 한탄이 절로 나온다.

아주 먼 나라까지 모자를 가지고 가서 결국 망하게 되는 것은 보통 일이 아니다. 아주 돌아오지 못할 수도 있다. 그들은 왜 떠났는가.

모자를 팔아 이윤을 남겨 더 큰 부자가 돼보겠다는 포부와 희망을 가지고 떠났을 것이다. 그러나 그 꿈은 수포로 돌아갔다. 이때의 이 무용(無用)은 장자의 무용이 아니다. 이 무용은 소용되는, 그러나 쓸 수가 없는 무용의 소용과는 다른 것이다. 즉 머리에 쓸 수 있는 모자와 저 높은 창창한 하늘은 다른 것이다. 하늘을 보는 장자는 하늘을 볼 뿐 그것을 가지거나 팔려고 하지 않는다. 불가능하기 때문이다. 기이하게도 정말 쓸데없게도 이 무용의 하늘이 이제부터 장자의 소유처가 되려는 것이 바로 이 책《장자》이다.

장자의 견해는 이것이다. 즉 요임금의 기능이 사라졌으며 은나라의 관모는 무용지물이 되었다. 그것이 '무소용(無所用)'이다. 자신의 것인 양 다스리던 인간과 천하도 자신의 것이 아님을 알게 될 때 독자는 왠지 통쾌해진다. 그야말로 천하의 대기(大氣)가 저 스스로 불고 돌아가는 풍향을 장자의 언어로 말하면 '요연히' 바라보게 된다. 감히 임금의 직위란 아무것도 아니라는 것이 장자의 생각이다. 왕은 자신이 씌워준 수많은 각양각색의 모자를 보면 내심 자괴의 웃음이 나오지 않았을까. 그 웃음조차 없는 자라면 그는 진구비강(塵垢粃糠)도 아닐 것이다.

모든 권력중심의 체제주의자들은《장자》를 서고에서 빼버렸을 수도 있다. 지나친 과거 상상일지 모른다. 사실 권력 주변이란 할복장처럼 지저분한 곳이지만, 어쩜 어떤 군주는《장자》를 읽은 자는 절대 인재로 등용하지 않았을지 모른다. 그런 말이 지식인들 사이에 떠돌아 지식인들이 장자를 피할 수도 있었을 것이다.《장자》를 읽고 좋아한다는 소문이라도 나면 고자질당할 수도 있었을 것이다.《장자》가《남화경》(南華經)이 되기도 했지만 그들이《장자》를 읽지 않았을 리가 없다. 다만 숨겨두고 혼자 몰래 읽었을 것이다.

내 생각에 장자의 사상은 어느 시대에나 위험한 사상이다. 그러나 그 위험성이 얼마나 위대한 것인가는 다 말할 수 없을 정도이다. 《논어》는 평이해서 무서울 것이 없는 책이지만, 《장자》는 아주 위대한 책이며 무서운 사상이다. 장자는 항상 어느 시대에나 어느 누구에게나 자휴(恣睢)의 두 눈으로 살아 있다.

사자(四子)는 누구일까?

사실 요임금이 위대한 것은 그 사실을 깨달았다는 점에 있다. 그것도 네 사람의 고야산의 4자(四子)를 만나고 와서이다. 일설에 4자는 4성자 즉 허유(許由), 설결(齧缺), 왕예(王倪), 피의(被衣)라고 한다. 요의 스승은 허유(許由)요 허유의 스승은 설결이요 설결의 스승은 왕예요 왕예의 스승은 피의이다.

요는 대단한 도인들의 계보를 가지고 있지만 이번에 고야산에 가서 요가 배운 것은 만민 평등이니 분배니 생산이니 하는 것이 아니라 허무(虛無)였다. 그것도 자기 자신의 한 인간으로서의 허무. 즉 무용한 것이다. 막고야산에 가서 가없음을 본 것이다.

이 사자는 무기, 무공, 무명에 무인(無仁)을 추구하는, 아직 등장하지 않은 진인을 더하여 장자가 그리는 지인, 신인, 성인, 진인들이 아닐까. 피의를 제외한 3인은《장자》에 등장하는데 이 피의는 누구일까. 알려져 있는 것이 없다. 이 피의(被衣)는 옷을 입은, 이불을 뒤집어쓴 걸인, 여자의 머리꾸리개를 옷에 꽂은 광인, 미친 자 등으로 풀이된다. 앞에 등장한 제해, 탕과 극, 송영자, 열자, 허유와 요, 견오, 연숙, 접여 이들은 지신성진(至神聖眞) 중에 어느 부류의 사람들일까.

장자는 허유보다 이상하게 요를 또 거론한다. 문제가 없는 이보다 문제가 있는 자를 등장시킨다. 그렇다고 유가 섭섭해 할 것은 없다.

기산을 가지고 살아가기 때문이다. 허유는 기산의 바람이요 밤이요 구름이요 물이기 때문이다. 그는 기산 속에서 장자로부터 망각된다. 안타까운 인물은 아직 요이다. 장자는 요를 측은히 여기는 것 같다. 자연의 대도를 얻은 요는 한편 얼마나 슬펐고 허전했을까. 천하를 얻을 수 없어 자신의 천하를 잊을 때의 마음은 어떠한 것일까.

요는 숨어서 천하를 다스리는 고야산의 신인 앞에서 아무것도 아니다. 그러나 요의 마음은 비로소 그 두 눈으로 자연의 본연의 모습을 보게 된 것이 아닐까. 여기서 장자의 마음을 비로소 읽으면서 함께 웃게 된다. 한쪽에 가서 혼자 얼굴을 가린 모자 밑에서 웃고 이슬에 젖어 있는 발자국이 부드러운 흙내를 맡으며 내 집으로 돌아간다. 누가 저 '나'를 이렇게 만들고 있을까. 그는 진정한 진인의 친구로서 아름답고 높고 편안한 무궁자의 대사상(大思想)과 아름다운 마음의 글만이 벗이 된다.

장자와 신인들은 천하를 다스리는 일은 수고로움만 더하는 일이라 생각한다. 건들지 않고 가르치지 않는 것이 최상의 상태이다. 일일이 다 가르치지 않아도 안다고 믿고 있다. 가르칠수록 바보가 되어간다. 본능도 잃게 되어 걷는 법조차 가르치게 된다. 사실 우리가 배운 것은 스승으로부터 배운 바가 별로 없다. 배운다기보다 느낀다는 말이 맞을 것이다. 장자는 가르친 적이 없다. 이것이 가르치려는 교육과 인임의 차이이다. 자연만이 장자의 선생이다. 실은 내 안에 다 있는 것들이다.

요임금은 나라를 다스려 태평천하가 되자 멀리 고야산을 찾아가 네 사람의 신인을 친견하고 그들의 고결한 인품과 덕을 깊이 깨닫고 산서성 부근의 분수(汾水) 즉 자신이 도읍을 정한 곳에서 문득 깨달아 천하를 잊는다. 멋진 휴거(休居)이자 잠이며 종결이다. 아마 요는 분수에서 사라진 것이 아닐까.

그런데 장자는 어떻게 요임금의 마음을 알았을까. 자신이 꿈꾼 세계와 인물을 창조한 작품이 이래서 장자인 것이다. 장자의 문장이 천 갈래 만 갈래로 뻗어가는 자유를 맛보게 한다.

분수지양(汾水之陽)의 상천하(喪天下)

이것은 인간이 쓴 최고의 시구이다.

마지막 구절 '분수지양(汾水之陽) 요연상기천하언(窅然喪其天下焉)'을 다시 본다. 최초의 명구이다. 얼마나 많은 중국의 시객들이 이 구절을 베껴 썼을까. 장자의 이 구절 하나로 중국 시문의 전체 큰 형이 잡혔다. 아 묘연(渺然)히 분수가 해질 녘에 혼자 앉아, 천하를 잊고 말았다! 시가 아닌가. 천하와 인간에 대해 이만한 무상감을 드러낸 시가 그 장자 그날 이후 있었던가. 그것도 가마득한 과거의 요시대 주인공을 2,300년 전에 장자가 노래했다는 것은 무슨 일이라고 해야 할까.

그 요연(窅然)함을 장자가 발견했다. 장자는 어느 날 쓸쓸함과 어둠이 오고 있는 남녘을 바라보며 이 요연 속에 잠시 머물고 있다는 사실을 알았을 법하다. 기원전 24세기경 덕과 타애(他愛)의 삶을 살았다는 인간의 영원한 본보기로 알려진 고대 황금기의 당제요(唐帝堯)의 마음을 기원전 3세기에 장자는 어떻게 알았을까.

여기서 시가 탄생한 게 아닐까. 모든 것을 겸허하게 자연 앞에 내려놓는 요의 마음에서 모든 시가 탄생했는지 모른다. 너무나 아름다운 한순간이지만 영원성을 획득했다. 한 절벽의 세월 뒤의 이백도 두보도 다 그 아래일 것이다. 눈부신 발견은 바로 이 시심(詩心)이다. 그가 천하를 경영하였더라도 이 자연을 보는 시심을 찾지 못했다면 단지 그는 한 임금에 불과했을 것이다. 자신의 맑은 거울과 저쪽을 내다보는 창이 없었을 것이다.

드높은 곳에 장자의 도와 시가 하나로 앉아 있는 이 절정(絶頂)의 가장 낮은 자리는 분수의 물가이자 풀밭이다. 멀리 남쪽이 내려다보이는 한갓진 물가, 졸졸거리며 분수 물가의 물결이 요의 귓가에 아기의 웃음소리처럼 옷깃도 적시지 않고 스쳐 흘러 지나갔을 것이다. 한 인간이 비로소 자연의 품에서 그것을 시적 대상으로 놓으면서도 끌어안거나 탐욕하지 않고 편안하게 의탁하는 한 인간의 오롯한 마음을 발견하는 순간이다. 요가 자연에 바쳐지는 아름다운 순간이다. 그 헌신은 속죄양이나 제물(祭物)이 아닌 생인(生人)의 진인의 최고의 풍경이고 높고 먼 마음이다.

요의 마음이 정말 그랬는지는 알 길이 없지만, 장자는 과감하게 자신의 심상을 그에게 불어넣고 놀라운 풍경과 인간과 세계의 관계를 창조하였다. 장자가 엿본 세계는 의외로 아름답고 고요하고 광대하다. 지금 요가 내다보는 저 풍경이 자연이다. 그것이 시이다. 그것도 물가의 하늘이 보이는 마음이다. 더구나 요는 잠시 비스듬히 누워 있지 않았겠는가. 엄격하게 정좌하고 볼 자연의 품과 풍경은 아닌 것이다. 소요의 자연은 권력 앞에서나 취할 그런 인간의 위선적이고 수신(修身)적인 태도를 원하지 않는다.

물이 북쪽으로 흘러들어오는 분수(汾水)의 양지바른 곳에서 아득히 천하(天下)를 여의었다! 이 모든 것은 어느 누구의 것이 아니라 조물주의 것이라는 것을 장자는 언중에 숨겨두지만 이것은 완전한 무지(無知)와 무기(無己)는 아니다. 천하를 얻었기에 평온한 그것과는 다른 무엇을 잊었지만 그것은 정치와 백성과 물외의 '무엇'이다.

그것을 꼭 언어화할 필요도 없지만 장자는 그것이 요연이라고 하였다. 깊이 들어가 눈이 움평한 것, 깊숙하고 멀고 먼 모양, 정신이 어리둥절한 것을 요(窅)라고 한다. 사실 자전(字典)에는 이 요를 정신이 멍해서 어리둥절한 상태로 풀이하고 있다. 4자의 말을 듣고 내려와 정신을 차렸지만 가슴을 치고 지나가는 바윗덩이 같은 아픔을 느끼곤 그만 정신이 아뜩해지고 만 것일까.

또 다른 풀이로는 원망(怨望)의 뜻이 있다. 즉 '원망이 앞을 가려 아무것도 보이지 않았다', '원망에 앞이 가려 천하를 잊어버렸다' 혹은 '원망의 눈물이 앞을 가려 아무것도 보이지 않았다'고 해석될 수도 있는 면이 없지 않다. 그러나 전후의 문맥을 볼 때 원망은 아닌 것 같다. 그게 원망이라면 요는 기산에 가서 혹 떼러 갔다 혹을 달고 내려온 (사실 그렇기도 하지만) 꼴이 되고 만다. 말로는 천하를 이양한다고 했지만 내심은 치정(治政)을 잘한 자신의 덕치(德治)를 은근히 위로와 칭찬을 받으러 갔는지도 모를 일이라면 말이다.

요에게 스승이 있다는 것, 그들에게 산과 하늘이 있다는 것은 겨우 존재하는 축복이다. 권력이 천대를 받고 치세를 비난받고 어려운 치국과 평정의 결정을 내리고 그리고 양여를 거절당하고 내려오는 길이니 천하와 고야산과 신인에게 그런 마음을 가질 수도 있다. 하지만 요는 거기서 멈추지 않았다. 가상일지라도 자신의 모든 것을 마음속에서 버려보았다. 그러지 않았다면 요는 또 장보(章甫)의 꼴이 되고 말 것이다. 아무튼 장자의 이 요(窅)자도 두고두고 생각할 문자이다. 요의 심리분석이나 해석의 뜻을 수정할 수 있을 것이기 때문이다.

하지만 기산에서 내려온 허유의 물은 얼마나 잘게 흔들리면서 바람을 숨기고 저 발치 아래로 수면을 반짝이며 흘러갔을 것인가. 요는 한 인간으로서 그 흐름을 따라갈 수 없다는 것을 수긍하고 인정했을 것이고, 그래서 거기서 비로소 노래가 되지만 다 쓸 수가 없고 풀 수 없고 묶을 수가 없는 요연함을 얻는 한 마음의 시가 탄생했을 터이다. 또 하나의 자신의 인간에 대한 한계이자 위로이자 시름으로서.

그 자연의 언어창조는 그 후 이 구절로 인하여 수많은 변형과 변주가 가능했을 것이다. 이것은 중국 전체보다 크다 하겠다. 비록 작은 분수이지만 그곳의 양지가 인간 마음의 기슭이자 한 조각일 것이다. 거기서 반짝이는 거울 조각과 유리알이 있어서 인간들은 그 후 시를 꿈꾸기 시작했을 것이다.

어떤 '나'는 오늘 삭막하고 번잡한 도시를 빠져나와 '요연(窅然)'을 중얼거리며 도심 지하철을 갈아타고 집으로 돌아왔다. 2,300년 후의 오늘은 2011년 초여름, 나는 사실 이미 가고 없는 사람이나 다름없지만 그 과거는 아무리 애를 써서 생각해도 기억나지가 않는다. 그것은 미래보다 더 난해한 세상이다. 정말 장자가 《장자》를 그때 쓴 것이 맞겠지 하고 반신반의하면서 다시 《장자》를 읽고 번역하고 잠시 또 요연히 생각한다.

상천하(喪天下)란 하늘과 땅과 하나가 되어 변하면서 곤두박질치는 나를 다시 찾지 않는 최고의 경지를 보여준다. 그것이 소요(逍遙)일 것이다. 저 땅과 하늘에 곤두박질하는 나를 볼 수 있기를. 요가 21살에 즉위하여 72년째 통치해오던, 허유가 양수하지 않은 천하를 순(舜)이 받을 때가 된 바로 그해의 이 무렵이 아니었을까. 천하를 요연히 잊었다는 것은 경영권을 양여할 때란 뜻. 아니면 그 자리에서 요연히 일생을 마쳤는가. 완전히 잊는다는 것이 인생의 최종점이라면 그것은 죽는 일 외에는 없을 것이다. 비록 가진 것이 없지만 그래서 비견될 만하겠지만 공자의 제자 안회(顔回)가 깨달은 그 보편을 뚫고 나간 좌망(坐忘)과 같은 것이리.

자연을 발견한 요(堯)의 요연(窅然)

이런 장보(章甫)와 비슷한 이야기는 공자의 나라인 노(魯)나라에도 있었다.

한 노인이 삼신을 잘 짰고 처는 흰 비단을 잘 짰는데 월나라로 이사 가려고 하였다. 어떤 이가 노인에게 자네는 궁해질 거라고 말했다. 노인이 왜냐고 묻자, 월인들은 맨발로 다니고 머리카락을 풀어헤치고 살기 때문이네 하였다. 이 피발(被髮)은 이적(夷狄)들의 풍습이다. 흰 비단은 관(冠)을 만들어 쓰는 데 필요한 것이다. 자네 기술이나 장기가 소용없는 곳으로 가서 살 수 있겠느냐고 한 것이다. 두 정(鄭)나라 사람이 나이를 다투다 끝까지 버틴 사람이 이겼다는 말도 있지만 정나라나 노나라나 어리석긴 마찬가지이다.

생각하기 나름이지만 장자는 오히려 이적(夷狄)의 나라에 송나라가 뒤진다는 것을 말하고 있는 것 같다. 차라리 장자의 도는 문화 체제 속에서 낡고 권태로워지지만 자연의 도는 그 이적들, 즉 이방의 세계 속에 있는 것인지도 모른다. 낯선 세계로 나아가려고 하는 장자의 또 다른 면모를 엿볼 수 있는 비유이다.

장자의 사상을 추론해서 짚어본다면 고도의 문화화는 인간을 섬약하게 만들고 영혼이 없는 인간으로 전락시킬 것이라는 예단은 미래의 현재에까지 역사적으로 이해되어온 부정할 수 없는 사실이다. 문명화되지 않은 본능의 인간들이 그리울 뿐이다. 반장자적 과거지향성이지만 말이다.

솔직히 말해서 이런 것 같다. 과거지향성이 희망이 없는 미래지향성보다 더 미래적인 것일 수가 있다는 생각이다. 그러나 과거는 역시 나의 과거들이 살아버린 지나간 그림자의 저쪽일 뿐이다. 장자는 과거와 미래와는 전혀 다른 천지 양방향으로 통하는 도의 세계, 자연과 하늘의 세계로 빠져나갈 수밖에 없다는 것을 말하고 있는 것 같다.

그 과정에 요연, 광막지야, 묘망의 세계가 등장하고 그래서 이 《장자》가 마치 경전처럼 느껴지기도 하지만 언어상 자연이란 말이 주는 의미는 종교화 신격화와는 다른 만물의 집으로 여겨진다. 그보다는 훨씬 기론적이며 화생적이고 유물론적이다.

여기서도 장자에겐 작위나 교언이 없다. 그는 태탕(駘蕩)하고 자휴(恣睢)한 불령지민(不令之民)으로서 비상과 날개를 가지고 지식의 감옥으로부터의 탈출을 꿈꾼 자이다. 뿐만 아니라 장자는 체제를 넘어 무한한 광막의 세계로 나아가고자 하였다. 그 길은 끝이 없는 도(道)이다. 무명자(無名者)는 무공(無功)하며 무공자(無功者)는 무기(無己)하다. 기다리지 않는 자〔無待〕는 이미 모든 것을 얻은 자이다. 과거의 것과 자신이 가졌던 모든 것을 자연 속에 놓아두는 자는 자연에 순응한 자이다. 그는 신인이다.

고야산의 신인은 요를 기다리지 않는다. 요만이 신인을 찾아갔다 돌아가는 길이다. 신인은 단지 어풍영연(御風泠然)할 뿐이다. 그 바람조차도 기다리지 않으며 홀로 한 그루 나무처럼 있을 뿐이다. 저 상고(上古)에 춘목(椿木)은 1만6천 년을 홀로 서 있었다. 대수(大樹)는 아무도 못 느끼는 상층의 시원한 바람을 홀로 쐬고 있다. 함께 영겁 속에 있다.

그러니 이렇게 말할 수 있다. 무명자는 항상 공이 있으며 무공자는 항상 자기가 있다. 이것이 장자가 숨긴 말이다. 무아가 진아(眞我)이다. 기다리지 않는 자에겐 항상 영연한 바람이 불어온다. 진정한 성인은 이름과 명예가 없으니 일하지 않으며 항상 쉰다. 어떤 세속의 한 성인이 수많은 제자들을 거느리고 나라를 돌아다녔는가. 장자로선 가관이 아닐 수 없었을 것이다. 일과 노고는 저 자연이 한다. 하지만 저 자연은 지신성진(至神聖眞)이라 노고가 아니고 소요이다. 소요는 응결이다. 성인은 범부이다. 그러나 그를 아무도 알아보지 못한다. 그는 범부이기 때문이다.

부득불차(不得不借 얻지도 않고 빌리지도 않는)의 기다리지 않음〔無待〕이여 이것이 일편(一篇) 종지(宗旨)이다. 한 걸음 나아갈 수 없는 망연(茫然) 속에, 높은 산 그림자가 한 인간의 머리에 내려오고 있다. 여기서 송영자의 정분(定分)의 분별과 요(堯)의 요연이 갈라진다. 천하가 사라졌는가, 요가 사라졌는가. 둘 다 사라졌다.

쓸데없는 첨기(添記)

탄허는 월나라 사람들을 고야산의 사인의 절명(絶冥)한 경지에 비유하고 장보를 요의 치공(治功)에 비유한 것이라고 하였는데 장보는 꼭 무용의 현물(現物)일까. 유가 요에게 요리사를 바꿀 수 없고 시동(尸童)이나 신주(神主)가 제기를 대신할 수 없다고 한 말이 그저 유가 (요를 상하지 않게 하고 위로하기 위하여 슬쩍 한) 농담이 아니라면 이것은 전격적으로 어리석은 자를 말한 직언이다.

이 어리석음이 꼭 도나 무용을 말하는 것은 아닌 것으로 보인다. 아무거나 다 무용에 비유하고 끌어오는 이차적 어리석음을 장자가 경계한 것이 장보이다. 무용만 믿고 말하는 즉 만물의 보편성을 무시하고 억지를 부리는 고집과 무지를 방지하기 위한 장자의 논리이다. 모든 것이 무용이 될 순 없다. 오히려 지당하고 보편적인 유용을 버리라고 장자가 말한 것으로 받아들인다면 억지가 된다. 즉 무용의 무용까지 부정할 수 없고 참된 무용을 거부할 권리가 인간에게는 없다.

장자라도 자연의 무위의 유용까지 — 사실 그것은 사용하는 무용이지만 — 그것까지 무용으로 두는 것으로 이해한다면 그것은 장자의 무용에 대한 오해이다. 그렇다면 누가 장자를 읽을 것인가. 무용은 실용 바깥에 있는 불가피한 유용이다. 그러나 진정한 절대적 무용은 얼마든지 있으며 그 무용이 인간과 세상을 거의 둘러싸고 있다고 보아도 무방하다.

소용없는 것은 소용없는 것으로 있을 때 무용성이 존재한다. 무용한 것을 사용하려 하면 웃음거리가 된다. 저 천체의 궁륭이나 히말라야가 무용한 것들이며 그것들이 무용으로 있을 때 무용의 존재의의를 과시하게 된다. 시동(尸童)이나 장보(章甫)가 그런 것인데 여기서 장보는 무용한 것을 말한 것이지만 진정한 무용성의 존재를 말한 것은 아니다. 장보는 대수(大樹, 저나무, 가죽나무)나 역(櫟, 상수리나무)과 같은 존재가 아니다.

장보는 무용물이긴 하지만 위대한 무용물이 아니다. 써버린 작은 무용물이다. 또 그것으로 재화를 만들려는 자들의 어리석음을 나타내기 위한 비유물이다. 장보가 사용할 수 없는 위대한 무용의 것으로서 요(堯)의 치공(治功)으로 본 견해는 합당해 보이지 않는다. 오히려 장자 사상에 대한 위험한 해석일 수 있다. 장자가 그따위 장보를 귀히 여기고 높일 까닭이 없다. 그렇다면 장자도 그 송인과 다름없는 주인이 되고 말 것이다.

장보는 진정한 순수 무용이 되지 못하는 것, 한 악습의 무용물이라는 것(대개 큰 것만을 가지고 무용을 말한다는 것을 장자 스스로가 알아차리고 이번엔 작은 것 즉), 허구의 모자를 사용하려는 송인의 어리석음을 드러낸 것이다. 장보를 순수한 무용물과 혼돈해서는 안 된다는 것을 장자는 은근히 말하고 있다.

다시 말하지만, 우둔은 성인들의 것인바, 장보를 사지 않은 월인들이 성인들은 아니다. 장보를 사지 않았다고 해서 장자가 그들에게 성인의 보물인 우둔(愚鈍)을 선물할 리가 없다. 또 무용물을 알아보고 그것을 사지 않은 것으로서 그 장보가 진정한 무용물이 되는 것은 아니다. 그것은 다른 무용이다.

장자의 무용을 혼돈해선 안 된다. 버려야 하는 유용처럼 버려야 하는 무용도 없지 않다. 모든 것이 무용한 것이 될 수는 없다는 것을 장자가 예화한 것이 이 고물의 장보이다. 송의 장보와 요의 요

(窅)는 다른 무용이다.

나의 '나'는 지금은 없는 고야산을 찾아가고 싶다.

18 대호(大瓠)가 부서지다

혜자(惠子)가, 장자(莊子)에게 말했다.
위왕(魏王)이 나에게, 큰 박씨를 주어서 내가 심었는데, 자라서 닷섬들이 박이 열렸소. 음료를 넣자니 그 무게로 자체를 들 수가 없고, 쪼개서 표주박으로 만들어 쓰자니 너무 얇고 가늘어 용기로 쓸모가 없었소. 실로 크기가 대단치 않은 건 아니지만, 그 쓸모없음에 내가 박을 깨버렸소.

• 원문(原文) •

惠子謂莊子曰 魏王貽我大瓠之種 我樹之 成而實五石 以盛水漿 其堅不能自擧也 剖之以爲瓢 則瓠落無所容 非不呺然大也 吾爲其無用而掊之

* 위왕魏王 양혜왕(梁惠王). 줄 이貽. 대호大瓠 큰 박씨. 심을 수樹. 섬 석石. 수장水漿 물, 음료. 무거울 견堅. 들 거擧. 쪼갤, 가를 배剖. 표주박 표瓢. 즉則 아주, 즉시. 호락瓠落 아주 크다는 뜻도 있지만 여기선 볼품없는 쪼가리. 무소용無所容 용기가 못됨, 담을 수 없음. 효연呺然 아주 큰 것. 클 효呺. 뛰어날, 크기 대大. 위기무용爲其無用 그 쓸데없음 때문에. 가를, 깰 부掊. 지之 닷섬들이 박.

장자, 최초 직접 등장

장자가 처음으로 당대의 인물로 직접 등장해서 당대의 혜자(惠子)와 벌이는 첫 번째 논쟁이다. 이 대목은 큰 것 즉 대호(大瓠)를 둘러싼 가치에 대한 논쟁이다. 박씨에는 어떤 비밀이 숨어 있는 것일까.

대호의 무용(無用)을 중시하려는 혜자와 그 대호의 유용을 중시하려는 장자의 대결이다. 여기서도 효연(呺然)이란 말이 나온다. 또 '무용'이 나온다. 큰 것이 대단하고 아깝지 않은 것은 아니지만 무용해서 부숴버렸다는 혜자의 말이 문제가 된다.

전국시대엔 유용한 것만을 찾아가던 질풍의 시대였다. 무용한 것은 부수고 버렸던 것 같다. 그러고 보면 장자만이 유독 독보적으로 무용론자로 남았다. 모두가 중심과 유용성을 향해 질주하고 축조할 때 바깥에 있는 것들, 아픈 것들, 버려진 것들, 불구가 된 것들을 챙겨나아간 자가 장자이다. 이것이 장자의 뛰어난, 아무도 상상할 수 없었던 시대 초월의 저쪽 사상이었다.

혜자(惠子)에게 맞지 않은 것은 사용하기 어려운 것이므로 이런 것을 무용한 것이라 혜자는 말했다. 만약 그것이 큰 것이 아니고 작은 것이라면 그것을 간직하고 사용했을 것이다. 정말 그랬을까. 그는 작아도 무용하면 버렸을 것이 뻔하다. 혜자는 큰 것을 사용할 줄 모르는 사람으로 유용한 것만 취하는 자였다. 궤변에 능한 자였지만 실용주의자이기도 했다.

위왕(魏王) 즉 양혜왕(梁惠王)으로부터 큰 박씨를 받은 것이 문제가 되었다. 그것을 전해준 위왕이 사람을 잘못 알고 준 것일까. 그러면 아무에게 아무 물건이나 주어서는 안 된다. 그 사람에게 맞는 물건이나 지혜를 주어야 한다. 위왕은 그럴 줄 알고 혜자를 다스리기 위하여 그 박씨를 준 것일까. 말로만 앎을 내지 말기를 바라면서 은근히 명가(名家 논리학파)의 거두에게 박씨를 심어 직접 한두 철 길러보면 알 것이라고 생각했을지 모른다.

박이 열린 뒤 그 큰 박을 보고 어찌 사용해볼 궁리는 내지 않고 혜자는 장자에게 불만 섞인 말을 내뱉는다. 이는 어쩜 위왕이 이 장자의 대지(大知)와 포부를 탐내고 큰 박씨를 혜자에게 주어 큰 정치를 해보게 하려 한 것인지도 모르는데 말이다. 하지만 결과만 보고 박을 깨버렸다는 혜자는 사려 깊지 못하고 과격해 보인다. '깨버렸다〔掊〕'는 혜자의 말은 장자에게 실망감과 모욕감을 주었을 법하다.

사실 혜자는 송나라 사람으로서 위(魏)의 재상(帝相)이 된 자이다. 구류학파(九流學派)의 뛰어난 변론가며 궤변가였으니 왕이 골치아파했을 수도 있다. 혜자는 어떤 주장에 대해 의심해야 한다고 말했다. 결정자가 한쪽 주장을 실행하게 되면 반쪽의 반대파 즉 국민의 반을 잃을 수 있다고 하였다.

그에게 대호의 가르침을 선물한 위왕은 진나라의 핍박으로 대양(大梁)으로 옮겨 나라 이름을 양이라 하고 양혜왕(梁惠王)이 되었다. 어쩜 왕으로부터 받은 큰 씨가 별것이 아니었다는 고백일 수도 있고, 다른 한편 한 나라의 재상이 되면 아주 큰 포부를 펼 줄 알았는데 제약도 많고 골치 아픈 일도 많다는 불만으로 해석할 수도 있을 것이다.

장자가 창작한 내용이긴 하지만 혜자가 아주 강한 비판의 발언을 한다. 거의 장자를 무시하고 있다. 어떤 연유로 위왕이 혜자에게 큰 박씨를 선물했는지 모른다. 혜자는 불쾌하게 여기고 큰 박이 열리기를 기다렸다. 하지만 그까짓 재상 자리는 바늘방석이며 결국은 왕의 수족으로서 책사(策士)에 불과한 것이다.

즉 큰 것을 정해놓고 큰 박을 얻은 다음 그걸 잘게 만들어서 세목적으로 정책을 펴서 그 큰 대호의 뜻을 이루어야 한다는 것을 혜자는 모르는 것 같다. 아니면 억하심정으로 무조건 장자를 반대하는 것일 수 있다.

또 달리 해석해볼 수 있다. 혜자는 장자를 찾아와 정치적 유용에 대해 고백한 것일 수도 있다. 대호를 자랑하고 그걸 심어 열매를 거두고 보니 별것이 아니더라는 것, 즉 재상이 되고 보니 허수아비나 다름없더라는 것. 자기 생각을 펼칠 수가 없었다고 불만을 토로하면서 위왕에게 버림을 받았거나 정계를 떠났다는 뜻일 수도 있다.

그렇다면 이 대호는 사실 정치일 수도 있다. 왕이 주문한 정치를 혜자는 사용할 줄도 펼칠 줄도 몰랐던 것일까. 작은 것을 큰 것으로 잘 가꾸어 나가는 마음, 큰 것을 작게 쓸 줄 아는 지혜가 없었던 것일까. 즉 무용과 용(用)을 다시 용해야 하는 단계가 없었던 것일까. 오히려 위왕의 마음을 읽고 있는 사람은 장자이다.

재상이 누옥에서 분이봉재(紛而封哉)하는 자만 못하다. 모든 비극과 시비는 여기 즉 음모의 궁여지책의 재상 자리와 그 내외지분(內外之分)을 세우지 못하는 생각에서 시작된다. 전국시대 대부분의 사상가들이 이 책사에 충실하며 자기 목소리를 높이고 권력과 군주, 지식인과 민중을 움직이려 하였다면 장자는 그 반대편으로 나아갔다. 그러니 그 길이 요연하고 효연(呺然)하지 않을 수 없었을 것이다.

장자 주변에는 아무도 없었다. 혼자였다. 군주 밑에는 책사들이 최고 사상가인 척하면서 군주를 움직였지만 모두가 궁여지책이었다. 모든 나라가 망하게 되어 있는데 모두 살길을 찾아 헤맸다. 장자는 국가와 권력을 과감하게 이탈하고 초월하여 인간의 마음을 찾아간 자가 되었다.

그는 마음의 명왕(明王)을 찾고 글을 통해 자기 속에 숨어 있는 진인을 찾아갔다. 인물이 없으면 그 시대를 건널 뿐이다. 장자의 고독과 진경은 이런 곳에서 승승한다. 고독하므로 오히려 고독하지 않았다. 괴연독(塊然獨)한 흐릿함 속에 거했다.

어쩌면 이 위왕은 수다쟁이 혜자의 우둔하고 심약한 아버지일 수 있다. 한 인간의 전모를 정확하게 알 수 없는 일이지만 모든 가치와 기준을 군주 중심으로 생각하고 판단하는 한비자 같은 사람에게 위왕은 우유부단한 사람으로 보였던 모양이다. 사실 왕이 대호(大瓠)를 선물했다는 것도 좀 우스꽝스런 이야기로 장자가 부러 만들어낸 풍자가 아닐까. 송나라 위에 붙어 있던 위국(魏國)은 조, 주, 진, 노나라에 둘러싸여 있었다. 언제나 불안했을 것이다. 그러나 위왕도 소심할 수밖에 없었을 것이다. 이런 이야기가 있다.

복피(卜皮)는 지방 현의 장관이었다. 그는 그곳의 감찰관이 독직하고 애첩을 두었다는 정보를 알고 측근의 젊은 관리를 시켜서 그 애첩을 연모하는 척하여 감찰관의 비밀을 들추어냈다. 이 복피에게 위왕이 자네가 들은 나에 대한 평판을 알려달라고 했다.

"제가 듣기론 왕은 인자하고 은혜롭다 합니다." 왕은 기뻐했다. 그럼 내 성과가 장차 어느 정도에 이르겠는가 하고 묻자 복피는 "왕의 성과는 망하는 데 이를 것입니다" 하였다. 왕이 왜 그런가 하자 "인자함은 동정이 많은 것이고 은혜롭다는 것은 베풀어주기를 좋아하는 마음이지만, 잘못이 있는데 죄가 되지 않고 공이 없는데 상을 받으면 망한다 해도 당연하지 않겠습니까" 하고 복피는 솔직하게 말했다.

위왕의 호락(瓠落)에 대하여

호락(瓠落)이란 말은 지극히 큰 것이 아니라는 말도 숨어 있다. 즉 이 박이 크긴 하지만 그러나 아주 지극히 큰 것은 또 아니다. 또 대단히 크긴 하지만 그것 자체가 자신에겐 유용하지 않았다는 뜻도 있다. 큰 박씨는 큰 박을 연다. 어길 수 없는 자연의 법칙이다.

여기서 장자와 갈라지는 대척점에 혜자는 서 있다. 쓸데없는 것을 깨어버리는 것〔掊〕은 곧 모든 것이 인간에게 유용해야 한다고 보는 혜자의 사상이다. 즉 필요 없는 것을 가지고 있으면 고통이 되므로 없애버려야 한다. 이것이 혜자의 변론이다. 그러나 꼭 그럴까. 불필요한 것이 언젠가 다시 꼭 찾게 되고 그때는 없어서 많은 비용을 들여 그것을 구해야 할 때가 있다. 불필요한 것은 나에게만 불필요한 것이다. 그리고 지금만 불필요한 것이다. 그것이 만물성이다. 혜자는 필요한 것만 찾아가는 실용적 문명론자가 분명하다. 유용한 것에 재화와 인간이 모이고 무용한 것에 바람과 구름만 불어온다.

무용과 유용을 분별하는 것은 위험하다. 그 어느 쪽을 편들기는 백척간두(百尺竿頭)의 천칭(天秤) 같다. 그래서일까 장자는 말하는 자가 아니라 슬쩍 혜자의 말을 듣는 입장에 서 있다. 이 난처한 장자의 마음과 입장이 세상 사람들의 대의일 수 있다. 그 박이 꼭 필요한 것일 수 있기 때문에 장자는 대체적으로 자기 의견을 숨기거나 간접적으로 나타낸다. 여기서 작은 박이 무용하다고 보는 것이 장자의 사상이 아니라는 것을 잊어선 안 된다. 큰 것을 작은 것으로 만들어 사용해도 되지만 큰 것을 그대로 사용할 때가 있다.

흥미로운 비밀 하나

정치보다 흥미로운 것이 하나 있다. 여기 등장한 식물이다.

이 대호(大瓠)엔 비밀이 있다. 장자와 혜자가 논쟁하고 있지만 대호는 아무 말이 없다는 점이 뇌리에서 떠나지 않는다. 저기 박씨를 들고 그것을 심으러 가는 혜자의 모습이 보인다. 그는 대체 무엇을 생각하며 그것을 흙을 파서 속에 심고 흙을 덮었을까. 왕이 하사한 것이니 단지 그래서 공들여 심은 것일까. 이것이 하나의 은유물이라는 것을 몰랐을까. 이것은 요술 식물이다. 큰 박씨이므로 큰 박이 열릴 것이다. 이 사실을 장자는 변명할 필요가 없고 혜자 역시 이것에 대해 변론할 까닭이 없다.

결실을 해보니 닷섬들이 박이 열렸다. 꽤 정성들여 가꾸었던 것 같다. 대호의 싹부터 달랐을까. 하루하루 그 싹이 자라고 줄기가 나오고 덩굴져 자라면서 타고 오르는 기세를 보며 혜자는 무엇을 느꼈을까. 과연 그 성장과정 속에서 혜자는 무엇을 발견할 수 있었을까. 혜자는 저 박에서 무엇을 꿈꾸고 무엇을 보았을까. 오직 그것을 따서 사용하기만을 고대한 것일까.

특이하다는 생각이 든다. 《장자》 원문에는 이 대호의 성장을 자세하게 관찰하거나 그리지 않았지만 나로선 혜자의 눈 속에서 그 대호의 줄기와 열매가 나날이 열려가는 과정은 신비롭기도 하다. 눈과 머리가 열려가는 것이 아니고 무엇이랴. 박이 열리고 그늘이 지고 주렁주렁 달린 그 박을 달고 있는 대호의 줄기와 땅심이 대단하다고 느끼지 못했을까.

저 아무것도 아닌 듯한 대호 줄기는 대체 무엇이란 말인가. 대호는 어디로 가는 것일까. 저 줄기는 무엇인가. 줄기와 위왕은 어떤 관계가 있는가. 저 줄기가 지금 나에게 무엇을 말해주고 있는가. 큰 씨라고 하지만 저 작은 하나의 씨에서 어찌하여 이 줄기와 잎과 박이 열리는 것인가. 저 대호의 말을 들을 수 있다면!

문득 혜자는 이전의 기억을 살려낼 수 없었을까. 무엇이 이렇게 무성하게 피어나서 박이라 하고 박은 열리는가. 그 안에서 무엇이 이렇게 애를 쓰고 힘을 내서 이런 것이 만들어지는가. 도대체 언제부터 누가, 왜 하고 의심하지 않았는가. 어디서 이런 힘이 오는가. 네 안에서 오는가, 저 물에서 오는가, 내 등 뒤 알 수 없는 어둠속에서 오는가. 너는 대체 무엇인가.

명가(名家)라고 하면 차라리 더 엉뚱해져서 식물학적 상상력을 전개할 수도 있었을 텐데 소유나 유용의 좁은 인간중심의 궤변에 사로잡혔을까. 해구(解垢)를 즐겨 사용한 혜자는 그런 의미에서 조금은 아쉬운 인물이다. 그야말로 장자의 사상을 드높일 수 있는 사상가일 수 있었지만 변론가로 전락했다. 이 망상가인 혜자를 초대하여 대화를 시도한 것은 〈소요유〉 편의 절정이다.

그러나 이 마지막 대화에서 장자의 절망과 단장(斷腸)이 느껴진다. 그러나 그 아픔은 기이하게도 숙명의 미학을 이끌어낸다.

소요유 끝의 혜자와의 마지막 대화

다시 말하지만 장자와 혜자의 이 마지막 대화는 아쉬운 도우(道友)의 괴리를 보여준 결별의 장이다.

왜 저 한없이 기이한, 생멸(生滅)과 헌신과 시간과 무용을 노래했을까. 이 대화의 순간에 멈추었다면 아마 혜자는 장자만 한 도인이 될 수도 있었을 법했다. 아니 어쩜 장자보다 더 위대한 식물의 담론자, 더 나아가 대호(大瓠)의 철학 혹은 대호 도인이 되었을 것이다. 아마 그 정도였다면 장자는 혜자를 진인으로 올렸을 것이다. 물론 진인은 이름을 남긴 자들이 아니지만. 저 앞의 송영자의 미수(未樹)가 여기서 떠오른다.

그러나 그럼으로써 더욱더 무명의 한 식물론자는 위대했을 터이다. 위대한 지혜는 모두가 식물적이지 않는가. 다년생보다 한해살이 대호가 생으로선 더 의미 있을 수도 있다. 해마다 죽음을 겪고 씨를 남기기 때문이다. 여기서 혜자가 눈을 크게 뜨지 못한 것이 아쉽다. 또 식물의 대지 위에서 인간과 동물들이 연명하고 유전해가기 때문이다. 이 길 즉 도(道)를 발견했더라면 인간은 얼마나 더 작은 무용한 존재의 도움을 받으며 또 그것이 앞에서 말한 상취(相吹)인 것을 알 수 있었을 것인가. 즉 얼마나 많은 식물의 도움을 받아야만 하는가를 그리고 그 식물들을 닮아갈 수 있는가를 의심해볼 수 있었을 것이다.

인간의 궁극의 순수한 목표는 어쩜 식물들의 노래를 듣고 그들과 함께 자연의 길을 같이 가는 일을 아는 것이리라. 그러나 어찌 인간이 그것을 안다고 한들 그들의 양생을 함께할 수 있을 것인가. 인간의 어머니는 바로 식물이 아닐까. 그들 속에서 조용히 사생(死生) 한다는 최후의 죽음의 실행조차 무위한 것을 알고 받는다면 — 그것은 잃는 것이 아니라 받는 것이라면 — 더할 나위가 없는 경지일 것이다.

나로서는 장자 글로 믿을 수 없는《장자》외편을 차라리 혜자가 우둔한 문법으로 집필했다면 그야말로 장자와 영원한 벗이 되지 않았을까. 설령 만날 수 없을지언정 영원한 무구의 침묵으로 없을 수도 있지 않은가. 저 흙과 박줄기와 대호처럼.

그래서 장자의 하늘엔 남해(南海)와 북해(北海)가 있지만 저 동해와 서해가 없으니 혜자가 그것을 창조할 수 있었을 것이 아닌가. 안타까운 일이지만 장자가 말하길 도는 전할 수는 있어도 받을 수는 없다 했지만 그러나 어두운 숙명으로서 장자는 혜자를 통해 기묘한 소요유의 도를 전했다. 물론 혜자는 받지 못했지만.

나는 이《장자》속의 혜자의 대호를 읽을 때마다 아쉬운 생각을 떨쳐버릴 수가 없다. 물론 그 커다란 박을 쪼개 커다란 술잔〔大樽〕을 만들어 강호에 띄워볼 생각을 내지 않고 쓸모가 없다고 불만만 토로하는 것도 안타깝다. 장자는 비극론자로 비치지만 적극적인 대안을 내놓는 것을 보면 실용을 쓸데없이 버려 무용으로 만들지 않는 양행(兩行)의 사상가임을 알 수 있다. 다시 혜자가 언제 허무에 빠져 만사허무, 만물무용론자가 되어 어느 날 장자 앞에 나타나 '소용없다' 하면 뭐라고 할지 궁금하기만 하다.

하지만 장자의 바다는 허무의 바다이다. 더 허무해질 수 없는 파랑의 외해(外海)이다. 아니 허무의 하늘의 바다이다. 아이 달래듯 장자는 혜자를 나무라지만 그 대호를 강호에 띄움이 슬프기도 하다. 또한 혜자가 고작 그것으로 만족할 것인가 하는 생각이 들지만 마음을 굳힌 자에게는 그 마음의 육근(六根)을 빼버리기 전까진 다른 길이 없다. 그러므로 장자의 붕비(鵬飛)는 위대한 사상의 대전제가 되고 기초가 되고 위로가 되고도 남는다. 장자에게는 더 이상 물러날 허무의 경계가 없다.

그런데 너무나 황당한 나머지 웃어넘겨야 하는데 그렇지 못한 것은 무엇 때문일까. 장자는 스스로 그런 표현을 하면서 독자들이 이 무리한 묘사에 대해 결코 말도 되지 않는 것이라고 시비를 걸지 않으리라는 것을 알고 있는 것 같다. 그러니 묘사된 상황이 중요한 것이 아니라 그 이면의 진실이 중요하다. 아무리 말을 위장해도 사람들은 장자의 말이 진실이라는 것을 이미 믿게 된다. 그야말로 장자는 심리치료사 같다. 믿을 수 없는 것을 믿게 만든다.

만약에 장자가 닷섬들이 박이 너무 허풍이 세다고 생각하고 두말들이 박이 열렸다고 표현했다면 독자들이 장자를 보고 소심하다고 비판할 것이다. 뭘 그리 걱정합니까. 맘껏 말해보십시오, 우리는 답답해 죽을 지경입니다. 커다란 거짓말 좀 해보십시오. 이 지구를 팔아 넘겨보세요. 뭐 달리 좀 말해줄 것 없습니까! 현실밖에 없습니까, 온통 물질뿐입니까? 하고 말할 것 같다.

현실이 또 현실일 필요가 있을까

지구는 이미 현실이 아니다. 현실은 언어 속에서 강박을 받아 더 현실적이다.

갈증을 느끼는 인민들에게 장자의 그 우언(寓言)이 바로 위로가 되었다. 그러나 합리적인 학자들은 장자를 인정하지 않았을 것이다. 말하자면 작가적 심리를 경험하지 못했거나 그와 같은 숙명과 통한, 억압과 갈망을 뼈저리게 공유하지 못한 경우, 예컨대 그 시대의 맹자 등의 지식인들도 모두가 비슷하다는 생각이 든다. 유용한 것만 찾다가 결국은 무용한 것만 남기고 말았다. 한 줄기 목숨 같은, 커다란 박을 달고 있는 저 대호의 줄기 같은 한마디 숙명의 말이 없다.

가장 비논리적이고 비현실적이고 비이성적인 전국시대에 가장 정치와 현실과 논리에 맞는 이야기만 그들은 하였다. 그러나 그 진실이라고 말하고 사실이라고 말한 왕과의 대화들이 세월이 지나자 시시해지고 오히려 거짓이 되고 말았다. 그 시대에 너무 충실한 나머지 보편성을 얻지 못했다. 장자의 글이 문학이 된 것도 그와 같은 과감한 초월과 은둔의 사상에서 가능했다.

아무튼 《장자》에서 이 대호(大瓠)의 등장은 그 어떤 인간의 등장보다 흥미롭다. 그러나 그 고야산의 신인만 하랴만 그 고야산의 응결력으로 이 대호가 익어갔을 것을 생각하니 장자의 사유 속에 이미 그 곡숙(穀熟)의 수고가 없지 않다. 이 곡식 익음이 단순한 것이 아니라 기의 순환이며 생명의 노래이며 가장 난해한 방박이며 저 앞의 생물(生物)의 상취이다.

터지고 곪고 익고 떨어지고 설어지고 하는 이 방박의 순환을 두려워하지 말고 소요한다, 이것이 장자의 대담한 자립의 길이고 소요이다. 박이야 나무만 할까. 덩굴을 이루면서 어떻게 해서든 의지될 곳을 찾아 감아 타고 올라가지만 그것도 그의 숙명이다. 그러나 그 숙명이 아름다운 그의 생의 전부이다. 그것뿐이다. 나무는 수직으로 올라가 곧게 홀로 높은 허공에 닿지만 그러나 그것도 무용한 것이 있으니 또한 숙명이다. 장자는 혜자에게 식물성의 공안을 주었지만 그는 그것에 불만을 터뜨리고 대호를 깨어서 버렸다. 마치 혼돈이 살해되는 것 같은 처참한 형국이다.

의문의 또 한 사람은 위왕이다. 위왕은 장자를 탐냈을 것이다. 위왕이 자신의 생각을 적확하게 알고 있다면 그야말로 파트너가 아닌가. 하지만 장자는 그것을 거부했을 것이다. 일관(一官)을 거느리는 일군(一君)의 재상이 되어 무엇을 할 것인가. 장자가 진정으로 자신의 생애 속에서 존경하고 흠모한 도인들은 은자들이었지 제위에 앉아 있는 군주들이 아니었기 때문이다. 아마도 공자라면 재상 자리에 감지덕지했을 것이다. 그럴 만한 인물이며 그런 자리에 적격이기 때문이다. 그리고 그는 그 박을 군주가 원하는 대로 유용하게 편집했을 것이다. 그는 늘 한자리를 기다리고 있었을 뿐만 아니라 찾아다녔고 준비하고 있었기 때문이다. 장자에겐 썩은 쥐와 같은 재상 자리였다.

그러나 공자에게 대호의 부유(浮遊)란 있을 수 없다. 어찌 예(禮)의 공자가 강호의 물속에 들어가 대호를 타고 놀 수 있을 것인가. 그러니 위왕이 장자의 포부를 충분히 알아도 그를 부를 수가 없었을 것이다. 오히려 그의 글을 읽고 그를 초대하여 함께 술 한잔을 하며 도의 담론을 주고받을 순 있어도 소요와 유(遊)를 최상에 두는 장자가 만만치 않은 데다 특히 태탕한 개성이 불편했을 것이다.

하지만 장자는 미친 사람처럼 그 대호를 타고 소리치며 강호를 노닐며 무궁으로 떠내려갈 것을 아무도 의심치 않을 것이다. 이것이 독자가 사랑하는 장자의 모습이다. 아무도 소용할 수가 없는, 쓸 수가 없는 고독한 장자이다. 지금도 여전히 새롭고 기이한 책이다.

대호는 장자가 아니었을까. 남해로 가는 큰 배였을까.

《장자》에 처음 등장하는 장자

장자가 스스로 자신의 이름을 이 글에 올리는 것은 의미심장하다.

자신도 이 글 속에 등장하고 말하고 싶었던 모양이다. 누구나 작품 속에 등장하고 싶어 한다. 즉 글 밖에 있는 필자로서만이 아닌 주인공으로 혹은 무언가 곁에서 듣거나 말하는 자 즉 청화자(聽話者)로 참여하고 싶은 존재가 된다. 이때 장자는 밖에서 글을 쓰는 작가이지만 글 안에 들어가 있는 자신을 자시(自視)한다. 아마도 그럴 땐 어떻게 말하고 비판하는지 두고 볼 일이지만, 장자는 어지간해선 시비를 내지 않는다.

그런데 혜자가 장자에게 자기 지식과 대호를 자랑하고 자신의 결단을 말한 것은 무슨 까닭일까. 또 장자가 혜자의 말을 굳이 여기에 자세하게 원망을 들어주듯이 인용한 것은 또 무슨 연유일까. 혜자는 장자가 너무 회광(恢廣)하다고 말한 것이 아닌가 싶고 장자는 혜자를 사물의 용처(用處)를 찾지 못한 작은 표주박의 지혜로 비판한다. 실물을 보여주는 방법밖에 더 없다고 생각한 장자는 말하기 시작한다.

사실 《장자》 전편의 — 붕비(鵬飛)부터 혼돈사(渾沌死)까지 연결된 한 줄기의 말에 보이는 장자 사상의 요체는 무용을 알고 그 앎 자신이 무용이 되며, 그 무용이 다시 때론 '나'의 유용이 되는 길이 있음을 보여준 것이 아닌가 싶다. 땅이 광대하지만 사람이 걸어가는 곳은 고작 발(足) 자국뿐이다. 다 밟고는 갈 수가 없다. 사람이 다니는 곳은 발자국이 찍히는 곳 외에는 갈 수가 없다. 그런즉 발 디디는 곳 외의 땅은 쓸모가 없지 않은가. 그러나 그렇게 말하면 안 된다는 것이 장자의 의견이다.

발자국은 그 발자국의 외지(外地)에 의해 찍히고 사라지지 않으면서 앞으로 걸어갈 수 있다. 발자국을 찍으며 걸어가는 나에게 무용한 주변의 풍경 없이는 나의 행보의 유용이 존재할 수가 없다. 특히 찍히지 않는, 가지 못하는 외지를 중시하는 것이 장자의 행복한 무위이다. 즉 무궁한 하늘 없이 붕새가 하늘로 갈 필요가 없고 무한의 바다가 아니면 대주(大舟)가 진수될 필요가 없다.

다만 무용의 용(用)됨 즉 무용을 사용함이 밝아야 한다. 함부로 쓸모없는 것을 버리지 말라는 뜻. 하찮은 미물들도 자신의 생명의 뜻을 품고 있다. 속에 아무것도 없는 것 같은 하루살이도 공중을 날고 있다. 그 작은 날개로, 한 저녁이라도 살고 가는 것은 같은 것이다. 길게 산 것들은 다른 시간 속에 가면 짧게 살게 된다. 또 긴 시간이라도 즐거운 것이 아니니 짧은 시간이 또 불행이 아니다. 영겁의 시간 속에서 짧은 것이 긴 시간을 살게 되는지도 모른다. 모두가 그 안에 있는 공간에 의존하는 각자의 시간일 뿐이다. 그 시간 속의 소요를 실행해야 한다.

무용한 것을 버릴 수 없다

거대한 닷섬들이의 박에 물을 다 담는 것보다 여러 개의 작은 표주박에 담는 것이 더 여러 가지 물을 담을 수도 있다. 이것은 자연이 꿈꾸는 평등과 균등에 대한 방박의 만물제동 사상이다. 둥근 박 안에 물을 채워 넣으려 하는 것은 어리석은 짓이고 그것을 여러 개로 크고 작은 것으로 쪼개어 바가지를 만들어 사용하면 훨씬 편리하고 더 많은 유용이 가능하다는 것을 혜자가 몰랐을 리 없다.

어쩜 장자로 하여금 이 말을 하도록 자리를 만든 것 같기도 하다. 만약 이 글이 창작이라면 몰라도 이 대화의 공간이 혜자의 저택이거나 장자의 집이라면 두 사람에겐 뗄 수 없는 관계가 있었던 것이 아닐까 싶다. 그와 함께 두 사람 사이에 숨어 있는 위왕은 단순한 존재가 아니라는 생각도 스쳐 지나간다. 두 사람의 어느 사상을 선택할 소비자요 수용자일 수 있기 때문이다.

혜자에게는 무용의 용됨을 찾아야 한다는 것도 덧없다. 유용한 것을 찾는 작은 지혜와 삶은 너무나 옹색하다. 무용한 것은 많을수록 좋다. 그 무용한 것으로 둘러싸인 곳이 자연이다. 자연은 나 하나에게 온통 무용한 것과 소유할 수 없는 것으로 가득하다. 저 하늘이며 물이며 들이며 내가 어찌할 수 있는 것은 거의 없다. 우연한 일 같지만 그 자연 한가운데 주로 나는 서 있다. 그런데 혜자는 그러지 못하는 것 같다.

문득 혜자에게 무언가 큰 고민이 있었던 것이 아닐까 하는 생각. 처음엔 씨에 불과했지만 나중엔 엄청나게 큰 문제의 박이 열리게 된 것이 아닐까. 그래서 혜자가 장자를 찾아와 화를 내며 좌절한 것이 아닐까 하는 의외의 정황과 사정을 상상해본다. 작은 원인이 커다란 재앙이 되었다면 장자는 그것을 더 커다란 숙명의 미학적 매개로 활용하려 하였던 것 같다. 장자에겐 유용한 큰 박은 아무래도 혜자에겐 무용한 물건이었던 것 같다. 여기서 두 사람은 사상적으로 갈라서게 되는 것 같다.

혜자가 재상으로서 그 쓸모없는 대호를 깨뜨릴 때 자신이 했다는 것을 강조하기 위하여 '오(吾)'자를 붙인 것도 재미있다(이 글은 장자가 쓴 것이지만 혹여 이 대화록이 있는지도 모를 일이다). 정치인은 무위(無爲)를 적으로 삼고 쓸데없는 것들을 척결하는 자들일까. 꼭 그래야 할까. 그는 분명 정치인임에 틀림없다. 결국 이 글로 보자면 정치인은 장자처럼 소요할 수가 없다. 요(堯)도 그러하지 않았는가. 혜자는 일개 재상이니 소요할 수가 더욱 없었을 것이다. 결국은 위왕이 무시무시한 화두를 던진 셈이 된다.

즉 혜자는 무용한 것을 버리는 것이 정치라는 것을 가르친 위왕의 편에 서게 된 것으로 보인다. 하지만 장자는 결코 그럴 수 없었다. 무용한 것을 버릴 수가 없었다. 다 거두어들여 애지중지하고 싶었던 장자였다. 서로가 반대자이며 반대의 도를 가는 사람들이다. 인류사는 이 두 부류의 인간의 싸움의 긴 역사일 것이다.

장자는 장자의 길을, 혜자는 혜자의 길을

여기 묘한 부정의 심리가 하나 있다. 혜자가 '엄청나게 크지 않은 건 아니지만 그 쓸모가 없어 내가 깨버렸소(비불효연대야 非不呺然大也 오위기무용이부지 吾爲其無用而掊之)'에서 비불효연대야(非不呺然大也)를 '할일 없이 크기만 하고' '확실히 크기는 컸지만' 등으로 변역한 것은 장자의 말법을 무시한 것이다. '비불(非不)'의 해석을 분명히 해야 한다.

즉 혜자의 '엄청나게 크지 않은 건 아니지만'이라 말에는 약간의 큰 것에 대한 미묘한 미련이나 무지가 자신에게 있다는 것을 암시하고 수긍한 말이다. 전혀 아깝지 않은 건 아니지만 할 수 없이 (대의와 명분, 정의 혹은 다른 사람들의 의견을 듣지 않을 수 없어서) 버렸다는 말이기도 하다. 또 장자가 그렇게 의도한 심리표현이긴 하겠지만 어쨌든 그 문장 그대로 번역해야 한다. 그러지 않으면 장자와 혜자의 여분적인 미해결의 심리가 없어지고 만다. 혜자도 닷섬들이 박을 깨버렸다는 것에 일말의 아쉬움이 없지 않은 것처럼 들리는 것은 나의 과민 탓일까.

아니면 장자가 혜자의 마음을 헤아린 것일 수도 있다. 혜자라고 절대로 무용한 저 하늘을 머리 위에 이고 살지 않는 것이 아니지 않는가. 사실 이 부분은 우화이지만 들여다볼수록 심심하고 난해해진다. 한편으론 닷섬들이 박이 정말 있다고 생각하는 사람은 없을 것이다. 이런 말을 서로 할 정도라면 도반이거나 허물이 없는 사이일 텐데. 이 글로 보아서 장자가 재상인 혜자와 가까웠다고 보인다. 장자가 혜자를 자기 글에 불러들인 것도 특별하다.

열자(列子)는 〈소요유〉 편에 등장해서 〈응왕제〉 편에서 장자 최후의 진인이 되지만 혜자는 그러질 못했다. 장자의 인물 창조에 문제가 있는 것일까, 등장인물 당사자에게 문제가 있는 것일까. 하지만 장자는 혜자가 죽은 뒤에도 그를 잊지 못했다.

19 송나라 변벽광 세탁업자의 수약(手藥)

장자가 말했다.
그대는, 큰 것을 사용하는 데, 정말 옹졸하구려.
송나라에, 손이 트지 않는 약을 잘 만드는 사람이 있었지. 집안 대대로, 솜을 물빨래하는 일을 해왔소. 나그네가, 소문을 듣고 그 제약법을 백금(百金)을 주고 사겠다고 제의했지. 가족을 모아놓고 의논을 했소.
우리는, 대대로 솜물빨래질을 해왔지만, 푼돈밖에 벌지 못했다. 당장 하루아침에, 백금을 받고 기술을 팔게 되었다. 제의를 받아들이자.

나그네는 제약법을 사가지고 오(吳)나라 왕을 설득했지. 월(越)나라가 침략하자 오왕은, 그를 장군으로 임명했지. 월군과 겨울 수전(水戰)을 벌였는데, 월군을 대패시켰지. 그는, 땅을 분할받고 영주가 되었지.
손을 트지 않게 하는 건 같지만, 한쪽은 제후가 되고, 다른 한쪽은 솜물빨레질을 면하지 못했으니, 곧 소용되는 것이 달랐기 때문이네.

지금 그대는, 닷섬들이 박을 가지고, 어째서 커다란 나무술통을 만들어, 강호(江湖)에 띄울 생각은 하지 못하오. 너무 얇고 가늘어서 용기로 쓸 수가 없다고 걱정만 하는구려. 만일 그렇다면, 그대 마음은 아직도 좀 뒤엉켜 있구려.

• 원문(原文) •

莊子曰 夫子固拙於用大矣 宋人有善爲不龜手之藥者 世世以洴澼絖爲事 客聞之 請買其方百金 聚族而謀曰 我世世爲洴澼絖 不過數金 今一朝而鬻技百金 請與之 客得之 以說吳王 越有難 吳王使之將 冬與越人水戰 大敗越人 裂地而封之 能不龜手一也 或以封 或不免於洴澼絖 則所用之異也 今子有五石之瓠 何不慮以爲大樽 而浮於江湖 而憂其瓠落無所容 則夫子猶有蓬之心也夫

* 부자夫子 선생. 진실로 고固. 서투를 졸拙. 틀, 갈라질 균龜. 잘 선善. 방方 제약법. 백금百金 금 백 근 정도. 아我 우리. 취족聚族 가족을 모으다. 병벽광洴澼絖 솜물빨래질. 수금數金 돈 몇 푼. 넘길, 팔 륙鬻. 금今은 당장. 청여請與 들어주자 즉 팔아버리다. 객득지客得之의 지는 제약법. 설득할 세說 귀가 솔깃하게 말하여 자기 의견에 따르게 하다. 난難 침략하다. 봉封 제후로 삼다. 소용지이所用之異 소용되는 것이 다르다. 대준大樽 커다란 나무술통. 근심, 걱정 우憂. 호락瓠落 얇고 가늘게 쪼개진 가닥. 즉則 만일 그렇다면. 아직도 좀 유猶. 봉지심蓬之心 뒤엉킨 마음.

송의 장보와 다른 변벽광(洴澼絖)

이 단락의 주인공은 인간도 나무도 아닌 '변벽광(洴澼絖) 수약(手藥)'이다. 그 무용의 의미도 다르다. 장보나 대호와 다른 양극(兩極)을 지닌 무용의 존재이다.

변벽광 세탁업자는 손이 트지 않는 제약법을 과감하게 팔아넘긴다. 이 세탁업자는 장보(章甫)를 팔려고 했지만 팔지 못한 송인의 입장과 다르다. 정말 장보는 소용없는 것이 되었고 이 수약(手藥)은 아무도 사지 않는 장보와는 다른 기술이다. 그래서 유용이 된 수약의 일부는 사람을 죽이고 한 나라를 승리로 이끌고 장군이 되고 토지를 받게 된다.

그는 지난번의 송나라의 장보를 팔러 간 송인이 아니다. 오히려 그 송인과는 반대의 인물이다. 세상을 돌아다니며 물건 될 만한 것을 찾아나선 적극적인 탐색의 나그네이다. 장자는 이런 면에서 신흥 기술 상공을 중시하고 새로운 세력을 옹호하는 입장에 서 있는 듯하다.

바람처럼 구름처럼 세상을 떠돌아다니는 자가 승리한다는 신념 같은 것이 있었던 것일까. 하지만 불안한 것은 무용한 것을 찾아다니는 이 나그네의 마음이다. 변벽광 세탁업자야 백금이 생겨 좋았겠지만 그 무용의 유용화가 저 먼 반대쪽에 엉뚱한 재앙을 가져다주었기 때문이다.

이 변벽광 이야기도 지극히 우화적이면서 정치적이다. 오히려 장자는 변벽광 집안을 옹호하고 지식인을 어리석다고 본다. 송나라 사람인 필자로서 자기 글에 등장하는 불가피한 사연이 있겠지만 자신을 다른 인물, 즉 자신의 타자로 읽어주기 바라는 것 같은 느낌을 준다. 어쩜 자신을 객관화하려고 한 고도의 집필 의도가 깔려 있는 것이 아닐까.

물론 혜자의 큰 박은 정말 쓸데없는 것에 대한 담론일 수 있지만 장자는 여기서 혜자의 어리석음을 등에 업고 위대한 소요의 사상을 꽃 피운다. 장자의 언변과 전환은 경이롭고 자연스럽다. 항상 자연이 배경으로 있기 때문이다.

대호는 최상의 메타포이다. 이후 다시 등장하는지도 궁금하지만

이 논쟁이 대단히 중요하다고 판단하고 장자가 직접 나선 것으로 본다. 기원전에 벌써 표현의 자의식이 발동한 것일까. 자신의 글에 직접 등장하고 참여하고 싶었고 공구, 맹손씨 등 여타의 등장인물들도 어떤 연유로 등장시켜 논의하고 싶었을 것이다. 아니면 이것이 다 장자의 저서라는 것을 표시해두기 위해 그러했을까. 모든 인물이 《장자》에 등장한 개인적 사회적 까닭이 있을 수 있지만 지금은 이 이유를 알 길이 없다. 오직 독자의 상상력에 맡길 뿐이다.

세월이 흐른 지금 아무것도 아닌 것 같고 또 당대에 있었던 목적과 내막이 사라졌어도 여전히 장자는 미래적 의미와 재미를 가지고 있는 독특한 의문에 싸여 있는 것만은 분명하다. 이 인물이 바로 여기서 소요를 제창했기 때문이다. 그것은 인간의 숭고한 본성과 숙명을 깨닫고 자연에 순응하여 응결의 마음을 찾아 함께 노니는 소요를 회복하고자 하는 몸부림이다.

유용은 어떻게 될지 모른다

사실 《장자》에 나오는 인물들은 실존인물보다 가상인물일 때가 훨씬 더 흥미롭고 재미있다. 역사적 사실이나 실존인물들보다 오히려 창작된 우화와 작중인물이 더 생생하게 살아 있다는 것은 아이러니하다. 실제보다 허구가, 역사적 인물보다 가공인물들이 더 실감나고 흥미로운 까닭은 무엇일까.

현실이란 가상의 일부분이기 때문일 것이다. 삶의 실존 자체가 중요한 것이 아니라 정황 자체가 더 중요하기 때문일까. 자신의 이름을 내고 일하고 업적을 남겨 생전에 존재했다 하지만 사실 죽고 나면 생물학적 객관성으로는 가상과 다를 것이 전혀 없는 것이 인생이다. 그가 살았던 자리에는 아무것도 남은 것이 없고 입 다문 고서들만 굳게

꽂혀 있을 것이다.

손을 트게 하지 않는 제약 기술은 세탁하는 사람과 수군(水軍)에게 똑같이 필요한 일이다. 창을 든 군사들의 손이나 집안에서 세탁하는 자의 손은 다 같은 손이다. 그러나 그 용도가 어디에 쓰이느냐에 따라서 상술과 전략은 달라지고 국가의 존망과 한 인간의 운명도 달라진다. 장보를 팔러 다니고 수약을 판 송나라의 앞날을 장자는 비관적으로 본 것 같다. 한 사상가가 나라를 살리기도 하며 그 사상의 맹신과 과용이 패망의 원인이 되기도 한다. 하지만 사상이란 것은 도구화하고 용도가 끝나면 폐기처분되는 경우가 대부분이다. 특히 국가와 관련된 사상들은 그러하다. 그러나 한세월 동안 변벽광 수약은 단지 가업을 지켜오는 한 집안의 수약일 뿐이었다.

오나라와 월나라는 양자강 하류에 있던 적국이다. 다른 나라(송)의 대대로 내려온 낡은 병벽광 세탁법의 비법이 오월(吳越) 전쟁에서 승패를 가르는 결정적인 병법의 수단으로 사용되었다. 참으로 기구하고 어처구니없는 일이다. 변벽광 비법이 쥐도 새도 모르게 오나라로 건너갔다. 월나라의 왕은 이 변벽광 집안과 무슨 악연이 있었는지 모른다. 두 적국의 지도자들과 장군들은 이 송나라의 세탁 외엔 아무짝에도 쓸모가 없던 약을 알았을 리 없었을 텐데. 송나라 세탁법의 수약이 오월 전쟁에 쓰일 줄이야.

전쟁이라는 처참한 결과는 그렇다 치고, 이 수약(手藥)은 무용의 용을 잘 말해주는 비유물이다. 송나라 나그네가 송나라 세탁소 마을을 지나가다가 그 수약의 소문을 들었다면 어찌 되었을까. 그렇더라도 그가 전쟁이나 자신에 대한 문제의식을 가지고 있지 않은 자라면 그런 소문이 귀에 들어올 리가 없다. 어디선가 입에 풀칠이나 면하면 그만이지 손 안 트는 제약법이 전술 전략 같은 엄청난 일에 사용될 수 있으리라곤 상상조차 못했을 것이다.

인간뿐 아니라 겨자씨에게도 천의(天意)와 자성(自性)이 있다. 그래서 사물의 시무(時務)와 시의(時宜), 시중(時中)이 중요하다고들 말한다. 이 수약이 송나라에서 대외 전술용으로 쓰이지 못하고—설령 그렇더라도 좋은 결과만 나타나는 것은 아니지만—다른 나라에 넘어가서 전술에 쓰였다는 것도 아이러니이다. 이래저래 장자의 송나라는 바보 나라가 되고 말았다. 장자는 하지만 자국을 편들지 않는다. 그는 인간의 편에 서 있다.

다시 생각하는 대호

장자에는 이런저런 사정이 숨어 있고 또 그 정황들이 포착된다.

자잘한 문제나 수사(修辭), 문채, 명분에 끌려다니던 혜자로선 큰 것이 부담스러웠을 것이다. 문제가 생겼으면 그것을 풀어가는 것이 또한 삶의 재미일 텐데 그는 단박에 자기가 생각하는 적절한 크기의 박이 열리길 바랐던 것 같다. 그런데 정말 큰 박씨는 큰 박을 열었다. 이게 혜자의 황당한 대몽이 아닐까. 그런데 대호(大瓠)에 대해 두 사람이 정말 이런 말을 했을까? 장자가 하다못해 만들어낸 이야기일까.

이 글을 여러 차례 읽어보면 이 두 사람은 자주 만났던 사이인 것 같다. 두 사상이 하늘과 땅만큼 다르지만 이런 황당한 이야기를 나눌 정도라면 두 사람은 오늘의 독자가 모르는 특별한 관계에 있었을 것이다. 다만 그런 박씨도 그런 박도 없는 것이겠지만 혜자는 이 꿈과 현실과 대호를 지나치게 분리한 것이 아닐까. 혼융하는 즉 혼동(混同)의 과감한 실행을 두려워한 것이 아닐까. 고작 박 하나를 가지고 끙끙거리고 천변만화하지 못한 자신을 어찌해야 할지 그것이 문제로 다가오지 않을까. 그는 자신에게 맞지 않는 정황에 약했던 것 같다.

대호는 자연과 사상이다.

삶에는 운명을 극복하거나 불가피하게 받아들여야 하는 경우가 많다. 이 예화는 장자가 혜자를 평가한 글일 수 있지만 당시의 복잡한 정황이 담겨 있는 듯하다. 어쩜 위왕이 준 커다란 숙제를 고민하고 있던 차 혜자가 장자를 만나 토로했을지 모른다. 장자가 그의 말을 듣고 집에 돌아와 이 대호(大瓠)의 글을 집필했을 것이다. 장자는 그 큰 문제를 잘게 쪼개서 옹졸하게 쓰려고 하지 말고 그 커다란 것을 통째로 강호에 띄워보라고 하면서 자기확신을 얻는 독백의 순간 같기도 하다.

이 문장이 완성되면 다음 날 즉시 장자는 이 글을 혜자에게 보낼지 모른다. 좀더 대범한 정치를 하라, 자기 삶을 살라. 가난한 자도 마음은 크게 가지거늘 일국의 재상이 그리 마음이 잘아서 되겠소 하고 말하고 싶었을 것이다. 권력과 책무가 많은 재상이 아니라 아무 권력도 책무도 없는 범부는 말할 것이 없다. 속 좁게 생각하고 벌벌 떨 것이 없는 일들에 묶이고 스스로 자기 감옥을 만들고 있는지도 모른다. 의식적으로 활개를 펴지 못하고 무의식적으로 자유로움을 누리지 않는다.

옹졸한 자는 쪼개려고만 들지 그것을 통째로 응용하지 못한다. 인민 개개인의 비위를 다 맞추려는 정치는 고졸(固拙)해지기 쉽다. 최소한 세상의 도인 대호(大瓠)에 자신을 맞춰가야 하는데 혜자는 대호가 자기에게 맞지 않다고 말한다. 사실 혜자의 왕인 양혜왕〔魏惠王〕은 인자하고 동정이 많아서 자혜(慈惠, 자는 부모의 마음, 혜는 재물을 베푸는 것)라고 할 정도였다. 인민의 마음을 늘 생각하고 무언가를 나누어주고 싶어 했던 것 같다. 이러한 사실을 장자가 알고 이 글을 쓴 것인지도 모른다.

무언가 베풀어서 인민의 마음을 사려고 하는 왕의 마음을 저 자연이 보면 가상한 일일 것이다. 만약 그렇다면 장자가 볼 때 그 큰 대호를 아깝게 부수어 표주박을 만들어 인민에게 준들 좋아할 것인가 싶었을 것이다. 제왕(諸王) 들은 백성들의 평가를 늘 염두에 두었을 테니까. 또 그들은 명왕의 꿈을 꾼 인물들일 테니까. 대호는 어쩌면 큰 인물인지도 모른다.

또 어쩌면 혜자가 장자의 붕새를 가지고 왈가불가하자 장자가 혜자를 비판한 것일 수도 있다. 혜자가 깨버린 실용성 없는 대호란 장자의 대지(大知) 나 대언일 수 있다. 또 반대로 대호를 가지런히 쪼개서 사용할 줄 알았을 텐데 장자를 무시하기 위하여 깨버렸다는 것은 장자를 비판하기 위한 핑계나 기재(器材) 일 수 있다. 하지만 장자가 말한 변벽광의 의미는 옹색한 비유물이지만 진정한 무위는 실용성과 무관한 존재성에 있을 것이다.

장자의 변명, 진정한 무용이란

이 큰 것에 대한 사상 때문에 당시의 지식인들로부터 장자는 전적으로 무시당하는 등 사상적 입지가 곤란했을 것이다. 최근에 어떤 학자는 어른들이 《장자》를 읽지 못하게 했다는 고백을 했지만 《장자》의 금서 지목은 조선시대엔 더 말할 나위가 없었을 것이다. 어쩜 그들은 사상적으로 장자를 반역자나 혁명을 교사(教唆) 하는 자, 위험한 인물, 반공자로 폄하했을 가능성이 높다. 이러할진대 혜자가 큰 박을 깨버렸다는 말〔掊〕은 장자로선 막막하고 아픈 말이었을 것이다.

깜짝 놀랄 비상과 붕새 사상의 출현을 부정하고 파괴했다는 것은 — 실은 대호를 양혜왕(위왕) 이 주어 심었다고 하지만 장자는 그렇게 표현했을 뿐 — 일종의 사상전일지 모른다. 하지만 장자는 혜자를 내치지 않고 《장자》 전편에서 가장 위대한 소요의 대목에 초대하였다.

하지만 혜자의 대호(大瓠)의 파호(破瓠)라는 충격적인 선전포고에 장자는 변벽광 집안과 오월(吳越) 전쟁을 끌어들인다. 이 나그네는 사실 장자가 만들어낸 가공인물일지 모른다. 하나의 큰 지혜 앞에 세운 방편의 인물이다. 그리고 변벽광 집이 장자의 집에서 그리 멀지 않은 곳에 있었을 수도 있다. 가끔 그 집 앞을 지나다니며 이런저런 생각을 정리하지 않았을까. 수약의 무용이 겨울 전쟁에서 대승하는 즉 무용하고 사소한 것이 커다란 것이 되는 것이 무엇일까 하고.

즉 성냥개비만 한 곤이 대붕이 되는 화이위조(化而爲鳥)는 사용할 수가 없는 비유이다. 하지만 그것은 존재한다. 혜자의 폭언과 무시, 비아냥거림을 장자는 그대로 받기 위하여 장자란 이름으로 직접 들어온 것 같다. 혜자 먼저 대호 이야기를 꺼낸 것으로 보아 장자를 먼저 공격한 것이다. 장자가 그랬을까. 당신은 쓸모 있는 것만 찾아다니고 나는 쓸모없는 것만 찾아다니면 되겠소. 무용한 것이 희생되거나 제물(祭物)이 되거나 변형된 유용한 것들을 포괄하는 진정한 존재라는 것을 혜자는 아직 모르는 것 같다. 유용만을 찾아가면 결국은 자아를 잃게 될 것이다. 유용 속에서 본래의 무용성은 사라진다.

혜자의 파호(破瓠) 혹은 부호(掊瓠)는 장자에겐 죽음과도 같은 폭탄선언이었을 것이다. 혜자와 같은 궤변가가 이렇게 말한 것은 곧 사상적으로 사형선고를 내리겠다는 말과 같다. 인간의 작은 지혜는 나중에 저 하늘조차 호락(瓠落)으로 쪼개서 사용하려 들지 모른다. 그만한 권력과 지혜와 기술을 가진 영물들은 불가피하게 오만해지기 쉽고 그 권력과 지식을 어디엔가, 누구에겐가 사용하지 않을 수 없게 되어 있다.

하지만 이 비유는 변명일 뿐이다. 진정한 무위와 무용은 사용되지 않는다. 저 자연이 그리 말하고 있다. 장자는 혜자에게 이 수준으로 불가피하게 말했을 뿐이다. 저 무용의 창천을 가지고 무용을 말하면 혜자가 알아들을 수 없을 것이다. 무용한 것을 어떻게 사용할 수 있는가. 진정한 자연과 무용이란 천진일 것이다. 사용할 줄을 모르고 사용할 수 없는 무구(無垢)이다.

혜자의 봉심(蓬心)

여기서 재미있는 말은 봉심(蓬心)이다.

꽉 막힌 마음, 결단이 없는 마음, 계산하는 마음, 뒤엉킨 마음, 헝클어진 마음이다. 분이봉재(紛而封哉)하고 일심을 지키는 자의 삶의 태도가 없는 어수선한 마음을 가진 혜자를 앞에 놓고 마치 갑자기 지혜로워져 자연의 우둔을 향해 웃음 짓는 장자가 보이는 듯하다.

스스로 대호를 길렀다가 그 용처를 몰라 깨부수는 혜자에게, 태양과 바람과 비와 보살핌 속에 자란 대호의 아름다움을 모르는 혜자에게 장자는 봉심을 가르쳐준다. 세상엔 쓸모없는 것이 없다. 그런데 쓸모 있는 것을 쓸모없이 버리는 것은 무지이다. 그러나 그것보다 더 높은 지혜는 아무것도 사용하지 않는다.

무위와 무용으로 뒤덮인 세상은 얼마나 아름다울까. 저 하늘이 그립듯이, 하늘 뒤의 하늘이 말하려 하듯이. 유용은 선택이며 편집이고 체제이다. 그런 것이 정치일 것이지만 자연의 정치는 그렇지 않다. 요순 같은 인물조차도 그 정치의 허구를 잘 알지 못했다면 장자가 말하는 요연한 경지에 닿을 순 없었을 것이다. 그것을 보는 순간, 요는 아득해졌다. 하물며 혜자 같은 인간이 그런 경지에 도달하리라고는 상상할 수 없다.

유용한 것만을 찾아가는 정치적 상상력이 무위를 살해하는 폭력이 될 때가 있지만 생명에게 가하는 우치일 경우는 큰 죄악이 될 수 있다. 대호(大瓠)의 아이들과 조물주가 본다면 가상한 일이다. 쓸모 있는 것으로만 세상을 볼 때, 그것은 위험한 사상을 낳는다. 제단과 편의적 사고가 판을 치게 되고 타자나 상대를 무시하게 된다. 사실 우리를 모두 들여다보고 있는 존재의 얼굴들은 무위와 무용의 그림자들이다. 인간은 저 아름다운 풍경 속의 소요를 잊었다. 《장자》 전편은 쓸모없는 것의 존재와 유존(遊存)을 인정하려 한 위대한 자연의 내실(內室)이다.

무언가를 이용하고 사용하려 할 때 봉심이 발생한다. 장자의 사상은 인간중심적 사유를 밀어내고 그 중심에 서지 않으려 한다. 인간의 자유가 저 자연처럼 대등하기를 바란다. 마치 산속의 호랑이처럼, 나뭇가지의 새처럼, 물속의 물고기처럼 인간도 그 이하일 필요는 없다. 다만 인간은 지혜의 꾀를 가지고 있기에 위험한 존재들이다. 이 지혜는 인간의 한계를 항상 노정시켜온 불명(不明)의 존재이다. 장자의 적은 바로 이 인간의 지혜이다. 나무나 바위가 차라리 나의 위안이 된다. 그것을 하루 종일 수시로 바라보는 것이 더 행복하다. 반짝이는 너의 눈은 이미 피곤하고 불안한 지 너무나 오래되었다.

양행하는 화창의 유심

자연의 모든 외물과 함께하는 순수한 내면의 공생이 유심(遊心)이다. 이때의 사용은 지배나 소비 개념이 아니라 동존(同存) 즉 양행(兩行)하는 화창(和暢)의 관계이다. 쉽게 말해서 '오랜 친구(親舊)'들이다. 그 친구들은 한두 해에 걸쳐 이루어온 관계가 아니라 우주적 관계 속에서 형성되어온 형상과 형태와 감각이 각기 다른 만물의 동체들이다. 즉 나의 허리는 저 바위의 깃이며 나의 팔은 새들의 구름이다. 물은 나의 내장이고 뼈는 저 자연의 흙이다. 말은 침묵이며 발걸음은 사계절이다. 생명이 둘이나 천이 아니고 오직 하나인 것처럼 그러나 다 다르다. 그 얼굴들은 자연이 준 것이다.

병벽광 세탁업자의 손 안 트게 하는 수약이 전쟁에서 오나라가 승전하는 전술이 될 줄 누가 알았겠는가. 한 나그네의 귀가 문제이다. 장자는 그것이 사용되지 않았어야 한다는 것을, 나그네가 그 소문을 듣지 말았어야 한다는 것을 이 무지의 자리에 선 혜자에게 차마 말하지 못한다. 일물(一物)이 운명과 가치를 바꾸어놓는 경우는 얼마든지 있다. 유용은 위험하고 선택은 두렵다.

그러나 한 가계의 비법의 약이 전쟁에 사용된 것을 가지고 무엇이라고 해야 할 것인가. 그리고 그 약은 이미 병벽광 세탁업자네의 일개 수약이 아닌 전쟁 수행의 한 무기에 준하는 병술의 묘약이 되었으니 이 약의 의미가 변질된 것과 그 약에 대해선 또 뭐라고 말해야 하는가의 문제가 남는다. 무용은 아니지만 고작 손 안 트게 하는 하나의 물(物)과 기술이 공포와 재앙을 활연(豁然)과 환희를 선물한다니 삼자 입장에선 두려운 일이 아닐 수 없다. 만물의 사용이 두려운 나머지 이것은 제물론과 인간세 편에서 밝혀야 할 주제일지 모른다.

알 수 없는 의문

장자가 그 국적을 밝히지 않고 객(客)이라고만 한 그 사람은 과연 누구였을까. 별것 아닌 송나라 수약(手藥)을 오나라 왕에게 팔아서 월나라를 대파한 이 인간은 누구일까. 여기에 장자도 생각하지 못한 또 다른 요연(窅然)과 효연(呺然)이 있다.

나그네는 손 트지 않는 비법을 듣는 순간 놀랐을 것이다. 세상에 그런 약이 있단 말인가. 나그네는 소문을 중시하고 그것을 새로운 감각으로 전환한다. 순식간에 얼마의 미래가 보였다. 때를 기다렸고 또 직접 오나라 왕을 찾아갔다(왕을 찾아가기도 결코 쉽지 않았을 텐데).

그 나그네는 아주 집요한 사람처럼 느껴진다.

어떻게 그는 그 소문을 듣게 되었을까. 어떻게 그 마을을 지나가게 되었을까. 몰락해가는 나라의 가업을 이끌어가는 주인은 돈 몇 푼이나 버는 작은 소용의 일을 하면서 결국은 그 나그네를 기다리고 있었던 셈이다. 송나라에 미래가 없다는 말은 들었을까, 송인들이 어리석다는 말을 들었을까. 망해가는 나라를 한번 여행하던 중이었을까. 절치부심하며 나그네로 떠돌았던 까닭은 무엇일까. 그러다 번갯불처럼 뇌리를 치는 이야기를 들은 것일까.

나그네는 오월동주(吳越同舟)를 이용한 떠돌이 책략가인지 모른다. 나그네야말로 끔찍한 무용의 은신처를 찾아낸 사람이다. 무슨 일들이 벌어지고 있는지 알 수 없는 세계의 혼돈을 보여준다. 월나라와 혹은 그 왕과 원수가 진 사람인지도 모른다. 그렇지 않고서야 어찌 그 약을 하필이면 오나라 왕을 찾아가 넘겼을까. 송나라에 잠입한 오나라의 첩자? 월나라에서 배신당하고 송나라로 도망 와서 떠돌던 유민(流民)? 일없이 천하를 떠돌아다니는 이 나그네는 조용한 한 촌락의 일개 수약을 비록 그것이 전적인 무용은 아니지만 엄청난 유용의 비법으로 전환하려 한다. 이 마음이 도모이고 발견이고 이용자인 전쟁과 과학의 불행한 씨앗인지도 모른다.

그 나그네의 반대편에 한 세탁업자가 있다. 그는 변벽광(洴澼絖) 세탁업으로 식솔을 지키면서 일생을 보냈다. 크게 쓸 줄 모르는 자신이 옹색하기만 하지만 벗어날 길은 없었다. 대호(大瓠)의 꿈을 몰랐지만 기회가 없었다. 그러나 장자의 말이 그에게 일확천금의 허망한 꿈을 조장하려는 것은 아니다. 그는 뜻밖의 생각이 인간의 내부를 갑자기 환하게 만들고 자유롭게 한다는 것을 말하려 한다.

결국 변벽광 주인은 수약 기술을 백금에 팔았지만 이것은 변벽광 집안의 일대 혁신이 되었을 것이다. 이 결정을 내린다고 해서 그 기술이 없어지는 것도 아니다. 그것도 아주 먼 나라로 가는 기술이니 걱정할 것이 없다. 장자는 나라에서 궤변을 일삼는 인물들보다 이 변벽광 집의 주인을 더 중요한 인물로 본다. 이것은 간단하게 말해서 한 나라의 재상을 지낸 혹은 지내고 있는 혜자에게 변벽광 주인을 본받으라는 말이다.

무슨 일이 벌어질지 아무도 모르지만 이제 변벽광 수약이 거동하고 소요하려 한다. 변벽광 수약이 자기 운명의 날개를 달고 이 고리타분한 집안을 떠날 참이다. 이미 앞에서 큰 물에 큰 배가 들어가야 한다고 말한 바 있지만, 큰 인물이나 물건을 사용할 때는 그 사용처와 사용법이 다르다. 옹졸한 자에게 대호는 소용없고〔無用, 쓸모가 없다〕 호락의 박 조각도 소용없다〔無所容, 담을 것이 못된다〕. 여기서 '우(憂)'자는 혜자가 자신이 크지 못하다는 것, 그 대호가 닷섬들이 박을 열게 했다는 것을 골치아파했다는 것을 반증한다. 걱정이자 불만이다. 게다가 수약이 어디로 갈지 혜자가 어떻게 알 것인가. 이런 것이 봉심이다.

하지만 다른 쪽 생각에서는 손이나 안 트게 한 죄 없는 약이 죄가 되고 공이 되었다는 것을 망각하지 않는다. 이 무명(無名)이 유공(有功)이 되었으니 할 말이 있을 수 없다. 인간도 아닌 하나의 무기(無己)의 수약(手藥)이 엄청난 일을 저지르고 말 것이다. 한쪽에 이미 죽음을 준비하게 되고 다른 쪽엔 승전을 예고하고 있다. 이 재앙과 축복은 일종의 '난(亂)'이며 부요이며 비상이다. 이것이 없는 세상은 없다. 이것이 없는 세상은 이 세상이 아니다. 미리 알아서 막을 수 있는 것은 이미 숙명이 아니지만 누구도 막을 수 있는 것을 막지 않는 것도 숙명이다. 장자는 이 숙명을 막는 것은 혼돈의 천리에 위배된다고 본다.

어려운 일이지만, 아니 받아들여야 하는 일이지만 다만 만물은 인간의 선악과 시비(是非)의 기준이나 도구가 되지 말고 어느 곳에 스스로 있기를 바랄 뿐이다. 시비의 논쟁이 곧 제물론에서 끈질기게 전개되겠지만 이 수약의 운명 또한 단순하지 않다. 역사와 운명은 뜻하지 않은 물건으로 숙명적인 단서가 될 때도 많다. 하지만 지인과 성인과 신인과 진인은 인간세계의 지혜나 명예, 공과를 떠나 그 자연 속에 스스로 있을 것이다. 다만, 진인은 이 수약을 부러워하지 않는다. 수약은 교활이며 유용이다.

대호(大瓠)를 본다

현대는 대호(大瓠)를 죽이고 대호가 사라진 시대이다.

장자의 위대한 나라는 자연이다. 버려지고 죽어 스스로 없어지며 저 자연의 조물주가 거두어 간다. 이것에 이의가 있을 수 없다. 무정하고 불가피한 이 자연의 운명은 그 누구의 것이 아니다. 수많은 무명초와 풀잎, 그리고 곤충들과 새, 언덕의 허공을 노니는 바람과 햇살, 숲과 강물, 그리고 산과 그 너머 바다와 그 위의 하늘이 세운 나라이다. 우리는 사실 감각의 현상세계 속에서 잠시 머물 뿐이다. 그 너머를 장자는 구체적으로 묘사하지 않았지만 그 세계가 없는 것은 아닐 것이다. 그렇지 않다면 장자의 무위의 세계의 경계는 지상적인 요연과 사유 안의 내재(內在)로만 끝날지 모른다. 그러나 그는 천국이니 후생이니 내세니 하는 것으로 자신의 사상을 종교 쪽으로 끌고 가지는 않았다.

외물을 자유롭게 사용하지 못하면 마음이 구속되고 불만의 위험수위는 높아진다. 물론 지금 사용되지 않는 것들도 그 자리에 손도 대지 말고 가만히 놓아두어야 할 것이다. 그것이 반드시 사용되기 위해서 존재하는 것들이 아니다. 물론 모든 사용물들은 사용되지 않는 곳으로 돌아가 쉬려 한다. 인간도 돌아가 쉬고 싶다. 인간만이 유독 지구에서 너무 많은 일들을 하고 있다. 아무도 시킨 적이 없지만 자발적으로 그렇게 한다. 노동과 건설과 투쟁의 자업(自業)이다.

인간은 일들을 그만하고 돌아가 마냥 쉴 때가 되었다. 그것이 존재의 의의며 본질이다. 인간이 가공하고 자르고 없앨 뿐, 실은 모든 존재 사물은 그 자리에 있으며 그 자리로 돌아가며 무엇에 이용되지 않길 바란다. 다만 장자의 마음은 늘 부드러우며 혼자 즐거이 지내며 무리지어 있지 않으며 자신의 존재를 알고 자시를 통해 외물들의 편애를 짓지 않고 유용과 무용을 가르지 않는다. 그러기 위해 무기(無己)가 우선한다.

사실 장자는 그까짓 물이나 몇 섬 담는 그릇(인간)을 가지고 대단하게 여기지 않는다. 장사를 하든 정치를 하든 글을 쓰든 그렇게 자잘하고 옹색(壅塞)해서 어디다 쓸 것이냐는 뜻이 있다. 커다란 나무 술통(대준 大樽)을 만들어보라는 말은 그야말로 날카로운 풍유(諷諭)의 정신이자 사물의 유용성으로부터 해방되고자 하는 또 다른 차원의 풍류(風流)의 마음이다. 여기 대준은 술통이니—어찌 술 한잔 못할 것이 있겠는가 하는 의미심장함이 있지만—한마디로 말해서 '세상 사물과 놀아라' 하는 것이 장자의 인간에 대한 간절한 마음이다. 커다란 무엇과 더불어 놀아라 이것이 인간에게 주는 장자의 최상의 말이다.

간곡한 부강(浮江)의 꿈은 대호의 지상적 수상(水上)의 소요이다. 천공을 날아오르는 대붕의 비상은 못하더라도 저 강호의 파류(波流)의 흐름에 몸을 실어보라는 가여운 역설일 뿐이다. 누가 숙명을 벗어나며 싸워 이길 수 있겠는가. 오직 숙명에 잘 지는 것이 아름다운 지고한 인간의 삶이다. 하지만 대부분의 사람들은 이 작게 허락된 소요조차 찾아 맘대로 누리지를 못한다.

간곡한 부강(浮江)의 꿈 저쪽

누군가의 손이 누군가의 손에 대호(大瓠)의 씨를 선물한다. 대호 씨는 이쪽에서 저쪽으로 건너가는 것을 느낀다. 받아 든 사람이 그걸 집으로 가져가더니 다음 날 아침에 그것을 뜰 한쪽에 심었다. 대호 씨는 흙속에 들어간 채 가만히 있었다. 아마도 씨의 머리는 동쪽을 향했을까. 누가 부르는 것 같아 대호 씨는 밖으로 밖으로 밀고 나아갔다. 밖은 알 수 없는 흙속이 아닌 공기 밖이었다. 자신도 모르게 뭔가가 실처럼 풀려나오면서 자라기 시작했다.

대호가 스스로 몇 달을 자기 나름으로 하늘이 준 성장의 과정을 지켜온 모습을 존중해야 했다 자신의 작은 씨가 기다랗게 변하고 어디론가 찾아가는 것 같았다. 누군가가 끝없이 무언가를 중얼이며 외워주는 것 같았다. 그것은 어떤 커다란 공간이었다. 대호는 마음을 몸안에 담고 자신을 다른 것으로 지키며 키워갔다. 뿐만 아니라 대호는 생각까지 했다. 자기 존재가 조용히 사색만 하는 것이 아니라고. 천둥번개와 폭우와 바람을 이기고 함께 놀았다는 것, 어두운 밤을 혼자 한자리에서 움직이지 않고 보내고 다시 수많은 낮을 맞아 뿌리를 내리고 햇살을 받아먹으며 때론 공포 속에서 때론 자신도 모를 환희와 기쁨과 기대 속에서 날개를 달고 위로 위로 끝이 없이 올라갔다.

그 결과 자신도 모르는 꽃이 열리고 진 뒤로 조그만 푸른 새끼박이 열렸고 화청소(花青素)들은 뛰어다녔다. 그 박이 점점 커지더니 멈출 줄 모르고 자라 엄청나게 커다란 덩어리로 부풀어 올라 닷섬들이 박이 되었다. 기형이거나 특종(特種)이다. 누구의 무엇의 꿈일까. 장자는 설령 그것이 무엇이든 어쨌든 오롯이 받아들인다. 그것을 부정하지 않고 긍정한다. 그것이 기형이건 특종이건 말이다. 존재하려고 하거나 존재하는 것은 그것이 불구이든 정상이든 받아들인다.

그리고 그 존재들의 활개와 소요와 응결과 꿈을 보장한다. 그런 이상한 것들이 살아 있는 곳이 장자의 나라이며 그런 것들이 노래하고 노니는 것이 장자의 존재들이다. 그러니 감히 대호를 부순다는 것은 장자로선 얼마나 끔찍하고 놀랄 일이었을까.

인간의 신(神)이 되는 자들

무용한 것을 유용한 기로 전환하는 마음의 세계로 열어젖힐 때 광막지야(廣莫之野)의 길로 나설 수 있다. 더불어 물의 소용과 달리 마음의 소용은 언어에서 온다. 장자는 유용한 것들을 무용한 것들로 돌려놓으려 한다. 만물을 무용의 거처 즉 자연 속에 돌려주고 싶다. 이미 저 자연이 그 만물의 유용의 고향이 아닌가. 지구적 광막지야는 사실 거기 있다.

마음만이라도 돌려놓으려 한다. 실재 실천하는 삶이란 빙산의 일각일 뿐이다. 언어를 가지고 있는 만물의 영장이라고 하지만 인간은 조금밖에 살지 못한다. 그러기에 다 살아내 보라고 언어와 사유가 있다. 그 언어의 사유가 가장 커다란 소요이다. 그래서 이 언어를 내장하여 사용하지 않는 자들을 감히 신(神)이라 부를 수 있을 것이다. 그러나 인간은 죽는 신들이다. 적어도 어느 과거 전까지만 해도 그랬을 것이다.

혹시 송나라의 이 변벽광 집 주인은 장자의 친구가 아니었을까. 아니면 접여한테 고야산의 신인(神人) 이야기를 듣고 와서 연숙에게 말해주는 견오와 관련이 있는 사람이 아니었을까. 우화지만 자국의 송에 대한 불길한 예언과 함께 혜자와 변벽광, 한 사람의 수상한 나그네, 거대한 준〔大樽〕, 강호(江湖) 등의 언어에 이어지는 봉심(蓬心)이란 말은 단순치가 않다. 고도의 은유화, 정치적 풍자화를 통하여 일상성의 파국의 징후를 발견하려는 장자의 어렴풋한 뜻이 보이는 듯하다.

그것들의 비밀은 아마도 '부(浮)'자에 있는지 모른다. 그 모든 나라와 청춘과 이상과 학문은 한 덩이 대호(大瓠)라는 박에 실어 떠내려가면 끝이다. 그것이 슬픈 강호의 부유(浮遊)라, 인생과 나라가 둥둥 떠내려가는 한 통의 술로 위로하고 잊어야 하는 것. 만사가 하나인 것을 누가 알고 누가 보여줄 수 있었을까. 누가 천하를 가진다고 했던가, 한 잔의 술이 모든 비애를 쓸어내릴 수 있다.

모든 것을 소유함으로써 욕망이 충족되는 것은 아니다. 욕망의 충족은 불가하다. 헛된 꿈의 이 실존을 누가 노래할 수 있을까. 그건 돌이킬 수 없는 숙명이다. 바로 이것이 위로가 된다는 것을 장자는 알았다. 어떤 제국의 일관(一官)과 군주의 하수들과 메추라기들이 이런 장자의 쉼의 마음을 나무라고 경계하고 소외시키면서 부추기고 음모했을 것이다.

그래서 '즉부자유유봉지심야부(則夫子猶有蓬之心也夫)'를 당신 마음이 꽉 막혀 있다거나 잘고 좀스런 마음을 가졌다고 단순히 번역하는 것은 재미없다. 장자의 장대한 것 못지않게 세세한 심리를 읽는 것도 중요하다. 이것은 앞에서도 말한 바 있지만 장자의 세목을 갖춘 통찰적 거시적 화법이다. 그래서 봉심(蓬心)을 말한다. 서두에서 붕새의 눈에 이충이 보였다는 것에서도 이미 놀랐지만 여기도 놀라움이 있다.

혜자의 마음을 단칼에 치는 것이 장자의 목적이 아니다. 장자는 그 무엇도 잔인하게 쳐내지 않는다. 쓸데없는 것들을 너덜하게 몸에 걸치고 거느리고 소요한다. 제비집도 있고 풀벌레도 있고 신명도 있고 죽음도 있고 노래도 있고 책도 요령도 있다. 아마 그 그리운 혼돈이 이러하지 않았을까. 그래서 '즉(則)'을 '만일 그렇다면'으로, '유(猶)'

를 '아직도 좀'으로 보고, '만일 그렇다면, 그대 마음은 아직도 좀 뒤엉켜 있구려'로 해석해야 장자의 여운과 자시가 감지된다. 붕새의 눈을 통해 이충을 본 장자가 인간 속의 봉심(蓬心)을 보았다. 이런 것이 인간의 육체 속에 붙어 있는 신의 눈이다.

불려(不慮)의 슬픔

하지만 요(堯)의 요연한 상천하(喪天下)처럼 이 부(浮)의 강호의 시야가 아름답다. 사라진 것이 있고 오는 것이 있음으로써 드높은 줄 몰랐던 저 청산이 아름답고 고고하다. 오늘은 더욱 그 산색이 곱고 아름다운 녹음의 색으로 옷을 갈아입었다. 그 무엇들인가 떠나가고 명을 다한 모습이지만 새롭다. 불가피한 대교약졸(大巧若拙)이다.

〈소요유〉 편 마지막 대목 앞에서 한 가지 사연을 파헤쳐본다. "만일 그렇다면, 그대 마음은 아직도 좀 뒤엉켜 있구려"의 문장은 소요유의 마지막 문장인 "어찌 난처해하고 괴로워한단 말인가"와 함께 장자가 혜자에게 하는 마지막 말로서 비판 속에 애틋함이 있다. 이것도 사실 풀 길이 없는 암시이며 심증일 뿐이다. '아직도 좀'이란 말 때문에 '장자는 혜자를 잊지 못한다'는 말로 들리기까지 한다. 과숙(過熟)일까, 감상일까, 오해일까, 적중일까. 혜자가 장자의 삶과 사상, 글과 책 등에 깊숙이 개입한 것이 아닐까 하는 엉뚱한 생각을 해본다.

혜자를 특별히 인용한 것도 애증이 있는 마지막 문장의 표현은 지극하고 마지막 선물처럼 느껴지기도 하기 때문이다. 이처럼 이념의 상대에게 장자답게 영겁의 소요라는 선물을 한 셈이 되었다. 하지만 《장자》를 읽으면서 그 숨소리를 듣는 것으로 이러한 상상기억이 장자와 혜자에게 누가 되지 않기를 바랄 뿐이다.

《장자》가 출간이 불가능한 쇠서(衰書)라는 비밀의 내막이 있는,

장자와 혜자가 멀리 강호(江湖)가 내려다보이는 언덕에서 이 마지막 대화를 나눈 것이 아니었을까 하는 착각을 잠시 해본다. 쓸데없는 생각이리. 하지만 혜자에게 준 이 기막힌 소요도의 핵심이 아름다운 풍경으로 떠오를 때, 나는 《장자》의 번역을 잠시 멈추었다. 특히 이 두 사람 사이와 그 대화 속에서 식물이 주인공이라는 사실을 알았을 때, 나는 거의 전율적인 기쁨을 맛보았다.

아무리 읽어보아도 이 기막힌 청유와 달램과 위로의 말은 아무에게나 해줄 수 있는 말이 아닌 것 같다. 대호는 사라지고 비록 부서진 대호의 조각들이 흩어져 있었지만 장자는 개의치 않았을 것이다. '박'은 부서지지 않았기 때문이다.

장보(章甫)는 무용지물이 된 권력의 상징물이다. 이는 무용 중에서 낮은 무용이다. 붕은 절대 무용이며 요의 요(窅)는 순수 무용이다. 또 변벽광 수약의 어떤 또 다른 무용은 전이가 가능한 변형 무용이며 저 뒤쪽에 등장하는 상수리나무〔櫟〕나 다음에 나올 저나무는 숨어 있는 무용이다. 장자는 바로 이 숨은 무용을 이 지구의 주인공으로 삼는 것 같다. 아무리 인간이 고뇌하고 담론해도 저 역저(櫟楮, 상수리나무와 저나무)와 겨루고 비견할 순 없다. 유용과 무용의 경계는 희미하고 없기도 하다. 또 입장과 처지를 바꾸기도 한다.

장자는 대호를 고귀한 것으로 받아들였다. 여기서 아무 쓸 짝 없는 대호가 비로소 존재가 되고 아름다워졌다.

20 장자와 혜자 사이의 저나무

혜자가, 장자에게 말했다.

우리 집에 큰 나무가 있는데, 사람들이 가죽나무라고 부르오. 그 나무의 원줄기는 옹이가 많아 먹줄에 일치시킬 수가 없고, 잔가지는 말려 있어서 그림쇠에 일치시킬 수가 없소. 길가에 서 있으나, 목수들이 거들떠보지도 않소. 지금 그대가 하는 말은, 크기만 했지 쓸모가 없어, 사람들이 똑같이 외면하는 것이라오.

• 원문(原文) •

惠子謂莊子曰 吾有大樹 人謂之樗 其大本擁腫而不中繩墨 其小枝卷曲而不中規矩 立之塗 匠者不顧 今子之言 大而無用 衆所同去也

* 대수大樹 높고 큰 나무. 가죽나무 저樗. 우리 집 오吾. 대본大本 원줄기, 크고 중요로운 근본. 옹종擁腫 옹이. 낄 옹擁, 종기 종腫. 맞출, 일치시킬 중中. 승묵繩墨 먹줄, 법도. 말릴 권卷. 규구規矩 지름과 길이를 재는 그림쇠. 입지도入之塗 길에 서 있다. 장인匠人 목수. 불고不顧 눈길을 주지 않다. 거去 버리다, 방기하다.

두 번째 등장한 식물, 가죽나무

대호(大瓠)에 이은 두 번째 화제의 주인공은 저(樗)나무이다. 저나무가 인간과 자연 사이에 서 있다. 이제 언젠가 이 나무의 식물이 인간의 꿈에 나타나 한 인간에게 인간의 말까지 하게 될 것이다.

혜자는 가죽나무에 대해 철저한 조사를 하고 그 나무의 재질을 연구하고 말할 준비를 한 것 같다. 장자가 박으로 술통을 만들어 유유자적하는 풍류를 말하자 그는 옹색하게 실용의 좁은 기술의 측면으로 항변한다. 거창한 이야기를 하지 말라는 말은 무용한 이야기로 선량한 사람들을 현혹하지 말라는 뜻까지 내포된 것으로 읽힌다.

끝의 '중(衆)'자에는 그런 의미가 숨겨 있다. 어떤 것이 실용(實用)일까. 실용이란 존재하는가. 어떤 주체가 무엇을 실용이라고 여기고 생각하는가. 그 중심이란 대체 무엇일까. 유용은 무용의 죽음인가 활용인가.

가죽나무는 낙엽교목이다. 잎에서 냄새가 나고 옹이가 많아서 재목으론 쓰지 못한다. 좋은 재질만 찾는 목수들은 이 나무를 거들떠보지 않는다. 가죽나무는 목질이 뒤틀려 자라는 나무라 사람에게 쓸모가 없지만 그러나 정원에 심으면 예쁜 꽃도 피어 관상용으로도 나쁘지 않다. 뿌리는 약재로도 쓰인다. 저나무는 저나무로서 저나무 외에는 다른 나무가 될 수 없다. 원줄기가 옹이투성이라 먹줄을 치거나 자를 대고 그 치수를 잴 수가 없다. 그 옹이의 구석까지 먹줄을 댈 수 없고 그림쇠의 눈금으로 그 나무의 직선 길이와 그 꼬여 있는 부분의 골을 정확히 잴 수가 없다.

혜자는 장자를 이 대수(大樹)처럼 여기고 있다. 장자를 대적하여 이기려는 안성맞춤의 주제나 도구로 삼아 장자를 무용한 인간으로 내몰려 한다. 마치 당신에겐 남명의 천지로 날아간 붕새가 있지만 나에겐 아무 쓸모가 없는 큰 나무가 있다고 말하는 것처럼 들린다. 그러면서 간접적으로 붕(鵬)사상은 결국 필요 없는 것이라고 결론 내린다. 있지도 않은 붕새에다 날아간 붕새, 게다가 미래에 남명(南冥)으로 날아가려는 새가 대체 무슨 소용이 있느냐는 투이다. 적어도 옻나무를 관리한 적이 있기에 장자가 나무나 열매에 대해서는 당대의 전문가였을 것이지만 혜자도 대호와 저나무를 잘 아는 것을 보면 식물에 대해 관심이 많았던 것 같다.

그런데 왜 큰 대호와 저나무를 길렀을까. 장자를 공격하기 위하여 실제로 이것을 직접 심고 길러서 보여준 것일까. 봉건전제사회를 옹호하는 법가(法家)들이라면 몰라도 혜자와 같은 공론가가 그래도 허망하고 황당하더라도 장자의 사상을 일정 수준 수용할 수 있지 않았을까. 그러나 그렇지가 않았던 모양이다. 오히려 법가(法家)들은 장자에 대해 아예 무시했고 혜자 같은 의외의 존재들까지도 장자를 공격했던 것 같다. 그래도 혜자는 장자와 대화를 하였다.

그리고 장자 역시 그를 《장자》 속에 그렸다. 아니 장자는 자신을 반대하는 권력지향의 해바라기 사상가들을 《장자》 속에 초대하는 도량을 보였다. 하지만 아마도 이 글의 '중(衆)'자를 보면 그들은 아예 장자를 경원시한 것 같다. 아무도 그를 따르지 않았고 인정하지 않았던 것 같다. 모두가 똑같이, 한결같이, 이구동성〔同〕으로 장자를 버리고 배격한 것〔去〕 같다.

앞에서도 말했지만 장자의 지독한 고이불견(觚而不堅)의 고독은 여기에서도 충만했을 것이다. 정말 당대 그 누구도 장자의 사상을 인정하고 받아주지 않았던 것 같다. 어쩜 웃음거리가 되고 있었을 것이다. 장자가 다가오거나 하면 자리를 피했을 정도가 아니었을까. 그렇다면 장자는 평생 모멸과 수치의 세월을 보냈을 것이다. 아마 미친 사람이라고 손가락질했을지도 모른다.

사상가에게 가장 고통스런 곤경은 사상계에서 무시당하고 사장되는 일이다. 아무도 거들떠보지 않는 저나무 신세가 된 장자는 절치부심했을까. 인간적으로 모욕감과 낭패감을 느끼지 않았을 리가 없을 것이나 장자는 그러나 진인을 추구한 높은 마음과 정신을 가진 사람으로서 무기(無己)의 경지에 이미 가 있었다. 그 당대의 사상가들은 아무도 장자의 산을 탈 수가 없었을 것이다.

나방들이 죽는 줄 모르고 불구덩이로 날아 들어가는 형국이었던바 장자는 그들을 망연히 바라보고 있었을 것이다. 방박의 자연과 비상적 소요의 사상을 간단한 놀이 정도로 폄하한다고 해서 장자가 경색되고 노발(怒髮)한다면 그 역시 진인답지 않은 일이었겠지만 그에게 고민이 왜 없었겠는가. 이럼에도 장자는 자기 사상에 대한 믿음을 저버리거나 절망하지 않고 혜자를 만났다.

그러나 혜자가 장자에게 하는 말은 약간의 간접화법을 사용하고 있는데 은근히 자랑하는 마음이 비친다. 아무튼 혜자가 자신의 소용없는 대수를 자랑하는 눈빛으로 말하는 것을 느끼지 않을 수 없고 당시 장자에게도 약간은 장자를 반대하고 무시하는 다른 사상가들을 의식하는 문면 뒤의 의중을 감지할 수가 있는데 이것도 장자가 남겨둔, 즉 자신을 측은하게 여기는 혜자의 마음을 담아낸 것이 아닌가 싶다.

인민재판 같은 사상 대결장

그것은 달리 보면 대중이나 혜자가 다름 아닌 저 저(樗)나무가 되어 있다는 사실을 전혀 모르고 있다는 것을 반증하는 말이기도 하다. 그러기에 혜자가 자기 논리를 펼치는 것이 아니라 사람들이 그러더라 하고 말하는 방식을 취하고 있고 장자는 그것을 그대로 받아들인다. 그리고 모두가 똑같이 장자의 사상을 쓸데없는 것이라고 폄하한 것을 혜자의 말에서 발견하게 된다.

자신을 비하하는 이 말을 장자는 어떻게 생각했을까. 다른 한편으론 당연한 일로, 일견 흐뭇하게 여기지 않았을까 하는 생각도 해본다. 도무지 장자 자신도 자신의 사상을 이해하기 어려운 바가 있는데 세인들이 다 이해하긴 불가능할 것이라고 생각했을 것이므로. 사람들이 가죽나무라고 그러대 하는 말에는, 나는 그게 저나무인 줄 몰랐다는, 그럼에도 알고 보니 별것이 아니더라는 내심 장자를 무시하는 어투가 있다.

왜 사람들을 끌어들였을까. 자기의 권위나 대수(大樹)를 다른 사람들이 그렇게 말해주어야 그 나무의 무의미함에 대한 의미가 깊어지고 그야말로 대수(大樹)가 무용한 것으로 판정된다는 것을 혜자는 알고 있었다. 즉 지혜나 권위에 대한 계산을 하고 있었다. 장자는 혜자의 공격에다 간접적인 세인들의 비판까지 받고 있다.

그런데 여기서 의문되는 것이 있다. 왜 혜자가 세인들의 의견까지 장자에게 전달했을까. 혜자가 궁금해서 세인들에게 장자의 사상을 슬쩍슬쩍 물어보고 다녔을까(그렇다면 장자의 사상에 관심이 없지 않았던 것이며), 아니면 세인들이 최근에 펴내고 있는 장자의 글을 보고 비판하는 것(사람들이 장자의 괴이한 아무 쓸모없는 이야기들을 하고 있었다는 것이며)을 전달한 것일까.

이 대화는 당대 최고의 사상 대결의 변명이며 고자질이다. 일종의 장자 사냥이니 고사(枯死) 작전 혹은 인민재판을 시도한 것이나 다름없다. 그럴 만한 것이 그 전국시대란 것이 얼마나 살벌하고 위험한 임계 온도에 있었는지를 상상할 수 있다면 얼마든지 가능한, 아니 충분한 근거가 될 수 있는 일이기 때문이다. 사상은 인민을 꼭 필요로 하는 시대의 채권자이다.

정말 혜자에게 그 저(樗)나무가 있었던 것일까. 사실이 아니어도 상관없겠지만 변론가인 만큼 꾸며낸 말일 수도 있다. 또 저나무를 모르고 길러보니 아무 소용이 없다고 한다면 이는 자신의 모순을 드러내는 꼴이 된다. 이것은 장자의 의도일까. 이미 혜자는 자기모순을 안고 있지 않은가 하고, 장자가 말하고 있는 것은 아닐까.

하지만 저나무가 저나무인 것을 어쩔 것인가. 누가 그 숙명과 재질을 고쳐줄 수 있는가. 왜 이것을 혜자는 인정하려 들지 않는가. 그리고 혜자는 정말 쓸데 있는 것들만 선택하여 살아갈까. 그런 삶이 가능할까.

혜자는 장자를 계속 공격한다. 비유물만 잘 들면 이길 수 있다고 생각한 것 같다. 이 당시에도 궤변들이 많았기 때문에 장자 역시 그런 궤변을 설득하지 못하면 자기가 설 자리가 없다는 것을 잘 알고 있었을 것이다. 그러니 혜자의 질문에 아주 포괄적이고 다의적인 답변을 하지 않을 수 없었을 것이다. 아무리 장자가 대단하더라도 혜자를 무조건 부족하다고만 말할 순 없는 일이다. 게다가 혜자 같은 인물이 없었다면 가죽나무 비유는 또 누가 들려줄 것인가.

그도 자기 나름의 작은 생활 속의 이익과 자잘한 지혜의 즐거움을 주는 문학적 표현물을 생각하고 찾아 논리를 창조하면서 장자의 거대담론을 깨부수고 싶었을 것이다. 어쩜 혜자는 가장 솔직하게 장자에 대한 콤플렉스를 나타냈던 감정적이고 다혈질적 인물이었는지도 모른다. 그럼에도 그는 실용주의와 실사구시의 노선으로 장자의 무위론(無爲論)을 입 막게 하고 싶었을 것이다. 말하자면 사람들이 하늘만 쳐다보고 살지 않는다는 항의로 보이기도 한다.

하지만 그 새는 이름을 붕(鵬)이라고 붙였을 뿐, 실은 일세에 한 번도 날아가지 않는 무명(無名)이라 해도 그 탓을 할 수는 없다. 날이 밝아오고 저무는 하늘을 탓할 수 없는 그 무용과 같다. 물론 모든 지혜의 머리 위의 파란 하늘 속에 대붕이 날개를 펴고 떠 있다는 것은 사상가들에겐 불쾌할 수도 있을 것이다. 사실 그 불쾌감을 펼칠 수 있었던 것은 권력의 핵과 민중의 동조에 기반을 둘 것이다.

즉 정말 무용은 아무 소용이 없는 것이라는 사실의 확인에서 그들 사상의 위치가 확고해졌겠지만 그들의 정치적 현실감은 실로 고루하고 답답한 판에 박힌 틀이었을 것이라는 유추를 떨쳐버릴 수가 없었을 것이 분명하다.

하지만 자기 사상의 영원 보편성의 세계를 활짝 열어젖힌 장자의 이 무명의 대본(大本)은 그들을 압도했고 지금도 유효한 미래의 화두로 남아 있다. 〈양생주〉 편에 나오는 불을 전하는 존재와 같은 미지의 무용의 의미가 있다 할 것이다. 그의 언어는 불쏘시개나 호락(瓠落)이 아니다. 장자의 사상은 가장 높은 자연법의 전문(前文)과도 같다.

저(樗)나무의 무용(無用)

사실 혜자(惠子)가 저나무의 대본(大本)은 정말 쓸데없는 것이라고 폄하하고 버린다〔去〕고 말한다. 더구나 그는 자신뿐 아니라 모든 사람들〔衆〕이 무시하더라고 말한다. 이 소용되는 것만을 소유하려 하고 찾는 자들로 가득한 천지는 얼마나 시끄러운가. 그야말로 아비규환의 인간이며 도시이다.

그러나 혜자는 이것이 얼마나 영리하고 옹졸한 짓인지 알지 못한다. 무용한 것을 많이 거느리는 것이 무명(無名)으로 가는 첩경이기도 하지만 그래서 만물이 되면 망각하게 되는 것이지만, 혜자는 자기 유명(有名)에 갇혀 있다. 만물의 입장에서 본다면 그러는 혜자야말로 무용한 존재조차도 되지 못한다.

본문에서 대본(大本)은 물론 가죽나무의 본줄기이다. 잔가지와 모든 잎들의 기둥인 이 대본(大本)은 만물의 제일이 되는 본새이다. 장자의 도의 말은 거개가 크기는 한데 아무짝에도 쓸데가 없고 쓸 곳이 없는 것으로 본다. 무엇엔가 유용해야 하고 그 스스로도 유용해야 하는데 그런 것이 아닌 것 즉 중요하지 않은 것들이 장자 사상의 중요한 재료들이다 보니 혜자 같은 궤변적 공론가조차 장자의 사상을 오해하고 배척한다.

그렇다면 사실 엄격하게 말해서 혜자는 어리석은 자이다. 아마 장자의 사상을 시기하는 것인지도 모른다. 내심 그의 사상이 위대하고 오히려 합당한 유용(有用)의 사상인데도 그것을 억하심정으로 부정하고 있는 듯한 느낌도 들지만 장자는 그 얼토당토않은 말에 진심으로 대응한다.

장자의 뼈아픈 고투가 보이는 대목으로 이는 혜자를 통하여 맹자 등의 당대를 대표하던 다른 사상가들에겐 장자가 먹혀들 것이 전혀 없다는 것을 무언으로 보여주는 장치이기도 하다. 아마도 모르긴 해도 이래서 장자가 직접 이곳에 등장한 것이 아닐까. 대단히 강렬한 자기주장을 하고 있지만, 이런 내막을 숨기고 있는 것 같다.

그렇다고 자기 글에서 지나치게 강조한다면 이것은 또 장자답지 않다. 장자는 은근히 자의식이 강해서 장자 자신은 자기다워야 한다고 여기는 원칙이 있는 것 같다. 바로 이곳에 장자다운 경지가 빛나기도 한다. 당대에만 쓰려고 자신의 말을 사용한 장자가 아니었던 셈이다.

콤플렉스적 측면에서 본다면 혜자는 속으로 장자의 붕사상 혹은 방박(旁礴)사상, 위연(威然)의 사상, 반중심 사상을 누구보다 잘 알고 있고 긍정하고 있었는지 모른다. 바로 그것이 저나무 사상이며 대호 사상일 것이다. 너나없이 당대의 사상가들이 모두 가장 중요한 것만 찾아가느라 혈안이 되어 있을 때, 장자만이 다른 길로 가고 있었다.

그러나 오히려 그 장자의 길 저 멀리에 새벽이 오고 있었다. 정작은 그걸 혜자가 알고 있었고 장자가 그 혜자의 앎을 알고 있었던 것 같다. 그러지 않고선 그 당시의 장자의 아주 낯선 사상을 이렇게 잘 비판할 수는 없었을 것이다.

아무리 당신이 일상과 사물을 중시해도 나의 방박의 사상은 이미 영원한 저 자연의 시종과 과정, 그 종결의 너머까지 간다면 당신은 어디 있을 것인가. 장자는 이미 인간의 망념 속에 있는 미시(微示)의 우주 생명 자체라고 자부하고 있었던 것이 아닐까.

그러나 벌써 그 소요(逍遙)를 이미 시작한 것이다! 사실 인간은 공동체로서 살아가는 것 같지만 혼자 살아가는 경우가 더 많다. 그럴 때 장자의 사상엔 그 어떤 사회적 도덕적 명분이나 대의보다 우리를 자유롭게 해주는 천부의 권리와 매력이 있다. 그렇다고 장자는 체제나 도덕을 우위적으로 강요된 대부분의 사상의 수단으로 전락시키지 않는다. 결과적으로 전국시대가 가면서 권력 아래의 해바라기 사상가들은 사라지고 말았다.

아마도 당시에 이 방대한《장자》가 한 번에 완간되었을 리는 없다. 여러 정황과 사정으로 〈소요유〉 편의 한 부분 그러니까 붕새 이야기가 어떤 형식으로 떠돌았을 법하다. 또 그 다음 글이 순차적으로 펼쳐졌을 것이지만 그때 혜자가 붕새를 읽고 웃어넘겼을지 모른다. 물론 깜작 놀랐을 수도 있었을 것이지만 그때 자신의 마음이 장자로부터 도망쳐 버렸을지 모른다. 조금 묘한 것은 혜자가 자기 집의 저 나무를 말하면서 증명한 적이 없는 민중들까지 장자의 말을 외면해 버렸다고 말한 것인데, 여기서 그 의중이 보이기도 한다.

그런데 왜 민중을 들고 나온 것일까. 혜자 같은 사람은 다수의 뜻을 가장 중시할 수도 있기 때문이다. 그러나 장자는 제왕과 민중의 경계 자체를 두지 않을 수도 있었을 것이다. 가장 비겁한 말은, 많은 사람들이 장자의 이야기를 가죽나무처럼 버린다고 말한 부분이다.

만물과 그림자와 침묵과 함께

어느 시대나 권력과 그편에 선 자들은 죄를 짓고 쇠망(衰亡)한다. 진창과 같은 그 지긋지긋한 역사 속에서 장자를 생각해볼 때 역사의 주인공과 주체는 사실 권력이 아니라 시간이었다는 것을 실감하게 된다.

장자의 이야기는 결국 이런 것이다. 길가에 우두커니 높다랗고 커다랗게 서 있기는 하지만 승묵(繩墨)도 불가하고 목수도 거들떠보지도 않고 아무 소용이 되지 않아서 사람들조차 따르지 않고 버려진다는 것은 장자의 승리를 말해준 꼴이 되었다. 누구의 무엇의 유용으로 사용되고자 하지 않는 만물이며 마음이다.

이것들이 유용하고 중요한 것들보다 더 장수하고 아름답고 위로가 되고 그것들이 바로 나 자신들이며 역사인 것을 알게 되기에는 너무나 많은 시간이 필요할 것이다. 어쩜 그것들이 모두 만물이 되어 무(無)로 돌아간 다음에나 알 수 있을까, 알 수 없는 일이다.

헐레벌떡 지붕 뒤를 돌아 벌집으로 귀가하던 어느 날의 아름다운 저녁 배경이 된 것들일 수도 있다. 무용한 것들이 주변에 서서 안타깝게 나를 바라보아 주었던 것들이 저 저(樗) 나무 같은 것들이었다. 그것들의 이름은 없다. 그 주변의 이름도 장소도 없다.

이것들이 진정한 나의 모습이고 친구들이다. 모르긴 해도 장자는 그 자연물 그리고 그림자들과 침묵, 그것들의 본래 이름 즉 만물에게 무한한 애정과 도의 경지로 대화하고 침묵하고 함께 흘러가고 나타나고 싶었을 것이다. 비밀스런 말이지만 장자는 그곳에 있지만 정작 그곳에 없는 것만 같다.

혜자가 장자를 이해했다면 그것은 대단한 일이었을 것이다. 그러나 그러한 자는 그 당대에 없었다. 거꾸로 내려다보면 그 무지가 바로 그 장자의 무용인 이 글이다. 이 무용한 성물(聖物)의 거울을 들여다볼 수 있을까. 장자의 사상 자체가 무용한 것이다. 무용한 것은 사용할 수 없는 것이어야 한다. 이것이 사실은 장자의 본심이며 저 수많은 저(樗) 나무가 있는 자연이다.

예컨대 장자의 붕(鵬) 사상을 사용할 수 있는 것이라면 얼마나 황당한 일이겠는가. 장자는 부러 사용할 도리가 없는 사상을 만들어냈다. 그러니까 장자의 사상은 순수사상이라고 할 수 있다. 그 어디에도 사용할 수 없는 이 기이하고 광활한 우주 속의 이야기들은 오히려 정말 무용한 것으로 끝까지 괴연독(塊然獨)한 언어와 고유한 사상으로서 남게 되었다. 그리고 그 후 이름도 공도 확연히 없어진다. 누구에게도 사용되지 않음으로써 장자의 수많은 사상의 언어들은 훼손되지 않을 것이다.

솔직히 얼마나 많은 사상들이 사용되고 버려졌는가. 또 얼마나 많은 의(義)의 이름으로 왕(王)의 이름으로 예의 미명(美名) 아래 해악을 끼쳤을까. 무용(無用)은 보이지도 않는데 어떻게 사용할 수 있을까. 무용은 장자의 도이다. 유용은 저들이 사용하면 된다.

혜자가 장자의 이야기를 민중들이 버린다고 말한 바로 그 '거(去)'의 뜻이 역사와 군주들에 이용된 사상가들 속에 있다. 부화뇌동하며 곡학아세하고 혹세무민한 바가 없지 않은 수많은 사상들은 권력 앞에서 제자들과 추종자들과 지원자들을 위하여 유용해지려 함으로써 더 많은 인간을 움직이려 했지만 장자는 황당한 이야기를 지어냄으로써 세상을 비웃고 짓밟고 그 순수가 아닌 모든 것들을 거부한 셈이다.

장자 자신이 한바탕의 웃음거리가 된 것이다. 그러고 보면 장자는 순수 언어와 사상을 추구한 절대주의자라고 말할 수 있다. 오히려 혜자는 장자의 사상을 저해한 자가 아니라 도와준 자가 되었다.

쓸모없는 것에 대해 마음 쓰고 괴로워하지 말고 버려두라, 만물을 자신의 마음대로 휘두르려 하지 말라, 이것이 장자의 말이다. 그리고 쓸모없는 것은 어느 누구도 건들 수 없다는 것을 천명한 셈이다. 저(樗) 나무는 인간이 만물의 영장이라고 하면서 지극히 작은 지식과 행동의 범주 안에서만 살아가는 우치한 존재임을 한눈에 보여주는 표본(標本)이다. 바다와 하늘이 소용된 적이 있었는지 기억하고 싶지만 그런 적이 없었다.

솔직히 장자는 민중들의 사랑을 받지 않아도 그 진리 자체의 존폐(存廢)와는 무관하다. 민중의 지지를 받고자 한 적이 없었고 또 그들을 선동하고 그들을 편들 필요도 없다. 장자가 무엇 때문에 민중의 사랑을 받아야 할 것인가. 마치 신인(神人)이 진구비강으로도 요순을 만들지 않은 것처럼 장자의 도는 민중의 마음과 팔다리를 수고롭게 움직이게 하려 들지 않는다. 실로 놀랍다고 말할 수밖에 없는 장자의 대지(大知)이다.

결단코 그에게는 유일한 진지(眞知)와 소요유만이 자연 속의 인간의 길이다. 자연만이 유심(遊心)만이 문합만이 유일한 존재 방식일지 모른다. 분명 장자의 이야기처럼 오랜 세월을 이겨낸 도와 문학은 드물다. 부국강병을 외치며 소리치던 책사들과 재상과 군주를 움직이던 사상가연하던 해바라기들도, 나라를 살리겠다고 백성의 힘을 한곳으로 모으고 목이 쉬게 외치던 지식인들도 모두 떠나갔지만 엉뚱한 장자만이 문학적으로 현재까지 우뚝 남아 있는 것은 실로 괴이한 일이다.

과연 혜자가 자신의 입으로 말하고 있는 그 대수(大樹) 때문일까. 쓸모없는 것으로 버려져 있었기 때문에 살아남은 것일까. 그러나 장자의 사상은 너무나 유용하지만 그것을 감히 사용할 수가 없다. 무용을 사용할 사상과 도구와 사람이 없다. 그것은 저 하늘과 같다.

해바라기 사상가들

혜자 스스로가 장자의 거대한 그물에 걸려들고 있는 형국으로 읽히지만 글의 끝부분에 나오는 동거(同去)는 묘한 징후를 보인다. 사람들이 하나같이 모두가 당신의 허황된 말 즉 도(道)를 주마간산(走馬看山)처럼 지나쳐 버린다는 말은 그 저(樗)나무 앞을 지나가는 목수장이가 쳐다보지도 않는다는 이중적 무용을 지적하고 있다. 특히 대중이 그렇다는 것에는 다분히 사상적 계산이 깔려 있는 논쟁의 근거이고 또 그 안엔 사상적 모략과 정치적 질투가 숨어 있다.

어쩜 혜자는 장자의 사상을 알았는지도 모른다. 그러나 장자는 당대의 사상계로부터 소외되지 않도록(왜냐하면 장자의 사상을 아는 것처럼 묘사하면 혜자가 소속 학파로부터 비판될 것이므로. 혜자를 어리석은 자로 묘사하는 것이 장자가 원하는 오해의 묘사이다. 그래야 장자의 위장을 증폭시킬 수 있고 사람들이 자신의 사상을 우습게 여길 수 있을 것이므로. 전국시대의 장자 사상은 인간을 해방하는 극히 위험한 사상으로 오해되었으므로.) 혜자를 참여시키는 비판 형식의 대화를 가능케 함으로써 소요(逍遙)의 사상을 드높였다.

장자는 자신의 사상으로 누가 희생되는 것을 원치 않았을 것이다. 더구나 희생을 통하여 종교화하자는 과정도 아니었던 만큼 장자는 이 부분에서는 자기희생과 자시를 철저히 수행한 것으로 보인다. 혜자와 나눈 장자의 이 최후의 대화는 소요유의 절정이다. 비록 혜자에게 봉심(蓬心)을 말하는 단순형식을 취한 것 같지만 사실 그 내막엔 당대의 모든 지식인들을 겨냥하여 한마디로 봉심의 지경에 있다고 비판한 것이나 다름없다. 앞에 나온 고자나 농자도 사실은 이와 같은 뜻이기도 할 것이다.

장자에게 중소동거(衆所同去)는 아픈 말이었을 것이다. 한비자나 공자처럼 자신을 팔려고 마치 장보의 주인처럼 안달하며 돌아다니고 눈귀가 먼 맹자(盲者) 등의 사상가들이 많았던 것이다. 그런데 혜자의 그 무용이 강화되고 증명될수록 장자의 사상은 양각(羊角)의 논리라고 할까 점점 더 굳건해져간 것은 변증법적 발전이다. 유용이 무용을 애초부터 이길 수 없는 것, 모든 유용은 저 무용에서 나온다는 것, 모든 유용은 무용으로 돌아간다는 것을 혜자나 군주, 세인들은 몰랐다. 당장 앞을 보고 달려가기 위해선 무용에 눈을 감았다. 장자는 그것을 이미 알고 있었다.

거(去)는 버린다는 것보다 외면한다는 말이 맞다. 저(樗)나무를 무시하고 지나칠지언정 정작 버릴 순 없다. 베어내거나 파버릴 수 있다면 이것은 진정한 무용의 저나무가 아니다. 왜냐하면 버리거나 베어낸다는 것도 유용이기 때문이다. 왜냐하면 저 혜자의 저나무는 그냥 그 자리에 서 있었기 때문이다. 무용의 은자인 그 나무는 눈뜬 고자에게 보이지 않는다. 혜자는 장자를 제외시키고 싶었을 것이지만 있는 것이 장자든 저나무든 비록 쓸모없는 것이라도 없어지거나 버려질 수 있는 것이 아니다.

정말 너무나 소용없는 것이라면 혜자가 그것을 베어내 버렸을 것이다. 그러므로 무용은 자신이 정말 무용한 것이라는 것을 말하거나 표현해선 안 된다. 그저 침묵하고 있는 것이 무용이다.

정말 무용한 것은 버릴 수 없다

소용없는 것들로 가득한 그 자연이 우리 삶의 대본(大本)이며 외연(外延)이다. 그것들로 우리는 자아가 중심인 양 살아가고 있다. 죽음 뒤에 나의 그 모든 것은 바로 그 소용없는 것들로 돌아가는 것이며 그 죽음이 망각일 것이라면 모든 것은 무용 속에 있고 혼돈만이 자유로이 공전(空轉)하고 순환한다. 방박 속에 나는 이미 무엇인가로 있다. 내가 이곳에 없다면 저쪽에 가 있는 것이다. 또는 이미 다른 쪽의 혹은 다른 쪽의 이쪽 시간의 존재가 된다.

무위와 관념어들이 때론 실용보다 우리를 더 행복하게 해준다. 두 발로 보행하고 숨 쉬며 생식하는 등 자연의 양생으로 살되 그것들은 오히려 우리가 아는 그 현실이 아닌 언어의 세계 속으로 전환되는 것이 비로소 인간의 삶이다. 실물과 유용 속에서 살아가지 않는 자가 어디 있는가. 그것은 비록 실용이라고 말하지만 꿈이고 작은 삶이다. 광대무변하고 무인지지(無人之地)한 삶은 도와 언어 그 너머에 있다. 작은 삶의 울타리 밖을 내다보는 심지(心地)의 방향 감각을 잃어버렸다.

세상 사람들이 장자의 사상을 아예 받아들이지 않고 무시하거나 내쳤을까. 정말 사람들이 비웃고 대수롭지 않게 여겼을까. 나는 정말로 그랬을 것이라고 본다. 그래야 장자의 사상이 접하고 이해하기 쉽지 않았다는 것에 설득력이 생긴다. 세상 사람들이 다 이해했다면 장자의 사상이 그리 중요하지 않았을 것이다. 무위의 사상으로 지금까지 가장 유효한 사상이 되기 위해서는 그 당대에 무용했어야 했다. 그래야 또 혜자도 장자를 이해하지 못하고 있다는 것이 증명될 것이다. 세상 사람들이란 어느 시대에나 이익과 중론을 따라 물결처럼 움직여 간다. 어떻게 붕(鵬) 사상을 알며 쓸모없는 것을 알겠는가.

승묵(繩墨)은 먹줄이다. 여기서는 나무 속의 결이 울퉁불퉁한 가죽나무로는 설계한 재목을 고를 수가 없다. 규구(規矩)는 거리나 지름, 길이, 깊이 등을 척도(尺度)하는 자를 뜻한다. 즉 휘어진 가죽나무는 곱자로 갖다 대어 그 눈금대로의 수치를 잴 수가 없다. 장자가 이러한 자질구레한 소도구를 모르는 바 아니지만 자신의 영역에선 너무나 실용적인 것들에 불과했다. 아 저나무에 규구를 갖다 대어 무엇할 것인가. 그것들이 처세를 가르치고 규율을 강화하는 맹자 유(類)의 해바라기 사상이 아닐까.

누구나 다 가지고 사용해서 중요하지 않다는 것은 아니다. 다만 장자는 자신에만 의존하는 고자(瞽者)가 되지 않길 바란다. 인간 내부의 위대한 무위의 공간을 발견하길 바란다. 자신 속에 무용한 것을 찾아 쓰는 것이 마음의 소요(逍遙)이다. 고귀한 인간은 언어를 넘어 훨씬 두려운 무언의 혼돈 속에서 광막지야(廣莫之野)를 돌아다니는 소요를 행할 것이다.

곱자나 먹줄로 잴 수 없는 것이 수없이 많다는 것을 인정하는 인간은 자연을 바로 보게 되고 자연이 수많은 일을 하고 있다는 것을 반대편에 돌아가서 깨닫게 될 것이다. 사실 인간은 아무 일도 하지 않아도 된다. 그럼에도 인간은 단계와 질서, 경계, 교환, 가치 등의 구조를 짜고 일을 끝없이 재생산하고 조직하고 확장하여 소모적인 성과를 내면서 뼈만 걸친 해괴한 존재로 전락해왔다. 증산한다는 명분과 명예와 상벌을 만들면서 인간은 자연이 아닌 문명의 인간으로 변질되었다. 문명의 궁극은 자연의 뒤뜰일 뿐이며 정신의 황폐화만 가중시킬 것이 뻔하다. 교환과 소용이 없는 것들을 가지고 놀 줄 아는 인간은 거의 사라지고 없는 지구 위의 재화와 가치의 대혼란 속에서 인간의 미래는 불행해질 뿐이다.

유용한 것은 위험하고 지혜가 발동하며 인간을 파괴한다. 인간의 숙업이다. 이제 한 개체로서의 인간 개개인은 그 그림쇠를 버려야 할 때가 이미 지났다. 나는 그러므로 아무래도 무용인 것 같다는 태고적 그 냄새를 맡는 것만 같다.

교환과 가치의 척도를 넘어

혜자가 실용적이고 물질적인 것만을 찾아다녔다면 장자는 대극(對極)의 길로 나아갔다. 이 투쟁적인 길은 당대 모든 사상가를 압도하고 초월하는 고독한 길이다. 장자 시대 이후 인간은 권력과 실사만을 추구함으로써 점점 더 고졸(固拙)한 인간으로 전락해갔고, 현대란 그 오랜 닳고 닳은 지혜의 초라한 앙금을 쥐고 몸부림치는 이미지에 불과하다.

편제화되고 인의(仁義)의 구분이 분명하고 조직이 편집되고 구획이 갈라지고 너와 내가 차별되고 상품이 된 것들과 가치와 그 언어들만 소유할 줄 알았지 가공되지 않은 광야와 구름과 북명의 바다를 소유한 사람은 없다. 장자 시대에도 그랬다면 현대도 더 말할 나위조차 없다. 혼돈을 소유하고 그 혼돈 속으로 들어간 자는 장자의 계보의 방외자들뿐일 것이다.

이 대수(大樹) 저(樗)나무의 이야기는 저 뒤쪽에 가서 상수리나무인 역(櫟)의 이야기로 이어진다. 나무가 말을 한 것은 장자 문학의 가장 큰 실수일지 모른다. 거기서 딱 한 번 나무가 한 영물(靈物)로서 인간을 그것도 꿈속에 찾아와 멋진 은유로서 인간의 말을 하고 사라지는 장면이 나오지만, 결단코 나무는 입을 열지 않는 저 어둑한 저녁 하늘의 문합과 같다. 장자는 창천의 붕새의 눈을 통하여 이충을 본 이래 여러 동물, 인간, 나무를 등장시키지만 그 중 나무에 오묘한 지혜의 비밀이 있고 무용의 깊은 심현(深玄)이 있음을 보여준다.

존재의 서열상 식물 다음이 동물이지만 그 부끄러움이 없는 나무 밑에 인간들이 살아가는 그림쇠가 이 지구의 삶터이다. 가만히 시작과 그 끝을 보면 모든 생은 예외 없이 그 그림 속에 갇혀버리는 하나의 기호로 변경되어 끝나고 만다. 인간이 불행한 것은 그들이 지식의 감옥에 갇혀 온갖 일을 도모하고 거래하고 믿고 계산하기 때문이다. 그들이 이 지구와 인간에게 좋은 일을 하고 있는 것 같지만 나무와 동물에 비하여 결코 그렇지가 않다. 이 문제의 존재들을 인간이라고 하며 내가 바로 그 끔찍한 인간이다.

입지도(立之塗) 장자불고(匠者不顧)! 이것이 장자의 무위이며 무용의 길이다. 이 무용과 무가치가 장자의 버림받은, 거들떠보지 않는, 방치된, 소외된, 잊힌 존재들의 법이고 얼굴이고 마음이고 도(道)이다.

무용은 하늘 곁에 겨우 서 있는 한 그루의 성스러운 저나무이다. 단지, 나는 이 진인이 너무나 위대하여 우상이 될까 그것이 두려울 뿐이다. 아직도 장자 사상의 시대는 오지 않았는지 모른다.

21 마지막 대화

장자가 말했다.
그대는 혼자, 너구리와 족제비를 보지 않았느냐. 몸을 땅에 납작 붙여, 날뛰는 놈들을 염탐하는, 교활한 것들을. 사방으로 날뛰며, 높고 낮은 곳 가리지 않지. 그러다 덫에 빠지고 그물에 걸려 죽지. 지금 저 검정소는 그 크기가, 하늘을 내리덮은 구름처럼, 비할 데 없이 크지만, 쉽게 쥐를 잡지 못하지.
지금 그대에게 있는 큰 나무의 무용을 걱정할 건 없소. 어찌하여, 무하유지향(無何有之鄕)과 광막지야(廣莫之野)에 심어, 그 곁에서 방황하며 하염없어 하고, 이리저리 노닐다 그 아래 누워, 잠을 청해보지 않는가.
도끼에 찍히는 일도, 누가 해칠 일도 없는 것을. 쓸모없다고, 어찌 난처해하고 괴로워한단 말인가.

• 원문(原文) •

莊子曰 子獨不見狸狌乎 卑身而伏 以候敖者 東西跳梁 不辟高下 中於機辟 死於網罟 今夫斄牛 其大若垂天之雲 此能爲大矣 而不能執鼠 今子有大樹 患其無用 何不樹之於無何有之鄕 廣莫之野 彷徨乎無爲

其側 逍遙乎寢臥其下 不夭斤斧 物無害者 無所可用 安所困苦哉

＊자子 남자의 애칭으로서의 임자. 너구리 리狸. 족제비 성狌. 낮을, 납작할 비卑. 붙일 복伏. 노리다, 염탐할, 물을 후候. 교만할, 멋대로 놀 오敖. 동서도량東西跳梁 사방으로 날뛰다. 틀 기機. 다스릴 벽辟. 기벽機辟 덫. 그물 고罟. 이우斄牛 꼬리가 긴 검정소. 저 부夫. 쥐 서鼠. 능能 익숙하게, 쉽게, 잘. 무하유無何有 아무것도 없는. 장소, 곳 향鄕. 광막지야廣莫之野 끝없이 넓은 들판. 심을 수樹. 무위無爲 하염없이, 무엇을 위하지 않음. 소요逍遙 이리저리 노닐다. 침와寢臥 누워 자다. 자귀, 작은 도끼 근斤. 도끼 부斧. 어찌 안安. (방법 또는 일이라는 뜻의) 어조사 소所.

소요의 천기누설

장자의 저 대수의 저나무 아래에서 혼자 누워 잠들고 싶다.

아무것도 없는 끝없이 넓은 들판을 등 삼아 한없는 광막의 흐름을 감지하다 망각할 것이다. 마치 어떤 필름에 세상이 찍혀 영사되는 것처럼. 그리하여 나의 꿈은 영구히 깨어나지 않을 것 같다. 그 혼돈과 암흑이 이미 우리 내부와 내 곁에 있다.

'소요(逍遙)'란 말이 〈소요유〉 편 마지막에 등장했다. 우리가 인연하는 사물은 일부일 뿐, 지구와 인간의 세상은 시장통의 어느 작은 조롱이며 해가 뜨고 지는 어느 산속의 교실만 한 것일까. 하염없음을 장자는 우리에게 선물한다. 이 하염없음의 무위적 무향(無鄕)과 광야(廣野), 방황과 침와(寢臥)는 영(靈)이 움직이는 집의 부유(浮遊)일 것이나 우리의 영혼의 조각과 기억이 어디 있는지는 알 길이 없다. 무지(無知)의 부유처(浮遊處) 그곳이 고향이다.

쓰르라미와 족제비 이런 이름과 함께 이 소요란 말 역시 하나의 존재이며 만물의 활동이다. 이 활동을 누가 언제부터 편집하고 제도화하고 구속하기 시작했을까. 장자의 사상은 바로 이 비상소요(飛翔逍遙)의 선언을 통하여 바람과 날개가 만나는 길이며 통로이고 하늘이다. 비록 비극적인 〈응제왕〉 편의 혼돈사가 없지 않으나, 그것 역시 불가피한 숙명이라 한다면 받아들이지 못할 것이 없고 소요의 발단으로서 부정할 까닭이 없다.

이미 소요는 그 만물의 어머니인 혼돈의 종말 자체까지도 껴안고 비상하고자 할 것이기 때문이다. 그 다음의 세계는 장자가 숨겨둔 미지의 경지로서 각자의 사유의 소요가 필요한 부분이며 그것이 여분의 남명 하늘일지는 아무도 모르는 난제(難題)이다.

물론 지혜에서 양명하고 가볍고 편리한 문명으로의 이동결과가 그 혼돈을 가져올 것이다. 파국의 상천지(喪天地)와 대변(大變)이므로 다시 붕새는 그 끝에서 소요유의 처음의 장면처럼 지구의 영혼으로 날아오를 수 있을지, 붕새의 비상이 상징하는 광대한 의미는 너무나 난해하기에 상상할 길이 없다. 결국 골의지요(滑疑之耀) 속에 파묻힐 것이며 아무도 그것을 기억하고 기록할 수 없을 것이다. 그것이 이 전체 자연의 미래의 모습이다.

《장자》 수미(首尾)에 탈출의 비밀이 어떤 모습으로 은유된 것인지는 앞에서 상상해 보았지만 그 예언의 과거와 미래는 아무도 모르는 밀봉된 것이다. 다만 우리는 하루하루의 자기 시간 속에 갇혀 있을 뿐 그 전체의 운명의 행로에 대해서는 대처할 수가 없다. 주인은 없다. 모두 객일 뿐이다. 그래서 나는 이충의 하나로 가만히 남아 있을 뿐이다.

북명의 바다 남쪽에 있는 중앙(中央)에서 혼돈이 죽는 순간, 붕새로 변하여 하늘로 날아오른 곤에 대하여 내가 알고 있는 것은 아무것도 없다. 어쩜 멀고 넓은 이 중앙(中央)의 중(中)은 멸망의 집중이며, 앙(央)은 문명이 승한 대륙의 불행의 울음을 터트리고 마는 앙(佒)자나 하늘과 신명이 재앙을 내리는 앙(殃)자이며 그 뜻은 앙앙불락(怏怏不樂)일지도 모른다. 장자는 이처럼 불길한 도의 의식 속에서 지구를 살았던 이 지상의 한 기이한 인간이다.

다만 장자가 제시한 일부의 소요만이 무형의 기구(氣球)나 언어의 새처럼 우리 앞에 있다. 저 하늘의 바람과 천뢰와 길, 모든 대공간이 무한히 열려 있는 저곳을 응시한다. 지상의 크고 작은 꿈들을 상취하며 날개를 달고자 하는 마음이 움직이기 마련이다. 인간은 결코 날개를 가지고 있지 않다. 이 인간들에겐 언어의 날개밖에 없다. 무엇이 이들을 통제하고 틀 속에 가두었을까. 그 안에 한 형상의 인간들이 있는 것인가.

이 '소(消)'자 속에는 설원에 내린 눈 비늘이 동편의 햇살에 반짝인다. 한없이 가벼운 장자의 눈 속에서. 소년이며 이미 노년이며 붕새며 아직 곤이며 죽음이며 생이고 망각이며 진창이다. 아니 이미 그 경계를 넘어갔다. 진인만이 그 경계를 넘어가는 것이 아니다. 자라와 새의 눈에도 장수하늘소와 물고기의 마음에도 그 경계는 야마 진애처럼 아른대고 넘실거린다.

누구나 눈 한번 깜박하면 그 경계를 순식간에 넘어간다. 그리고 넘어간 자는 돌아오지 않는다. 여기에 슬픔과 인간의 무정(無情), 지고한 대정(大情)이 있다. 소요, 이 말로 이미 모든 것은 끝났으며, 이 다음의 장자는 여분이며 무위이다. 그 무위는 무한대로 펼쳐져 있다. 그 무위는 급기야 혼돈으로 나아갈 것이다.

나무 밑에 누워 영겁의 잠을 자는 그대는 일어나려 하지 않는다. 일어날 마음이 없다. 돌아올 생각이 없고 이쪽의 기억도 없다. 우리는 그렇게 돌아온 자들이었다. 주인공이 되고 서로 구속하지 말라.

장자의 소요는 무하유지향의 아무것도 없는 텅 빈 곳을 사유하는 언어의 새이다.

그곳에 몸이 갈 순 없다. 생각과 언어의 사유만이 갈 수 있고 와서 놀 수 있는 곳. 이런 곳에 무슨 가치와 차별과 유용이 있을까.

소요유의 마지막 등장 동물

소요유의 마지막 등장인물은 동물이다.

인간 자체를 가지고 이야기하지 않고 동물로 인간을 이야기하는 것은 인간을 동물화하는 역의인법(逆擬人法)이다. 인간과 동물의 동일한 선상에 놓은 이 사유는 생각할수록 특이하다. 처음에 곤이 나오고 여기 끝에 또 지상의 세 동물이 산록과 들과 마음 근처에 있다.

언제 장자는 혼자 가만히 너구리를 관찰했다. 무신(無信)하고 무사(無事)한 자에게만 그 족제비들이 보일 것이다. 장자는 자신이 본 너구리나 족제비를 혜자도 보았을 것이라고 전제하고 말한다. 그의 눈앞에 지나간 것들은 모두 자기 존재의 본체(本體)를 말하는 주체가 된다. 그것들은 장자 마음의 언어들이고 작고 민첩한 동작이다. 장자의 언어의 촉수는 그 너구리와 족제비가 움직이는 모습으로 따라간다. 어리석음이든 영민함이든 추함이든 미색이든 그 행동거지와 본질을 꿰뚫는다. 그는 그런 것들을 유용이라고 하지 않고 그저 바라볼 뿐이다. 존재 자체이다.

기이한 무용(無用)들이 자연 속에 돌아다니니 자연계는 장자로선 너무나 신기한 곳이다. 여기서 혼자 본다는 것은 의미가 깊다. 타자를 의식하지 않고 오직 그것만을 혼자 몰래 보기 때문이다. 몰래 돌아다니는 것들을 몰래 보는 것은 숨 막히는 긴장과 응시와 불안이 있다. 그것은 사회적인 행동이 아니다. 한 존재가 다른 한 존재를 응시하며 관찰하기 때문이다.

여기 나오는 기벽(機辟)은 번차(물레방아, 水車)와 같은 것으로 한 번 걸려들면 빠져나오지 못하는 덫이다. 이것은 날뛰는 놈들을 잡아 가두어 다스리거나 잡아 죽이기 위해 지혜의 인간들이 만든 것이다. 너구리보다 더 끈질기고 참을성이 있는 인간들이 길목에 만들어 숨긴 덫은 무시무시한 숙명의 형틀이다.

어떤 놈은 반드시 그곳에 걸려들어 철철 흐르는 피를 보며 혼자 죽어간다. 철커덕, 하고 소리가 나면서 칼날 같은 덫의 강철은 너구리의 약한 다리를 물거나 목을 누르고 놓지 않는다. 이 순간을 상상하면 그야말로 공포의 현장이다. 인간이 만들어 설치한 교활한 소지혜의 소도구들이다. 그것을 설치하는 사람들은 탐욕으로 가득 차 있다.

그런데 너구리와 족제비(이성 狸狌)는 돌아다니다가 덫에 걸려 죽고 말지만 비록 꼬리 긴 검정소(이우 斄牛)는 크기만 하여 쥐 한 마리를 잡지 못하지만 이성들처럼 죽지는 않는다. 이 이우는 큰 지혜이고 이성은 작은 지혜를 보여주는 동물의 몸이다.

초식동물은 느리고 불안이 거의 없지만 육식동물은 본질적으로 불안하고 잔혹하고 공격적이다. 마치 그들은 이우가 풀을 뜯어먹듯 초식동물들을 잡아 뜯어먹는다. 풀을 먹는 이우보다 더 맛있게 굶주린 배를 채운다. 물어뜯고 찢은 동물을 징그럽다고 생각하지 않는다. 하지만 실컷 먹고 돌아서는 그들의 표정은 씁쓰름하다. 자신이 그것을 먹었지만 영 께름칙한 표정을 짓는다.

이제 양생법이 나올 것이지만 살아 있다는 것이 장자로선 절대적인 숙명의 최고의 문제이다. 쓸데없이 고하(高下)도 모르고 이리저리 먹이를 찾아 돌아다니는 너구리와 족제비는 인간의 먹잇감이 되지 않을 수 없다는 것이 장자의 생각이다. 여기서 이 이성(狸狌)이란 장자가 세계의 내장과 치부를 들여다보는 통찰의 눈구멍이 아닌가 싶다.

동물을 빙자했지만 낮고 우둔하고 어리석은 듯해도 날카롭고 무서운 시선이다.

그런데 이 너구리는 왜 너구리의 털과 내장과 발굽을 가진 존재인가 하는 이 의문은 자연을 의심하는 작은 지혜의 발단이 된다. 그런 의문을 떠나서 장자는 그것들의 관계를 문제 삼거나 비난하지 않는다. 이미 존재하는 그들의 본성을 말할 뿐이다.

이 세상 곳곳에선 마음의 소요가 아니라 활극적 실제의 꿈이 횡행하고 있다. 그 육체의 소요가 기형적으로 이루어져 있는 갇힌 시간과 공간 속에 그들은 기이하게 엄존한다. 마치 동물은 식물의 기형적인 존재인 것처럼. 동물과 식물의 세포의 구조는 거의 비슷한데 대개의 동물은 움직이는 생명으로서 식물을 섭취한다. 일부 맹수들은 작은 동물을 잡아먹고 살아간다는 것은 불가사의한 일이지만.

대수(大樹)에 하나의 쇳덩이처럼 붙어 세상을 부수어버릴 듯 울어대는 쓰르라미, 너도 곧 곤처럼 화이위조로 붕새가 되어 숲을 부수고저 하늘의 시공간으로 날아갈까. 사위를 살피며 갇혀 있는 지붕 아래 허구를 찾아가는 산실에서의 이 같은 상상과 인식은 얼마나 끔찍한 일인가. 상상할 수가 없다.

이 세계가 대변(大變)하는 난리를 소요한다는 것은 하늘과 자연의 일이지만 경포한 일이다. 우리가 그 비밀을 정말 본다면 절명하고 말 것이다.

또 등장한 동물 너구리와 족제비

무위(無爲)는 하염없음이기도 하다. 무엇도 위하지 않고 마음 내키는 대로라는 뜻이기도 하다. "그 곁에서 방황하며 하염없어 하고, 이리저리 노닐다 그 아래 누워, 잠을 청해보지 않는가" 하는 이 말은 가장 위대한 진인의 꿈을 드러낸 것이다. 이것이야말로 《장자》 전편의 제일의 마음이다.

실로 장자의 혜안에는 소용되는 것이 없다. 장자의 마음에 가지고 싶은 물건이 없으니 어쩔 것인가. 하지만 꿈꾸지 말라고 말한 잠든 장자의 얼굴은 온통 우주의 그림자를 드리우고 있다. 아름다운 꿈을 왜 꾸지 말란 말인가. 고림보와 같은 혜자가 알아들긴 했겠지만, 이 가상하고 지극한 이상의 언어가 위없는 위안을 주지 않는가.

무엇에 그리도 애걸복걸하면서 자신의 생을 착취하고 소모하고 그러다 죽는 것인지 알 길이 없음에 대한 우답이 있다. 여기 도저한 불가피한 인간의 무하유지향(無何有之鄕) 즉 아무것도 없는 도의 경지, 두렵고 무궁한 광막지야가 있을 뿐이다. 도끼에 찍힐 일이 없으며 누구로부터 해를 입을 일도 없다. 누굴 사모할 일도 누굴 위할 것도 없다. 쓸모가 없으니 곤고(困苦)한 일이 없다.

장자는 짓궂게 여기서도 동물을 내세운다. '지금 저 검정소(금부리우 今夫斄牛)'라고 말한 것으로 보아 지금 들판에 검정소가 있는 모양이다. 이처럼 장자는 대개 현장을 등장시킨다. 현존적인 지금〔今〕과 지시적인 저〔夫〕를 사용한 것으로 보아 인식을 강조한 문장이다. 대수가 등장한 이곳은 그저 서재가 아니라 혜자의 뜰이거나 초원, 강호가 한눈에 내려다보이는 어느 공간일 것이다.

《장자》가 처음 시작되는 북명의 바다부터 그렇다. 이야기의 어떤 공간성을 암시하고 있는 경우가 많다. 그 공간은 초시간적인 광의와 매력을 선물한다. 감각하고 의식할 수 있는 자연의 범주지만 아득하다. 왠지 그 풍경 속의 대수와 이우(斄牛)들은 하나의 물체이며 느리고 경계가 없고 숙업이 없는 무구한 존재이다. 대수 아래의 무경계심의 무용의 낙원 소요이다. 만물일마(萬物一馬)이다.

실로 그 이우가 크면 얼마나 클 것인가. 하지만 장자는 이 순간 벼룩의 눈으로 이우를 바라보고 있었는지 모른다. 그러기에 무단히 약수천지운(若垂天之雲)이 등장하지 않았겠는가. 이렇게 되면 혜자가 장자를 도저히 간파할 길이 없게 된다. 차단이고 불통이다.

붕새는 어울리는 말이지만 검정소에까지 이 말을 사용할 땐 무언가를 깊게 감추었다는 느낌을 준다. 어리석은 나를 속이고 있는, 우치함(愚癡) 속에서 나는 장자를 다시 본다. 우리 모두가 진인들이라는 생각을 하면서, 이 모든 것은 극히 돌발적인 사건이라는 생각을 떨쳐버리지 못한 채.

서두의 붕비(鵬飛)에서 보았던 '약수천지운(若垂天之雲)'을 이 마지막에서도 똑같이 사용한 것으로 보면 장자가 극히 아끼는 표현인 것만은 분명하다. 마치 흐린 하늘을 거대한 붓으로 휘저어 그린 잠두마제(蠶豆馬蹄)와 같은 기(氣)의 흔적일까, 상상할 수 없는 아득히 먼 이 우주의 본체가 지닌 아주 낯선 세계의 모습일까.

그는 하늘을 쳐다보지 않은 날이 하루도 없었을 만큼 구름과 바람을 좋아했던 사람이었다. 장주가 도인과 시인이 되었다가 다시 한 사람으로 돌아온 자로서의 편안한 이우와 같은 한 영물의 모습으로 비치지만 언제나 경계가 충만한 모습으로 다가온다. 마치 신선봉(속초 사진리 서쪽 설악의 한 봉우리)이 소도시를 응시하고 있는 것처럼. 그래서 장자는 완성되지 않은 불구성과 미완의 친근감을 더해준다. 그는 이미 초월의 경지를 넘어 그것도 잊고 범부로 존재하는 아름다운 사람이다. 그 시인의 삶과 시선은 이미 일상이고 망각이다. 장자에게는 이름이 이미 존재하지 않는다.

장자는 여기서 나무 뒤에 숨거나 땅바닥에 납작 엎드려 망을 보고 있는 것들은 복후(伏候)라고 하고 그러한 자를 오자(敖者)라고 하였다. 이들은 일을 도모하고 인사를 하는 일련의 관료나 술책가를 지칭하는 말이다. 그런 측면을 보면 장자는 정치에 대한 끝없는 부정과 감시 속에 다스려지는 인간에 대한 연민을 토로한 측면도 감지된다. 그 정치나 예, 조직이란 것이 인간을 감시통제하는 모사, 기획 아래 있는 이상 지극히 순수하지 않으면 너구리나 족제비 유의 거동과 메커니즘에 갇히기 쉽다. 이 너구리와 족제비는 누구일까.

이들 역시 자연 속의 존재들이지만 장자는 그들을 이우의 저편 즉 '다른 자연' 속에 있는 비신(卑身)들로 보았다. 불가피한 존재들이다. 숙명으로서 가끔 이우 유의 초식동물들은 적들의 영역의 명맥을 이어준다. 하지만 장자는 유용한 것만 겨냥하고 탐하는 복후 오자들은 결국 기벽에 걸려든다고 한다. 기벽의 날에 걸려 비명을 지르는 이성의 사활의 순간은 소름이 끼치는 두려운 광경이다. 오직 '나'는 그것을 면하고 피하기를 바랄 뿐이다. 어떤 명분과 윤리 앞에서도 이것은 최우선의 일이다.

하지만 이우들은 풀을 뜯는 들판 위의 하늘을 완전히 잊는다. 자연의 평화(平和)이다. 자연의 눈 속에 있는 천변(千變)을 그대로 둔 채 장자는 소요할 뿐이다. 내가 할 수 있는 일이란 실로 너무나 작은 일들에 불과하다. 장자의 이 지상에 있는 과거, 현재, 미래가 아닌 다른 세계를 꿈꾼다. 아무도 건드릴 수 없는 장자의 권리이다. 근원의 본향 뒤에 이 지상과 연계된 광막지야가 장자 앞에 펼쳐져 있는 경지로서 혜자가 알 수 없는 세계가 또한 이 장자의 세상이다.

당대의 모든 지식인들은 세계를 너무 좁게 보았다. 장자를 제외한 사상가들은 모두 근시안이었다. 모두 당대의 감옥에 갇혀 있었다.

궁극의 무하유지향과 광막지야의 등장

광막지야(廣莫之野)는 태허의 야성, 무하유지향과 함께 장자의 이상향, 무의 세계, 다스려지지 않은 본래 혼돈의 세계를 말한다. 이 광막이 절대적인 무용으로 둘러싸고 있는 것이 혼돈이며 소요의 출발을 알리는 기묘한 적막이다. 눈과 욕망과 빛으로 혼란스런 이 요철(凹凸)의 세계에서 암흑 속으로 세상을 일대 확장한 이 경지가 모든 구별과 시비, 지식 같은 것을 무화시킨 절대 개인들의 영역이다. 이 세계를 혜자의 박처럼 깨고 부정하고 싶지만 그러나 이 무용의 경지가 이 지구의 감옥이다. 인간들은 공전과 자전하는 지구의 대기 안에 보호되어 있거나 갇혀 있다.

뿐만 아니라 광막은 모든 인식과 기억, 감각, 예지, 사상, 체제를 파괴시킨다. 그러나 아무도 그 사실을 모른다. 이 한마디의 말이 세상을 캄캄한 암흑의 수렁 속에 빠트렸다. 인간의 눈이 지식의 감옥으로부터 빠져나갔으나 그렇다고 하늘의 별들이 다시 반짝일 것이라는 예언은 지금은 불요(不要)할 뿐이다. 내가 아는 길을, 내가 아는 나를, 내가 아는 세계를 송두리째 벗어던질 것을 알며, 그만 캄캄해지는 이 무아(無我)만이 진지(眞知)이며 도이며 '나'이다. 깜짝 놀라고 무서워 그만 상상할 수가 없다.

또 정처 없는 무하유지향은 무엇인가. 한 그루 쓸모없는 대수 아래 잠든 장자, 모든 길을 잃어버린 극망(極忘)이다. 나는 이충이며 그 꿈이다. 그것의 작은 발가락이며 감각이고 영혼이다. 우주가 우주를 잊은 상망(相忘)이다. 아 나를 잊을 수 있다면! 이것이 장자의 시작이다. 설광(雪光)에 눈이 시린 겨울 아침의 설원에 있다. 여기서 소요(逍遙)가 스스로 시작한다. 이곳이 언제나 장자 사상의 첫 발자국을 떼는 출발점이다. 향(鄕)은 국가, 그곳에 국가(나라와 집)란 없다.

방황소요(彷徨逍遙)는 이 세상에서의 장자의 유일한 탈출의 통로이다. 이 통로를 가지고 왈가불가할 것은 없다. 방황소요는 광막지야에서나 운행이 가능할 것. 너무나 큰 경지는 광대무변한 공간을 필요로 한다. 마치 붕새가 날아가는 하늘이 저 가시(可視)의 하늘만 가지고는 안 될 것을 미리 아는 것처럼. 마음의 존재에 여분 없이 딱 맞는 하늘도 거부한다.

장자의 방황소요의 광막지야는 무한의 공간과 시간이 필요할 것이다. 그 시간은 망각의 망각의 망각의 시간을 지나서 돌아올 무엇이지만 아무것도 아무것을 기억하지 못하는 요연하고도 묘망한 것이다. 잠시 살아가는 것들의 동류의 집합 속에서 우리는 의문하지 못하고 착각하고 있는 존재들이다. 그 광야의 일부 벽(壁)이 이 현실세계이다.

그래서 물무해자 무소가용(物無害者無所可用)이 바로 그 누구도 감히 넘볼 수 없는 장자의 독보적인 경지라 하겠다. 무용의 무해의 경지는 방황소요하는 광막지야의 현재의 모습이다. 이처럼 장자 사상에서는 방황소요하는 광막지야와 물무해자의 거리를 척도하지 말고 소요해야 한다. 방황소요를 영겁회귀로 바꾼다면 아마도 영겁회귀 사상의 창업자와 아버지가 바로 장자가 아닐까.

한 그루의 저나무 아래 작은 나무를 심은 장자, 그의 보이지 않는, 숨긴 마음을 찾아간다. 그것은 눈물겨운 자기소외의 숙명을 온전히 받아들이는, 그래서 우주와 합일하는 절대소요의 경지이다. 생사영겁의 대정(大情)이다. 나의 죽음이, 족제비의 죽음이 하나의 쓰레기가 아니려면.

이 장자의 주인공인 방황과 소요는 보이지 않는 곳에서 혼자 시작된다. 장자는 혜자에게 당신은 혼자 너구리와 족제비를 보았느냐고 묻는다. 그 너구리와 족제비가 바로 당신 혜자 같은 사람이다. 혜자가 장자보고 당신은 소용없는 대호와 같다고 해서 이렇게 말했을까. 하지만 그것을 보는 장자의 눈은 신인(神人)의 눈이다. 응결되어 있다. 눈 속의 신은 그것들을 안쓰럽게 바라보고 돕지도 해치지도 않는다. 자연 속에 놓아둔다.

자연에서 죽는 것은 자연에서 태어나는 것과 같다. 고의로 죽음을 막고 생을 놓아주지 않는다. 여기서 중요한 것은 바로 그 '혼자'이다. 자연은 늘 '혼자' 있다. 텅 비어 있는 듯. 그것을 응결(凝結)하는 독견(獨見)이야말로 세상과 너구리와 족제비의 심리를 일별하는 시선이다. 그 시선은 이미 그들이 무엇을 하고 다니는지 무엇을 목표로 하는지를 죄다 알고 있다.

이 괴독연(塊獨然)의 눈이 없이 붕비를 볼 수가 없고 자신의 심장 속을 관통할 수 없다. 이성을 가진 제정신의 눈으로는 보이지 않는다. 정상적인 인성이 이 불가해한 경지를 볼 필요가 없다. 그러나 세상의 외진 한쪽에서 조용하고 편하고 그 무엇도 만져지지 않는 한적한 곳에서 장자의 눈은 갑자기 반짝이고 있다.

망량(罔兩)이 지나가던 장자의 집 근처도 마찬가지이다. 모든 것이 지나가도 붙잡지 않는다. 그러므로 남지 않는다. 굴 속에서 달빛을 피하고 있지만 온 천하에 달빛이 가득하다는 것을 이 장님은 알고 있다. 혜자는 혜자를 속이고 있고 장자는 초월하고 있다.

하지만 장자가 광막지야에 한 그루 나무를 심어 그것을 위로 삼아 살아간다는 것은 처절한 실존적 결의이다. 바람과 어둠 속에서 그는 무엇을 벗하며 그 장구한 시간을 견딜 것인가. 그것도 모든 사람들이 필요로 하지 않는 한 그루 저나무를 심는다는 마음은 지극한 것이다. 이 식수(植樹)의 마음은 광막지야 아래 가려져 보이지 않을 수 있는 장자의 현실적 최소한의 조건이며 극처(極處)이다. 하지만 그 현실성은 초월성이다. 여기서 방황은 아는 길을 가는 것이 아닌 적극적인 나그네의 전사(轉徙)이며 산보이다.

그 작은 한 그루 나무의 뿌리가 내린 곳은 한 평도 되지 않을 것이지만 장자의 상상은 우주적이다. 그 무용한 나무 아래 누워 (아무것도 없는 텅 빈 허실의 태허의 이상향, 국가도 집도 없는) 무하유지향의 남명 바다를 바라볼 뿐이다. 아무것도 하지 않은 채. 눈과 마음과 온몸이 움직인다. 저 자연의 모든 모순과 대립을 등 뒤에 두고.

미래도 과거도 아닌 쪽의 상상세계

장자는 자기 언어에 새로운 상상력의 옷을 입혔다.

쓸모없다고 화를 내는 혜자의 말을 오히려 자기 것으로 만든다. 문득 등 뒤에서 장자의 말소리가 들린다. 그래 오냐, 내가 그 무용한 것을 가지마. 자네는 유용한 것만 가져가게. 난 저 들판의 이우들 소속의 한 마리 무명의 검정소이고 싶다. 그래 다 가져가거라. 끝내는 그래서 안소인고재(安所困苦哉) 즉 '어찌 난처해하고 괴로워한단 말인가'란 말에서는 괴로움을 벗겨주려는 장자의 애틋한 측은지심이 보인다.

대호나 대수를 가지고 최고의 지인의 경지에까지 이미 가버렸다. 그러니 치물이니 격물이니 수신(修身)이니 인의(仁義)니 하는 인위적 사상언어들이 낯간지럽고 구차하다. 누가 다스리고 누가 가지고 누가 노느냐에 따라 그 이름과 의미가 이미 달라졌다.

그러나 장자는 그 사물이 자신의 소유물이 아니라 자신의 소요(逍遙)의 친구로 여겨진다. 이 점이 장자 사상의 다른 면모이다. 구름과 바람과 물이 나의 친구가 아니라 내가 구름과 바람과 물의 친구이다. 대체 이 세상에서 누가 존재를 무용으로 돌려주려 하는가. 무용한 자리로 그 존재들을 되돌려주고 싶어 하는 사람들이 시인이라면 그 시인의 진인이 바로 장자일 것이다. 아 그는 진정 소용없고자 하였으니까!

방황하고 싶다, 그리고 소요하고 싶다. 저들과 함께. 이우 떼 위를 차라리 비를 물고 지나가는 저 바람 한 줄기가 내가 아닐까. 병아리가 머리를 돌려 나뭇가지를 쳐다보고 이우들이 멀리 땅이 우는 천둥 소리를 먼저 듣는다. 중심이라는 감옥으로의 질주 속에서 방황과 소요를 잃어버린 장자의 시대는 처참하게 수렁에 처박히고 말았다. 그 처참한 수렁의 투신은 훼척골립(毁瘠骨立)의 현대에까지 이어져오고 있다.

그들은 모두 자신의 세월과 시간을 잃고 감옥 속에서 죽었다. 그는 외친다, 혼자. 마치 광야에서 절규하듯. 마음만이라도 안주와 체제를 떠나 혼돈과 자유로움을 찾아가라. 그 누구에 대해서도 책임감으로 자신을 묶지 말라. 그 어떤 윤리로도 자신의 존재를 묶지 말고 괴로워하지 말라. 나는 원래 '그 어떤 무엇으로도' 구속된 존재가 아니었기 때문이다. 나 자신부터 나를 묶지 말고 나를 묶은 타자들을 물리치는 것, 이것이 무서운 싸움이다. 그 싸움은 자신과 해야 한다. 어떤 자비도 사랑도 이념도 책무도 나의 방황과 소요를 구속할 순 없다. 이것만이 장자의 절대 헌장이다.

장자가 동식물과 인간을 동등하게 등장시킨 것은 지금도 새롭고 획기적이다. 동물을 사육하고 학대하고 주식(主食)으로 삼는 현대에도 이 주제에 대해서는 아직 걸음마조차도 떼지 못한 단계에 있다. 물론 식물의 고통을 알아내고 그들과 대화를 나눈다는 것은 상상도 못할 일이다. 장자의 동물 등장도 인간 중심의 시비를 떠나기 위한 즉 혼돈의 진리에서 떠나지 않기 위한 안간힘의 노력으로 보인다.

누가 동물들의 내부를 경험한 일이 있는가. 그들의 내부가 얼마나 캄캄하며 밝은지 알 수 있을까. 그들의 뇌가 어떻게 막혀 있는지 혼돈의 화석인지 알 수 있을까. 인간에게는 없는 어둠이 있을 것이다. 그것도 광막지야이다.

예를 들어 인간은 인간이 아닌 너구리, 족제비, 비둘기, 메추라기, 쓰르라미 등의 삶에 전혀 관여할 수 없다. 가장 인간적인 궁극의 삶의 모습은 어떤 것일까. 한마디로 말하면 그것은 장자의 필생의 화법의 주제이다. 왜 즐기고 노닐 줄 모르는가 하는 바로 그 질문 속에 현대문명의 병과 악폐(惡弊)는 존재한다. 이 치욕적이고도 불편한 기형적 욕망에 사로잡힌 생의 해방과 소요의 문제가 장자 사상에서 중심에 놓여 있다고 해도 무방하며 그 반대 세력과 조용히 싸우는 것이 바로 장자의 언어이다. 모든 진리는 신인을 거치고 성인을 거쳐 보잘것없는 한 진인의 손바닥 안에 떨어진다. 초라한 꿈을 지키는 이름 없는 한 범부가 진인이다.

갈대꽃 흔들리는 지평(砥平)의 소요

이것이 소요유(逍遙遊)의 끝이다. 장자는 지금까지 소요가 무엇이고 소용이 무엇이고 무용이 무엇인지를 노래했다. 대자유의 사람이 되고자 하는 장자의 거슬림 없는 지극한 일의(一意)는 바람의 발자국조차 지워버리고 사라진다.

소소한 바람만 부는 것인가. 늦가을 물가에 갈대들이 회백색 잔꽃을 떨구고 서걱거리는 나의 정갈한 존재들의 울음이 들린다. 그 갈대가 아닌 그 소리의 소소함에 서로의 가슴이 베이고 스민다. 모두 사라지게 하고 지나가게 한다면 그것이 소요 속의 소요일 것이다. 수많은 사생(死生)의 나는 소요유하는 인생이고자 했고, 지금도 앞으로도 그러고자 할 것이다.

나는 나를 자로 잰 적이 없으며 내 친구들을 또한 자의 눈금으로 잰 적이 없다. 그들은 그들의 길을 가는 존재들이다. 그 '나'의 나그네이고 벗들이다. 티끌이며 바람이며 구름이었다. 나는 천장에 찾아와 거꾸로 어른거리는 무수한 나뭇가지와 무형의 물그림자를 본다. 나는 사라지고 그 어른거림이란 말만 거기 천장에서 떨어지지도 가지도 않고 어른거리고 있다.

소요유가 끝나가고 있고 나의 소요유의 여행도 끝나가고 있다. 대수와 대호의 비유는 〈소요유〉편의 대미를 장식했다. 인간을 억압하려는 것이 아니라 인간을 삶의 감옥으로부터 해금하려는 장자는 타자에 대해 절대의무와 절대권리는 없다고 말하는 것 같다. 그들은 각자 자신들의 길을 가야 한다. 그것은 저 높은 소요의 비상 즉 무하유지향의 그 아래쪽에 있는 잠간(暫間) 일 것이다.

자기 삶의 주인이 되는 길은 자신을 찾아서 도달하는 것이 아니라 자신을 잃어버림으로써 오히려 문득 자연의 작은 경지에 도달하게 되는 것이다. 그 문은 작고 아름답고 조용하다. 자신을 자연 속에 순응케 하고 저 무심한 자연에게 낙종(樂從) 하는지를 살핀다. 그 안에서 나 자신이 찾아왔고 나 자신으로 돌아간다. 인간은 자연 안에서 작은 일을 하며 자연의 길을 걸어간다. 삶을 꾸리면서도 소요하며 자연을 누린다. 그곳은 아무것도 없는 무하유(無何有) 이다.

개인 소요(逍遙)의 절대

멀리 떨어져서 이리저리 거니는 소요. 이것은 무리 지을 필요가 없다. 단신(單身) 소요이다. 망념이나 이해, 목표나 도모(圖謀) 가 없는 나날의 거닒이다. 이때 조용히 자연과 하나가 되어 즐긴다. 즉 자시(自視) 이며 만물과 함께 노니는 승물유심(乘物遊心) 이다. 모든 잡동사니와 만사로부터 뚝 떨어져 저쪽에 혼자 펼쳐진 책 속에 있는 언어의 한 그루 나무가 바람에 흔들리기 시작한다. 몰록 거기 '나'가 있다.

무위(無爲) 는 하염없이, 무엇을 위하지 않음이다. 이것은 무엇에 이익이 생기지 않게 하며 명예가 생기지 않고 이름이 나지 않게 함이다. 즉 3무의 실체 없는, 흔적 없는, 얼굴 없는, 일 없는 주인공이다. 그 어디에도 너의 그림자는 없다. 나 또한 그 무엇의 위함이 아니며 이익이 아니며 공(功)도 아니며 이름도 아니다. 그러므로 무이(無已)의 무위는 저 자연뿐이다.

인간은 결코 저 무위를 실행할 수 없다. 다만 자연에게 순응할 뿐이다. 그 변화를 따라서 삶의 씨를 뿌리고 자라고 거두고 쉴 뿐이다. 이러한 인간이 진인이다. 이러한 상우(相耦)의 삶이 인임(因任)이고 자신도 모르게 스스로 그렇게 되는 것이 인시(因是)이다. 이것이 만물 앞에 가지런해지는 인간의 도의 줄기이며 언어의 단이다. 이 단을 가지런히 하는 것이 만물을 감히 다스리고 동화하는 인간의 일대 숙업이다. 도의 외연과 줄기에 의해 도추(道樞)로 향하는 사유는 시작되고 그 안에서 광막지야와 무하유지향의 공간과 시간의 방황이 시작되는데 그것이 소요이다.

보라 저 겨울 설원을, 눈 비늘이 반짝이며 어디로 가는지 아는 자가 있는가. 보라 저 바람을, 바람이 어디서 오는지 아는 자가 있었는가. 아득히 끝없이 거니는 것이 요(遙)일 텐데 그 모습이 도(道)일진데 요(遙)자처럼 아름답고 영원한 모습이 있는가. 그 마음에 요원한 길을 낸 적이 있는가. 그립다.

다시 말하지만 마음과 언어의 소요는 아무것도 마음에 지니지 않은 채 반짝이는 눈밭 위에 내리는 미세한 햇살을 잡는 눈이며 그것과 함께 바람처럼 물결처럼 비상하고 경쟁하는 이름 없는 것들의 아름다운 소멸이다. 하지만 천지에 넘칠 듯 가득하다. 사소한 일에 실족하지 않고 시비에 얽혀 마음을 다치게 하지 않는다. 도(道)는 머리를 풀고 바람 속을 걸어가는 한 남자의 모습이었다. 도에서 갈려져 나온 수많은 무궁자들이 스스로의 길을 간다. 나도 그들을 따라 광막지야로 나아가는 중이다.

도시에서 생계의 업을 다 마치고 인간의 고향인 자연 속으로 돌아왔다. 자신의 유심적(遊心的) 소요만이 마음의 날개를 달게 할 뿐이다. 백해(百骸) 구규(九竅) 육장(六臟)의 내 안에 광막지야의 날개를 달고 날아가고자 아무도 없는 혼돈의 안쪽을 넘본다. 그래서 요연히 하늘과 땅조차 망각하고 자신도 지우고 돈망(頓忘)하여 자연이 될 수 있다면, 그것이 종생(終生)일 것이다. 깨어나면 즐거이 소요하고 잠들면 밤처럼 조용해져 일어나지 않는다.

슬프지만 망량의 시간의 그림자는 서쪽으로 자신을 버리지 않고 이동해 간다. 그리고 다시 내일 아침 우리가 없어도 이 자연과 그 자연 속의 작은 인간의 집 밑에 돌아와 눈을 열고 지나갈 것이다.

소요유 끝은 시작이다

나는 '날개는 하늘을 내리덮은 구름 같다'로 해석한 약수천지운(若垂天之雲)의 표현과 그러한 하늘의 날을 좋아한 것 같다는 말로 장자가 유감없이 한껏 미적 표현을 즐겼던 시인(詩人)이라는 생각과 함께 이 〈소요유〉 편의 여행을 마치게 되었다. 분명한 것은 이렇게 내 생의 〈소요유〉 편의 여행은 이 모양으로 계산 없이 예의 저 《장자》의 서두의 붕(鵬)에서 시작하여 족제비와 대수에서 끝났다.

장자는 저 붕새이며 쓰르라미며 새끼비둘기이며 이곳의 대호이며 대수이다. 그것의 대본이며 너구리이며 족제비이다. 장자는 처음부터 붕으로서 무엇을 비판하고 비하하기 위한 장자가 아니었다. 그는 동식물을 관통하는 호호탕탕(浩浩蕩蕩)한 세계를 거침없이 내통했다. 이는 지금까지 없었던 소통방식이며 대상이고 자연관이다. 특히 나무를 〈소요유〉 편에 등장시켜 인간과 자연의 담론을 펼친 사유의 방식은 사적으로 가장 커다란 위안이 되었고 또한 숙제가 된 '무위'와

'소요'가 무궁한 나그네와 벗의 동행(同行)임을 깨닫게 해주었다. 이보다 커다란 선물은 없다.

장자는 이제 청정한 도의 본령으로 향하는 모드설정을 〈소요유〉편에 맞춰놓고 인간세와 만물, 양생, 혼돈, 진인론 등을 논하는 도의 여행을 시작한다. 이것 역시 고통이나 고집이 아니라 소요(逍遙)이다. 이 소요는 무한으로 나서는 새로운 장자를 따라나서게 되는 책무가 아니라 자유이다. 이 절대자유의 근거는 자연에 있으며 그것의 대로(大路)와 대본은 도이다.

유용의 세계로 나아간 소통의 세계를 잠시 차단하고 무용으로 나아가는 무한의 세계로 '나'의 언어와 사유가 날아가기 시작한다. 한 점의 의혹도 없는 본래 자연 그대로의 우주 공간에서의 천유(天游) 천방(天放)의 새로운 경지를 열었다. 하지만 이 대자유 속에는 절대순수와 가없는 허명(虛名)의 자전(自全)이 있으며 혼돈(渾沌) 역시 여전하며 천양(天壤)이 없지 않다.

저 어둠이 없이는 빛이 오지 않을 것이니 그 음양의 공전을 분리할 것이 아니라 하나로 포용하는 것이 장자의 도이다. 음양 사이의 바람과 기가 경계선을 넘어 활생하는 주체로서의 광대무변한 경지를 여는 것이 인간의 마음이며 그 작용이 장자의 날개와 푸른 하늘의 꿈이고 길〔道〕이다.

무용(無用)한 것이 무궁하다. 무궁한 것의 주인공은 무궁자이다. 무궁자의 소요 공간이 바로 이 무하유지향이며 광막지야이다. 무향광막(無鄕廣莫)이 장자의 길 없는 마음이며 우주이다. 그 우주에 길은 원래 없다. 장자에게서는 다만 언어와 지상에 낼 수 없는 길만이 인간의 언어로 말해서 도일 뿐이다.

이제 이 말조차 버려져야 할 것이다. 꿈조차 잊은 채 어느 세월이 흘렀는지 알 길 없어, 다시 바람 불고 비 내리는 어느 도시와 한 그루 어느 나무 밑에서 나는 나를 기억할 수 있을까. 쓸모없음이 아니라 소요의 추억이 어떤가, 광막의 저쪽에서 한번 상상해보는 것뿐이다.

두 그루도 아니고 단 한 그루의 나무를 허락해주길 바란 장자. 그는 그 무용한 별로 아름다운 꽃도 피우지 않고 탐스런 열매도 맺지 않는 한 그루 나무 아래 누워, 그것도 한 평이나 될까 싶은 자리에서 그 누구의 영역도 범하지 않으면서 저 묘망한 하늘을 바라본다. 영구히, 지루해할 줄도 모르고. 그리고 장자의 마음은 그 가없고 무사하기만 한 하늘의 문 밖에서 다른 하나의 눈, 그 남명 천지와 붕의 눈과 마주칠 것이다.

그 눈은 이 지상의 모든 목숨들이 돌아간 하늘이고 그 눈의 날개는 무한으로 펼쳐져 있는 우주이다. 여기서 장자는 눈을 감고 아득해졌으리. 그만, 그만 하면서 어둑한 저녁이 되었으리. 장자는 바람과 하늘과 적막이다. 도남붕정의 유예와 예언은 가장 난해하고 홍미로운 소요유의 조궤(弔詭)이다. 그 선택과 운명은 두 팔의 인간과 지괴(地塊)한 지구에 달려 있다. 문득 가까워졌다가 아득히 멀어지는 장자의 괴연독(塊然獨)을 바라본다. 항물대정(恒物大定) 속에서 만화유존(萬化遊存)의 꿈을 꿈꾸며 저는 홀로 남아 떨어진 채 이충의 한 마리가 눈을 껌벅일 뿐이다.

종언(終言)

무용한 것은 없다. 만물의 개물(個物)은 각기 자기 얼굴과 시종을 가지고 있다. 대지(大知)와 대언(大言)은 너무나 크기에 사용하기가 어렵고, 유용한 것들을 둘러싼 채 도처에 은둔되어 있다. 무용의 입장에서 보면 유용한 것들은 측은하고 가소롭고 불행하다. 무용한 것들은 유용한 것들이 될까 두려워 숨죽이고 있다. 무용이 유용으로 사용되면서 무용은 점점 더 고갈되고 황폐하고 있다.

한 진인은 한 그루의 나무 밑에서 모든 것을 깨달았다. 그리고 북명의 바다의 한 마리 물고기가 붕새가 되어 하늘로 날아올라간 조궤(弔詭)처럼 천변만화가 되어 천지사방으로 흩어져 떠나갔다. 죽음 속의 이 생생하고도 처절한 부활의 절규, 한 줌의 흙을 남기고 사라진 백해 구규 육장의 선언, 언어도단의 마지막 화두! 나는 여기서 이 생의, 이 지구의 혼돈의 길을 다시 찾아온다.

통제불능의 도시에서 시작한 나의 장자 여행은 경영불가한 자연의 한 남향의 마을에서 그 첫 번째 막을 내린다. 뒤뜰 창 속 갈지산에서 한 마리 새가 울기 시작했다. 내 마음의 나는 온통 침묵 속에 갇혀 있는, 자연의 저 말없음의 한낯을 낯 뜨겁게 내다본다.

무욕의 무향자(無鄕者)여 나는 이렇게 적막황홀의 장자 소요유, 그 한바탕 여행을 마친다.